秦汉研究论丛

秦史与秦文化研究专集

中国秦汉史研究会
咸阳师范学院 编

徐卫民 王永飞 主编

西北大学出版社
·西安·

图书在版编目（CIP）数据

秦史与秦文化研究专集/徐卫民，王永飞主编. —西安：西北大学出版社，2022.6
（秦汉研究论丛）
ISBN 978-7-5604-4929-6

Ⅰ.①秦… Ⅱ.①徐… ②王… Ⅲ.①中国历史—研究—秦代 ②文化史—研究—中国—秦代 Ⅳ.①K233

中国版本图书馆 CIP 数据核字（2022）第 072508 号

秦汉研究论丛：秦史与秦文化研究专集
QINHANYANJIULUNCONG QINSHIYUQINWENHUAYANJIUZHUANJI

主　　编：	徐卫民　王永飞
出版发行：	西北大学出版社
地　　址：	西安市太白北路 229 号　　邮　编：710069
网　　址：	http://nwupress.nwu.edu.cn　　E‑mail xdpress@nwu.edu.cn
电　　话：	029-88302825
经　　销：	全国新华书店
印　　装：	西安创维印务有限公司
开　　本：	787mm×1092mm　1/16
印　　张：	18.5
字　　数：	355 千字
版　　次：	2022 年 6 月第 1 版　2022 年 6 月第 1 次印刷
书　　号：	ISBN 978-7-5604-4929-6
定　　价：	96.00 元

如有印装质量问题，请与本社联系调换，电话 029-88302966。

本书为《秦汉研究》第十七辑

得到

陕西（高校）哲学社会科学重点研究基地——关中古代

陵寝文化研究中心

陕西省普通高校优势扶持学科——历史地理学

咸阳师范学院重点学科——历史学（文物与博物馆学）

关中古代陵寝文化研究刘庆柱社科名家工作室

建设项目资助

学术顾问：
　　　　　　刘庆柱　　周天游　　王子今
编委会主任：
　　　　　　卜宪群　　舒世昌
编委会委员：
　　　　　　徐卫民　　王永飞　　雷依群
　　　　　　赵　凯　　田　静　　唐　群
　　　　　　肖健一　　王　颜　　张光晗
主　　　编：
　　　　　　徐卫民　　王永飞

目 录

● **秦汉长城研究** ●

徐卫民　"过秦思潮"影响下"孟姜女哭长城传说"的讹传……………………（001）

刘睿璇　汉长城石营堡及其价值阐释探讨……………………………………（014）

● **秦汉专题研究** ●

王子今　论"郦山徒""授兵"：秦大型工程的军事化营作…………………（022）

陈　兴　长平之战秦征河内卒相关问题研究

　　　　——兼论秦军兵源的地域性演变………………………………………（036）

徐卫民　裴　蓓　司马迁眼中的秦始皇………………………………………（052）

秦进才　"罢黜百家，独尊儒术"源流考………………………………………（059）

王　刚　陈　林　汉兴楚亡中激励机制问题探微……………………………（095）

刘　鸣　"毋文书"与匈奴文字问题……………………………………………（110）

舒　展　两汉时期匈奴侵汉的季节特征刍议

　　　　——结合气候与政治的再认识……………………………………………（115）

— 1 —

冯晓多　汉代长安昆明池修建初衷再审视 ……………………………………（134）

华迪威　野心家的布局：昭、宣继位与霍光辅政新研 ………………………（145）

曹子男　马国翰辑《尚书马氏传》勘误 ………………………………………（154）

李凯凯　论《七略》无"别裁"之法
　　　　——基于章学诚"别裁"说的考察 …………………………………（166）

孙　武　西安清凉山秦墓地多元文化因素及其成因管窥 ……………………（175）

马永赢　曹　龙　"凤凰嘴"误传为汉文帝霸陵的原因分析 …………………（187）

李　斌　略论甘泉宫遗址发现的汉代联珠纹瓦当 ……………………………（195）

李昌宏　山西两汉时期城址的形制及布局研究 ………………………………（205）

● 秦汉简牍研究 ●

曹旅宁　读《荆州胡家草场西汉简牍选粹》汉律令简札记 …………………（220）

张俊民　斯坦因所获敦煌汉简释读札记 ………………………………………（232）

张　瑞　里耶秦简"鼠券"再研究 ……………………………………………（245）

单　宸　《东海郡下辖长吏名籍》与西汉官吏升迁 …………………………（256）

● 综述和书评 ●

高小路　秦汉象郡研究评述 ……………………………………………………（270）

阮　忠　秦王朝：兴也战争亡也战争
　　　　——读赵国华、叶秋菊《秦战争史》随笔 …………………………（283）

·秦汉长城研究·

"过秦思潮"影响下"孟姜女哭长城传说"的讹传[*]

徐卫民

（西北大学文化遗产学院）

西汉王朝是建立在秦朝短祚的基础上的，汉初的统治者面临着如何不步秦王朝快速灭亡的后尘，以及如何巩固政权的重大问题。因此，当汉高祖刘邦还陶醉在眼前的胜利时，追随刘邦打天下的陆贾便已开始探讨亡秦之鉴，他提出总结秦亡教训以制定新的治国策略。他向刘邦发问："乡使秦已并天下，行仁义，法先圣，陛下安得而有之？"这引起了刘邦的高度重视，于是要求陆贾："试为我著秦所以失天下，吾所以得天下者何，及古成败之国。"[①] 因此陆贾撰著《新语》一书，汉高祖以及群臣达成共识，必须以"过秦"作为汉代秦的理论工具。

一、"过秦思潮"的兴起

秦国的快速崛起与秦王朝的快速灭亡，使一批关注秦亡汉兴的政治家开始思考秦如此强大的帝国为何会短命而亡，于是在汉朝初年便形成了"过秦思潮"。所谓"过秦"，是指论述秦王朝的过失。因此，一些政治家就把秦的快速灭亡与修长城联系起来。陆贾认为秦失天下的原因之一是"筑长城于戎境，以备胡、越……乃举措太众、刑罚太极故也"[②]。汉武帝时，主父偃上书反对征伐匈奴，指出："昔秦皇帝任战胜之威，蚕食天下，并吞战国，海内为一，功齐三代。务胜不休，欲攻匈奴。李斯谏曰：'不可。夫匈奴无城郭之居，委积之守，迁徙鸟举，难得而制也。轻兵深入，粮食必绝；踵粮以行，重不及事。得其地不足以为利也，遇其民不可役而守也。胜必杀之，非民父母也。靡弊中国，快心匈奴，非长策也。'秦皇帝不听，遂使蒙恬将兵攻胡，辟

---

[*] 国家社科基金重大项目"中国古代长城的历史地理学研究"（19ZDA188）阶段性成果。
[①] 《史记》卷九七《郦生陆贾列传》，中华书局，1962年版，第2699页。
[②] 王利器：《新语校注》，中华书局，1986年，第62页。

地千里，以河为境。地固泽卤，不生五谷。然后发天下丁男以守北河。暴兵露师十有余年，死者不可胜数，终不能逾河而北。是岂人众不足、兵革不备战？其势不可也。又使天下蜚刍挽粟，起于黄、腄、琅邪负海之郡，转输北河，率三十钟而致一石。男子疾耕不足于粮饷，女子纺绩不足于帷幕。百姓靡敝，孤寡老弱不能相养，道路死者相望，盖天下始畔秦也。"① 主父偃反对汉武帝出征匈奴的理由，与陆贾以征伐匈奴为秦失天下的原因有着一致性。陆贾认为，为防范匈奴，秦在边地驻守重兵，造成百姓无法安心于耕织，这是秦失天下的重要原因。

在"过秦思潮"中最有影响的要数贾谊了，贾谊在《过秦论》中云："及至秦王，续六世之余烈，振长策而御宇内，吞二周而亡诸侯，履至尊而制六合，执棰拊以鞭笞天下，威振四海。南取百越之地，以为桂林、象郡，百越之君俯首系颈，委命下吏。乃使蒙恬北筑长城而守藩篱，却匈奴七百余里。胡人不敢南下而牧马，士不敢弯弓而报怨……天下以定，秦王之心，自以为关中之固，金城千里，子孙帝王万世之业也。……一夫作难而七庙堕，身死人手，为天下笑者，何也？仁义不施而攻守之势异也。"② 汉朝自陆贾首发"过秦"之嚆矢，中经张释之、贾山、贾谊、晁错等人的继续发力，到武帝时期，"过秦"已经成为汉代一种社会思潮。王绍东认为：汉代史论家的"过秦"思潮，曾经对巩固汉朝的统治起过积极作用，但也存在着历史局限：一是"重其亡而忽其兴"，对秦朝的兴盛过程与历史地位研究不够，重视不足，不利于对秦朝历史的全面认识和客观评价；二是"扬道德而非法治"，对秦朝的法治主义全盘否定，对道德因素在治理国家中的作用无限拔高，既制约了汉代政治制度的建设与完善，也弱化了中国古代国家治理中的法治意识；三是"笃于义而薄于利"，对秦功利主义价值观的过度批判，限制了古代社会对个人利益的追求与个性特点的发展。③ 实质上，"过秦"是汉对秦代失败教训的深刻反思，而"宣汉"就是对汉代社会的大力肯定。

在中国历史上开启修长城者并非秦始皇，而是战国时期齐、楚及与北方匈奴相邻的秦、赵、燕等诸国。而且当时修建的也不止一条长城，山东六国为了防守目的各自都修筑了长城。秦始皇统一后的工作只是将这些与匈奴接壤的不连贯的长城加以修缮并连接起来，由于疆域的扩大，部分地方是新修的，从而形成了中国历史上第一条万里长城。秦朝之后，除了元朝之外，历代不论是汉族皇帝还是少数民族皇帝，都或多或少地修建了长城。因此，不能由秦始皇一个人来承担与长城相关的一些负面结果。

秦始皇兼并六国之后，并没有马放南山、刀枪入库，而是继续南征百越、北击匈奴，为建立一个统一的大帝国持续发力。由于战争的残酷和工程的浩大，秦始皇的这些举措无疑大大加重了秦帝国百姓的负担，同时也成就了一个庞大的帝国版图。毫无

---

① 《史记》卷一一二《平津侯主父列传》，第2954页。
② 《史记》卷六《秦始皇本纪》，第280—282页。
③ 王绍东：《论汉代"过秦"思想的历史局限》，《史学史研究》2009年第3期。

· 秦汉长城研究 ·

"过秦思潮"影响下"孟姜女哭长城传说"的讹传*

徐卫民

(西北大学文化遗产学院)

西汉王朝是建立在秦朝短祚的基础上的,汉初的统治者面临着如何不步秦王朝快速灭亡的后尘,以及如何巩固政权的重大问题。因此,当汉高祖刘邦还陶醉在眼前的胜利时,追随刘邦打天下的陆贾便已开始探讨亡秦之鉴,他提出总结秦亡教训以制定新的治国策略。他向刘邦发问:"乡使秦已并天下,行仁义,法先圣,陛下安得而有之?"这引起了刘邦的高度重视,于是要求陆贾:"试为我著秦所以失天下,吾所以得天下者何,及古成败之国。"① 因此陆贾撰著《新语》一书,汉高祖以及群臣达成共识,必须以"过秦"作为汉代秦的理论工具。

一、"过秦思潮"的兴起

秦国的快速崛起与秦王朝的快速灭亡,使一批关注秦亡汉兴的政治家开始思考秦如此强大的帝国为何会短命而亡,于是在汉朝初年便形成了"过秦思潮"。所谓"过秦",是指论述秦王朝的过失。因此,一些政治家就把秦的快速灭亡与修长城联系起来。陆贾认为秦失天下的原因之一是"筑长城于戎境,以备胡、越……乃举措太众、刑罚太极故也"②。汉武帝时,主父偃上书反对征伐匈奴,指出:"昔秦皇帝任战胜之威,蚕食天下,并吞战国,海内为一,功齐三代。务胜不休,欲攻匈奴。李斯谏曰:'不可。夫匈奴无城郭之居,委积之守,迁徙鸟举,难得而制也。轻兵深入,粮食必绝;踵粮以行,重不及事。得其地不足以为利也,遇其民不可役而守也。胜必杀之,非民父母也。靡弊中国,快心匈奴,非长策也。'秦皇帝不听,遂使蒙恬将兵攻胡,辟

---

* 国家社科基金重大项目"中国古代长城的历史地理学研究"(19ZDA188)阶段性成果。
① 《史记》卷九七《郦生陆贾列传》,中华书局,1962年版,第2699页。
② 王利器:《新语校注》,中华书局,1986年,第62页。

地千里，以河为境。地固泽卤，不生五谷。然后发天下丁男以守北河。暴兵露师十有余年，死者不可胜数，终不能逾河而北。是岂人众不足、兵革不备战？其势不可也。又使天下蜚刍輓粟，起于黄、腄、琅邪负海之郡，转输北河，率三十钟而致一石。男子疾耕不足于粮饷，女子纺绩不足于帷幕。百姓靡敝，孤寡老弱不能相养，道路死者相望，盖天下始畔秦也。"①主父偃反对汉武帝出征匈奴的理由，与陆贾以征伐匈奴为秦失天下的原因有着一致性。陆贾认为，为防范匈奴，秦在边地驻守重兵，造成百姓无法安心于耕织，这是秦失天下的重要原因。

在"过秦思潮"中最有影响的要数贾谊了，贾谊在《过秦论》中云："及至秦王，续六世之余烈，振长策而御宇内，吞二周而亡诸侯，履至尊而制六合，执棰拊以鞭笞天下，威振四海。南取百越之地，以为桂林、象郡，百越之君俯首系颈，委命下吏。乃使蒙恬北筑长城而守藩篱，却匈奴七百余里。胡人不敢南下而牧马，士不敢弯弓而报怨……天下以定，秦王之心，自以为关中之固，金城千里，子孙帝王万世之业也。……一夫作难而七庙堕，身死人手，为天下笑者，何也？仁义不施而攻守之势异也。"②汉朝自陆贾首发"过秦"之嚆矢，中经张释之、贾山、贾谊、晁错等人的继续发力，到武帝时期，"过秦"已经成为汉代一种社会思潮。王绍东认为：汉代史论家的"过秦"思潮，曾经对巩固汉朝的统治起过积极作用，但也存在着历史局限：一是"重其亡而忽其兴"，对秦朝的兴盛过程与历史地位研究不够，重视不足，不利于对秦朝历史的全面认识和客观评价；二是"扬道德而非法治"，对秦朝的法治主义全盘否定，对道德因素在治理国家中的作用无限拔高，既制约了汉代政治制度的建设与完善，也弱化了中国古代国家治理中的法治意识；三是"笃于义而薄于利"，对秦功利主义价值观的过度批判，限制了古代社会对个人利益的追求与个性特点的发展。③ 实质上，"过秦"是汉对秦代失败教训的深刻反思，而"宣汉"就是对汉代社会的大力肯定。

在中国历史上开启修长城者并非秦始皇，而是战国时期齐、楚及与北方匈奴相邻的秦、赵、燕等诸国。而且当时修建的也不止一条长城，山东六国为了防守目的各自都修筑了长城。秦始皇统一后的工作只是将这些与匈奴接壤的不连贯的长城加以修缮并连接起来，由于疆域的扩大，部分地方是新修的，从而形成了中国历史上第一条万里长城。秦朝之后，除了元朝之外，历代不论是汉族皇帝还是少数民族皇帝，都或多或少地修建了长城。因此，不能由秦始皇一个人来承担与长城相关的一些负面结果。

秦始皇兼并六国之后，并没有马放南山、刀枪入库，而是继续南征百越、北击匈奴，为建立一个统一的大帝国持续发力。由于战争的残酷和工程的浩大，秦始皇的这些举措无疑大大加重了秦帝国百姓的负担，同时也成就了一个庞大的帝国版图。毫无

---

① 《史记》卷一一二《平津侯主父列传》，第2954页。
② 《史记》卷六《秦始皇本纪》，第280—282页。
③ 王绍东：《论汉代"过秦"思想的历史局限》，《史学史研究》2009年第3期。

疑问，在冷兵器时代长城所具有的军事防御功能是不言而喻的，而且从中国和世界历史中可以看出，修长城并不意味着怯懦与防守，也并不都是国势衰微的闭关退守之策，相反在武力强大之时，不少帝王都把修建长城作为防御外来侵略的举措。如今的长城不再具有军事防御功能，它已经成为一个文化符号，成为中华民族凝聚力的象征。从汉代以后，与长城相联系的"孟姜女哭长城传说"成为一个流传甚久、影响甚大的民间传说。

二、"孟姜女哭长城传说"的流传与演变

"孟姜女哭长城传说"是我国古代著名的四大民间传说之一，千古流传，并成为"非物质文化遗产"。传说在秦始皇的时候，有一对夫妻，男的叫范喜良，女的叫孟姜女。结婚刚刚三天，范喜良就被征发去修筑长城，不久因饥寒和劳累死去。孟姜女历经千辛万苦，万里寻夫到长城，结果得知丈夫已死，便放声大哭，于是就哭倒了长城八百里。从此，山海关就被指定为"孟姜女哭长城传说"发生之地，在那里修建有"孟姜女庙"。该故事流传至今，已经有两千多年的历史了。

实质上，孟姜女是一个演义出来的人物，而且后来演义成忠贞爱情的象征和反对战争的化身。在山海关长城上有一个"孟姜女庙"，笔者曾去参观考察过。其正殿的楹联是把孟姜女和秦始皇作对比："秦王安在哉，万里长城筑怨；姜女未亡也，千秋片石铭贞"，横批是"万古流芳"。这显然是在抨击秦始皇修建的万里长城。

秦始皇该不该修长城？有没有比修长城更节省民力的办法？回答这些问题，不能超越时代，今人也不可能代替古人去改写历史。秦始皇既然是我国第一个大一统专制帝国的皇帝，当然有理由去巩固自己的社稷江山和保卫边疆安全，要求自己的臣民承担一定的国防费用或者劳役，古代统治者大多修建有长城，这在当时是无可非议的。只要我们对这个传说穷根溯源，就可以发现这个民间传说纯属虚构，是汉代"过秦思潮"影响下的产物。因为山海关所存的长城是明朝才修筑起来的，而秦始皇所筑长城距山海关北去数百里，时代相差太远，本来山海关上的姜女庙与秦始皇没有任何关系，但还是被后人胡拉乱扯、编织在一起成为一个故事。而且人哭倒长城是根本不可能的事，但却以讹传讹，似乎变成了真实的事件，成为抨击秦始皇的有力论据。

历史上的传说大多是可以找到依据的，然而"孟姜女哭长城传说"缺乏最基本的依据。历史上有哭城墙的记载，但故事发生的时间比秦统一六国要早得多，因此和秦始皇根本风马牛不相及。"孟姜女哭长城传说"的故事，是随着历代时势和风俗不断变化而变异的。孟姜女的故事发生在春秋时期，据《左传》襄公二十三年记载：春秋末期的齐庄公时代（前553—前548），齐国人杞梁在攻打莒国（今山东莒县）的战役中阵亡。杞梁的妻子悲痛欲绝，趴在杞梁的尸体上，在城墙下痛哭。传说哭了七天七夜，城墙崩塌了，这是"孟姜女哭长城传说"的原始文献资料。到战国中期，《礼记·檀弓

下》记载了同一件事，不过增加了"其妻迎其柩于路而哭之哀"一语。著名历史学家顾颉刚研究后指出："这是很重要的一变，古今无数孟姜女的故事都是在这'哭之哀'三个字上转出来的。"稍后的文献《孟子·告子下》中记载了淳于髡的话："杞梁之妻善哭而变国俗。"意思是说杞梁之妻的哭调成了一时的风尚，从而改变了齐国的风俗。齐国人喜欢学杞梁之妻的哭调，这是孟姜女故事能够流传的一个重要原因。西汉代替秦王朝以后，刘向在《说苑·列女传》中把杞梁之妻作为烈女之一，予以表彰，并在原传说的基础上，增加了杞梁的妻子连哭"十日"以后"赴淄水而死"的情节，再一次把"哭"与"死"联系在一起。晋人崔豹《古今注》一书记载的内容与《左传》的记载大体相似。但上述各书中指明杞梁姓范，还没有出现过"孟姜女"的名字。

唐朝是代替了短命的隋王朝而建立的，后世常将秦隋短命的原因混为一谈。在敦煌石窟唐朝曲子词中可以见到最早记载孟姜女送寒衣赴长城的故事，为"孟姜女哭长城传说"的故事增添了"送寒衣"的情节。唐末《杞梁妻》一诗中，把杞梁的妻子说成秦朝人，她去长城哭吊丈夫，"一号城崩塞色苦，再号杞梁骨出土"。到了宋代，被广泛流传的杞梁开始有了姓，不过说法不一，有说姓范，又说姓万，还有叫杞郎和喜良的。南宋郑樵曰："杞梁之妻，与经传所言者，数十言耳，彼则演成万千言……"①看来"孟姜女哭长城传说"是由杞梁妻哭城演变而来的，故事的最后形成时间是北宋年间。

宋代儒家思想得到了发扬光大，孟姜女也成为当时统治者提倡效仿的对象，因此孟姜女的故事被编成评词话本，谱成歌曲杂弹，"孟姜女庙"里四时香火不断，前来立碑献匾、拜庙赋诗的上自皇帝，下至仕宦，孟姜女随之成为"贞烈女神"，成为儒家标榜的典型，被列入"二十四孝"中的第二十一孝，神化成"七仙女下凡"。到明代中叶，全国各地盛行为孟姜女立庙之风。

由于故事流传时间较长和民间的以讹传讹，孟姜女丈夫的名字出入比较大，有范杞梁、万喜良、范喜良、万杞梁、杞良、范杞良、范希郎、范喜郎等不同名字。孟姜女的故事经历了两千多年的流传和演变，其故事本身的内容也大相径庭，说法不一，如何看待这一故事，更是众说纷纭、莫衷一是。

实质上把齐国的孟姜捏造成秦国的孟姜女，把攻打莒城改为修筑长城，是后代有意往秦始皇身上栽赃。不可一世的秦王朝遽兴忽亡，对后来替而代之的汉王朝来说无疑是需要认真总结经验教训的。汉王朝建立后，面临着如何巩固政权的问题，当高祖刘邦还陶醉在布衣天子、美梦成真的胜利喜悦时，陆贾就提出了"居马上得之，宁可以马上治之乎"②的问题，认为只有认真总结秦朝速亡的历史教训，才能找到汉王朝长治久安之策。这种对历史成败经验的总结是应该的，但是由于刘邦以平民身份当上皇

---

① [宋]郑樵：《通志》，中华书局，1987年。
② 《史记》卷九七《郦生陆贾列传》，第2699页。

帝，总觉得"名不正，言不顺"，因此只有把秦说得越坏越好，这样汉王朝代秦和刘邦当上布衣皇帝就是理所当然的。于是在"过秦思潮"中一些莫须有的罪名就应运而生，比如：秦始皇的"坑儒"就是莫须有的罪名，秦始皇当时坑杀的是欺骗他的方士，后来演变成儒生。"孟姜女哭长城传说"更是张冠李戴了。

三、"孟姜女哭长城传说"的讹传

"孟姜女哭长城传说"是妇孺皆知的故事，历史上不少人从这个故事出发而认为秦始皇是历史上的暴君。然而这只是讹传。

孟姜女是春秋时期齐国的故事人物，后人将春秋时期的战将杞梁讹传为范杞梁，从而臆造出孟姜女寻其夫范杞梁哭倒长城的传说，历史上还有朝代根据此事为孟姜女立庙作像。其实孟姜女哭倒的并非秦朝时的长城，而是齐国的城墙。明代冯梦龙在其所著《东周列国志》中于几百年前便作了澄清：齐庄公之大将杞梁战死于疆场，"其妻孟姜氏奉夫棺，露宿三日，抚棺大恸，涕泪俱尽，继之以血。齐城忽然崩陷数尺，由于哀恸迫切，精诚之所感也。后世传秦人范杞梁差筑长城而死，其妻孟姜女送寒衣至城下，闻夫死痛哭，城为之崩。盖即齐将杞梁之事，而误传之耳"。

退一步来讲，"孟姜女哭长城传说"即便与长城有关系，也应该源于齐长城，齐长城是我国修建最早的长城，在齐长城沿线流传着不少有关孟姜女的传说和故事，随处可见孟姜女庙、坟的遗迹。在山东安丘境内的齐长城遗址上，同样流传着孟姜女的传说，在吾山与柘山交界处大车山长城岭的南坡上有着满山遍野疙瘩样的圆石头，人们传说这些石头是当年孟姜女为修建长城的丈夫送的疙瘩汤变成的，这些故事如泣如诉，令人痛断心肠，这也许是秦长城上孟姜女千里寻夫送寒衣的雏形，它是以《左传》"杞梁妻哭夫崩城"的故事为原型，经后代人们不断演绎和艺术加工而成的，后人作为反抗秦王朝暴政的例证，便将发生在齐长城上的传说克隆到了秦始皇长城上。

四、揭秘"孟姜女哭长城传说"的历史真相

"孟姜女哭长城传说"是我国古代著名的民间传说故事，可谓家喻户晓。它以戏剧、歌谣、诗文、说唱等多种形式出现，广为流传。关于孟姜女名称的来历本身就充满了传奇。传说江苏松江有个孟家庄，有一孟姓老头善种葫芦，由于葫芦根深叶茂，其茂盛的葫芦蔓延伸到了邻居姜家院了，于是孟、姜两家相约结了葫芦一家一半。转眼到了收获的季节，葫芦里却经常传出一阵阵小孩的哭声。于是孟老汉小心翼翼地切开葫芦一看，有个胖胖的漂亮小女孩端坐其中，孟老汉和姜家婆婆喜欢得不得了，都想要。最后由村中长老判定两家合养，并取名孟姜女。孟姜女长大后，心灵手巧，聪颖美丽。忽然有一天，孟姜女到后花园去散心，遇到一年轻男子立在树下，满面风尘，

精神疲惫。原来这个年轻人名叫范喜良（又说杞梁），自幼喜欢读书，满腹经纶，是为了躲避徭役逃匿到这里的。孟姜女见范喜良知书达礼、忠厚老实，便一见钟情、芳心暗许。孟老汉也觉得该男子知书达礼，非常赞成这门婚事，于是便和姜家商议挑选良辰吉日，为他们举办了婚礼。然而不幸的是刚刚新婚三天，一群官兵冲进来，把范喜良五花大绑带走修长城去了。孟姜女日夜思夫，茶饭不思，忧伤不已。转眼冬天来临，大雪纷飞。孟姜女想着丈夫修长城，天寒地冻，无衣御寒，便日夜赶着缝制棉衣，历尽千辛万苦，终于来到了长城脚下。经多方打听，孟姜女才知道自己的丈夫范喜良早就劳累致死，被埋在长城中了。孟姜女一听，心如刀绞，悲愤交加，向着长城昼夜痛哭。哭了三天三夜，哭得黑天昏地、死去活来。忽听轰隆一阵巨响，一时间地动山摇，长城崩塌了八百余里，竟然露出了范喜良的尸骨。秦始皇闻讯后大怒，下令把孟姜女抓来。但见她年轻漂亮，美若天仙，便欲纳她为妾。孟姜女悲痛欲绝地回答道，你先答应我三件事：一要造一座长桥，十里长，十里阔；二要十里万山造坟墩；三要你披麻戴孝到我丈夫坟前亲自祭奠。秦始皇沉思片刻便答应了。不几日的功夫，长桥坟墩全都造好，秦始皇身穿麻衣，过长城上长桥，来到范喜良的坟前祭奠。秦始皇便要孟姜女随他回宫。孟姜女冷笑一声："你昏庸残暴，害尽天下黎民，如今又害死我夫，我岂能作你的娘娘，休想。"说完便怀抱丈夫遗骨，跳入了波涛汹涌的大海。

这个故事情节婉转凄凉、催人泪下。然而"孟姜女哭长城传说"的流传是经过不断演变而成的，经历了反反复复曲折的演变过程。而且有多种流传版本：

其一，"孟姜"说。古时孟为长子或长女，姜为姓，是美女的象征性称呼，在《诗经》中多次出现，《诗经·郑风·有女同车》中即有"彼美孟姜，洵美且都"；《毛传》载："孟姜，齐之长女。"①

其二，《左传》说。最先记载"孟姜女哭长城"的是春秋末年鲁国史官左丘明所著的《左传》。公元前550年，齐庄公派大将杞梁、华周攻打莒国。杞梁、华周与莒国国君在蒲侯氏相遇，莒国国君想策反二人，便用重金贿赂他们并请求结盟。杞梁、华周表示："贪图私利，违抗君令，这是君主所不齿的！早晨接受命令，中午便弃之不顾，今后又有何颜面侍奉君主呢？"于是，二人与莒人大战于蒲侯氏。莒国国君亲自击鼓迎战齐军，结果，齐军战败，杞梁被杀。齐庄公被迫与莒国讲和，然后撤军而归。《左传》襄公二十三年云：齐国武将杞梁的妻子，无名无姓，称为杞梁妻。"齐侯归，遇杞梁之妻于郊（梁战死，妻行迎丧），使吊之。辞曰：殖之有罪，何辱命焉？（言若有罪，不足吊）若免于罪，犹有先人之敝庐在，下妾不得与郊吊。齐侯吊诸其室。"②从《左传》记载来看，其意为，齐庄公回国以后，在郊外遇到杞梁的妻子，派人向他吊唁，她辞谢说："杞梁有罪，岂敢劳国君吊唁？如果能够免罪，还有先人的破屋在那

---

① 《十三经注疏》编委会：《十三经注疏·毛诗正义》，北京大学出版社，2007年，第349页。
② 《十三经注疏》编委会：《十三经注疏·春秋左传正义》，第1147页。

里,下妾不能在郊外接受吊唁。"于是齐庄公又到杞梁家去吊唁。文献中既没有"哭",也没有长城或者城墙,更没有"城崩""投水"等情节。"哭"的情节在《礼记·檀弓下》中开始出现,"杞梁死焉,其妻迎其柩于路而哭之哀,庄公使人吊之"①。这说明杞梁之妻遇见齐侯为的是迎柩,"哭之哀"三字又被涂上了感情色彩。

其三,《孟子》说。《孟子·告子下》记载:"昔者王豹处于淇,而河西善讴,绵驹处于高唐,而齐右善歌,华周、杞梁之妻善哭其夫,而变国俗。"② 把杞梁妻的哭和王豹、绵驹的歌讴同举,并说她哭夫而变国俗,可见齐国唱她的哭调的风气在当时是很盛行的。

其四,刘向说。到了汉代,杞梁妻故事有了重要发展,讹的成分越来越多。刘向的《列女传》中增加了哭倒"城墙"的内容,开始出现杞梁妻"哭城"的故事,但此时的城并非是指长城,而是城墙。《说苑·善说》中载:"昔华舟、杞梁战而死,其妻悲之,向城而哭,隅为之崩,城为之厄。"③ 这是从《孟子》书中引用了前半句,增加了"哭城墙"的环节,并出现了"崩城"的情节。"哭城"的情节尽管生动形象,但与《左传》《礼记》记载杞梁妻在郊外"知礼"的行为相比,简直判若两人。而且刘向又在《列女传》中加入了杞梁妻"赴淄水而死"的情节:"杞梁之妻无子,内外皆无五属之亲。既无所归,乃就其夫之尸于城下而哭之,内诚动人,道路过者莫不为之挥涕,十日,而城为之崩。既葬,曰:'吾何归矣?夫妇人必有所倚者也。父在则倚父,夫在则倚夫,子在则倚子。今吾上则无父,中则无夫,下则无子。内无所依,以见吾诚。外无所倚,以立吾节。吾岂能更二哉!亦死而已。'遂赴淄水(靠近齐国都城临淄)而死。"刘向仅仅记载了杞梁妻"哭城"一事,但并未记载杞梁妻哭的是哪一座城。

其五,王充说。东汉时期王充在《论衡·变动》中说杞梁妻哭的是杞国的杞城,还提到杞城被哭崩五丈,"或时杞国且圮,而杞梁之妻适哭城下……又城老墙朽,犹有崩坏。一妇之哭,崩五丈之城……"。当然王充也质疑说:"哭能崩城,复能坏山乎?"④ 意思是说,如果哭能够使城墙崩塌,那么它不会使山崩塌吗?东汉末年的文学家邯郸淳在《曹娥碑》中也提到"杞崩城隅",西晋时期的经学博士崔豹的《古今注》中也说"杞都城感之而颓"。事实上,无论是杞国还是杞城,都与杞梁以及其死亡之地无关,或许正是因为杞梁的名字中带有"杞"字,所以才出现了杞梁妻哭崩杞城的传说。

其六,《黄初六年令》说。三国时,曹植在《黄初六年令》中说"杞妻哭梁,山为之崩",又在《精微篇》中提到"杞妻哭死夫,梁山为之倾"。于是更进一步,出现

---

① 《十三经注疏》编委会:《十三经注疏·礼记正义》,第356页。
② 《十三经注疏》编委会:《十三经注疏·孟子注疏》,第387页。
③ [西汉]刘向撰:《说苑》,上海古籍出版社,1990年,第93页。
④ [东汉]王充撰,黄晖校释:《论衡校释》卷一五《变动》,中华书局,1990年。

了杞梁妻"哭崩山"的传说，并且说被哭崩的山就是梁山（在今山西西南部和陕西东部），之所以与梁山扯上关系，是因为春秋时期梁山的确发生过一次巨大的崩塌事件，正是因为有了王充的"崩山说"，再加上杞梁的名字中带有"梁"字，所以才会有杞梁妻哭崩梁山的传说。故事变得玄之又玄。

其七，唐代《同贤记》说。此传说愈来愈接近现在的故事梗概。该书记载：秦朝时，秦始皇征发劳役修建长城，燕人杞良为躲避劳役，跳进了孟超家的后园。当时，孟超的女儿孟仲姿正在后园中的水池里洗澡，不小心被杞良看了个精光，所以孟仲姿就请求杞良娶她为妻，于是杞良迎娶了孟仲姿。成亲后，杞良返回家中，但不幸被主管征发劳役事务的官员发现。官员对杞良的逃走耿耿于怀，便打死了杞良，并将其尸骨埋进了长城的城墙内。孟仲姿听说后，赶到长城下号啕大哭，致使长城崩塌。在倒塌的废墟上，露出很多尸骨，并且互相交错。孟仲姿分辨不出哪具才是杞良的，在寻找的过程中，导致刺破手指，将血滴在了尸骨上，并说："如果是杞良的尸骨，血液就流进去吧！"通过"滴血认骨"，孟仲姿终于找到了杞良的尸骨，然后将其带回家安葬了。这个记载与先前的史籍记载有五处不同：一是故事的主人公由"杞梁"变成了"杞良"；二是主人公由春秋时期的齐国人变成了秦朝时的燕地人；三是之前杞梁的妻子由于没有留下姓名而被称为杞梁妻，现在变成了有名有姓的"孟仲姿"；四是杞梁原本是在与莒国国君作战时被杀，在此处变成了被官员打死的；五是多出了一段孟仲姿通过"滴血认骨"找到杞良尸骨的情节。与上面的故事中有雷同的，也有创新演义的成分。孟姜女是由"孟仲姿"演义而来，而杞梁之所以由齐人变成燕人，是因为燕地靠近秦长城，秦始皇曾经利用过燕国长城，而且燕国长城离海比较近，实质上就是要和秦始皇修长城联系在一起。然而更离奇的是，"滴血认骨"始于三国，兴盛于六朝，比秦朝晚了四五百年。"滴血认骨"虽然不科学，但古人仅仅使用于有血缘关系的直系亲属之间，绝不会用于夫妻之间，所以孟仲姿"滴血认骨"显得极为荒诞。

比《同贤记》稍晚的《唐抄文选集注汇存》与《同贤记》内容大致相似，但稍有不同：一位叫孟姿的女子居住在长城附近。有一天，她正在后园的水池中玩耍，恰巧看到了为躲避徭役而逃入她家后园的杞梁。孟姿请求杞梁娶她为妻，杞梁谢绝，但孟姿执意要嫁给杞梁，于是两人开始交往。后来，孟姿听说杞梁去世，尸体被埋进长城，于是向城而哭，长城为之崩塌。由于尸骨太多，难以辨认，孟姿变泪为血，然后"滴血认骨"，找到了杞梁。《唐抄文选集注汇存》并未说杞梁是哪里人，也没说杞梁是如何去世的，仅仅把《同贤记》中的"杞良"又改为了"杞梁"，"孟仲姿"也变成了"孟姿"，似乎与孟姜女的"孟姜"更为接近了，因为"姿"与"姜"都带有"女"字旁，并且字形也有些相似。

由于秦始皇和秦王朝的历史影响，以及之后出现的"过秦思潮"，使得杞梁妻故事一经与秦筑长城挂上钩就出现了飞跃。之所以如此，是因为唐朝之前在北方筑长城徭役最重、民怨最大的要数北齐和隋朝。北齐统治虽时间不长，但暴君文宣帝高洋驱赶百姓大规模地修筑长城,在短短的六年里筑长城三千余里。隋代也是如此,开皇元年至大业三年(581—607)的二十八年中,修筑长城凡五次。如隋炀帝"大业三年七月,发丁男百余万筑长城"。这些修长城事件对唐代文人影响很大,特别是唐人也在总结强大的秦、隋王朝为何短命而亡。因此,秦、隋筑长城的史实为"祀良妻"哭倒长城的民间传说的产生和流传提供了适宜的土壤和气候。于是唐代诗人贯休在《杞梁妻》一诗中,将故事时间移至秦朝,并将"崩城"变成"崩长城"。"秦之无道兮四海枯,筑长城兮遮北胡。筑人筑土一万里,杞梁贞妇啼呜呜。上无父兮中无夫,下无子兮孤复孤。一号城崩塞色苦,再号杞梁骨出土。疲魂饥魄相逐归,陌上少年莫相非。"① 这是最早将杞梁与秦始皇长城扯在一起的。王翰也写出了"回来饮马长城窟,长安道傍多白骨。问之耆老何代人,云是秦王筑城卒。黄昏塞北无人烟,鬼哭啾啾声沸天。无罪见诛功不赏,孤魂流落此城边。当昔秦王按剑起,诸侯膝行不敢视。富国强兵二十年,筑怨兴谣九千里。秦王筑城何太愚,天实亡秦非北胡。一朝祸起萧墙内,渭水咸阳不复都"② 这样的诗句。在敦煌石窟发现的隋唐乐府中,"孟姜女"这个名字第一次出现于《敦煌曲子词》中的《捣练子》一诗:"孟姜女,杞梁妻,一去燕山更不归,造得寒衣无人送,不免自家送征衣。"此时,由"夫死哭城"变成了"寻夫送衣"。

作为长期流传的传说总要附会到一个大家都知道的事物上,才能为更多的人记住,于是唐代将秦始皇与孟姜女联系在一起。经过长期的演变流传,传说越来越离奇,孟姜女开始哭的是一个城邑的城墙,随着不断传播,需要说成一个为更多人所知晓的城墙。当故事在齐鲁大地流传时,就成了哭崩齐国城墙。传播到全国范围时,就需要孟姜女哭倒一个全国都知道的城墙。原本没有"哭"的孟姜女,从春秋到唐朝,终于"哭倒"了秦长城。

其八,宋元明清时期,该故事流传更广。宋元时有《范杞良一命亡沙塞,孟姜女千里送寒衣》之戏文,而元明杂剧亦有《孟姜女死哭长城》之剧。南宋郑樵曰:"杞梁之妻,与经传所言者,数十言耳,彼则演成万千言……"③ 到了明代,明朝廷为了防止瓦剌入侵,明朝初年就提出了"高筑墙",因此更是大修长城,招致民怨沸腾。老百姓为了发泄对统治者的不满,又改杞梁妻为"孟姜女",改杞梁为"万喜梁"(或范喜梁),加上诸如招亲、夫妻恩爱、千里送寒衣等情节,创造出全新的"孟姜女哭长城"传说。这时的内容和后来的故事已经相似了。杞梁后来讹化成万喜良或范喜良,其妻成为孟姜女。

北宋时期,民间出现了祭祀孟姜女的祠庙。随着孟姜女形象的不断高大,孟姜女传说如雨后春笋般地在全国各地传播开来,传说的内容进一步丰富,情节进一步完善,

---

① 《全唐诗》卷八二六《贯休一》,中华书局点校本,1999年,第9388页。
② 《全唐诗》卷一五六《王翰》,第1607页。
③ [宋]郑樵:《通志·乐略》,中华书局,1995年。

加上宋明时期理学家对纲常道德的提倡，孟姜女的形象更加高大。从明朝中叶开始，全国各地兴起了为孟姜女立庙的高潮。孟姜女故事进入文学创作以后，通过小曲、鼓词、平话和戏剧等文艺形式的传唱，使其内容不断完善和丰富。孟姜女的性格越来越鲜明突出，形象越来越血肉丰满。人们对这位贤德妇人非常景仰和崇拜，逐渐把她当成圣者加以神化。至清代，孟姜女传说已非常成熟。孟姜女这个名人也成为各地争取的对象。根据1461年编纂完成的《大明一统志》记载："孟姜女本陕之同官人，秦时以夫死长城，自负遗骨以葬于县北三里许，死石穴中。"同官（今陕西铜川），在春秋战国时期隶属于秦国，如果孟姜女来自同官，那么她便成了秦人。1519年，安肃（今河北徐水）知县张镇作在宋朝建造的孟姜女庙的古迹上重新修建，并在石碑中说孟姜女是燕人，安肃就是孟姜女的故乡。到了1534年，湖南巡抚林大格修建了澧州孟姜女祠。澧州人李如圭在祠记中说孟姜女出生在秦国的澧州，去世时却是在同官。陕西人马理所著《同官孟姜庙碑记》《孟姜女补传》及《孟姜女集》都继承了这种说法。1594年，山海关尹张栋在山海关为孟姜女立祠，碑文上说，孟姜女姓许，名叫许孟姜，丈夫范郎筑城而死，许孟姜得知后，去寻找其夫，最后痛哭而亡。黄世康作的碑文也说孟姜女姓许，嫁给了秦人范植。范植去世后，孟姜女在城下痛哭三日而亡。主持修建长城的大将军蒙恬大为感动，便将二人合葬在山海关。此时，孟姜女的墓地已经有四处：临淄、同官、安肃和山海关。

在山东当地一直流传着这样一个故事，在泰山西边有一条由齐国通往鲁国的交通要道，在这条大道的咽喉处，南北排列着几个村庄，最南边的叫界首，中间的叫皮家店，再往北的叫铺子。当时这里正是齐鲁两国的交界点，鲁国为了防御强大的齐国，就在边界一带由西向东修建了一道边防寨墙，只在路口处留有寨门，并屯兵把守。不久就形成了一个村庄，取名为界首。以后为了经商的方便，齐国商人便把货物运到两国边界附近的地方安顿下来，并在这里建商铺和客店，很快形成以"铺子"和"店子"为名字的村落。有一年铺子村迁来一户齐国都城临淄的姜姓人家，生了个女孩，取名叫孟姜。孟姜小时候聪明伶俐，十分招人喜爱。随年龄的增长，小孟姜不仅长得越来越漂亮，而且手也越来越灵巧，爹娘一直都把她当成掌上明珠。当孟姜女长到十七八岁的时候，上门求亲的人家络绎不绝，最后爹娘为她选中了一户也由都城临淄迁来的万姓人家的男青年，名字叫万杞梁。结婚后二人恩恩爱爱，相敬如宾。但他们结婚不久，齐国为了加强防御，就在国内大力征调人力修筑长城。当时青壮年基本都被征调，万杞梁也在其中。起先他在家乡一带修长城，虽然又苦又累，但终究因为离家较近，所以孟姜女能随时到山上探望丈夫，送衣送饭。经过几年的艰苦修筑，在铺子村的东西山上都建起了十分高大的长城。泰山以西的长城修筑完以后，万杞梁又被征调到沂山以东去修筑长城，一去数年，杳无音信。有一年冬天特别寒冷，孟姜女心疼在外的丈夫，便连夜赶制棉衣，沿着长城向东，为丈夫千里送寒衣。她一路经历几多艰难险阻，最后终于在莒国打听到丈夫的消息，但是此时丈夫已经累死，被埋在了长城之下。孟姜女十分悲伤，如万箭穿心，再也忍受不住心头的悲痛，一头扑向埋葬丈夫的城墙边上大哭起来。哭了十天十夜，感动了上天，长城崩塌了一大片，自己丈夫万杞梁的尸体也完好地显露了出来，她扑上去为丈夫穿上了新做的棉衣，并选了背风向阳的地方将其尸体重新埋葬。孟姜女本想随夫而去，但为了照顾公婆，强忍泪水返回家中。但不久公婆从别人嘴里得知儿子已死的消息，因伤心去世。孟姜女在万念俱灰的情况下，投村东的红石江而死。铺子村的村民为了纪念孟姜女，便把村子改名为"长城铺"，后又改成"长城村"，并在城门阁楼东边修建了孟姜女庙，庙内香火不断，"孟姜女哭长城传说"，也就世世代代流传了下来。

杞梁妻哭夫的故事最早的记载是公元前550年，这时的秦始皇长城还没有修建。而齐长城西段早在周灵王十五年（前557）就已完成。因此孟姜女哭的是齐长城，和秦始皇长城没有任何关系。齐长城考察队对齐长城进行了全面考察后，认为孟姜女的原型就是杞梁妻，孟姜女埋完丈夫后，回到长城铺，痛哭一场，投村东红石江（现有殉情遗址）。通过这个传说，可以看出孟姜女是在长城铺哭夫，进而演化为"孟姜女哭长城传说"。

孟姜女故事的原型到底是谁？她与秦始皇之间到底有无关系？顾颉刚是史学大家，也是研究孟姜女故事的专家，他对传说故事进行精细和系统的考证后，写出了《孟姜女的故事转变》和《孟姜女故事研究》，从纵横两方面提出了该故事的历史系统和地理系统，对孟姜女的传说进行了系统的研究，提出了自己的看法，他认为，从孟姜女故事已看不清杞梁妻的真正历史面目了。因而顾颉刚先生提出了唐代以来孟姜女故事由春秋时杞梁之妻演化而来的说法。这种看法是有见地的。因为民间传说是民间文学的一种形式。在流传过程中不断变化，而且孟姜女这个故事，流传了两千多年，正因为传播地区广泛，其故事情节的变化是必然的。孟姜女传说，由原来的齐国杞梁之妻，急剧转变为孟姜女哭倒埋夫尸的万里长城，正是民间文学这种规律的表现。

历史上的杞国是个小国，史书记载甚少，《史记》中虽有《陈杞世家》记载了陈国、杞国两国的历史，但对杞国的描述只有寥寥270多个字，而且还特别说道：杞国微小，其事迹不值得记载。这样的小国，在周围强邻的压迫下，被迫屡次迁徙。《史记》中也没有"孟姜女哭长城传说"的相关记载。"孟姜女哭长城传说"纯属虚构，山海关上的孟姜女庙更是离奇。因为山海关长城是明代修建的，比秦始皇长城晚得多，而且秦始皇修筑的长城距山海关北去数百里。既然当时当地并无长城，哭长城之事自然是不可能有。从实质上可以看出，"孟姜女哭长城传说"是一个不断附会、不断添加的故事，与历史事实相差甚远。

现在的孟姜女传说，其故事核心经过长期的演变在唐朝时已经定型。这个故事情节非常简单，目的就是要达到"哭倒长城"和"批判秦始皇"。这是该传说中最重要的两个节点。历史上，为了防御外强入侵，历朝历代都在修筑工事。修筑长城是中国历史上最为宏大的军事防御工程，也是历代王朝各种劳役中最为残酷、最具代表性的一项劳役,从春秋至明代,在近两千年漫长的岁月中,长城屡修屡补,强征了无数的民夫,任何时候都可能产生像孟姜女那样的遭遇。因此,孟姜女和范喜良,是无数劳动人民在承受无限度的劳役中塑造出来的两个典型人物,集中表现了千百万下层百姓被劳役逼得家破人亡、妻离子散的灾难。"孟姜女哭长城传说"的故事,采用了不同的艺术形式,情节经过了历史上无数次的演变,它是对古代统治阶级暴虐行为的控诉,也是对被奴役者不畏强暴、坚贞不屈精神的歌颂。

由上所述可见,孟姜女哭长城传说故事,是在长期的文化演变中逐渐丰满起来的。动人的哭长城故事,是对统治阶级暴虐行为的控诉,也是对被奴役者不畏强暴、坚贞不屈精神的歌颂。而秦始皇就有点委屈了,被称为暴君。一件子虚乌有的事情,经过历代人们的加工,最终变得面目全非。

对于"孟姜女哭长城传说"的演变,有学者认为:如果从"孟姜女哭长城"故事迁移的地域来看,这个故事是随着历朝历代文化中心的迁移而改变的。春秋战国时期,齐国、鲁国的文化程度最高,所以此事起于齐地。西汉定都长安,长安位于齐国西部,因此故事向西迁移,才有了哭崩梁山和长城的传说。随后,沿着长城迁移。长城东至辽左,《同贤记》中便有了杞梁为燕人之说;长城西至临洮,《敦煌曲子词》中便有了孟姜寻夫之说。北宋定都汴梁(河南开封),传说又从西部来到中部,因此才有雍丘县的范郎庙。湖南受到陕西的影响,所以才有澧州的孟姜山。广东、广西一方面受到北方的影响,一方面又继续往东影响福建、浙江,浙江又向江苏传播。江浙一带是南宋时期的文化圣地,虽然受传说影响较晚,但对全国的影响却非常大。封建王朝从辽至清一直建都于北京,因此北方逐渐成为传说的后起之秀,并有了孟姜女与夫合葬山海关的传说。①

长城是"孟姜女哭长城传说"的最核心因素。历史上除了秦始皇时期修长城以外,后世的多个王朝也在修建。修建长城在当时尽管是必要的,但是这样的大工程毕竟给当时的老百姓增加了徭役、加重了负担,对于一般老百姓来讲就是劳民伤财的工程。孟姜女传说的几次大范围的传播和演绎,都与当时的修筑长城有关,而秦始皇也因此与孟姜女"穿越时空"见面了。其实,根据《左传》的记载,秦始皇同孟姜女的原型'杞梁妻'相隔数百年,是绝无可能产生瓜葛的。现在流传最广的"孟姜女哭长城传说"版本是明代形成的,而明代正是中国古代社会最后一次大修长城的时期,劳动人民把现实中因修长城带来的苦难同秦始皇这个统治者的代表联系在一起,通过文学艺术的形式来发泄内心的不满。

从最初的杞梁妻故事到最后的孟姜女哭长城传说,其演变过程历经两千余年。一个故事能长时间为人民群众所喜爱,并不断地被改造、加工,并非偶然。其主要原因是因为这个故事代表了老百姓的共同愿望,抒发了劳动人民最真实的心声:那就是向

---

① 韩明辉:《这些年,我们还在相信的历史谣言》,浙江大学出版社,2016年。

往和平、追求稳定、渴望家庭生活的幸福和安宁。因此，伴着历史的脚步，该传说经过了长期集中、提炼、丰富发展的典型化过程。它的故事情节由非常单一到复杂曲折；人物性格由概括到鲜明突出；浪漫主义的传奇色彩也日益浓重。孟姜女这个民间普通妇女的形象，集中表现了劳动人民正直、善良、勤劳、勇敢的高贵品质，以及不畏强暴、敢于斗争的英雄主义精神。

"孟姜女哭长城传说"之所以能流传千古、妇孺皆知，是因为这个传说是古人反抗暴政的体现，体现了古代劳动人民的反抗心声。特别是汉朝的"过秦"思潮对后世产生了重要的影响。汉王朝第一个叙述崩城之事的人是刘向，此时，孟姜女的故事已不仅仅是一场可歌可泣的爱情悲剧，更融入了反对暴政的抗争色彩。

"孟姜女哭长城传说"尽管是一个传说，但流传甚广，对中国古代社会影响甚大，已经完全超出了文学作品影响的范围。

总而言之，"孟姜女"原型"杞梁妻"，其故乡就在中国历史上第一个修筑长城的齐国。齐长城的修建无疑增加了劳动人民的赋税和徭役。据调查，在齐长城经过的地方，都有"孟姜女哭长城传说"的广泛传播。因此，"孟姜女哭长城传说"在起源之时所哭的应为"齐长城"。在秦始皇统一六国后，故事才随着齐地居民的迁徙而传播到各地。尤其是随着秦始皇修筑长城，人民苦难不断加深，这一故事的传播力不断被放大。更为重要的是，汉王朝代替秦王朝以后，必须寻找代替秦王朝的缘由，只有把秦说得越坏，没有贵族血统的刘邦代替秦王朝才是合理合法的，平民皇帝刘邦就能顺理成章成为汉朝的开国皇帝，于是就有了一股"过秦"思潮。汉朝的"过秦"思潮，把不该由秦始皇承担的责任也全部转嫁到了秦始皇的身上。

汉长城石营堡及其价值阐释探讨*

刘睿璇

（西北大学文化遗产学院）

摘要：石营堡汉代长城遗址，是金塔县北部长城的防御工程之一。该遗址作为河西汉塞中"堡"的典型遗存，是研究金塔地区汉长城分布、形制、功能的物质资料。石营堡的保护工作目前仅以原貌展示和定期巡查为主，知名度低，开发利用率低。因此，辨析并宣传其多元的价值，能够提升公众对该遗址的认知，并丰富保护利用方式，最终实现遗址保护工作与人居环境建设的相互促进发展。基于价值阐释理论，石营堡长城遗址主要具有文化、生态景观、经济发展三方面价值；而对可持续开发利用方式的探讨，可为该遗址及金塔地区的长城保护规划提供理论参考。

关键词：金塔县汉长城；石营堡；文化遗产价值阐释

一、汉长城石营堡概况

"居延"是匈奴语，意为"幽隐"，是先秦到汉初匈奴部落聚居之地。①《史记》中提到的骠骑将军过居延、攻祁连山是两汉文献中对居延最早的记载。《地理志》和《广志》中均对居延有记载，都提到了"居延泽"，《汉书·武帝纪》中颜师古注："张掖所置居延县者，以安置所获居延人而置此县。"② 总而言之，自汉武帝征伐匈奴开始，"居延"作为一个地名已经存在。今天内蒙古额济纳旗及酒泉金塔县黑河流域都被称为"居延地区"。1930 年，西北科学考察团挖掘汉代遗址时发现大量简牍文书，居延名声大噪，以丰富的文字材料及物质遗存成为汉文明研究者的朝圣之地。石营堡是金塔县境内汉长城的主要遗存之一，也是居延遗址之一。

金塔县汉代长城遗迹的分布远离城镇，赋存环境以荒漠戈壁为主。但是汉代经营

---

* 国家社科基金重大项目"中国古代长城的历史地理学研究"（19ZDA188）阶段性成果。
① 杨永生：《对居延遗址金塔段考古发掘与文物保护的历史辨析》，《丝绸之路》2016 年第 4 期。
② 《汉书》卷六《武帝纪》，中华书局，1964 年，第 189 页。

河西地区时，金塔一带是重要的屯田地区，这里生产的粮食除了供给当地人的生活必需外，还能输送到中原地区。20世纪80年代还能看到屯田遗迹，但是随着近年来农业开垦面积大幅增长，很多屯田遗迹被破坏。① 金塔县内汉长城共有三条线，即北线、黑河东岸线、黑河西岸线。总长306.80公里，关堡21座，烽燧77座，壕堑23段，河（湖）险20段。北线总体走向为由东向西延伸，起自航天镇营盘村西2.40公里处北河湾水库西岸，止于干海子东南，全长118.80公里。东线总体走向为由南向北延伸，起自鼎新镇大茨湾村南13公里处的兔儿墩烽火台，沿黑河东岸由南向北延伸，止于金关北6号烽火台，全长124公里。西线总体走向为西南向东北延伸，起自航天镇营盘村西2.40公里处的花庄墩烽火台，止于肩水金关对面黑河河岸，全长64公里。如图1所示，黑河东岸线和西岸线将巴丹吉林沙漠西北缘的黑河包围其中，东、西线的交会点肩水塞是居延长城的七处候官要塞中距张掖郡最近的塞防，属张掖郡肩水都尉管辖，是进出河西腹地，北通居延都尉府的必经之地，一直依托黑河两岸的水土资源进行屯戍。② 黑河（古弱水）是连接蒙古高原到祁连山北麓的南北通道，是河西走廊的北部豁口，所以金塔长城沿着黑河两岸向北延伸，就是为了把控这条通道，稳固对河西走廊的掌控。

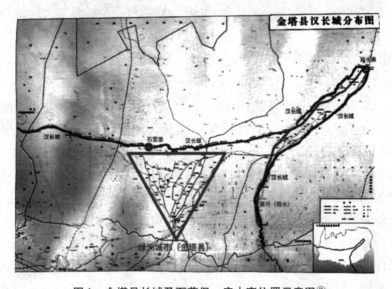

图1 金塔县长城及石营堡、肩水塞位置示意图③

石营堡位于西坝乡西移村东北5.45公里处的黑石山包上，东西长31米，南北宽24.10米，平面呈方形，剖面呈梯形。墙体筑造方式独特，由土坯、石块、澄板泥夹红

---

① 张依萌：《河西风物漫记甘肃金塔长城》，《大众考古》2013年第6期。
② 陶玉乐：《金塔长城》，甘肃人民出版社，2017年，第36—39页。
③ 该图为笔者自绘，资料来源于金塔县博物馆。

柳、芦苇叠筑而成,没有夯层。① 东墙长 24.10 米,底宽 2.70 米,残高 1.50—5.70 米;西墙长 21.20 米,底宽 1.95 米,残高 2.80—8.90 米;南墙长 31 米,底宽 3.40 米,残高 8.90 米,墙体正中开一门,门宽 4.90 米;北墙长 28.70 米,底宽 2.07 米,残高 1.50—2.80 米。受雨水和风沙的侵袭,石营堡部分墙体坍塌呈豁口状,在墙基部形成斜坡堆积,墙体最高处残存 8.90 米,最低处为 2.80 米,如图 2 所示,目前以原貌展示为主。受到地质运动的影响,河西地区地层断裂严重,岩层分布广,多戈壁沙漠,土层堆积较薄;考虑到地表条件,当地的长城建造工艺多采用承重力好的土坯加上岩石、植物固定支撑,以保证墙体坚固。②

图 2　石营堡汉代长城③

根据周围环境可以推断,石营堡及周边长城在建造过程中就地取材,岩石取自地表及山体的黑色岩石,泥土和植物取自南侧的北海子湿地。在构建布局上,利用了天然存在的岩石山体,同时利用南侧的北海子形成水隘,遵循了"因地制宜"的布局原则。1986 年第二次全国文物普查时发现该营堡,2006 年 5 月,国务院下发《关于核定并公布第六批全国重点文物保护单位的通知》,将甘肃省长城墙体及其附属设施整体公布为第六批全国重点文物保护单位,立保护标志碑进行标志,目前该遗迹并未开发为营业性景点。

关于石营堡及周边相关的烽燧、壕堑等汉代长城设施遗迹,仍然以露天展示、文保员巡查维护为主。在金塔县博物馆,常设展厅对可移动的相关遗物陈列展示,展板上对建筑部件的功能也进行了还原示意;同时,以摄影展的形式对金塔周边的长城遗迹如大小方盘城、肩水金关进行展示。以石营堡为代表的汉长城遗址受到地理位置和区位因素的影响,管理成本大;加上河西地区长城遗迹数量众多,分布广泛,内涵丰富,关于遗产的定位落点不明晰,所以需要从阐释价值出发,让偏远地区的文化遗产实现活化利用,促进遗产与遗产地多维度长远向好的发展。

---

① 陶玉乐:《金塔长城》,第 186—187 页。
② 薛程:《中国长城墙体建造技术研究》,西北大学 2018 年博士学位论文,第 59—90 页。
③ 该图为笔者拍摄。

二、价值阐释的理论基础

（一）阐释遗产价值的必要性

国际古迹遗址理事会 2008 年通过了《文化遗产阐释与展示宪章》，强调增强公众对文化遗产的认知是遗产管理、保护工作的重要部分，也是与新经济政策相融合的重要环节。遗产是自然演进和人类发展历史中或天然或人为留存的，具有美学、智慧、纪念性等意义的事物。而判定一件事物是否属于遗产，在于人类主体的文化、审美等主观选择，所以说人类对自然和文化遗产的认知，是遗产价值得以形成的关键。[①] 不同教育背景下的个体认知体系大相径庭，而以民族为单位，将统一的生活环境、社会公序良俗作为认识形成的标准，有利于价值的明晰和传播。杜晓帆认为，文化遗产的价值在行动中产生，即包含在考古发现、科学研究以及修复保护等行动中，而科研环节内涵了价值阐释。例如罗塞塔石碑的解读衍生出了埃及学研究，改变了人们对埃及艺术的认知，通过公共教育和商业活动传播，保护了古埃及文化遗存。[②] 价值是无形之物，阐释是将其具象化的渠道，只有阐释遗产价值，才能提升遗产知名度，激发文化认同感。

汉长城是汉文明形成、发展的见证，自汉武帝占领河西走廊，设河西四郡，改变了以黄河、长江中下游为主体的华夏文明的范围及内涵，丰富了多元一体的中华民族的构成。两千年来人们不断修建、维护长城，很多城也从屯戍转变为生活、耕种的功能。正是在与自然环境的抗争中，在生活的奋斗中，彰显了我们这个民族从古到今开放包容、自强不息的品格。通过考古调查、史料分析，关于长城的认知不再局限于军事防御功能，尤其是在宏观上，长城对于统一多民族的中华文明的形成有深远的影响。

进行文保实践工作时，考虑到西北地区以金塔、酒泉等地为代表的河西长城，受到自然环境和交通区位因素的影响，不适合于统一遮罩、复原，原真性的保护工作反而不能很好地展示其历史文化价值，所以确定保护工作方案的前提是阐释遗产价值。只有紧跟不断变化的文化战略需求，对遗产进行精准定位，才能让更多人正确地认识长城。阐释汉长城的价值，是构建民族团结、文化自信的大环境，是响应文化强国战略号召的必要工作。

（二）以绿色经济为前提进行阐释利用

2021 年在《国务院关于加快建立健全绿色低碳循环发展经济体系的指导意见》中强调，全面贯彻生态文明思想，全方位、全过程推行绿色规划。文化与旅游、体育正

[①] 孙华：《遗产价值的若干问题——遗产价值的本质、属性、结构、类型和评价》，《中国文化遗产》2019 年第 1 期。

[②] 周孟圆、杜晓帆：《文物的价值在行动中产生——文物价值认定的前沿理念与经验》，《故宫博物院院刊》2019 年第 1 期。

是绿色可循环的高效益经济领域,近年来随着人民群众对高质量消费的需求不断增长,文旅融合的消费模式受到越来越多人的认可。通过文旅融合获得的旅游业收入很大程度上有助于文化设施的建设及维护,还能够减少季节性因素对旅游业收入的影响,尤其是针对文化历史城镇、乡村来说,这一点就显得至关重要。① 例如卢瓦尔河谷,通过对肖恩庄园、丰泰罗王室修道院以餐厅、戏剧工坊等进行活化利用,展示了法兰西文化中人与自然和谐互动的文化内涵,而现行的所有活化利用方式都紧紧围绕着这一价值核心展开。②

循环经济通过对材料的最大化利用,减少原料和能源的消耗和浪费,实现最低限度的整体自然资源开采和环境影响。③ 本文关注的石营堡汉长城属于建筑类历史文化遗产,由于脱离使用功能时间过久,实用建筑意义上的生命周期已经结束,那么利用现有的物质基础重新定义遗产的生命周期,并从乡土、历史、延长生命周期等方面构建环境友好型遗产保护方案是当下需要关注的重点。基于文化遗产开展旅游消费活动,有别于传统旅游业污染生态环境、扰动社区的模式。维护遗产地周边绿化,有助于涵养当地生态;建设遗产缓冲地带,控制周边商业、工业建筑占地,有利于绿色景观成规模地发展;同时以文旅经济收入反哺遗产地,为游客提供人性化的设施及服务,提高吸引力,形成行业的良性循环,实现根本意义上的绿色可持续发展。

三、多角度的价值阐释

(一) 文化价值

自汉代以来,河西走廊乃至西域成为华夏版图不可分割的一部分,每一座烽燧都见证了祖国的统一与民族的融合。今天的酒泉地区,回族、藏族、东乡族、哈萨克族等少数民族人口非常丰富,宗教信仰也十分繁多,作为中华民族大家庭的成员,他们都在各自的岗位上为社会主义现代化建设辛勤劳动。

历史上长城是以军事性质为主的建筑,承担了御敌、预警等功能,为华夏腹地的安全稳定及河西走廊的畅通提供保障。在无数次抵御侵略和锐意进取中,长城逐渐成了爱国精神、民族精神的象征。游牧民族与农耕民族频繁发生战争冲突的地方,由后者依托地势,就地取材,通过夯土和版筑技术将泥土、植物茎秆筑成坚固的墙壁和堡垒,不仅能够抵御马背上骑兵的进攻,串联起来的烽燧还能够向远方传递军情。文人

---

① Greg Richards, *Cultural tourism: A review of recent research and trends*, Journal of Hospitality and Tourism Management, 13 – 19, 2018.

② 王珏:《基于价值为核心的遗产活化利用模式——以世界遗产卢瓦尔河谷为例》,《中国文化遗产》2020 年第 6 期。

③ Gillian Foster, *Circular economy strategies for adaptive reuse of cultural heritage buildings to reduce environmental impacts*, Resources, Conservation & Recycling, 152, 2020.

墨客也为边塞留下了千古绝句,如王维途经居延海便写下"单车欲问边,属国过居延""大漠孤烟直,长河落日圆"的诗句。随着时间推移,长城逐渐成为当地人生活的一部分,通过不断修建、维护,很多城也从屯戍转变为生活、耕种的功能。可以说长城从建造、使用到保护,都凝结了劳动人民的智慧。

在学术上,金塔居延遗址出土的简牍为汉文明的研究提供了第一手的珍贵资料,包括石营堡汉长城在内的金塔县长城遗存从考古学视角具象地展示了地理、生态、军事等多领域的历史情况。石营堡长城独特的建造方式也为研究长城建造史提供了物证,结合当地独特的自然条件,为河西汉塞的研究提供了很多证据。

(二)景观及生态价值

从宏观来看,河西汉塞与沿线生态环境之间,形成了通过区域协同实现遗产景观体系的构建。通过利用长城文化遗产景观体系,可以打造文化内涵丰富、自然资源协同发展的线性景观区域,其中可以包含自然保护区、旅游度假区、森林公园、风景名胜区、历史村镇等。① 金塔县地处丝路遗产廊道,汉长城也是该廊道中重要的遗产要素。作为建筑的杰出范例,结合丝路廊道及长城沿线的各处文化遗产进行展示,可以打破荒漠—绿洲景观及温带大陆性气候导致的景观单一性,以多元一体的形式,构建区域协同、连点成线的景观廊道。

具体来说,河西汉塞的主要配套设施有障、坞、燧、关,通过文献资料和考古发掘可以得知,"障"多以"亭障""城障""塞障"并称,如小方盘城南北长24.40米、东西宽23.60米的建制就属于河西汉塞中的"障",规模较小,部都尉、候官及佐治官吏均可驻障;"坞"在文献中多称"堡""壁""垒壁"等,一般与"燧"或是"障"组成配套的军事设施,具体规模由所驻军事机构的等级而定,大者如"障"之二倍余,小者仅居室一二间,容数人;② "燧"在军事上有报警功能,生活系统中有邮驿、警卫等多重功能;"关"具有重要的边防功能,把控着通过长城前往西域或是蒙古高原的重要通道。③ 还有"五里一燧,十里一墩,卅里一堡,百里一城"的说法,石营堡就是三十里一"堡"的存在。这些设施,都是构成长城遗产景观的重要组成,其外形的差异能够为观赏者展示遗产本体的历史文化意义及实用功能意义,丰富景观内涵。

在生态环境上,汉长城绵延于祁连山北,金塔县正是属于黑河中游酒泉地区的屯田。初建长城时,黑河中游在西汉政权入主之前因水源丰沛,原始绿洲发育良好,以草原植被为主,是匈奴和月氏的牧场。根据当地的考古发现,很多墓葬、居址都有木

---

① 曾慧子、黄思成、饶成之、张云路:《区域协同视角下长城文化遗产景观体系构建》,《中国城市林业》2020年第6期。
② 吴礽骧:《河西汉塞》,《文物》1990年第12期。
③ 吴礽骧:《河西汉塞调查与研究》,文物出版社,2005年,第182—190页。

材遗存，能够证明历史时期该地区森林植被丰富，以森林草原和干旱草原为主①，对游牧民族和农业民族来说均适宜生存定居。但是河西走廊向北，受到降水量的影响，干旱草原是主要的覆盖植被。遇到降水稀少、植被枯萎、牛羊减产的时候，游牧民族的生存难以保证，更不必说互市。加上随着社会稳定，部分屯田被废弃，居民、士兵向南转移，长城以北废弃的屯田破坏了原始绿洲的土地、水资源，土地肥力降低，植被难以附着，导致土地沙漠化。②长城北侧的土地受到人为和自然因素的双重影响逐渐荒芜，南侧则是农业耕作维持的茂盛农田，长城南北的生态差异越来越显著。

长城附近地区的生态环境变化，是活态的资料，是考古学、历史地理学、环境科学等多学科交叉的议题，不仅能够展现历史时期区域生态及环境变化的规律，还能够探索可持续发展之路的实际应用。

（三）经济与人口价值

文化遗产对所在地经济、政治、人口均有深刻的影响力。长城建设初期为不同民族聚落划定边界，将游牧和农耕两种经济模式的行为主体进行了人为的划分，同时管理了农牧商贸，为后期发展偏远地区城镇奠定了基础。反过来，经济和政治为多元一体文化的交融提供了政策性的支持，而人口则进一步影响了文化的交融与发展，在人口数量高、民族数量多的地区，文化的内容与形式会更加丰富。③开展文化遗产保护利用，吸引相关人才，为提升人口质量，丰富人口组成有积极意义。

区域经济及城镇发展的相对滞后，需要实现供给侧结构性改革进行提升。汉长城遗址密集分布的甘肃省，受到自然气候及地理区位的影响，经济发展相比东部沿海地区相对滞后，加上农牧业并重的产业特色，城乡结合略显滞后。不过，丰富的长城文化资源却可以为甘肃省打造独特的文化品牌、文化名片，可通过建设遗产廊道和长城国家文化公园，在基础建设和旅游行业增加就业机会，从而使文化资源转化为经济资源。随着可持续发展理念的深入与供给侧结构性改革的优化，通过循环经济策略重新定义遗产的生命周期，通过综合干预将过去以仿古建筑、人造景点为主的低质量旅游服务业转变为遗产友好型的文旅融合新产业，可实现文化遗产保护带动经济高质量增长，经济效益反哺文化遗产保护事业的良性循环。

---

① 张奋强：《先秦两汉时期黑河中游环境状况研究》，兰州大学2017年硕士学位论文，第38—49页。
② 黄颖：《两汉时期农牧界线的历史变迁及其原因》，江西师范大学2019年硕士学位论文，第23—26页。
③ 许春晓、何玲玲、张静静：《中国文化遗产民族结构演进及其影响因素》，《地理科学》2021年第2期。

四、结语

  作为河西汉塞、居延遗址之一的石营堡汉长城遗址，是河西地区开发史、古代军事、古代建筑等领域研究的重要物质资料，也是受温带大陆性气候影响而形成的特殊文化景观。但该遗址不为大众熟知，且一直面临风沙侵袭以及动物活动的破坏。本文基于价值阐释理论分析，认为遗产开发利用能够优化该遗址的保护，并改善当地人居环境。而对石营堡遗址价值的阐释，则可为遗产保护规划、开发策略提供理论参考，从而一定程度上改变该遗址无人关注、无人开发的现状。

  基于遗址的文化价值，可以开展关于汉代屯戍历史、游牧农耕文明交融、长城建筑等领域的科研教育活动。从遗址的生态及景观价值入手，可以建设受保护的景观带，将石营堡长城遗址与周边自然景观、民族风情结合，优化金塔地区的风土空间。这样既保护了遗址本身，也使自然与文化景观相映成趣，凸显地区特色。从经济与人口价值来说，在加强文化认知、优化风土空间的背景下，可以通过"融媒体"平台进行宣传，提升知名度和吸引力；还可以通过文旅融合的形式，或建设长城文化公园，或承接团体参观研学活动，为当地人创造就业岗位，在实现文化遗产的活化利用的同时，切实改善人民群众的生活水平。

·秦汉专题研究·

论"郦山徒""授兵":秦大型工程的军事化营作*

王子今

(西北大学历史学院)

摘要:秦末民众暴动数十万众入关,秦二世接受章邯建议,以"郦山徒""授兵",竟然击败农民军。挽救政治危局的这一特殊方式,透露秦王朝大型土木工程的施工组织形式可能采用军事化管理体制。秦长城及秦直道由将军蒙恬主持施工,可以作为证明。汉初皇帝入葬,"藏郭穿复土"主管官员用"将军""校尉"号,施工用"卒",体现了制度延续。分析相关现象,有益于认识秦工程史的重要信息,亦可以说明秦大型工程可以实现较高施工效率的缘由。

关键词:郦山;徒;授兵;复土将军;军事化;工程史

秦末陈胜、吴广发起暴动,反秦农民军数十万众入关,秦二世接受少府章邯的建议,以"郦山徒""授兵"。这支仓促组建的军队,竟然击败农民军,随即成为表现出较强战斗力的秦军主力。在得到兵员充实之后,甚至在定陶之战击楚,致使项梁军破。"郦山徒""授兵"这一挽救政治危局的特殊方式,透露秦王朝大型土木工程的施工组织形式可能采用军事化体制。秦长城和秦直道由将军蒙恬主持施工,可以作为另一证明。汉初皇帝入葬,"藏郭穿复土"主管官员用"将军""校尉"号,施工用"卒",体现了大致相同制度的历史延续。后世视作"汉氏故事",其实在秦代已经可以发现其历史先声。分析相关现象,有益于认识秦工程史的重要信息,也可以说明秦大型工程可以实现较高施工效率的缘由。当然,秦始皇陵工程除了效率追求而外,安全也是质量考量的要素。军事化管理是有益于保密要求的实现的。

---

* 中国人民大学科学研究基金项目"秦史与秦文化研究"(18XNLG02)。

一、周章军"西至戏"

秦末暴政统治之下,大泽乡起义爆发。贾谊《过秦论》称"一夫作难"①"天下云集响应,赢粮而景从"②,而暴动民众数十万人进军关中,使得秦王朝面临严重的政治危机。《史记》卷六《秦始皇本纪》记载:"七月,戍卒陈胜等反故荆地,为'张楚'。胜自立为楚王,居陈,遣诸将徇地。山东郡县少年苦秦吏,皆杀其守尉令丞反,以应陈涉,相立为侯王,合从西乡,名为伐秦,不可胜数也。谒者使东方来,以反者闻二世。二世怒,下吏。后使者至,上问,对曰:'群盗,郡守尉方逐捕,今尽得,不足忧。'上悦。武臣自立为赵王,魏咎为魏王,田儋为齐王。沛公起沛。项梁举兵会稽郡。"反秦军力量壮大,以"兵数十万"规模的军团攻入关中:

> 二年冬,陈涉所遣周章等将西至戏,兵数十万。二世大惊,与群臣谋曰:"奈何?"……

暴动民众"兵数十万",以强大的威势"西至戏"。裴骃《集解》:"应劭曰:'戏,弘农湖西界也。'孟康曰:'水名,今戏亭是也。'苏林曰:'邑名,在新丰东南三十里。'"张守节《正义》:"《括地志》云:'戏水源出雍州新丰县西南骊山。《水经注》云戏水出骊山冯公谷,东北流。今新丰县东北十一里戏水当官道,即其处。'"③

虽然如冯去疾、李斯、冯劫所说,"关东群盗并起,秦发兵诛击,所杀亡甚众,然犹不止"④,赵高亦承认"关东群盗多"⑤,然而由于赵高长期封锁东方民众暴动的信息,"上问,对曰:'群盗,郡守尉方逐捕,今尽得,不足忧'","数言'关东盗毋能为也'"⑥,于是"陈涉所遣周章等将西至戏,兵数十万",成为空前严重的敌情报告,致使"二世大惊"。在章邯所谓"盗已至,众强,今发近县不及矣"的危急情势下,秦王朝采取了非常的措施。

二、秦赦"郦山徒""授兵以击之"

据《史记》卷六《秦始皇本纪》记载,秦二世二年(前208)冬,面对"陈涉所遣周章等将西至戏,兵数十万"的危急形势,所谓"二世大惊",应当体现了秦王朝执

---

① 《史记》卷六《秦始皇本纪》、卷四八《陈涉世家》,中华书局,1959年,第282页、第1965页。
② 《史记》卷六《秦始皇本纪》,第281页。
③ 《史记》,第270页。
④ 《史记》卷六《秦始皇本纪》,第271页。
⑤ 《史记》卷八七《李斯列传》,第2558页。
⑥ 《史记》卷六《秦始皇本纪》,第269页、第273页。

政集团全面的恐慌。少府章邯提出了紧急应对方案：

>少府章邯曰："盗已至，众强，今发近县不及矣。郦山徒多，请赦之，授兵以击之。"……

于是，"二世乃大赦天下，使章邯将……"①，这支由章邯指挥的部队，取得"击破"入关中农民军的战绩，后来竟然成为秦王朝晚期军队的主力。

《史记》卷一六《秦楚之际月表》则记述陈涉反秦力量的动向，秦二世元年（前209）七月，"楚隐王陈涉起兵入秦"。"八月，葛婴为涉徇九江，立襄彊为楚王。""九月，楚兵至戏。""周文兵至戏，败。而〔葛〕婴闻涉王，即杀彊。"在"楚隐王陈涉起兵入秦"句下，司马贞《索隐》："二月，葛婴立襄彊，涉之二月也。至戏，葛婴杀彊。五月，周文死。六月，陈涉死。然涉起凡六月，当二世元年十二月也。"②《史记》正文写道："〔葛〕婴闻涉王，即杀彊。"司马贞《索隐》则说："至戏，葛婴杀彊。"

章邯因反秦军"至戏"率武装的"郦山徒""击之"而载入秦史册，成为一代名将。在秦亡后章邯仍然有重要表演，被项羽封为雍王，都废丘，曾经成功抗击刘邦军东进的兵锋。③"郦山徒多，请赦之，授兵以击之"的建议被采纳，是章邯走上政治舞台中心的第一步。

"郦山徒"得"授兵"，在章邯指挥下竟然能够取胜，表现出远超对方——"众强"的相当优异的战斗力，是令人惊异的。

刘邦事迹有"送徒郦山"及"解纵所送徒"的情节。《史记》卷八《高祖本纪》："高祖以亭长为县送徒郦山，徒多道亡。自度比至皆亡之，到丰西泽中，止饮，夜乃解纵所送徒。曰：'公等皆去，吾亦从此逝矣！'"④刘邦建国史的第一幕，就与"送徒郦

---

① 《史记》，第270页。

② 《史记》，第763—764页。

③ 《史记》卷七《项羽本纪》记载，钜鹿战后，章邯降项羽。"章邯使人见项羽，欲约。""项羽乃立章邯为雍王，置楚军中。使长史欣为上将军，将秦军为前行。"灭秦后，项羽分封十八诸侯，"三分关中，王秦降将以距塞汉王。项王乃立章邯为雍王，王咸阳以西，都废丘。"（第309—310页、第316页）《史记》卷八《高祖本纪》："（项羽）三分关中，立秦三将：章邯为雍王，都废丘……""八月，汉王用韩信之计，从故道还，袭雍王章邯。邯迎击汉陈仓，雍兵败，还走；止战好畤，又复败，走废丘。汉王遂定雍地。东至咸阳，引兵围雍王废丘，而遣诸将略定陇西、北地、上郡。""引水灌废丘，废丘降，章邯自杀。"（第365页、第368页、第372页）《史记》卷一六《秦楚之际月表》："（章邯）都废丘。""邯守废丘，汉围之。""汉杀邯废丘。"（第779页、第783页、第787页）《史记》卷五四《曹相国世家》："参以将军引兵围章邯于废丘。"（第2025页）《史记》卷五七《绛侯周勃世家》："围章邯废丘。"（第2067页）《史记》卷八九《张耳陈余列传》："汉王亦还定三秦，方围章邯废丘。"（第2581页）《史记》卷九五《樊郦滕灌列传》："（灌婴）围章邯于废丘，未拔。""（樊哙）灌废丘，最。"（第2668页、第2655页）章邯"都废丘""守废丘"，曹参、周勃、灌婴等"围废丘"，樊哙"灌废丘"史迹，已得到考古工作收获所证实。

④ 《史记》，第347页。

山"及"徒多道亡",于是"解纵所送徒"的情节有关。① 由"徒多逃亡"情形及"解纵"动作,可知"郦山徒"是以强制方式"送"往役所,被迫从事沉重劳作的。

陕西临潼赵背户村秦始皇陵劳役人员墓地的考古发掘显示,墓地中发现十九人的瓦文墓志,其中只有标志刑徒籍贯的地名十四个,分别属于原三晋、齐、鲁和楚国故地。进行勘查、清理的考古工作者指出:"瓦文与记载相互参证,说明修建始皇陵的大批刑徒,都从原山东六国诏调而来。"② 其葬式大多与秦人墓葬东西方向的传统相一致,出土骨架一百具,仅有四具为仰身直肢葬,绝大多数为蜷曲特甚的屈肢葬,与关中地区春秋战国时期秦国屈肢葬的蜷曲情况相同。这种现象——屈肢葬的埋葬形式,似乎可以理解为来自关东的劳役人员在专制制度下生前备极劳苦,死后仍被迫以秦人传统风俗就葬。③

通过工程量及当时劳动生产率的测算可以得知,秦始皇陵复土工程实施阶段调用劳役的高峰时期,用工人数可以高达七十万左右。④ "郦山徒"成为兵力资源,"授兵以击之",能够"击破周章军而走",当有秦传统军功奖励制度的激励作用,或许当时还有特殊的振奋士气的政策。

三、章邯部"击破周章军"与定陶之战、钜鹿之战

章邯军迅速集结,随即投入与周章军的决战,据《史记》卷六《秦始皇本纪》记载:"二世乃大赦天下,使章邯将,击破周章军而走,遂杀章曹阳。"曹阳,裴骃《集解》:"晋灼曰:'亭名,在弘农东十三里。魏武帝改曰好阳。'"张守节《正义》:"《括地志》云:'曹阳故亭一名好阳亭,在陕州桃林县东南十四里,即章邯杀周文处。'"⑤《史记》卷一六《秦楚之际月表》记载:秦二世元年(前209)"九月,楚兵至戏。""周文兵至戏,败。""(二年)十一月,周文死。""十二月,陈涉死。"⑥ 时过两个月,局势已经发生很大的变化,章邯部队的作用是显著的。苏辙写道:"秦之亡也,诸侯并起,争先入关,秦遣章邯出兵击之。秦虽无道,而其兵方强。诸侯虽锐,而皆乌合之众,其不敌秦明矣。然诸侯皆起于群盗,不习兵,势陵藉郡县,狃于亟胜,不知秦之未可攻也。于是章邯一出,而杀周章,破陈涉,降魏咎,毙田儋,兵锋所至,如猎狐

---

① 王子今:《"斩蛇剑"象征与刘邦建国史的个性》,《史学集刊》2008 年第 6 期。
② 始皇陵秦俑坑考古发掘队:《秦始皇陵西侧赵背户村秦刑徒墓》,《文物》1982 年第 3 期。
③ 王子今:《秦王朝关东政策的失败与秦的覆亡》,《史林》1986 年第 2 期。
④ 王子今:《秦始皇陵复土工程用工人数论证》,《文博》1987 年第 1 期,后收入《秦俑学研究》,陕西人民教育出版社,1996 年。
⑤ 《史记》,第 270 页。
⑥ 《史记》,第 764 页。

兔，皆不劳而定。"① 说秦"其兵方强"，史证只是"章邯一出"之后的战功。章邯所部的战斗力确实可以说"其兵方强"而"未可攻"。我们还看到这样的史论："夫周文之众，至数十万，然秦兵一出，旋即退走，可见暴秦国势之强。"② 而人们直接有所体会的，是章邯军势之"强"。清人张琦《六国论·下》写道："胜、广起于二世雍蔽之时，据陈、梁之郊，直走函谷。然章邯以骊山刑徒数千，斩周文、诛项梁、破赵歇，犹振落。"③ 说章邯军仅以"骊山刑徒数千"破"数十万"强敌，当然是夸张之辞。

《史记》卷四八《陈涉世家》记述了章邯军与周文军作战并"大破之"的战役经过：

> 周文，陈之贤人也，尝为项燕军视日，事春申君，自言习兵，陈王与之将军印，西击秦。行收兵至关，车千乘，卒数十万，至戏，军焉。秦令少府章邯免郦山徒、人奴产子生，悉发以击楚大军，尽败之。周文败，走出关，止次曹阳二三月。章邯追败之，复走次渑池十余日。章邯击，大破之。周文自刭，军遂不战。

"周文"就是"周章"。④ 所谓"视日"，裴骃《集解》："如淳曰：'视日时吉凶举动之占也。司马季主为日者。'"可知是曾经服务于楚军的知识分子，也可以看作当时的军事技术人才。"戏"，张守节《正义》："即京东戏亭也。""戏亭"之说与前引《史记》卷六《秦始皇本纪》裴骃《集解》引孟康曰同。所谓"章邯免郦山徒、人奴产子生"，裴骃《集解》："服虔曰：'家人之产奴也。'"司马贞《索隐》："按：《汉书》无'生'字，小颜云'犹今言家产奴也。'"涉及"人奴产子生""人奴产子"⑤，较《史记》卷六《秦始皇本纪》"郦山徒多，请赦之，授兵以击之"，增益了服事劳役者的身份信息。当然尚未包括考古发掘资料所见特殊情形，但是已经可以说明通称"郦山徒"的构成是相当复杂的。

"曹阳"的位置，司马贞《索隐》："晋灼云：'亭名也，在弘农东十二里。'小颜云：'曹水之阳也。其水出陕县西南岘头山，北流入河。魏武帝谓之好阳也。'"张守节《正义》引《括地志》云："曹阳故亭亦名好阳亭，在陕州桃林县东南十四里。崔浩云：'曹阳，坑名，自南出，北通于河。'按：魏武帝改曰好阳也。"⑥ 曹阳，据《中国历史地图集》标注，在今河南三门峡西，函谷关遗址东。⑦ 郭声波以为"在今河南省灵宝市东北"⑧。

---

① 苏辙还写道："后乃与项梁遇，苦战再三，然后破之。梁虽死，而秦之锐锋亦略尽矣。"[宋] 苏辙：《栾城集》后集卷七，《四部丛刊》景明嘉靖蜀藩活字本，第517页。
② [明] 冯琦撰：《宗伯集》卷二二，明万历刻本，第270页。
③ [清] 张琦撰：《宛邻集·宛邻文三》，清光绪盛氏刻《常州先贤遗书》本，第18页。
④ 周文，裴骃《集解》："文颖曰：'即周章。'"
⑤ 《汉书》卷三一《陈胜传》，中华书局，1962年，第1790页。
⑥ 《史记》，第1954页。
⑦ 谭其骧主编：《中国历史地图集》，中国地图出版社，1982年，第7—8页。
⑧ 郭声波编著：《〈史记〉地名族名词典》，中华书局，2020年，第232页。

随后发生的定陶之战和钜鹿之战，都体现出章邯军的战斗力。

"杀（周）章曹阳"之后，"二世益遣长史司马欣、董翳佐章邯击盗，杀陈胜城父，破项梁定陶，灭魏咎临济。楚地盗名将已死，章邯乃北渡河，击赵王歇等于钜鹿"①。如前引苏辙说"杀周章，破陈涉，降魏咎，毙田儋，兵锋所至，如猎狐兔，皆不劳而定"，张琦说"斩周文、诛项梁、破赵歇，犹振落"。我们看到，"二世益遣长史司马欣、董翳佐章邯击盗"，章邯军应当很快得到了秦正规军增援充益。而"（楚军）至则围王离，与秦军遇，九战，绝其甬道，大破之，杀苏角，虏王离"②的记载，说明王离军很可能自长城防线回援③。尽管如此，由"丽山之徒"组成的部队，可能依然是章邯军兵力的主体。

"破项梁定陶"，是秦末战争中的标志性战役。当时，"宋义乃谏项梁曰：'战胜而将骄卒惰者败。今卒少惰矣，秦兵日益，臣为君畏之。'"后来，"居数日，军果败"。④所谓"秦兵日益"，也说到章邯军得到增援。而原先"丽山之徒"应当仍在基本战斗序列之中。

钜鹿决战，"诸侯军救钜鹿下者十余壁，莫敢纵兵"。"楚击秦"时，各国"诸将皆从壁上观"。"楚兵呼声动天，诸侯军无不人人惴恐。"这种态度，也是可以间接体现出章邯军的实力与军威的。钜鹿之战中，"章邯军其南，筑甬道而输之粟"。楚军"于是至则围王离，与秦军遇，九战，绝其甬道，大破之，杀苏角"。⑤秦军"筑甬道"，正是"丽山之徒"们擅长的"土功"作业。⑥

战国秦汉作战部队均应有筑作工事等能力，《汉书》卷三四《黥布传》言"项王伐齐，身负版筑"⑦，即实例之一。但是"丽山之徒"无疑更有"土功"能力方面的优长。⑧

---

① 《史记》卷六《秦始皇本纪》，第270页。

② 《史记》卷七《项羽本纪》，第307页。

③ 施丁：《谈谈"章邯军"与"王离军"》，《史学月刊》2001年第6期；董寅生：《钜鹿之战探微》，《军事历史》2012年第1期。

④ 《史记》卷七《项羽本纪》，第303页、第304页。

⑤ 《史记》卷七《项羽本纪》，第304页、第307页。

⑥ "土功"，睡虎地秦简《日书》甲种《土忌》作"土攻"，整理小组释文作"土攻（功）"。《书·益稷》可见"土功"。《礼记·月令》有"起土功""兴土功"之说。《吕氏春秋·孟夏》有"起土功"，《吕氏春秋·季夏》及《上农》有"兴土功"。睡虎地秦简《日书》"有土事"，或许也与"起土功""兴土功"有关。参看王子今：《睡虎地秦简〈日书〉甲种疏证》，湖北教育出版社，2003年，第221—223页、第495—502页。司马迁著史，使用"土功"一语，如《史记》卷二《夏本纪》、卷二七《天官书》、卷三九《晋世家》，第80页、第1308页、第1306页、第1335页、第1337页、第1655页。

⑦ 《汉书》，第1883页。

⑧ 参看王子今：《秦汉"甬道"考》，《文博》1993年第2期。

四、秦始皇陵工程军事化管理推想

章邯临时调发的部队，虽原本是"徒"的仓促集合，一旦"授兵"，竟然能够形成较强的战斗力，迅速击败"车千乘，卒数十万"的敌军，推想"郦山徒"施工时，可能即采用军事化的组织管理方式。

以军人承担墓葬工程劳作，在上古史迹中是可以看到相关历史记忆的。如古蜀史"武担"传说。《后汉书》卷八二上《方术传上·任文公》记载："公孙述时，蜀武担石折。"李贤注："武担，山，在今益州成都县北二十步。杨雄《蜀王本纪》云：'武都丈夫化为女子，颜色美绝，盖山精也。蜀王纳以为妃，无几物故，乃发卒之武都担土，葬于成都郭中，号曰武担。以石作镜一枚表其墓。'《华阳国志》曰：'王哀念之，遣五丁之武都担土为妃作冢……'"① 由于秦人较早征服蜀地②，故事发生地点在秦蜀古道线路上，不能说"武都""成都""武担"故事和秦史没有一点关系。"发卒之武都担土，葬于成都郭中，号曰武担"，既是丧葬史的特例，也透露了交通史的信息。

考古工作者根据秦始皇陵赵背户村工程人员墓地的考古发掘资料特别是瓦文墓志文字遗存判断，"修建始皇陵的大批刑徒，都从原山东六国诏调而来"③。然而也有学者指出，瓦文资料"东武居赀上造庆忌""东武东间居赀不更嫚""博昌居此（赀）用里不更余""扬民居赀大（教）""〔扬〕民居赀公士富""扬民居赀武德公士契必""平阴居赀北游公士滕""阑陵居赀便里不更牙""……（居）赀□□不更□必"，标示这些死者身份的"居赀"字样，体现其社会等级并非"刑徒""罪犯"，"应是参加修建始皇陵的劳役人员"。④ 通常以为秦始皇陵工程中直接"役作"的"徒"，有学者认为从劳役人员墓地瓦文墓志的内容看，其中有相当多的"居赀"服役者。"严格地说，'居赀'服役者并不等同于刑徒。"⑤ 刘庆柱、白云翔主编《中国考古学·秦汉卷》仍然称这一墓葬遗存为"秦刑徒墓地"，认为"墓主是'居赀'（以服劳役来抵偿因罪而被罚令缴纳财物的犯人）服役的刑徒"，指出"尽管墓主不是秦人，却按秦地的葬俗处

---

① 《后汉书》，第2708页。《华阳国志》卷三《蜀志》："武都有一丈夫，化为女子，美而艳，盖山精也。蜀王纳为妃，不习水土，欲去。王必留之，乃为《东平》之歌以乐之。无几，物故，蜀王哀之。乃遣五丁之武都担土，为妃起冢，盖地数亩，高七丈。上有石镜。今成都北角武担是也。""成都县内有一方折石，围可六尺，长三丈许。去城北六十里曰毗桥，亦有一折石，亦如之。长老传言：五丁士担土担也。"或作"丁士担土担也。"[晋]常璩撰，任乃强校注：《华阳国志校补图注》，上海古籍出版社，1987年，第123页。
② 王子今：《秦兼并蜀地的意义与蜀人对秦文化的认同》，《四川师范大学学报》1998年第2期。
③ 始皇陵秦俑坑考古发掘队：《秦始皇陵西侧赵背户村秦刑徒墓》，《文物》1982年第3期。
④ 孙এ民：《〈秦始皇陵西侧赵背户村秦刑徒墓〉质疑》，《文物》1982年第10期。
⑤ 高炜：《秦始皇陵的勘察与发掘》，中国社会科学院考古研究所编著：《新中国的考古发现和研究》，文物出版社，1984年，第389页。

理"。论者还注意到,"随葬中使用了大量铁器,大约和修建秦始皇陵园有关,但从侧面可以反映出秦代铁器的普遍使用状况,否则不会准许大量的铁器埋葬到刑徒墓中"。① 可知这些死者的身份与一般理解的"刑徒"依然不同。

秦始皇陵施工人员,《史记》称"郦山徒"②"丽山之徒"。《史记》卷九一《黥布列传》:"布已论输丽山。"张守节《正义》:"言布论决受黥竟,丽山作陵也。"又说,"丽山之徒数十万人,布皆与其徒长豪桀交通,乃率其曹偶,亡之江中为群盗"。所谓"曹偶",司马贞《索隐》:"曹,辈也。偶,类也。谓徒辈之类。"③ 所谓"其徒长豪桀"的身份值得注意。

《史记》卷七《项羽本纪》记载,章邯降项羽,"项羽乃立章邯为雍王,置楚军中。使长史欣为上将军,将秦军为前行"。行军至新安,"诸侯吏卒异时故繇使屯戍过秦中,秦中吏卒遇之多无状,及秦军降诸侯,诸侯吏卒乘胜多奴虏使之,轻折辱秦吏卒"。于是"秦吏卒"窃议:"章将军等诈吾属降诸侯,今能入关破秦,大善;即不能,诸侯虏吾属而东,秦必尽诛吾父母妻子。"项羽及其助手得知,"于是楚军夜击坑秦卒二十余万人新安城南"。④ 章邯军中有心存"秦必尽诛吾父母妻子"顾虑者,在以"丽山之徒"作为主要兵员成分的情况下,很可能起先是"徒"的管理者。在"丽山之徒"组成的部队中,中下层军官可能多为"秦中"人。他们在施工现场可能就是"徒长"。章邯军故时"丽山之徒"部队的动向由"秦中"军官主导。前引贾山称秦始皇陵工程营作者为"吏徒",是提示人们应当考虑到工程队伍管理人员的。

"作长"者应当拥有一定的权势和影响力,如黥布故事中所谓"徒长豪桀"。"徒长"应当对工程质量和进度负有责任,如同云梦睡虎地秦简《徭律》中所谓"君子主堵者"⑤。《汉书》卷五一《贾山传》所谓骊山"吏徒数十万人"中从事施工组织管理的不直接劳作的"吏",可能达到相当数量。颜师古注告知我们"吏徒"身份职任的区分,即"吏以督领,徒以役作也"⑥。

秦始皇陵区除赵背户村外,还有其他劳役人员的墓地被发现。如姚池头村北"修陵人墓地"和东五小区(五砂厂)"修陵人墓地"。前者已因平整土地被破坏。从残存墓坑现象看,"埋葬的人骨数量巨大"。"这一墓地埋葬的死者,地位低下,是受刑戮而死。"后者在东西宽50米、南北长80米的范围内,密集地排列着220座墓葬。葬具有

---

① 中国社会科学院考古研究所编著,刘庆柱、白云翔主编:《中国考古学·秦汉卷》,中国社会科学出版社,2010年,第114页、第116页。
② 《汉书》称"骊山徒"。见《汉书》卷三一《陈胜传》,第1790页。
③ 《史记》,第2597页。
④ 《史记》,第310页。
⑤ 睡虎地秦墓竹简整理小组:《睡虎地秦墓竹简》,文物出版社,1978年,第77页。
⑥ 《汉书》,第2328页。

砖棺、瓦棺、木棺三种，个别墓葬随葬有陶质随葬品。① 有研究者指出，"该墓地已探明的墓243座"，墓葬主要特征"都是竖穴土圹墓"，"墓穴内只埋葬一人"，不见"多人合葬或群葬现象"，"大多数墓有砖砌或板瓦砌的棺室"。墓圹排列密集整齐，"是有规划统一安排的墓穴"。② 也有学者推测墓主身份，提出"这批墓葬是否为秦陵建造有关参与人员，或管理徭役刑徒的基层小吏"的推想。③ 从埋葬密度与葬式看，两处墓葬区的等级差异是明显的。

施工管理人员即"督领"者数量颇多，可能是秦工程效率较高的因素之一。对于"役作"者控制的严密，也是与军事化管理的特征一致的。秦始皇陵工程因规模空前宏大，必须强调效率追求。此外，保障地宫安全在盗墓行为盛行的时代，也是必须考虑的。④ 秦始皇入葬之后，担心"臧重"有"泄"，曾经采取非常残酷的杀害"工匠"的措施。⑤ 秦始皇陵工程的军事化管理，有益于保密要求的实现。

《史记》卷六《秦始皇本纪》记载，秦二世仿效"先帝巡行郡县"，"四月，二世还至咸阳，曰：'先帝为咸阳朝廷小，故营阿房宫为室堂。未就，会上崩，罢其作者，复土郦山。郦山事大毕，今释阿房宫弗就，则是章先帝举事过也。'复作阿房宫。"⑥ 秦二世的这段话，说明"营阿房宫为室堂"的"作者"与"复土郦山"者，在两处建筑工地曾经交互转移施工营作。由此看来，当时宫室建筑和陵墓建筑的工程性质似乎没有明显的差别。

---

① 陕西省考古研究所、秦始皇陵兵马俑博物馆：《秦始皇帝陵园考古报告（1999）》，科学出版社，2000年，第27—28页。中国社会科学院考古研究所编著，刘庆柱、白云翔主编：《中国考古学·秦汉卷》，第116页。
② 袁仲一：《秦始皇陵考古发现与研究》，陕西人民出版社，2002年，第351—354页。
③ 程学华、董虎利：《秦陵徭役刑徒墓》，陕西旅游出版社，1992年，第7页。
④ 《吕氏春秋·安死》，"宋未亡而东冢抇，齐未亡而庄公冢抇。国安宁而犹若此……"《吕氏春秋·节丧》："上虽以严威重罪禁之，犹不可止。"陈奇猷校释：《吕氏春秋校释》，学林出版社，1984年，第2册第536—537页、第525页。《汉书》卷三六《刘向传》载刘向谏言："……及秦惠文、武、昭、严襄五王，皆大作丘陇，多其瘗藏，咸尽发掘暴露，甚足悲也。"第1954页。王先谦《汉书补注》引钱大昕说，"惠文，一也；武，二也；昭，三也；严襄即庄襄，四也。此云'五王'，盖昭王之后尚有孝文王，传脱'孝文'二字耳。"[清]王先谦撰：《汉书补注》，中华书局据清光绪二十六年虚受堂刊本1983年影印版，第962页。
⑤ 《史记》卷六《秦始皇本纪》："葬既已下，或言工匠为机，臧皆知之，臧重即泄。大事毕，已臧，闭中羡，下外羡门，尽闭工匠臧者，无复出者。"第265页。
⑥ 《史记》，第267—269页。

五、蒙恬主持长城、直道工程的旁证

秦人喜好发起大的工程。当时人称作"秦之好兴事"。① 孙闻博指出,"《初学记》卷六《泾水第九》引《史记》曰'韩闻秦之好兴利'。《长短经·七雄略》注'韩惠王闻秦好事'。从后者注引省略'兴'而存'事'字,原作'兴事',含义与'兴利'通。《礼记·王制》'司空执度度地……量地远近,兴事任利','兴'为'作'义,指兴建土木之事。战国时期,秦较他国尤为重视土木、水利建设,兴建工程设施较多。秦重视实用之学,关注技术因素,以及统一后修筑多种大型工程,由此可以获得新的启示"②。还应当注意到,云梦睡虎地 11 号秦墓出土《为吏之道》有"除害兴利"文字。下文又说到"城郭官府,门户关籥,除陛甬道""千(阡)佰(陌)津桥,囷屋蘠(墙)垣,沟渠水道""扁(漏)屋塗(墼),园(囿)园池"等,且言及"徒隶攻丈,作务员程",也是涉及工程施行和管理的文字。③

由余对秦穆公所展示的"宫室""积聚"有所评价:"使鬼为之,则劳神矣。使人为之,亦苦民矣。"④ 司马迁感叹长城工程和直道工程的艰巨,言:"固轻百姓力矣。"⑤ 所谓"轻百姓力",可以与"苦民"对照理解。我们不能清楚地知晓秦人工程组织的具体方式,但是考察与秦始皇陵工程年代相近的长城、直道工程,或许有一定的参考意义。

《史记》卷六《秦始皇本纪》记载,秦始皇三十二年(前 215),因"亡秦者胡也"之说,"始皇乃使将军蒙恬发兵三十万人北击胡,略取河南地"。"三十三年,……西北斥逐匈奴。自榆中并河以东,属之阴山,以为四十四县,城河上为塞。又使蒙恬渡河取高阙、阳山、北假中,筑亭障以逐戎人。徙谪,实之初县……三十四年,适治狱吏不直者,筑长城……"⑥ 蒙恬抗击匈奴,为秦帝国经营北边,大规模修筑防御

---

① 《史记》卷二九《河渠书》,第 1408 页。孙闻博:《历史中最生动的是人物——读王子今新著〈秦史人物论稿〉》,《光明日报》2021 年 12 月 25 日 12 版"光明悦读"。

② 孙闻博:《历史中最生动的是人物——读王子今新著〈秦史人物论稿〉》,《光明日报》2021 年 12 月 25 日 12 版"光明悦读"。

③ 武汉大学简帛研究中心、湖北省博物馆、湖北省文物考古研究所编,陈伟主编,彭浩、刘乐贤等撰著:《秦简牍合集(释文注释修订本)》(壹),武汉大学出版社,2016 年,第 308 页。

④ 《史记》卷五《秦本纪》,第 192 页。

⑤ 《史记》,第 2570 页。

⑥ 《史记》,第 252 页、第 253 页。

工程,"城河上为塞""筑亭障""筑长城"。① 而《史记》卷一一〇《匈奴列传》说:"秦灭六国,而始皇帝使蒙恬将十万之众北击胡,悉收河南地。因河为塞,筑四十四县城临河,徙适戍以充之。而通直道,自九原至云阳,因边山险堑溪谷可缮者治之,起临洮至辽东万余里。又度河据阳山北假中。"②《史记》卷八八《蒙恬列传》:"乃使蒙恬通道,自九原抵甘泉,堑山堙谷,千八百里。"司马迁以"太史公曰"的语气发表感叹:"吾适北边,自直道归,行观蒙恬所为秦筑长城亭障,堑山堙谷,通直道,固轻百姓力矣。"③《史记》卷一五《六国年表》:"筑长城河上,蒙恬将三十万。"④

从相关历史迹象看,长城工程和直道工程的策划设计和施工组织都是蒙恬以"将军"身份负责直接实施,应当都是以军事化的形式组织施工的。秦王朝的军事体系和战争机器的完备,通过秦长城与秦直道的建设也可以得到体现。

六、汉代"复土将军""复土校尉""发卒起冢"故事

汉代帝王陵墓营造,仍然采用军事化管理的模式。这一情形或可作为我们理解秦始皇陵施工组织形式的参考。汉代主持陵墓复土工程的长官称"复土将军""复土校尉"。《史记》卷一〇《孝文本纪》记载:"郎中令武为复土将军。"⑤《史记》卷二二《汉兴以来将相名臣年表》也说:"郎中令张武为复土将军。"⑥《汉书》卷一九下《百官公卿表下》:"大司农左威为左冯翊,三年为复土将军。""陈留太守茂陵耿丰为少府,二年为复土将军。""复土将军左威为大鸿胪。"⑦ 其中"陈留太守茂陵耿丰为少府,二年为复土将军"一例,或可以为对照,有助于理解秦"少府章邯"身份。

汉代又有"复土校尉"官职。如《汉书》卷七八《萧由传》:"哀帝崩,为复土校尉。"⑧《汉书》卷七九《冯逡传》:"建昭中,选为复土校尉。"⑨《汉书》卷九二《游

---

① 《史记》卷七《项羽本纪》:"蒙恬为秦将,北逐戎人,开榆中地数千里。"第308页。《史记》卷一一二《平津侯主父列传》:"(秦皇帝)遂使蒙恬将兵攻胡,辟地千里,以河为境。""欲肆威海外,乃使蒙恬将兵以北攻胡,辟地进境,戍于北河,蜚刍挽粟以随其后。"第2954页、第2958页。《史记》卷六《秦始皇本纪》和《史记》卷四八《陈涉世家》均引录贾谊《过秦论》语:"乃使蒙恬北筑长城而守藩篱,却匈奴七百余里,胡人不敢南下而牧马,士不敢弯弓而报怨。""乃使蒙恬北筑长城而守藩篱,却匈奴七百余里,胡人不敢南下而牧马,士亦不敢贯弓。"第260页、第1963页。

② 《史记》,2886页。

③ 《史记》,第2566页、第2570页。

④ 《史记》,第757页。

⑤ 《史记》,第434页。

⑥ 《史记》,第1129页。

⑦ 《汉书》,第847页、第849页、第854页。

⑧ 《汉书》,第3291页。

⑨ 《汉书》,第3305页。

侠传·原涉》："文母太后丧时，守复土校尉。"① 东汉仍有"复土校尉"职任。《后汉书》卷三二《樊鯈传》："帝崩，鯈为复土校尉。"李贤注："复土校尉主葬事，复土于圹也。"② 清钱大昭《汉书辨疑》卷九说："复土校尉，有国丧则置，事已则罢。萧由、冯逡俱为此官。"又说："复土将军，疑即复土校尉之类。"③ 注意到二者的关联。

《三国志》卷三《魏书·明帝纪》裴松之注引《献帝传》记载："今追谥山阳公曰孝献皇帝，册赠玺绂。命司徒、司空持节吊祭护丧，光禄、大鸿胪为副，将作大匠、复土将军营成陵墓，及置百官群吏，车旗服章丧葬礼仪，一如汉氏故事。"④ 这里所谓主管"营成陵墓"责任设定的"汉氏故事"，其实是在秦时就可以发现历史先声的。

不仅陵墓工程的组织和指挥由"将军""校尉"负责，参与"营成陵墓"的具体劳作者也是军人身份。《史记》卷一○《孝文本纪》记载汉文帝遗诏对丧葬事宜的安排："郎中令武为复土将军，发近县见卒万六千人，发内史卒万五千人，藏郭穿复土属将军武。"⑤

除帝陵外，《史记》卷一一一《卫将军骠骑列传》记述霍去病安葬事，"天子悼之，发属国玄甲军，陈自长安至茂陵，为冢象祁连山"⑥。《汉书》卷五五《霍去病传》："上悼之，发属国玄甲，军陈自长安至茂陵，为冢象祁连山。"⑦《汉官仪》卷上："发卒起冢，象祁连山。"⑧ 明确说"发卒起冢"。《汉书》卷六八《霍光传》："发三河卒穿复土，起冢祠堂。"⑨《汉书》卷八一《孔光传》："将作穿复土，可甲卒五百人，起坟如大将军王凤制度。"⑩ 都明确指出从事陵墓营造"穿复土"工程的是"卒""甲卒"，即正式的军人。"发卒穿冢""发卒起冢"是说陵墓"穿复土"两个工程阶段。"穿冢"即开掘墓穴，"起冢"即"复土"，夯筑穿复土封丘。

至于史载"发近县见卒""发内史卒""发三河卒"体现的调发方式，也是工程史研究应当关注的。

---

① 《汉书》，第3717页。
② 《后汉书》，中华书局，1965年，第1122页。
③ ［清］钱大昭撰：《汉书辨疑》，据复旦大学图书馆藏橅李沈氏刻《铜熨斗斋丛书》本影印，［清］沈钦韩等撰：《汉书疏证》（外二种），上海古籍出版社，2006年，第2册第307页、第306页。
④ 《三国志》，中华书局，1959年，第102页。
⑤ 《史记》，第434页。
⑥ 《史记》，第2939页。
⑦ 《汉书》，第2489页。今按："发属国玄甲，军陈自长安至茂陵"，《汉书》的标点是正确的。
⑧ ［宋］刘攽撰：《汉官仪》，宋绍兴临安府刻本，第4页。
⑨ 《汉书》，第2948页。后世"发卒"营造冢墓，且"陈军至于墓所"史例，又有《北齐书》（中华书局，1972年）卷一六《段韶传》："军校之士阵卫送至平恩墓所，发卒起冢。"第213页。《周书》（中华书局，1971年）卷一五《李弼传》："发卒穿冢，给大辂、龙旂，陈军至于墓所。"第241页。"军校之士阵卫送至平恩墓所"，《北史》（中华书局，1974年）卷五四《段韶传》作"军校之士，阵送至平恩墓所"。第1963页。"陈军至于墓所"，《北史》卷六○《李弼传》作"陈军至墓"，第2130页。这一做法，也是"一如汉氏故事"，即完全仿照霍去病葬仪。
⑩ 《汉书》，第3364页。

"发近县见卒""发内史卒""发三河卒"的情形，是说前往施工地点的劳作者，原本身份已是军人。这当然与秦始皇陵工程不同。但是秦陵营造者以军队形式组织施工劳作的情形，通过以上分析是可以大致推知的。

汉初长安城城墙的修筑，却并不采用这种工程组织形式。《史记》卷二二《汉兴以来将相名臣年表》："孝惠元年……始作长安城西北方。""三年，初作长安城。"① 没有说明工役组织方式。《汉书》卷二《惠帝纪》写道："（元年）春正月，城长安。""三年春，发长安六百里内男女十四万六千人城长安，三十日罢。""六月，发诸侯王、列侯徒隶二万人城长安。""（五年）春正月，复发长安六百里内男女十四万五千人城长安，三十日罢。"② 共四则记录中，明确所"发"工程劳作者身份者，可见第二则："发长安六百里内男女十四万六千人"，第三则"发诸侯王、列侯徒隶二万人"，第四则"复发长安六百里内男女十四万五千人"。都没有出现"卒"的身份。工期多在"春"季，"三十日罢"，应当考虑到不影响农时。劳作人员的数量也有所控制。③ 这是汉初政治风格所决定的。即使如此，仍然有将筑城与天灾联系起来的舆论批评。如《汉书》卷二七中之上《五行志中之上》："惠帝五年夏，大旱，江河水少，谿谷绝。先是发民男女十四万六千人城长安，是岁城乃成。"④ 可见由秦而汉，行政理念发生了怎样显著的变化。

宋陈仁子《曹参论》写道："参之时，嬴秦徭役之苦未苏也，刘项战争之毒未除也，诸侯王叛乱之祸未定也""甚至相惠帝，城长安，止发诸侯徒隶二万人，而良民不与。参盖不肯以恬之误秦者误汉也。"⑤ 其说联系"刘项战争之毒未除也"，似暗示筑城工程原本与军事行为相关，可能是调用"卒"施工的。⑥ 宋钱文子说："至于治城郭、筑堤防，转输力役，皆官予庸直，非调民为之也。"第一条实例就是："《惠纪》：

---

① 《史记》，第1122页。
② 《汉书》，第88—90页。
③ 《稽古录》卷一二写道："（惠帝三年）春，大发民城长安。""（五年）春，发男女十四万五千人城长安。"[宋]司马光撰：《稽古录》，《四部丛刊》景明翻宋本，第52页。较"发男女十四万五千人"，只超过一千人，"发长安六百里内男女十四万六千人城长安"即言"大发"，似嫌夸张。而皆言"三十日罢"，役期也是有所控制的。
④ 《汉书》，第1391页。北周武帝保定三年（563），"盛营宫室"，而"春夏大旱"，当时"诏公卿百寮，极言得失"，外史下大夫黎景熙上书，重申这种意见："汉惠帝二年夏，大旱，江河水少，溪涧水绝。《五行传》以为先是发民十四万六千人城长安。"《周书》卷四七《艺术列传·黎景熙》，第848页。
⑤ [宋]陈仁子撰：《牧莱脞语》卷一〇，清初景元钞本，第77页。所谓"良民不与"，似乎忽略了"三年春，发长安六百里内男女十四万六千人城长安，三十日罢"及"复发长安六百里内男女十四万五千人城长安，三十日罢"两则史例。
⑥ 蒙恬主持长城工程可能就是如此。不过，秦长城是抗击匈奴前线的国防工程，与"城长安"不同。然而，司马迁批评长城工程和直道工程"固轻百姓力矣"，可能长城修筑也有民间工匠参与，但是工程组织取军事化方式的可能性是非常大的。

三年，发长安六百里内男女十四万六千人城长安，三十日罢。"① 然而并没有关于"官予庸直，非调民为之也"的论证。其说载于题为"兵志"的文献之中，与军事制度相联系，也是值得我们深思的。

秦人重视水利工程。都江堰、郑国渠、灵渠等，在世界水利史上有重要的地位。不过我们尚未能详细了解秦水利工程施工的具体组织方式。汉代水利工程用"卒"的情形，则有《史记》卷二八《封禅书》"将卒塞决河"②，《史记》卷二九《河渠书》"发卒万余人穿渠"③，以及《史记》卷一一〇《匈奴列传》说北边屯田："往往通渠置田，官吏卒五六万人，稍蚕食，地接匈奴以北。"④ 又《汉书》卷二九《沟洫志》："发卒数万人穿漕渠，三岁而通。""今濒河堤吏卒郡数千人，伐买薪石之费岁数千万，足以通渠成水门。"⑤《后汉书》卷七六《循吏传·王景》："发卒数十万，遣景与王吴修渠筑堤，自荥阳东至千乘海口千余里。"⑥ 看来，工程史记录中以军人即"卒"为人力资源的情形依然多见。而施工效率追求，应当是重要因素之一。工程规划与工程管理相关理念的形成，应当有秦提供的经验以为认识基础。

---

① ［宋］钱文子撰：《补汉兵志》卷一，清《知不足斋丛书》本，第1页。
② 《史记》，第1399页。
③ 《史记》，第1412页。
④ 《史记》，第2911页。
⑤ 《汉书》，第1678页、第1695页。
⑥ 《后汉书》，第2465页。

长平之战秦征河内卒相关问题研究
——兼论秦军兵源的地域性演变

陈 兴

(中国人民大学历史学院)

摘要：长平之战期间，秦国从原属魏国、"时已属秦"的河内西南部地区，征发规模最高可能有数万人的"年十五以上"卒，阻断赵军的粮草与援军，为秦军的胜利提供了帮助。这是秦军兵源地域性演变的典型案例。战国时期，关中秦人构成"秦之锐士"的主体。但由于秦地人口规模有限，以及远征时形势紧迫，部分关东人也被吸纳入秦军，这在一定程度上弥补了秦军兵源的不足，推进了统一步伐。秦统一后，一方面，对最新征服地区人力资源的利用存在欠缺，催生了六国起义；另一方面，延续前代的穷兵黩武政策，使关中秦人的后备兵源接近枯竭，难以遏制"天下土崩"，最终导致秦的灭亡。据此可以窥知，如何落实对"新民"的包容性政策，合理并充分利用人力资源，对于完成统一进程与巩固统一成果，具有重要意义。

关键词：长平之战；河内；兵源；疆域圈层；包容性政策

一、问题的提出

学界对于战国至秦代的士兵征集及相关问题的研究成果颇丰。在制度史领域，由于"征兵制成立的前提"是"户籍制、傅籍制的整备"，所以役龄、户籍、郡县制等内容成为兵源征集问题的讨论重点。① 而在战役史领域，《史记·白起王翦列传》中有一则常为学者引用的史料：长平之战时，白起率秦军包围赵军、断其粮道后：

> 秦王闻赵食道绝，王自之河内，赐民爵各一级，发年十五以上悉诣长平，遮绝赵救及粮食。(《正义》《索隐》注"河内"：时已属秦，故发其兵。)②

---

① 〔日〕重近启树：《围绕秦汉兵制的若干问题》，〔日〕佐竹靖彦编：《殷周秦汉史学的基本问题》，中华书局，2008年，第246页。
② 《史记》卷七三《白起王翦列传》，中华书局，1982年，第2334页。

围绕这一段话，学者除了探讨始役年龄、军功爵制外，还注意到关键的地理要素——"河内"。以往的战国秦汉史论著，多数只言"河内"而不多作解释，明确其范围的论著，界定"河内"的方式主要有两类：一类是以黄河为参照，称"今豫北的太行、王屋二山与黄河之间"①，"从河曲到河内郡一带的黄河北岸地区"②等；一类是以野王为中心，称"大较指以野王为中心的豫北一带"③，"已归秦所领有的以野王为中心的地域"④。

　　有学者梳理了"河内"的称谓演变，但并未明确战时范围。⑤《史记》《汉书》均称河内郡为刘邦灭殷王司马卬之后所置，裴骃《集解》"秦三十六郡"时便没有列入河内郡。⑥ 谭其骧认为，提出秦统一后分河东郡而置河内郡，但缺乏实证，多为推理。⑦ 马非百则认为秦昭襄王时已设河内郡，论据颇为充实，其中一条就是：若无"河内郡"，长平之战时秦昭襄王所到的"河内"不明，征"河内"卒的来源亦不明。此说得到一些学者的赞同。⑧ 近年考古发现证明秦有河内郡，但无法确定初设时间。⑨

　　本文将在缕析前人研究基础上，借助政区地理与人口地理的研究成果，对长平之战期间秦军临时征兵一事进行再研究，并通过分析战国后期至秦帝国时期秦军兵源地域构成的演变历程，探究这一事件在较长时段内的历史意义。

---

① 石泉：《秦赵长平之战与邯郸保卫战的历史教益》，收入《古代荆楚地理新探·续集》，武汉大学出版社，2013年，第329页。

② 〔日〕宫宅潔著，陈捷译：《秦国战役史与远征军的构成》，武汉大学简帛研究中心主编：《简帛》第11辑，上海古籍出版社，2015年，第157—158页。

③ 靳生禾、谢鸿喜：《长平之战——中国古代最大战役之研究》，山西人民出版社，1998年，第91页。

④ 〔日〕西嶋定生著，武尚清译：《中国古代帝国的形成与结构——二十等爵制研究》，中华书局，2004年，第490页。

⑤ 崔建华：《先秦两汉"河内"地域称谓的演变》，《殷都学刊》2014年第1期。

⑥《史记》卷六《秦始皇本纪》，第239页；卷八《高祖本纪》，第370页；《汉书》卷一《高帝纪上》，中华书局，1964年，第34页。

⑦ 谭其骧：《秦郡新考》，收入《长水集》上册，人民出版社，1987年，第9页；周振鹤、李晓杰：《中国行政区划通史（总论、先秦卷）》，复旦大学出版社，2009年，第449—450页。

⑧ 马非百：《秦集史·郡县志上》，中华书局，1982年，第593—595页；王辉：《秦史三题》，收入《一粟集》，艺文印书馆，2002年，第653—655页；辛德勇：《秦始皇三十六郡新考》，收入《秦汉政区与边界地理研究》，中华书局，2009年，第84页；晏昌贵：《秦简"十二郡"考》，载北京大学中国古代史研究中心编：《舆地、考古与史学新说》，中华书局，2012年，第122—123页。前引石泉《秦赵长平之战与邯郸保卫战的历史教益》亦称河内为"当时郡名"，可见也赞同此说。

⑨ 周晓陆等：《于京新见秦封泥中的地理内容》，《西北大学学报》（哲学社会科学版）2005年第4期。

二、"年十五以上卒"的来源、规模与作用

(一) 对兵源地为"河内"一说的解释

宋人陈傅良首次以"长平之役,年十五以上悉发"为证据,判断秦制以男子15岁始役。① 到明代,董说《七国考》称:"刘子《别录》云:长平之役,国中男子年十五者尽行,号为'小子军'。"② 董氏以秦征兵范围是"国中",一般不为主流认同。但王子今认为董氏所言为实,而《史记》及《正义》《索隐》不确。其依据是睡虎地秦简《编年纪》所言:"(秦昭襄王)卌五年,攻大壄(野)王。十二月甲午鸡鸣时,喜产。""今(秦王政)元年,喜傅。"③ 根据睡虎地秦简对"喜"的记载,王子今提出:"可知秦昭襄王亲赴河内令'国中男子年十五者尽行',以'国中'为政策空间范围的说法大体可信。"④ 此说可能发覆过多,有可商榷之处。

首先,《七国考》所谓《别录》言秦发"国中男子年十五者尽行"之说,基本可以断为妄言。这与《七国考》一书的文献价值有关。一,《别录》作者刘向为西汉人,董说为明朝人,前后相距一千多年,而《别录》早已亡佚,"小子军"一条前人从未引征,董氏所言为孤证。二,董说历来以小说家而非史学家闻名,《七国考》在史料选录上存在明显缺陷,为历代学者所批判。缪文远就称:"明人学风空疏,引书每不辨真伪,董氏亦未能自外。"⑤ 用此书否定《史记》及《集解》《正义》,似乎不足。

在战役史方面也有两条根据。第一,秦发河内卒意在"遮绝赵救及粮食",形势紧迫,征兵自然需就近,且赵军断粮四十六日后便兵败,若从"国中"发兵,兵至长平,战争早已结束。⑥ 第二,赵国援军不多,粮食亦不足,秦无需举国出动断赵援军及粮食。长平之战时,赵国军队大多集中于长平,秦昭襄王有"今赵卒之死于长平者已十七、八"⑦ 之言,国内兵力空虚;且赵为"四战之国",四境防御也需要兵力。在粮食方面,也曾经发生"赵无以食,请粟于齐,而齐不听"⑧ 的事情。

---

① [宋] 陈傅良:《历代兵制》,中华书局,1991年,第6页。
② [明] 董说撰,缪文远订补:《七国考订补》卷十一《秦兵制》,上海古籍出版社,1987年,第575页。
③ 睡虎地秦墓竹简整理小组编:《睡虎地秦墓竹简》,文物出版社,1990年,第5—6页。
④ 王子今:《秦"小子军"考议》,《人文杂志》2009年第5期。
⑤ [明] 董说撰,缪文远订补:《七国考订补·自序》,第3页。
⑥ "四十六日"可能是一种"特殊的文化符号",部分记载不符合实际,但长平之战的"四十六日"并无特殊。王子今:《〈史记〉时间寓言试解读:神秘的"四十六日"》,《人文杂志》2008年第2期。
⑦ [汉] 刘向撰,范祥雍笺证:《战国策笺证》卷三三《中山策·昭王既息民缮兵》,上海古籍出版社,2006年,第1879页。
⑧ 《史记》卷四六《田敬仲完世家》,第1902页。

此外,《编年记》记载喜十五岁时"傅籍",或可说明秦人年满15岁服役是一种全国性的制度,但这种制度是否在长平之战的具体环境下使用,又是一个疑问。如果因为这一制度的适用范围是整个秦国,就断言长平之战秦"国中男子年十五者尽行",是不妥当的。

"国中"一说并非董说首创。何晏便称:"长平之事,秦民之十五以上者皆荷戟而向赵矣,秦王又亲自赐民爵于河内。"① 将河内人作为"赐民爵"的范围,而将征兵范围扩大到整个秦国。宋朝人黄震称:"长平之后,秦民年十五以上皆诣之。"② 刘敞称:"秦战长平,民年十五者必赴焉。秦王又爵民于河内,以与赵战。"③ 劳榦也因省略限定词"河内",而有"全国"范围内征兵之意味。④

之所以出现这种情况,可能有三点原因。一,《史记》记载"年十五以上悉诣长平"一事时,与地点"河内"之间,有"赐民爵一级"隔断,后人读史,失于不察,可能曲解文意。尤其值得注意的是,一旦省略"河内",而以"秦国"作为主语,就自然而然地使征兵范围发生变化,产生内容的扭曲。二,白起所说的长平之战后"秦卒死者过半,国内空",反映的是秦国的总体状况,而"年十五以上悉诣长平"是河内一地的政策,后人论史,为渲染战斗的惨烈,以抨击"虎狼之秦",可能省去"河内"这一限定。何晏在有上述话语后说到:"夫以秦强,而十五以上死伤过半者,此为破赵之功小,伤秦之败大,又何以称奇哉。"刘敞亦称:"秦名胜赵,其众固已困矣,非十五者不可用,其民固已竭矣。"三,历史上确常有大范围、乃至举国十五岁以上男丁参战的情况,比如西汉吴王濞曾征发14—62岁全国男子,容易让人联想。

西嶋定生也认为秦征年十五以上卒且"赐爵一级"的范围是"全体秦民",并提出这是"对全国之民实行'民爵赐与'的最早实例"。⑤ 这同样是发覆过多而造成的问题。⑥ 西嶋氏提出:"发年十五以上民,悉数出阵于长平,如前述,其结果虽得到大胜,秦军方面也失卒过半,因而造成国内空虚;所以,这个所谓'发十五岁以上'之民,绝非只限河内之民,必须认为是指全国之民。"⑦ 支撑这一结论的史料为:秦军于邯郸之战失利后,昭襄王命令白起出战,白起说:"今秦虽破长平军,而秦卒死者过半,国

---

① 《史记》卷七三《白起王翦列传》,第2338页。
② [宋] 黄震:《黄氏日钞》卷四六《读史二》,张伟、何忠礼主编:《黄震全集》,浙江大学出版社,2013年,第1560页。
③ [宋] 刘敞:《公是集》卷四八《杂著六首》,中华书局,1985年,第577页。
④ 劳榦:《战国时代的战争》,《中央研究院历史语言研究所集刊》第36本下册,1966年。
⑤ 〔日〕西嶋定生著,武尚清译:《中国古代帝国的形成与结构——二十等爵制研究》,第490页。
⑥ 朱绍侯的阐述更加切实:"这两次赐民爵(另一处是迁罪人至河东而赐爵——引者)与战局有关,还不至于有多大副作用,但它毕竟违背了以军功才能赐爵的原则,此例一开则后患无穷。"朱绍侯:《军功爵制考论》,商务印书馆,2008年,第88页。
⑦ 〔日〕西嶋定生著,武尚清译:《中国古代帝国的形成与结构——二十等爵制研究》,第490页。

内空。"① 秦国之所以出现"国内空"的现象，前提是：秦国在战争中投入了大量军队，并遭到了重大损失。西嶋氏认为秦征十五岁以上男子的对象为"全体秦民"，而不是河内居民，即认为仅仅依靠河内地区，不能提供足够多的军队。河内地区不能提供太多军队，这一分析无疑正确。但西嶋氏似乎忽略了一点：秦在征发河内卒以前，已经将赵国大军（未必是 45 万，但绝非少数）包围。能够包围庞大赵军的秦军，数量必然不少，如此巨大的军团，一旦"死者过半"，足以使秦陷入"国内空"的困境。

（二）"时已属秦"的地理范围

置于长平之战的背景下，兵源地河内的特征是"时已属秦"，而要探明"时已属秦"的具体范围，就需要结合秦国东部疆域的扩张历程，以及河内的政区建制。关于河内一带的县域设置，就秦统一后而言，谭其骧定为 6 县和其他居民点 9 处②，马非百定为 15 县③，后晓荣集合考古资料，扩大到 19 县，但存在衍误：既称"（秦河内郡）辖境与西汉河内郡的辖境相当"，却又将《汉志》言明属于魏郡的内黄、繁阳归入河内郡。④ 再扣除武德为"始皇东巡置"⑤、当时尚不存在外，剩余 16 地为：怀、温、轵、曲阳、河雍（河阳）、邢丘、野王、修武（宁）、荡阴、朝歌、山阳、共、隆虑、汲、安阳（宁新中）、州。其中 12 个有明确攻取时间：

表 1　秦攻占河内 12 县时间表

	秦占时间	史料依据（魏纪年换算为秦纪年）
轵	秦昭襄王十六、十七、十八年	《秦本纪》作十六年；《编年记》作十七年；《六国年表》作十八年
河雍	秦昭襄王十八年	《秦本纪》
曲阳	秦昭襄王二十年	《六国年表》《魏世家》
温	秦昭襄王三十二年	《六国年表》《魏世家》
修武	秦昭襄王三十三或三十四年	《秦本纪》作三十三年；《六国年表》《魏世家》作三十四年
怀	秦昭襄王三十九或四十一年	《六国年表》《编年记》《魏世家》作三十九年；《秦本纪》作四十一年
邢丘	秦昭襄王四十一年	《秦本纪》《编年记》
野王	秦昭襄王四十五年	《白起王翦列传》《编年记》
安阳	秦昭襄王五十年	《秦本纪》
汲	秦庄襄王三年或秦王政七年	《秦本纪》作庄襄王三年；《六国年表》《魏世家》作秦王政七年
山阳	秦王政五年	《秦始皇本纪》
朝歌	秦王政六年	《六国年表》

---

① 《史记》卷七三《白起王翦列传》，第 2336 页。
② 谭其骧主编：《中国历史地图集》第 2 册《秦、西汉、东汉时期》，中国地图出版社，1982 年，第 10 页。
③ 马百非：《秦集史·郡县志下》，第 593—598 页。
④ 后晓荣：《秦代政区地理》，社会科学文献出版社，2009 年，第 311 页、第 321—322 页。
⑤ 《汉书》卷二八《地理志上》，第 1554 页。

以上12处，文献中有明确的攻取时间记载，8处时属于秦，4处尚不属秦。其余4处没有明确的秦占时间，但是可以根据相关史实推定。

1. 荡阴。长平之战后，"魏安釐王使将军晋鄙救赵，畏秦，止于荡阴不进"①。战时应属魏国。

2. 隆虑。颜师古引应劭语："隆虑，今林虑也。后避殇帝讳，故改之。"② 王先谦依据"杨倞注：临虑，即林虑"，认为："'临'之改'隆'，'隆'之改'林'，并以双声变字。"③ 可知隆虑、临虑、林虑实为一地。《荀子·强国》曾说："今楚，父死焉，国举焉，负三王之庙，而辟于陈蔡之间……（今秦）在韩者逾常山乃有临虑。"王先谦推定这是指楚顷襄王时期，楚怀王死于秦国，白起攻占鄢、郢，楚国被迫东迁。④ 即秦昭襄王二十九年至三十年（前278—前277）左右，早于长平之战十多年。杨宽认为这是荀子与范雎的对话，发生在周赧王五十一年至五十四年（前264—前261）之间，仍在长平之战前。⑤

3. 共。长平之战前，信陵君对魏安釐王说："夫越山逾河，绝韩上党而攻强赵，是复阏与之事，秦必不为也。若道河内，倍邺、朝歌，绝漳、滏水，与赵兵决于邯郸之郊，是知伯之祸也，秦又不敢……秦固有怀、茅、邢丘，城垝津以临河内，河内共、汲必危。"⑥ 由"若道""必危"的假设性语句可知，共、汲、朝歌尚未被秦占领。到长平之战时，汲、朝歌仍未被秦占领，但共的情况就未可知了。

4. 州。在战国初均为魏县⑦，暂时没有史料记载秦在长平之战时是否占领此地，只能根据地理位置推断：它在河内西部，被秦占领的可能性较大。

综上所述，轵、河雍、曲阳、温、修武、怀、邢丘、野王、隆虑、州西部十地属秦，东部的安阳、汲、山阳、朝歌、荡阴不属秦，中部的共情况不明。河内大半政区已经属秦，相当于今河南省济源市、焦作市大部，新乡市西南一部，以及安阳市西部。梁玉绳说：长平之战时，"河内已半属秦，而未全得其地"⑧。虽未详加论证，却基本符合史实。

---

① 《史记》卷八三《鲁仲连邹阳列传》，第2459页。
② 《汉书》卷三《高后纪》，第100页。
③ ［清］王先谦补注：《汉书补注》卷八，上海古籍出版社，2008年，第2259页。
④ ［清］王先谦集解：《荀子集解》，中华书局，1988年，第300—301页。
⑤ 杨宽：《战国史料编年辑证》，上海人民出版社，2001年，第956页。
⑥ 《史记》卷四四《魏世家》，第1857—1858页。
⑦ 后晓荣：《战国政区地理》，文物出版社，2013年，第76—88页。
⑧ ［清］梁玉绳：《史记志疑》卷二九，中华书局，1981年，第1262页。

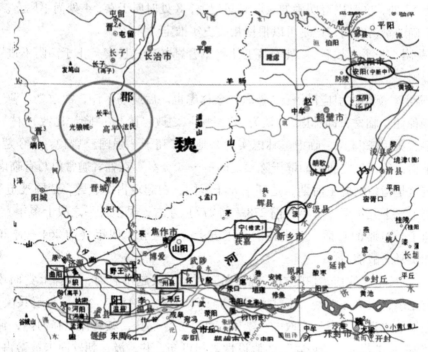

图1 长平之战时河内地区形势图①

（三）对河内卒规模与作用的估测

上文所述河内西部十余县，范围大致是西汉河内郡的西、南部。西汉末，全国人口为59594978人，河内郡18县人口为1067097人，约占全国人口的1.8%。② 如果按一半计算，秦占河内西部的空间范围内，在二百多年后的西汉末期，大致生活着五六十万人。战国时期的人口自然远不如西汉多③，再以一半计，则是30万。还可以根据政区数推算人口，作为参考。战国至汉初，少数大县有上万户，普通县有数千户。秦占河内十余县，应有数万户、几十万人口。

借此人口基数，结合适龄兵源占总人口的比重，可估算兵源数。兵民比主要受制于人口年龄结构和兵役制度。战国兵役制度严苛，始役年龄约在15—17岁；免役年龄

---

① 据谭其骧版《中国历史地图集》战国时期魏国地图改制：隆虑为后补；方框为秦占地，圆圈为非秦占地。

② 《汉书》卷二八《地理志下》，第1554页、第1640页。

③ 战国后期的人口缺少直接史料支撑，学者因计算方法、统计范围的差异，所得结果各不相同。低者至2000万人，参见王育民：《中国人口史》，江苏人民出版社，1995年，第68—70页；多者至4000万人—4500万人，参见葛剑雄：《中国人口史》第1卷《导论、先秦至南北朝时期》，复旦大学出版社，2002年，第300—306页。估计在2500万人—3000万人者居多，参见管东贵：《战国至汉初的人口变迁》，《中央研究院历史语言研究所集刊》第50本第4分，1979年；臧知非：《战国人口考实》，《安徽史学》1995年第4期；焦培民：《中国人口通史》第2卷《先秦卷》，人民出版社，2007年，第174—175页。

为56岁、60岁或其他，但就当时的社会环境而言，安稳活到免役年龄的人并不多。一般认为，战国秦汉时期，15岁以上男子约占总人口的20%—30%，西汉的户籍资料也证明这一点。① 全民皆兵的游牧民族兵民比较高，虽然最具代表性的匈奴人口数不详，但"随畜逐水草，与匈奴同俗"的乌孙，有"口六十三万，胜兵十八万八千八百人"，兵民比约30%。② 如果根据这个数据，则秦占河内的兵源至多可能是30万的30%约9万人。

此外，还需考虑，秦国此前已在长平战场投入重兵，这些军队当征自秦国疆域各地，虽然应当是以关中秦人为主，但是，"时已属秦"的河内不可能没有派出一兵一卒。考虑前期已经征发的士兵，则秦昭襄王来到河内以后，二次征发的辅助性河内卒，实际数量必定少于、甚至远远少于上述数字。

综上所言，长平之战时秦征河内"年十五以上"卒的情况大致是：当白起统率的秦军包围了赵括指挥的赵军后，秦昭襄王来到河内，从河内西部的约十个秦占县，征发15岁以上的男丁（以一级爵位作为激励），规模最大可能有数万人，紧急派往长平战场，辅助秦军主力，依托太行山地形，阻击赵国有限的援兵和军粮，为秦军的最终胜利发挥了一定作用。

最后，还有一个疑问。在战局已定的情况下，秦昭襄王为什么"自之河内"。如果是征兵，自有地方官员主事，似乎并没有必要劳烦秦王；如果是鼓舞士气，应当在战局最紧张焦灼、而不是大势已定的时刻。我们不妨看颇具相似性的王翦灭楚之战。长平之战与王翦灭楚之战可能是战国时期秦军动员兵力最多的两次战役，战况也都极为惨烈，前者秦军号称"死者过半，国内空"，后者也出现"攻反城久，伤未可智（知）也"的情况。③ 而且，秦王政也一如他的曾祖父，在王翦大破楚军，"取陈以南至平舆，房荆王"④，灭楚大局已定的时刻，来到距离战场不远的郢陈。王翦坦言"秦王怛而不信人"，"今空秦国甲士而专委于我"⑤ 更增强了他的疑心。虽然在战争紧要关头，秦王政可能有所收敛疑心，但是当战局已定，王翦手握重兵、功高盖世之时，秦王政的"多疑症"恐怕又有复发的可能，"游至郢陈"或许带有"监军"的意味。由此观之，秦昭襄王来到河内，或许也带有一定程度监视白起的目的。

---

① 高大伦：《尹湾汉墓木牍〈集簿〉中户口统计资料研究》，《历史研究》1998年第5期。
② 《汉书》卷九六《西域传》，第3890—3891页、第3901页。
③ 湖北孝感地区第二期亦工亦农文物考古训练班：《湖北云梦睡虎地十一座秦墓发掘简报》，《文物》1976年第9期。
④ 《史记》卷六《秦始皇本纪》，第234页。
⑤ 《史记》卷七三《白起王翦列传》，第2340页。

三、从征发"河内卒"看秦军兵源的地域性演变

(一) 秦领土的区域层次

战国后期,秦在孝公"据雍州之地"的基础上,发奋东进,最终"并一海内"。在辽阔疆域内,秦的统治政策既存在统一政权的一致性,也表现出较为明显的地域差异,其治理体系呈现"同心圆模式"。① 可以根据占领时间的早晚、社会文化的亲疏、统治政策的宽严等差异,将秦的领土划分为三个圈层。

第一圈层是秦的核心领地,在此称为"关中"。② 其自然地理范围为渭河平原和西北农牧交界区,按秦的政区,包括内史、陇西、北地(战国后期缺榆中等地)、上郡(战国后期缺河南地南部)。从历史渊源看,陇西是秦人中下层民众的发祥地,上层的嬴氏公族也在商或西周时定居于此,至战国后期已有数百年。秦建国时,名义上取得"岐、丰之地"的所有权,而后逐步从戎族手上夺取实际控制权。上郡、北地不是秦人的发祥地,但与渭河平原、陇西的社会文化具有同一性,"天水、陇西、北地、上郡与关中同俗",共同构成一个具有鲜明区域性的秦文化圈。③

第二圈层是巴蜀、鄢郢和三晋西部故地。秦与这些地区基本没有历史渊源,到惠文王时期才开始逐渐占领,是相对于关中的"新地"。而且,山东、荆楚、巴蜀地区的文化也与秦地存在鲜明差异。长平之战时"已属秦"的河内部分地区就属于第二圈层。

第三圈层是关东大部分地区,包括三晋东部、楚"东国"、燕国与齐国基本全境。直到秦王政的十年统一战争中才被占领。

后两个圈层的居民与秦人有明显隔膜,既有种族和文化层面,包括种族构成、风俗习惯、学术思想、语言文字、宗教意识等各方面的差异;也有物质层面,包括"虎狼之秦"在征服中的杀戮,以及征服后的压迫和剥削。④ 可以用荀子之言——"兼并易能也,唯坚凝之难焉"⑤ 来理解这种情况。不过,第二圈层的"坚凝"程度胜于第三圈层。

---

① 〔日〕工藤元男:《秦的领土扩大与国际秩序的形成》,收入〔日〕广濑薰雄编著,曹峰译:《睡虎地秦简所见秦代国家与社会》,上海古籍出版社,2010年,第73—87页。

② 战国汉初的"关中"存在三个范围:一,渭河平原(狭义关中);二,秦岭以北的秦地,包括陕北;三,包括巴蜀在内的大关中。参见王子今:《秦汉区域地理学的"大关中"概念》,《人文杂志》2003年第1期。此处指第二个范围。

③ 李学勤:《东周与秦代文明》,上海人民出版社,2007年,第10—11页。

④ 王子今:《秦王朝关东政策的失败与秦的覆亡》,《史林》1986年第2期;林剑鸣:《从秦人价值观看秦文化的特点》,《历史研究》1987年第3期。

⑤ 〔清〕王先谦集解:《荀子集解》卷十《议兵》,第290页。

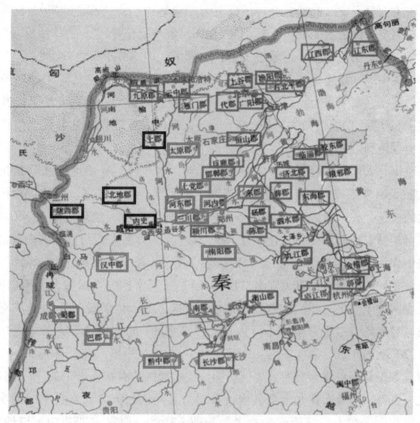

图2　秦帝国的领土圈层示意图①

（二）战国后期秦军兵源的地域性分析

前人曾对秦军兵源的地域性有过讨论，基本观点是秦军以关中秦人为主，还有少量山东、巴蜀和西北少数民族的人员。②

战国至汉初，建立在郡县体制之内、编户齐民之上的征兵制是主要的集兵方式，募兵制居次要，这种现象源自募兵制相对于征兵制的劣势。首先，募兵制的规模不及征兵制。战国时，规模最大的募兵可能是李牧的"百金之士五万"③，征兵则可以达到某地"悉五尺至六十"，动辄数万人。其次，募兵需要由国家支付报酬，而征兵是义务

---

① 谭其骧主编：《中国历史地图集》第2册，第3—4页。黑框属于第一圈层，灰框属于第二圈层，其余属于第三圈层；南部越族所在地不属于原六国领土，故不列入。

② 雷海宗：《中国文化与中国的兵》，商务印书馆，2001年，第15页；许倬云：《由新出简牍所见秦汉社会》，《"中央研究院"历史语言研究所集刊》1980年第51卷第2期，第217—232页；袁仲一：《秦始皇陵兵马俑研究》，文物出版社，1990年，第223页、第316页；〔日〕宫宅潔著，陈捷译：《秦国战役史与远征军的构成》。

③ 《史记》卷八一《廉颇蔺相如列传》，第2450页。关于"百金之士"的定义，自古即有争议，服虔云"良士"，如淳言"富家子弟"，裴骃引《管子》称"能破敌擒将者，赏百金"，今人多在"勇士"和"募兵"之间犹疑。

兵，可以省去大量开支。此外，募兵还被视为"隆势诈、尚功利之兵"①，具有不稳定性，建立在编户齐民之上的征兵，"人与人相保，家与家相爱"②，协作性更强。

秦孝公以后，秦的领土不再限于关中，出现了"内""外"之分、"故""新"之别。但是，关中地区始终是根基所在，秦人依旧是秦军的兵源主体。当地居民"迫近戎狄，修习战备，高上气力，以射猎为先"③，本就剽悍好战，商鞅变法又使其"勇于公战，怯于私斗"，形成强大的"锐士"。而且，秦的内史政权构建和社会组织更加严密，征兵更加便利。④

秦汉时期，人们常常称赞关中"富十倍天下，地形强"⑤。"地形强"是指关中为"四塞之国"，易守难攻；"富"是由于当地土地肥沃，物产丰富。但是，相比于地域更为广大的关东，关中的人口总量并不占优势。据《汉书·地理志》，西汉末期，三辅、六郡再加弘农郡西部三县，合计有186个县，472万多人，约占全国人口的8%。⑥这还是关中作为西汉的统治中心二百年之后的数字，在战国后期，8%的比例只高不低。在大致相同的范围内，唐天宝十二年（753）官方掌握的人口数，当地也不足500万，不到全国的十分之一。⑦纵横家所说的"诸侯之卒十倍于秦"⑧，并非虚夸。如前所述，战国后期约有二千万至四千万人口，以至多8%的比例计算，关中人口应当在160万至320万之间。

再以县数推算人口作为参照。战国后期，关中地区约有八九十个县。⑨为佐证前文数据，二三百万人口分布在九十个县内，平均每县约两三万人，符合当时的实况。此外，还可以用西汉的人口峰值作为参考。如前文所述，西汉末期关中人口约472万，除去上百万外来移民及其后代⑩，本土人口也不过三百余万，战国后期的关中人口规模，几乎不可能达到或逼近西汉后期的水平。

综上所述，战国后期的关中约有二三百万人口，是比较可信的。借此人口基数，结合20%—30%的兵民比，可估算出当地秦人兵源数大约有五六十万。

从核心领地征兵也面临两个较为突出的问题，一是局部地区的人力资源相对有限，二是受交通条件限制，远征时调兵不便。因而，秦人在向远方扩张时或兵源不足时，

---

① 〔清〕王先谦集解：《荀子集解》卷十《议兵》，第276页。
② 黎翔凤撰，梁运华整理：《管子校注》卷八《小匡》，中华书局，2004年，第413页。
③ 《汉书》卷二八下《地理志下》，第1644页。
④ 〔日〕工藤元男：《内史的改组和内史、治粟内史的形成》，收入〔日〕广濑薰雄编著，曹峰译：《睡虎地秦简所见秦代国家与社会》，第36—43页。
⑤ 《史记》卷八《高祖本纪》，第364页。
⑥ 弘农郡有11个县，3个县的人口估算为全郡总人口的3/11。
⑦ 翁俊雄：《唐朝鼎盛时期的政区与人口》，首都师范大学出版社，1995年。
⑧ 《史记》卷六九《苏秦列传》，第2248页。
⑨ 《汉书》卷一《高帝纪上》，第38页；后晓荣：《战国政区地理》，第231—274页。
⑩ 葛剑雄：《西汉人口地理》，人民出版社，1986年，第156—162页。

往往需要利用核心领地之外的人力资源。

秦惠文王时期，夺取巴蜀，并向关东开拓，由此创造了在第二圈层征兵的可能。周赧王七年（前308），"司马错率巴、蜀众十万……浮江伐楚"①。秦昭襄王前中期，秦国向关东、鄢郢大举扩张，但很少有从第二圈层征兵的例子。秦经由蜀地伐楚，也不独使用巴蜀兵，秦昭襄王二十七年（前280），"使司马错发陇西，因蜀攻楚黔中"②。推究原因，首先是秦国此时的战略以"近攻"为主，主攻方向是三晋西部和楚国鄢郢地区，从关中征兵，沿崤山—函谷关或黄河东出攻三晋，出武关、沿汉江南下攻楚，都较为便利。而且，秦对关东的占领为时尚短，当地居民的抵抗情绪尚强，彼此并不信任。秦因而推行特殊的移民政策，预防潜在的不安定因素。③ 此外，可能这时秦人兵源尚且比较充足，不必依赖六国遗民。

而长平之战时期征发河内卒的举动，可以视为具有转折性意义，到秦昭襄王后期，秦国需要并且能够使用来自"第二圈层"的六国遗民的人力。秦王亲赴河内和赐爵的行为，在于"加强君主与人民以爵为媒介而属于同一集团这种一体性意识"，目的是鼓励这些士兵决死奋战。④ 考虑河内是原三晋领地，则这种"一体性意识"并不限于君民一体化，还应包含秦人与非秦人的一体化。

长平之战后，秦国从第二圈层征兵的记载明显增多。秦昭襄王五十三年（前254），颁布"吏谁从军"的命令⑤，这一政策的作用地至少是南郡，无论将此理解为推选文吏从军（"谁"作"推"），还是调查登记兵役（"谁"即"谁"），都是征兵无疑。

统一战争及其前夕，秦国更是频繁地从魏地和鄢郢征兵。秦王政十二年（前235），"发四郡兵助魏击楚"⑥。"四郡"具体不详，胡三省称为"关东四郡"⑦。虽然秦、宋相隔千年，但从"助魏击楚"的前提出发，结合就近发兵的考虑，从原属魏国的河东郡、东郡、三川郡等地发兵的可能性较大。

秦王政十四年（前233），"令蒙武发东郡之卒"，震慑齐国。⑧ 杨宽认为此次发兵并未成功，可能为策士劝谏而终止，或为一说。⑨

秦王政十八年（前229），又有一则征发河内兵的实例："大兴兵攻赵，王翦将上

---

① ［晋］常璩撰，刘琳校注：《华阳国志校注》卷三《蜀志》，巴蜀书社，1984年，第194页。
② 《史记》卷五《秦本纪》，第213页。
③ 于振波：《秦律令中的"新黔首"与"新地吏"》，《中国史研究》2009年第3期。
④ 〔日〕西嶋定生著，武尚清译：《中国古代帝国的形成与结构——二十等爵制研究》，第491页。
⑤ 睡虎地秦墓竹简整理小组编：《睡虎地秦墓竹简》，文物出版社，1978年，第6页。
⑥ 《史记》卷一五《六国年表》，第753页。
⑦ 《资治通鉴》卷六《秦纪一》，中华书局，1956年，第219页。
⑧ ［清］王先慎集解：《韩非子集解》卷一《存韩》，中华书局，2003年，第17页。
⑨ 杨宽：《战国史料编年辑证》，第1214页。

地,下井陉,端和将河内,羌瘣伐赵,端和围邯郸城"①。由将领身份判断,王翦率领的"上地"兵是主力,杨端和率领的河内兵是辅助;从职能看,虽然赵国主力军由李牧统率,但河内军足以包围赵都邯郸,其数量也并不会少。有趣的是,这则史料中的"河内"也曾有争议。②

另外,秦王政十三年(前234),南郡的喜"从军",秦王政十五年(前232),喜又"从平阳军"。③秦灭楚时,南郡居民"黑夫"和"惊"兄弟参加秦军。④不过,关于喜、黑夫、惊,是秦人移民,或是化入秦文化的楚人,学界尚有争议。⑤

这一时期,秦国调整征兵政策,大致可能有如下几点原因。一,与秦连年累战导致"国内空"的背景有关。秦昭襄王后期,"周军之胜,华军之胜,长平之胜,秦所亡民者几何""不可数矣"。⑥客观形势迫使秦国开发新兵源以弥补不足。二,秦的占领时间已长,当地居民的反抗性被削弱。这在南郡表现得尤为显著。⑦三,秦从东郡等原魏地征兵,北伐赵国,南攻楚国,东迫齐国,或许与秦在东方置郡以"决断合纵之势"的大战略有关。⑧

对于这些军队的规模与作用,不妨通过前文方法估测。秦末起义者常在一县征兵数千人,聚集数县之兵,可达数万人,数十个县的适龄兵源可达十数万。当然,第二圈层与秦的核心领地毕竟存在区别。韩国上党太守冯亭的使者曾云:上党"吏民皆安为赵,不欲为秦";苏代又云:"天下不乐为秦民之日久矣。"甚至连白起也认为"上党民不乐为秦而归赵"。⑨至于巴蜀,由于地形闭塞,除了从水路攻楚以外,向其他五国发兵比较困难。事实也证明,当楚国的政治中心由长江中游东迁到淮河流域之后,

---

① 《史记》卷六《秦始皇本纪》,第233页。
② 王国维认为秦无河内郡,而有河间郡,参见王国维:《观堂集林》卷一二《秦郡考》,河北教育出版社,2003年,第271—275页。杨宽早年从观堂之说,称此处的"河内"为"河间",参见杨宽:《上郡守疾戈考释》,《文物周刊》1947年第33期,第33—35页。然杨氏《上》文发表后不久,谭其骧便指出秦有河内郡,而无河间郡,参见谭其骧:《秦郡新考》,《浙江学刊》1948年第2卷第1期,第1—7页。杨氏《战国史》初版仍用"河间",增订本则接受了谭其骧的观点,改称"河内",《战国史料编年辑证》更明确"杨端和率河内之师北上",河内在今河南省北部,围邯郸需北上,参见杨宽:《战国史》,上海人民出版社,1955年,第172页;《战国史料编年辑证》,第1125页。
③ 睡虎地秦墓竹简整理小组编:《睡虎地秦墓竹简》,第6页。
④ 湖北孝感地区第二期亦工亦农文物考古训练班:《湖北云梦睡虎地十一座秦墓发掘简报》,《文物》1976年第9期。
⑤ 相关学术史参见陈洪:《秦文化之考古学研究》,科学出版社,2016年。
⑥ 蒋礼鸿:《商君书锥指》卷四《徕民》,中华书局,1986年,第94页。
⑦ [韩]琴载元:《战国秦至汉初关外郡研究——以南郡为主要对象》,北京大学历史学系2015年博士学位论文。
⑧ 孙闻博:《东郡之置与秦灭六国——以权力结构与郡制推行为中心》,《史学月刊》2017年第9期。
⑨ 分见《史记》卷四三《赵世家》,第1825页;卷七《白起王翦列传》,第2336页、第2335页。

巴蜀的地缘政治作用明显减弱，秦重新掀起对楚的攻击，由函谷关东出、经三晋南下更加便利。① 这意味着：随着秦国疆域扩大、户口增多，其兵源在理论上或许达到"百万"，但由于"坚凝之难"的存在，纸面上的计算结果难以完全坐实。

综上所言，可以看出战国后期秦军兵源的地域性：数十万关中秦人构成秦军主体，相当数量的三晋、鄢郢楚人作为辅助，随着秦与六国的战线愈来愈向东、南拓展，与关中距离日趋遥远，后者的重要性也在提升。秦国通过利用这些人力资源，在一定程度上缓解了军力不足的问题，加速了统一步伐。

（三）秦统一后关中人力的枯竭与六国兵源的闲置

统一以后的秦始皇虽然宣传自己"菑害绝息，永偃戎兵"② 的贡献，但战争实际并未停止。在北方，蒙恬率军与匈奴作战；南征百越的军队，《淮南子》中"五十万"的数字当为虚构，规模为数万人是比较可信的。③ 此外，辽阔的关东有数百乃至近千县，即使每县只驻有微量的秦人士兵，聚沙成丘，总数也很可观。这些分散的秦军，既造成关中后备兵源的进一步削弱，又无法在天下"土崩"时形成有效的镇压。经历一百余年长期的战争消耗、对外移民，再加上统一后的对外兵力调动，关中的后备兵源已经不多，此即"秦国小农（编户齐民）的破产"。④

秦二世元年（前209），在关中征兵，"尽征其材士五万人"⑤，关中兵源未必只剩五万，所余不多却是事实。兵源枯竭的问题在战争背景下暴露无遗。次年，周文率领数十万起义军逼近咸阳，章邯提议："盗已至，众强，今发近县不及矣。郦山徒多，请赦之，授兵以击之。"⑥ 结合上下文的"众""多"，此处的"不及"除了征发时间不够之外，可能也代表数量不足。等到楚汉鏖战时，萧何虽然"常从关中遣军补其处"，但征兵范围已经扩大到"老弱未傅者"。⑦ 汉军中相当数量的秦人，并非全部是从关中征调的新兵，很多人属于秦朝的京师军，经章邯等人的"转手"而归入刘邦集团。⑧ 而且，虽然不应低估汉"用秦之人"的作用，但如果没有韩信、彭越、英布统率的关东军队，单独依靠关中有限的兵源，楚汉战争的结果尚未可知。娄敬据秦地而"百万之众可具"⑨ 的说法明显夸张。

---

① 陈伟：《楚东国地理研究》，武汉大学出版社，1992年，第146—147页。
② 《史记》卷六《秦始皇本纪》，第250页。
③ 何维鼎：《秦统一岭南投放了多少兵力》，《华南师范学院学报》（社会科学版）1982年第2期。
④ 杜正胜：《编户齐民：传统政治社会结构之形成》，联经出版实业公司，1990年，第415页。
⑤ 《史记》卷六《秦始皇本纪》，第269页。
⑥ 《史记》卷六《秦始皇本纪》，第270页。
⑦ 《史记》卷五三《萧相国世家》，第2016页；《汉书》卷一《高帝纪上》，第37页。
⑧ 李开元：《兵马俑与项羽之死——秦京师军去向探微》，收入《秦文化论丛》第12辑，三秦出版社，2005年。
⑨ 《史记》卷九九《刘敬叔孙通列传》，第2716页。

而在六国覆灭以后，秦对六国遗民的军事利用可分为两类：一是驻留本地，为"郡县材官"，用以维持对关东领土的基本统治；二是调往边地，用于开疆拓土和保卫边疆，代表是以"逋亡人、赘婿、贾人"南征，以及陈胜、吴广等谪戍渔阳的九百人。查看秦汉之际六国风云人物的生平，可以发现：这些人身份非常多元，也有人为秦提供劳役和文职服务（刘邦、萧何），但几乎只有周勃（其先祖由魏迁楚）和赵佗（赵人）加入秦军。① 两人恰好对应上述两种分类。

与统一之前相比，此时加入秦军的六国人，处境发生明显变化。首先，此前的关东籍士兵往往有军功爵带来的经济和政治权益，而随着战争平息，潜在利益迅速减少（尤其是地方驻军）。秦代仕进重视军功，六国遗民难以进入统治阶层，往往只担任副将、属吏，不仅局限了秦的统治基础，而且产生大量游离于政权之外的不安定因素。另外，随着战争重心转向边疆，士兵背井离乡的距离大大增加（尤其是边疆戍卒），负担明显加重。这一减一增之间，兵役对于六国人的意义产生巨大变化。同时，秦对关东人力的使用，更多是在赋税徭役等经济方面的压榨，与《商君书》中"新民给刍食"的设计类似，容易招致六国遗民的反感。清人刘体仁就认为，秦皇滥用六国民力，即因袭"商鞅诱三晋之计"，以致"六国之人复叛，秦卒以亡"，可称得上"愚"。② 以上两方面，恰好集中在陈胜一人身上。陈胜对于秦的愤慨，一是"苦秦久矣"，苦于沉重的赋税徭役和残酷刑罚；二是表现在"王侯将相，宁有种乎"上，这是对秦人这一"种"封锁权力的不满，是"与人佣耕"的人对"王侯将相"的追求。

大量闲置的六国兵源与零散分布的秦军士兵，形成了鲜明差距。陈涉起事以后，在没有遭到有效抵抗的情况下，关东大片土地便为农民军和旧贵族所占，形成"土崩"之局。大泽乡九百戍卒，直下数县，很快发展到有"车六七百乘，骑千余，卒数万人"③。刘邦率一伙人数不多的亡命徒，便使"沛令恐"，取下沛县后，"收沛子弟二三千人"。④ 秦在关东统治的薄弱暴露无遗。

出现以上情况，固然与"第三圈层"被占领的时间短，民众反抗性强，归属感和可靠性不足有关，但是，秦王朝主观的政策制定也是一个方面。六国遗民不乐为秦民，秦对他们也不甚信任，而对其百般打压限制，以巩固统治，如修驰道、通川防、迁豪富、收天下之兵等。

秦向边疆调动兵力，以致没有足够力量去稳固关东，汉朝人总结为"兴兵远攻，

---

① 《史记》卷五七《绛侯周勃世家》、卷一一三《南越列传》，第2065页、第2967页。
② [清]刘体仁：《通鉴札记》卷一"秦地广人寡六国地狭人多"条，民国石印本，第6b—7a页。
③ 《史记》卷四八《陈涉世家》，第1952页。
④ 《史记》卷八《高祖本纪》，第349—350页。刘邦所率之人，《史记》称有"数十百人"，《索隐》释为"百人已下"，《汉书》则称有"数百人"。

贪外虚内"①，前人也就此指出秦军部署的"外重内轻"之弊②。不过，即使秦不"以事于胡"，待"陈胜等起"之时，边疆秦军果真足以压制关东数千万遗民、上百万军队吗？事实上，王离率军内撤，已经宣告二世被迫放弃"宿军于无用之地"③的政策，但是，秦的命运并没有随之改变。正如内藤湖南所说："这些政策（向南北的调兵）虽然不错，可是在对外用兵的补充方法上似有缺点，由此导致了秦的灭亡。"④

四、结语

战国时期，秦以关中本土为主要兵源地，以数十万民风彪悍、骁勇善战的秦人"锐士"为主体，并从巴蜀、鄢郢、中原部分地区征召一些较为可靠的非秦人从军，长平之战与王翦灭楚之战中对"河内"兵源的利用就是典型事例。秦国依靠其组建的强大武装力量，征服了有"十倍之众"的关东诸国，第一次实现了华夏文明区域的统一。但在完成统一之后，秦既没有休养民力，也没有对关东施以足够的包容，其巩固统治的系列政策带有明显"恃强凌弱"特征。这一政策的制定固然有时代局限性、秦人与关东人客观存在的矛盾，也有秦人自身的失误。

征服者与被征服者之间普遍存在矛盾，这种矛盾又会或大或小地威胁统治，关键在于征服者能否有效化解这一矛盾，将潜在的动乱因素转化为自身的统治基础。假使秦的君臣察觉到优旃"寇从东方来"⑤的所谓"假说"，或者预知后来的绝大多数反秦者都来自"第三圈层"⑥，章邯统率的六国刑徒兵反而成为维系秦政权的最后力量之一，也许秦廷会对政策进行一些修正。

班固曾将秦亡归结为未行分封的"孤立之败"，表现为"内亡骨肉本根之辅，外亡尺土藩翼之卫"，纠正措施就是封邦建国，"剖裂疆土，立二等之爵"。⑦其实，这种认识并不全面。周人曾"以殷八师征东夷"（《小臣𫍯簋》），亚历山大将三万波斯青年编入马其顿军队，称作"继承人"（Epigoni）⑧，这都是征服者施行包容性政策，用以补充兵源、巩固统治的典型例证。由此，我们也应该对秦"孤独而有之"有分封之外的理解。

---

① 《汉书》卷六四《严朱吾丘主父徐严终王贾传下》，第2831页。
② 李开元：《复活的历史：秦帝国的崩溃》，中华书局，2007年，第115—117页。
③ 《史记》卷二五《律书》，第1241页。
④ 〔日〕内藤湖南著，夏应元等译：《中国史通论（上）》，社会科学文献出版社，2004年，第148页。
⑤ 《史记》卷一二六《滑稽列传》，第3202—3203页。
⑥ 秦末有迹可寻的83名反秦者，45人来自吴楚，具体籍贯可考的42人均来自楚国东部。参见于佳彬：《秦末反秦斗争的区域文化背景及冲突》，载雷依群、徐卫民主编：《秦汉研究》第3辑，陕西人民出版社，2009年，第247—255页。
⑦ 《汉书》卷一四《诸侯王表》，第393页。
⑧ 〔古希腊〕阿里安著，李活译：《亚历山大远征记》，商务印书馆，2007年，第260页。

司马迁眼中的秦始皇

徐卫民　裴蓓

（西北大学文化遗产学院　西安市委党校）

秦始皇和司马迁都是中国历史上的杰出人物。秦始皇是千古一帝，是杰出的政治家，他"续六世之余烈，振长策而御宇内"，结束了春秋战国时期长期混乱、民不聊生的状况，统一了中国。他又依靠统一后全国的财力、物力、人力，大兴土木，劳民伤财，使挣扎在死亡线上的劳苦大众揭竿而起，并推翻了仅仅只有15年的秦王朝，因而使他成为中国历史上妇孺皆知的人物。

司马迁是著名的历史学家，他为中国历史上功大、过也大的秦始皇在《史记》中专门立了"本纪"，洋洋洒洒近万言，在其他的表、传、世家中也多有提及，是中国历史上早期较全面评论秦始皇的史学家。

一

《史记·秦始皇本纪》叙述的是从公元前246年到公元前207年这一段的历史。全面论述了秦始皇在秦发展中的作用，为后人研究秦始皇提供了弥足珍贵的史料。

西汉初年，虽有不少人涉猎秦史，但没有一个人像司马迁这样全面记载秦始皇一生的功过得失，把秦始皇写得有血有肉，脉络清楚。司马迁之所以能对秦始皇进行较为详细的记载，是因为：第一，他写《史记》，"网罗天下放失旧闻，考之行事，稽其成败兴坏之理"[①]；第二，他阅读了大量史记，遍览"石室金匮之书"，并实地走访考察，"二十南游江淮"，走遍大江南北，大量搜集资料；第三，以秦始皇一生的功过是非来讽谏当时的西汉统治者，让他们"前事不忘，后事之师也"，以秦始皇作为活的教材，告诫西汉统治者警惕当时已经开始激化的社会矛盾，若不引以为戒，也和秦王朝一样会很快走向灭亡；第四，从秦始皇到司马迁之间的时间不长，汉初的人们对秦始皇一生所作所为还记忆犹新，因而素材较多。

正因为如此，司马迁把秦始皇从出生到执政，削平叛乱，到统一中国，及统一后如何巩固统一，都详细记载下来，从而使人们可以借助历史资料，研究秦始皇一生的

---

① 《汉书》卷六二《司马迁传》，中华书局，1962年，第2735页。

功过得失,给秦始皇一个恰如其分的评价。

二

中国是统一的多民族国家,其基础的奠定则属于秦始皇。"秦王扫六合,虎视何雄哉",通过轰轰烈烈的十年兼并战争,吞并了韩、赵、魏、楚、燕、齐六国,结束了春秋战国时期长期战争、诸侯割据的状况,使元元黎民得免于战争之苦。

对于秦统一全国,实事求是地讲,秦始皇起了重要作用。虽然从孝公以后,统一是秦历代国君孜孜以求的目标。但秦始皇登上历史舞台以后,加速了秦统一步伐,他在灭六国中的作用也是不可低估的。正如此,司马迁在《史记·秦始皇本纪》中不惜笔墨,详细描述了秦灭六国的全过程。

《史记》中记载秦始皇为了实现统一的目标,纳贤用才,从谏如流,甚至放下国王的身份和大将们同吃同服。尉缭原为魏国大梁人,到秦后对秦始皇讲:"以秦之强,诸侯譬如郡县之君,臣但恐诸侯合纵,翕而出不意,此乃智伯、夫差、王之所以亡也。愿大王毋爱财物,赂其豪臣。以乱其谋,不过三十万金,则诸侯可尽。"始皇从其计。见尉缭亢礼,衣服食用与缭同。更重要的是他被尉缭谩骂后仍委缭以重任。尉缭讲到:"秦王为人蜂準,长目,挚鸟膺,豺声,少恩而虎狼心,居约易出人下,得志亦轻食人,我布衣,然见我常身自下我,诚使秦王得志于天下,天下皆为虏,不可与久游。"①骂后便要离开秦国。秦始皇知道后,急忙阻止,委以国尉之重任,利用其计谋,在统一战争中起到了很大的作用。

王翦将军是秦的老将,在灭楚过程中,由于秦始皇不听从他的意见,便告疾谢职。但后来秦始皇为请出王翦,亲自出马,卑辞请求,才使王翦重新挂甲征战,打败了楚国。

韩国为维持自己的统治,便派郑国帮助秦国修渠,名为帮助,实为削弱秦的力量。当阴谋被秦始皇发现后,便下逐客令,要求驱逐国外的客聊。李斯忙写《谏逐客书》,秦始皇从统一的目的出发,停止了逐客令。郑国渠修好后,果然在秦统一战争中发挥了重要作用,"于是关中为沃野,无凶年"②,加速了秦统一的步伐。

司马迁在《史记·秦始皇本纪》中列举了众多的秦将领,描写了他们在统一战争中驰骋疆场、奋勇杀敌的事迹,反映出秦始皇善于调动众多将领的积极性,为统一全国建功立业。诸如王贲、杨端和、蒙骜、镶公、腾等。

为了保证统一战争的顺利进行,司马迁记载秦始皇在纳谏用贤的同时,还能果断地清除异己,为其统一扫清道路,即使其弟弟长安君成蟜也照样予以清除。嫪毐是以

---

① 《史记》卷六《秦始皇本纪》,中华书局,1959 年,第 230 页。
② 《史记》卷二九《河渠书》,第 1408 页。

大阴人的身份被吕不韦荐入宫中的,但后来因与始皇母私通,势力发展得很快,形成"事无大小皆决于嫪毐"的局面,对秦始皇的统治形成威胁。正当秦始皇22岁举行加冕礼时,嫪毐发动叛乱,秦始皇派昌平君、昌文君率兵平息,其随从也被清除。因此事而受牵连的秦始皇的母亲也被囚于萯阳宫中。这时茅蕉谏曰:"秦方以天下为事,而大王有迁母太后之名,恐诸侯闻之,由此倍秦也。"① 秦始皇出于统一的需要,便把母亲迎回咸阳。吕不韦由于政治上羽翼丰满,加之政见上的不同,对秦始皇的统治造成威胁,也因嫪毐事而被清除。清除异己,对于保证统一战争的胜利进行无疑是有意义的。

经过十年战争,秦消灭了六国,在军事上完成了统一全国的任务,但如何稳定政权,秦始皇实行了一系列配套措施。《秦始皇本纪》详细列举了秦统一后的措施:

> 臣等谋与博士议曰:"古有天皇,有地皇,有泰皇,泰皇最贵。"臣等昧死上尊号,王为"泰皇",命为"制",令为"诏",天子自称曰"朕"。王曰:去"泰"著"皇",采上古"帝"位号,号曰"皇帝",他如议,制曰"可",追尊庄襄王为泰上皇。制曰:朕闻太古有号毋谥,中古有号,死而以行为谥。如此,则子议父、臣议君也,甚无谓。朕为始皇帝,后世以计数,二世、三世至于万世,传之无穷。②

> 始皇推终始五德之传,以为周得火德,秦代周德,从所不胜,方今水德之始,改年始,朝贺皆自十月朔,衣服旄旌节旗皆上黑。数以六为计,符、法、冠皆六寸,而舆六尺,六尺为步,乘六马,更名河曰德水,以为水德之始。③

> 分天下为三十六郡,郡置守、尉、监,更名民曰"黔首",大酺,收天下兵,聚之咸阳,销以为钟鐻,金人十二,重各千石,置廷宫中,一法度衡石丈尺。车同轨。书同文字。地东至海暨朝鲜,西至临洮、羌中,南至北向户,北据河为塞,并阴山至辽东。徙天下豪富于咸阳十二万户。④

秦始皇又不惜国家的物力、财力、人力,五次出巡全国,以达到威慑目的。且所到之处立碑,歌颂自己统一天下的业绩。司马迁均予以详细记载,使后世从中可以窥探出秦始皇个性的方方面面。

秦始皇何以能统一天下,司马迁认为是"盖若天所助矣",其意一方面是说统一乃大势所趋,人心所向,而东方六国的钩心斗角、互不团结、相互厮杀则削弱了六国力量。秦始皇能把握住时机,善于启用人才,同心共济,完成统一大业。

司马迁还借他人之口赞扬秦始皇的统一之功。如丞相绾、御史大夫劫、廷尉李斯等皆曰:"昔者五帝地方千里,其外侯服、夷服,诸侯或朝或否,天子不能制。今陛下

---

① 《史记》卷六《秦始皇本纪》,第227页。
② 《史记》卷六《秦始皇本纪》,第236页。
③ 《史记》卷六《秦始皇本纪》,第237—238页。
④ 《史记》卷六《秦始皇本纪》,第239页。

兴义兵，诛残贼，平定天下，海内为郡县，法令由一统，自古以来未尝有，五帝所不及。"仆射周青臣也曰："他时秦地不过千里，赖陛下神灵明圣，平定海内，放逐蛮夷，日月所照，莫不宾服。以诸侯为郡县，人人自安乐，无战争之患，传之万世，自上古不及陛下威德。"① 这样避免了作者一人不断赞扬的方法，其效果更好。

"汉承秦制"使司马迁也认识到了统一和维护统一的意义。"秦有天下，悉内六国礼仪，采择其善，虽不合圣制，其尊君抑臣，朝廷济济，依古而来。至于高祖，光有四海，叔孙通颇有所增益减损，大抵皆袭秦故，自天子称号下至佐僚及宫室官名，少有变故。"② 秦的政治制度延续了两千多年。"郡县之制，垂两千年而弗能改矣。"③

司马迁用大量篇幅记载秦统一的过程及巩固统一的措施，表明他对秦始皇统一全国是赞同的，司马迁十分推崇贾谊对秦始皇的评价，"及至秦王，续六世之余烈，振长策而御宇内，吞二周而亡诸侯，履至尊而制六合，执棰拊以鞭笞天下，威振四海。南取百越之地，以为桂林、象郡。百越之君俯首系颈，委命下吏。及使蒙恬北筑长城而守藩篱，却匈奴七百里，胡人不敢南下而牧马，士不敢弯弓而报怨"④。这是贾谊对秦始皇统一天下的最中肯的评价。因为统一结束了"诸侯力政，强侵弱，众暴寡，兵革不休，士民罢敝"的局面，而适应了"天下共苦战斗不休，而求其宁息"的要求，"元元黎民冀得安其性命，莫不虚心而仰上"，因此司马迁认为秦的统一是"世异变，成功大"。

三

司马迁在为秦始皇统一天下唱赞歌之时，又用了大量篇幅揭露秦始皇的奢侈糜烂、残暴荒淫的生活。在这方面，司马迁除在《史记·秦始皇本纪》中罗列了大量史实外，又借助时人之口，来批评秦始皇。

十九年，秦王之邯郸，诸尝与王生赵时母家有仇怨，皆坑之。⑤

二十八年，始皇大怒，使刑徒三千人皆伐湘山树，赭其山。⑥

三十四年……"臣请史官非秦记皆烧之。非博士官所职，天下敢有藏《诗》《书》、百家语者，悉诣守尉杂烧之。有敢偶语《诗》《书》者弃市。以古非今者族。吏见知不举者与同罪。令下三十日不烧，黥为城旦。所不去者，医药、卜筮、

---

① 《史记》卷六《秦始皇本纪》，第236页、第254页。
② 《史记》卷二三《礼书》，第1159—1160页。
③ [清] 王夫之：《读通鉴论》卷一《秦始皇》，中华书局，1975年，第1页。
④ 《史记》卷六《秦始皇本纪》，第280页。
⑤ 《史记》卷六《秦始皇本纪》，第233页。
⑥ 《史记》卷六《秦始皇本纪》，第248页。

种树之书，若欲有学法令，以吏为师。"制曰："可"。①

三十五年，除道，道九原抵云阳，堑山湮谷，直通之。于是始皇以为咸阳人多，先王之宫廷小……乃营作朝宫渭南上林苑中。先作前殿阿房，东西五百步，南北五十丈，上可以坐万人，下可以建五丈旗。周驰为阁道，自殿下直抵南山。表南山之巅以为阙。为复道，自阿房渡渭，属之咸阳，以象天极，阁道绝汉抵营室也……隐宫徒刑者七十余万人，乃作阿房宫，或作丽山。发北山石椁，乃写蜀、荆地材皆至。关中计宫三百，关外四百余。②

乃令咸阳之旁二百里内宫观二百七十复道甬道相连，帷帐、钟鼓、美人充之，各案署不移徙。行所幸，有言其处者，罪死。始皇帝幸梁山宫，从山上见丞相车骑众，弗善也，中人或告丞相，丞相后损车骑。始皇怒曰："此中人泄吾语。"案问莫服。当是时，诏捕诸时在旁者，皆杀之。③

卢生等吾尊赐之甚厚，今乃诽谤我，以重吾不德也，诸生在咸阳者，吾使人廉问，或为妖言以乱黔首。于是使御史悉案问儒生，诸生转相告引，乃自除。犯禁者四百六十余人，皆坑之咸阳，使天下知之，以惩后……始皇长子扶苏谏曰："天下初定，远方黔首未集，诸生皆诵法孔子，今上皆重法绳之，臣恐天下不安，唯上察之。"始皇怒，使扶苏北监蒙恬于上郡。④

三十六年……有坠星下东郡，至地为石，黔首或刻其石曰："始皇帝死而地分。"始皇闻之，遣御史逐问，莫服，尽取石旁居人诛之。因燔销其石。⑤

司马迁在《史记》中借时人之口来抨击秦始皇的暴政。如：借尉缭之口描写秦始皇"少恩而虎狼心"⑥。卢生、侯生云："始皇为人，天性刚戾自用，起诸侯，并天下，意得欲从，以为自古莫其己。专任狱吏，狱吏得亲幸。博士虽七十人，特备员弗用。丞相诸大臣皆受成事，倚辨于上。上乐以刑杀为威，天下畏罪持禄，莫敢尽忠。上不闻过而日骄，下慑伏谩欺以取容……天下之事无大小皆决于上……贪于权势至如此。"⑦王翦说秦始皇"怚而不信人"⑧。武臣指出："秦为乱政虐刑以残贼天下，数十年矣。北有长城之役，南有五岭之戍，外内骚动，百姓疲敝，头会箕敛，以供军费，财匮力尽，民不聊生。重之以苛法峻刑，使天下父子不相安。"⑨樊哙也云："秦王有虎狼之

---

① 《史记》卷六《秦始皇本纪》，第255页。
② 《史记》卷六《秦始皇本纪》，第256页。
③ 《史记》卷六《秦始皇本纪》，第257页。
④ 《史记》卷六《秦始皇本纪》，第258页。
⑤ 《史记》卷六《秦始皇本纪》，第259页。
⑥ 《史记》卷六《秦始皇本纪》，第230页。
⑦ 《史记》卷六《秦始皇本纪》，第258页。
⑧ 《史记》卷七三《白起王翦列传》，第2340页。
⑨ 《史记》卷八九《张耳陈余列传》，第2573页。

心,杀人如不能举,刑人如恐不胜。"①

司马迁在《史记》中以"太史公曰"的形式,表达出自己对秦始皇处事的直接观点。在《蒙恬列传》中:太史公曰:"吾适北边,自直道归,行观蒙恬所为秦筑长城亭障,堑山湮谷,通直道,固轻百姓力矣。夫秦之初灭诸侯,天下之心未定,痍伤者未瘳,而恬为名将,不以此时强谏,振百姓之急,养老存孤,务修众庶之和,而阿意兴功。此其兄弟遇诛,不亦宜乎。"② 在《太史公自序》中,司马迁还责备"秦失其道,豪杰并扰""秦即暴虐,楚人发难"。③ 在《史记·平准书》中抨击秦始皇"外攘夷狄,内兴功业",从而造成"海内之士力耕不足粮饷,女子纺绩不足衣服"④ 的情况。

在《秦始皇本纪》中,司马迁同样十分赞赏贾谊《过秦论》中对秦暴政的批判。他把秦的灭亡归结为"仁义不施而攻守之势异也"。"秦王怀贪鄙之心,行自奋之智,不信功臣,不亲士民,废王道,立私权,禁文书而酷刑法,先诈力而后仁义,以暴虐为天下始。"马上打天下,但是不能马上治天下,在夺取政权后,"其道不易,其政不改,是其所以取之守之者无异也,孤独而有之,故其亡可立而待"⑤。司马迁指出:"善哉乎,贾生推言之也。"⑥

四

《史记》以实录为特色。司马迁对孔子作《春秋》时为尊者讳、为贤者讳的笔法表示不满。司马迁写《史记》的目的就是要"究天人之际,通古今之变,成一家之言"。即要通过了解天与人的关系,总结历史经验,探寻治乱之源,客观地评价人物。因此,司马迁对秦始皇的评价是公允的,不囿于汉初政治家全盘否定秦始皇的观点,而是"是非颇缪于圣人,论大道则先黄老而后六经,序游侠则退处士而进奸雄,述货殖则崇势利而羞贱贫,此其所蔽也"⑦。这种不以圣人是非为是非,而是客观地、撇开感情色彩地评价秦始皇,得出的结论则不偏颇。西汉史学家班固推崇司马迁记史的方法,指出:"自刘向、扬雄博极群书,皆称迁有良史之材,服其善序事理,辨而不华,质而不俚,其文值,其事核,不虚美,不隐恶,故谓之实录。"⑧《史记》之所以被后代史学家推崇的一个重要原因就是司马迁坚持"实录",因而被誉为"史家之绝唱"。

---

① 《史记》卷七《项羽本纪》,第 313 页。
② 《史记》卷八《蒙恬列传》,第 2570 页。
③ 《史记》卷一三〇《太史公自序》,第 3302 页,第 3303 页。
④ 《史记》卷三〇《平准书》,第 1442—1443 页。
⑤ 《史记》卷六《秦始皇本纪》,第 283 页。
⑥ 《史记》卷六《秦始皇本纪》,第 276 页。
⑦ 《汉书》卷六二《司马迁传·赞》,第 2738 页。
⑧ 《汉书》卷六二《司马迁传·赞》,第 2738 页。

这对一个古代史学家来讲，在当时的情况下确实是难能可贵的。

司马迁所处时代正是西汉王朝由盛转衰的时期。西汉王朝初年，由于秦朝末年的连年战争，使得经济萧条，造成"天子不能具钧驷，而将相或乘牛车"的状况。经过汉初实行黄老之治，与民休息，出现了"文景之治"的局面。到了汉武帝时期，内政外交均取得了显著的成绩，改变了汉初积贫积弱的状况。处在这一时期的汉武帝，开始洋洋自得，仿效起秦始皇的统治方法，对内大兴土木，骄奢淫逸；对外劳民伤财，大肆用兵，穷兵黩武。通过比较研究，可看出汉武帝在许多方面是仿照秦始皇的统治办法的。重蹈秦始皇的旧辙，以致民穷财尽，到汉武帝后期，更是"海内虚耗，户口减半"，农民起义大有一触即发之势，在这种情况下，西汉统治者如不改弦更张，就必然走向秦朝速亡的老路，司马迁以一个史学家的社会责任感，以秦始皇的暴政导致秦王朝速亡的历史经验劝谏汉武帝要引以为戒。

司马迁虽然因李陵事件受到汉武帝的折磨，但为了继承其父未完成的事业，以史学家所肩负的重担为己任忍辱修史，其目的就是要告诫后世统治者（尤其是汉武帝），不要步秦始皇的后尘。司马迁之所以如此详细记载秦始皇的功过得失，就是以史为鉴。

司马迁懂得"原始终察，见盛观衰"的原理，他要通过考察历史来把握历史演进的内容，进而认识治乱兴衰的规律，为西汉一统的封建政权寻找长治久安的统治方法。因此，他要求汉武帝等汉朝的统治者不要忘记秦王朝15年而亡的教训。在看到文治武功、歌舞升平的同时，还应看到隐藏着的社会危机。《平准书》中更是直接地指出汉武帝步秦始皇的后尘。在讲到汉朝百年间的经济变化时，突然笔锋转至抨击秦始皇"外攘夷狄，内兴功业"，导致"海内之士力耕不足粮饷，女子纺绩不足衣服"的残破景象，从而导致了秦王朝的夭折，以此来谏汉武帝要实行与民休息的政策，使汉王朝达到长治久安的目的。汉武帝后期有所收敛，下"轮台诏"，应该是汲取了秦速亡的教训，从而使汉王朝的统治延续下来。这与司马迁的谏言是有关系的。

"罢黜百家,独尊儒术"源流考[*]

秦进才

(河北师范大学历史文化学院)

摘要:"罢黜百家,独尊儒术",是目前使用广泛的固定词组,对于其来源,诸说纷纭。笔者从西汉罢、黜与罢黜字词的举例入手,考察其含义所指,探索"罢黜百家,表章六经"的变迁,探寻"推明孔氏,抑黜百家"的演变,探究"罢黜百家,独尊儒术"词组的出现与传播。笔者根据目前所见到的资料,指出"罢黜百家,独尊儒术"较早出现在蔡元培著、1910 年商务印书馆出版的《中国伦理学史》一书中,而较早详细论述者是易白沙 1916 年在《青年杂志》《新青年》上发表的《孔子评议》上、下篇。历经发展演变,中华人民共和国成立后,"罢黜百家,独尊儒术"运用广泛。20 世纪 80 年代以来,"罢黜百家,独尊儒术"研究蓬勃发展,涉及领域众多,由主旨批判转化为歌颂与批判并存。百余年来,"罢黜百家,独尊儒术",从平静问世发展成为涉及领域众多的词组,反映着现代中国社会、思想的变迁。

关键词:"罢黜百家,独尊儒术";词语;源流考

在当代人撰写的中国通史、秦汉史、思想史、哲学史、政治史、教育史、法律史等著作中,在各种报刊登载的论文中,在汗牛充栋的工具书、普及读物中,在诸多电视广播等媒体上,在各类学校的教科书里,在互联网的浩瀚资料中,评价"罢黜百家,独尊儒术"得失、论述其对中国历史影响的著作、文章屡见不鲜。2016 年 7 月 20 日,笔者在"读秀"学术检索输入"罢黜百家,独尊儒术",就看到了相关条目达 43648 条;2017 年 3 月 19 日检索有 45457 条,八个月增加了一千七百余条,平均每天增长七条多,增长的势头仍在持续,可谓是蔚为大观。有人还计划把它收入"中华成语千句文"当中。对于这样一个频繁出现、应用广泛的词语,一般人多不会追溯其来龙去脉,就理所当然地成了一个研究、评论、讲授、谈论的话题,信手拈来随意就用。有些人对其来源、语主、产生年代等问题有所思考,提出自己的看法。有人说"罢黜百家"

---

[*] 国家社科基金重大项目"董仲舒传世文献考辨与历代注疏研究"(19&ZDA027)研究成果。

最早语出卫绾①，有人说是董仲舒最早提出②，有人说出自《汉书·董仲舒传》③，有人说不知最早出自何人④，有人说是后儒对董仲舒天人三策策三之末精义的概括⑤，有人说出于《资治通鉴》⑥，有人说梁启超是"罢黜百家，独尊儒术"的始作俑者⑦，有人说《汉书·武帝纪赞》"罢黜百家，表章'六经'"就是所谓"罢黜百家，独尊儒术"的由来⑧，还有人说"独尊儒术"这种表述方式，出现得相当晚，并不能反映当时的历史真实⑨。有人说"'罢黜百家，独尊儒术'的提法源自新文化运动时期易白沙

---

① 陈新业：《"罢黜百家"语出何人》，《中国史研究》1998年第3期。
② 李玲崧《"罢黜百家，独尊儒术"语主考辨》（《学术研究》1999年第7期）认为："罢黜百家，独尊儒术"最早应是由董仲舒提出来的。
③ 薛瑄《薛瑄全集·读书续录》（山西人民出版社，1990年）卷四载：董子曰："尊孔氏者黜百家。"注释曰："引自《汉书·董仲舒传》。原文为：'罢黜百家，独尊儒术。'"第1391页、第1406页。多种版本的《汉书·董仲舒传》均无此记载。这是其一。陈茂同《中国历代选官制度·两汉的察举和辟除征召》（华东师范大学出版社，1994年）载："《汉书·董仲舒传》云：'自武帝初立，魏其、武安侯为相而隆儒矣。及仲舒对册，推明孔氏，抑黜百家，立学校之官，州郡举茂材、孝廉，皆自仲舒发之。'这就是历史上所称的'罢黜百家，独尊儒术'。"第57页。这是其二。徐朔方《史汉论稿·董仲舒的贤良对策和他的政治思想》（江苏古籍出版社，1984年）引用董仲舒对策结尾说的"《春秋》大一统者，天地之常经，古今之通谊也"一段后，说"这就是所谓罢黜百家，独尊儒学"。第144页。这是其三。上述三家都以《汉书·董仲舒传》来说"罢黜百家，独尊儒术"，但各不相同，自说自话。
④ 陈静《"罢黜百家"旨在"表彰'六经'"而非"独尊儒术"》（《洛阳师范学院学报》2004年第4期）载："'独尊儒术'的说法，最早出自谁人，今已很难确考。遍寻二十五史无此语，盖非古人所言。"郭龙《"独尊儒术，罢黜百家"与儒家经学的确立》（四川师范大学2010年硕士学位论文）载："'罢黜百家，独尊儒术'这个说法，最早出自谁人，今已很难确考。"
⑤ 谢谦《儒学独尊的历史真相与儒家学者的精神蜕变》（《四川师范大学学报》2006年第6期）认为：后儒将董仲舒天人三策策三之末的精义归纳为"罢黜百家，独尊儒术"。
⑥ 王葆玹《今古文经学新论》（中国社会科学出版社，1997年）认为"'罢黜百家，独尊儒术'这两句话始见于《资治通鉴》，是司马光根据《汉书·武帝纪赞》而作出的推测"，第197—198页。朱翔非《"罢黜百家，独尊儒术"考辨》（《江淮论坛》2006年第4期）认为："罢黜百家，独尊儒术"始见于《资治通鉴》，其语意当由《汉书·武帝纪赞》"孝武初立，卓然罢黜百家，表章'六经'"中化出。
⑦ 牛秋实：《"罢黜百家、独尊儒术"说的形成及时人、后人之批判》，《衡水学院学报》2010年第6期。
⑧ 赵克尧：《汉唐史论集·"罢黜百家，独尊儒术"辨》，复旦大学出版社，1993年，第98页。
⑨ 王子今：《汉武英雄时代·罢黜百家，表章'六经'》，中华书局，2005年，第48页。

所作《孔子评议》"① 等。诸说纷纭，语焉不详。有鉴于此，笔者曾撰写《"罢黜百家，独尊儒术"词语探源》一文，作为参加"2018·中国衡水董仲舒与儒家思想国际学术研讨会"的论文。② 现在看来，拙文还有些不足之处，笔者再次收集资料，修改充实，从词语入手，探究罢、黜与罢黜在西汉时代的含义，追根溯源，考察"罢黜百家，独尊儒术"词语的源流变迁，力求寻找到比较准确的形成时间坐标，探讨"罢黜百家，独尊儒术"与社会思潮的关系，以便于今后"罢黜百家，独尊儒术"的讨论。

一、西汉罢、黜与罢黜的举例

战国时代，诸侯异政，列国纷争，诸子蜂起，百家争鸣，思想文化界呈现出一派繁荣景象。诸子之间互相批判，《史记·老子列传》载："世之学老子者则绌儒学，儒学亦绌老子。'道不同不相为谋'，其谓是也。"《索隐》曰："绌，音黜。黜，退而后之也。"③ 其实，不仅儒道互黜，而且"墨家非儒，儒家非墨"④。儒与墨、杨、申、商等诸家，亦相互抨击⑤，要禁其行，息其说，破其群，散其党。同时，诸家也互相汲取、融合⑥，"阴阳、儒、墨、名、法、道德，此务为治者也"。"一致而百虑，同归而

---

① 郑济洲：《董仲舒的"规约君权"理念："推明孔氏，抑黜百家"新探》，《河北师范大学学报》（哲学社会科学版）2016 年第 5 期。1982 年 4 月，朱维铮撰《经学史：儒术独尊的转折过程》附释 3 载："汉武当国……罢黜百家，独尊儒术，利用孔子为傀儡，垄断天下之思想，使失其自由。"注明引自于易白沙《孔子平议》上，《青年杂志》1 卷 6 号，1916 年 2 月（上海图书馆编印《上海图书馆建馆三十周年纪念论文集》，上海图书馆刊行，1983 年，第 300 页；又见朱维铮著：《中国经学史十讲》，复旦大学出版社，2002 年，第 85 页）。由此可见，朱维铮早在 1982 年就已经引用了易白沙《孔子评议（上）》"罢黜百家，独尊儒术"的话，但未明确这里就是"罢黜百家，独尊儒术"的原始出处，可见朱先生治学态度的谨慎。

② 魏彦红主编：《董仲舒与儒学研究》第八辑，巴蜀书社，2019 年，第 423—460 页。

③ 《史记》卷六三《老子列传》，中华书局，2013 年版，第 2594 页。

④ 黄晖：《论衡校释》卷二三《薄葬篇》，中华书局，1990 年，第 962 页。

⑤ 《墨子》有《非儒》篇，抨击儒家言论，败坏孔子形象。[清]焦循：《孟子正义》卷一三《滕文公下》（中华书局，1987 年）载：面对着"杨朱墨翟之言盈天下，天下之言，不归杨则归墨"的局势，孟子认为："杨墨之道不息，孔子之道不著，是邪说诬民，充塞仁义也。仁义充塞，则率兽食人，人将相食。"危害极大，他以"吾为此惧，闲先圣之道，距杨墨，放淫辞，邪说者，不得作"，与杨墨辩论，指责"杨氏为我，是无君也。墨氏兼爱，是无父也。无父无君，是禽兽也"。第 456—457 页。严厉批评了杨墨流派。

⑥ 诸子各学派之间，既互相批判，又互相汲取。如孔子曰："唯上知与下愚不移。"（刘宝楠：《论语正义》卷二〇《阳货》，中华书局，1990 年，第 678 页）墨子主张："官无常贵，而民无终贱，有能则举之，无能则下之，举公义，辟私怨，此若言之谓也。"（[清]孙诒让：《墨子间诂》卷二《尚贤上》，中华书局，1986 年，第 42 页）与孔子主张相异。孟子认同曹交提出的"人皆可以为尧舜"（《孟子正义》卷二四《告子下》，第 810 页），荀子亦认为"涂之人可以为禹"（[清]王先谦：《荀子集解》卷一七《性恶篇》，中华书局，1988 年，第 443 页）。墨子的看法，被孟子、荀子所汲取，提出了新主张。

殊途。"① 诸子百家都希望救世治国，以本学派的理论重建社会政治秩序。诸子百家内部亦分为不同的派别，如"孔、墨之后，儒分为八，墨离为三，取舍相反、不同"②。独具特色，才会给人耳目一新的感觉，取舍不同，自然就难免发生争辩，百家争鸣也就成了顺理成章的事。

秦始皇统一六国，汲取诸子百家争鸣的成果，建立起中央集权君主专制的多民族国家，"一法度衡石丈尺。车同轨，书同文字"③。焚《诗》《书》，以法为教、以吏为师，一时使百家争鸣暂归沉寂。汉朝初年，经济凋敝，朝廷奉行无为而治的黄老之学，休养生息，诸子之学再次复兴，相互融合。陆贾认为："后圣乃定'五经'，明六艺，承天统地，穷事察微，原情立本，以绪人伦，宗诸天地，纂修篇章，垂诸来世，被诸鸟兽，以匡衰乱，天人合策，原道悉备。"④因此提出"表定六艺，以重儒术"⑤的建议。实际上，"孝文帝本好刑名之言。及至孝景不任儒者，而窦太后又好黄老之术，故诸博士具官待问，未有进者"⑥。学者们"进退与时变化"⑦，主动地寻找发展机会，积极地汲取诸子的思想成果，兼容并包，构成博大精深的新的学说体系，以适应社会的需要。汉武帝建元年间，统治思想变革提上了议事日程，选拔推行其政策的官吏成了当务之急，在选择统治思想和选拔官吏的过程中，罢、黜等成为经常使用的字眼。

（一）说"罢"字

建元元年（前140）冬十月，汉武帝下诏命丞相、御史、列侯、中二千石、二千石、诸侯相举贤良方正直言极谏之士。丞相卫绾上奏议，主张："所举贤良，或治申、商、韩非、苏秦、张仪之言，乱国政，请皆罢。"⑧ 汉武帝批准了卫绾的奏议。朝廷不再选举治法家、纵横家之学的贤良方正直言极谏之士为官。这条史料现代学者的解读纷繁，笔者也曾撰文探讨其历史意义⑨，本小节从此入手考察西汉时在选拔黜陟官吏中使用"罢"字的情况。

有时针对官员的升迁而言"罢"。如汉文帝时，有人言河东守季布贤，朝廷欲召以为御史大夫。又有人言其勇，使酒难近。至京师，留郡邸一个月见罢。季布言："臣待罪河东，陛下无故召臣，此人必有以臣欺陛下者。今臣至，无所受事，罢去，此人必

---

① 《史记》卷一三〇《太史公自序》，第3288—3289页。
② 陈奇猷：《韩非子新校注》卷一九《显学》，上海古籍出版社，2000年，第1124页。
③ 《史记》卷六《秦始皇本纪》，第303—304页。
④ 王利器：《新语校注》卷一《道基》，中华书局，1986年，第18页。
⑤ 王利器：《新语校注》卷下《本行》，第142—143页。
⑥ 《史记》卷一二一《儒林列传》，第3761—3762页。
⑦ 《史记》卷九九《叔孙通列传》，第3283页。
⑧ 《汉书》卷六《武帝纪》，中华书局，1962年，第156页。
⑨ 秦进才：《卫绾奏请开启罢黜百家的先河》，《河北师范大学学报》（哲学社会科学版）2018年第1期。

有毁臣者。"① 罢去，即季布没有晋升为御史大夫，罢归河东守原职。汉宣帝时，诏书令公卿选可使匈奴者，"（路）温舒上书，愿给厮养，暴骨方外，以尽臣节。事下度辽将军范明友、太仆杜延年问状，罢归故官"。颜师古注曰："以其言无可取，故罢而遣归故官。"② "甘露中，诸儒荐〔张〕禹，有诏太子太傅萧望之问。禹对《易》及《论语》大义，望之善焉，奏禹经学精习，有师法，可试事。奏寝，罢归故官。"③ 张禹仍归还原职。"颍川太守黄霸以治行第一入守京兆尹。霸视事数月，不称，罢归颍川。"④ 上面所说的"罢去""罢归"等，均是针对官员升迁而言，或朝廷本欲晋升，或本人期望升迁，由于各种原因而未能晋升者，只得罢归故官，这种行为称之为罢、罢去、罢归等。

有时针对欲取得官职者而言罢。如汉"武帝初即位，征天下举方正贤良文学材力之士，待以不次之位。四方士多上书言得失，自衒鬻者以千数，其不足采者辄报闻罢"。颜师古注曰："报云天子已闻其所上之书，而罢之令归。"⑤ 汉武帝"初即位，复以贤良征（辕）固。诸谀儒多疾毁固，曰固老，罢归之"⑥。辕固因年老而罢归回乡。汉武帝时，朝廷复征贤良文学，菑川国再次推荐公孙弘。公孙弘推辞说："臣已尝西应命，以不能罢归，愿更推选。"⑦ 公孙弘曾应征举贤良文学铩羽而归，故言罢归。汉武帝时，各郡诣太常受业如弟子者，"其不事学若下材及不能通一艺，辄罢之，而请诸不称者罚"⑧。辄罢之，是说不认真学习或才能不足及不能精通一经者遣归回家。汉宣帝"初即位，思进贤良，多上书言便宜，辄下望之问状，高者请丞相御史，次者中二千石试事，满岁以状闻，下者报闻，或罢归田里，所白处奏皆可"⑨。汉平帝时，举贤良方正对策，申屠刚言外戚王家专朝之弊，王莽令元后下诏曰："刚所言僻经妄说，违背大义。其罢归田里。"⑩ 罢归田里，即因为本身才力不够或所言不符合政府需要，不能仕宦而回归故里。上述所言的罢、罢去、罢之、罢归、报闻罢等，均是指在应征或选拔官吏中未能取得官职者而回归故里。

---

① 《汉书》卷三七《季布传》，第1977页。
② 《汉书》卷五一《路温舒传》，第2371页、第2372页。
③ 《汉书》卷八一《张禹传》，第3347页。
④ 《汉书》卷七六《张敞传》，第3221页。
⑤ 《汉书》卷六五《东方朔传》，第2841页、第2842页。
⑥ 《史记》卷一二一《儒林列传·辕固》，第3768页。
⑦ 《史记》卷一一二《平津侯列传》，第3549页。《汉书》卷五八《公孙弘传》（第2613页）载："前已尝西，用不能罢，愿更选。"与《史记》记载稍有不同，"以不能罢归"与"用不能罢"没有区别。
⑧ 《史记》卷一二一《儒林列传》，第3763页。
⑨ 《汉书》卷七八《萧望之传》，第3273页。
⑩ 《后汉书》卷二九《申屠刚列传》，中华书局，1965年，第1014页。

有时针对于罢免官吏或官职而言。如开封侯陶"青罢相"①。罢相，指罢免丞相之职。渤海郡太守龚遂"移书敕属县，悉罢逐捕盗贼吏"②。悉罢，即全部解散了各县的逐捕盗贼的官吏。孙建奏请："臣请汉氏诸庙在京师者皆罢。诸刘为诸侯者，以户多少就五等之差；其为吏者皆罢，待除于家。"颜师古注曰："罢黜其职，各使退归，而言在家待迁除。"③罢，既指废除汉家诸庙，又指罢免刘氏为诸侯、为官吏者。有时又作废罢，如汉成帝时，"丞相御史条奏（石）显旧恶，及其党牢梁、陈顺皆免官……诸所交结，以显为官，皆废罢。"④废罢，指免除其官职官位。又作罢官，如张家山汉墓竹简载："诸吏乘车以上及宦皇帝者，归休若罢官而有传者，县舍食人、马如令。"⑤罢官，指辞官弃职，或免除官职。又作罢逐，"建元二年，御史大夫赵绾请无奏事东宫。窦太后大怒，乃罢逐赵绾、王臧等"⑥。亦作罢退，如翟"方进特立后起，十余年间至宰相，据法以弹〔陈〕咸等，皆罢退之"⑦。萧望之等辅政，"患苦外戚许、史在位放纵，而中书宦官弘恭、石显弄权。望之、堪、更生议，欲白罢退之"⑧。罢退，指罢官退职。还称为罢遣，汉宣帝"罢遣辛武贤归酒泉太守官"⑨。罢遣，意指免去、遣散、放遣等。

　　有时指相关人员的任用、去留等。如武帝太初元年（前104），议造《汉历》。"乃选治历邓平及长乐司马可、酒泉侯宜君、侍郎尊及与民间治历者，凡二十余人，方士唐都、巴郡落下闳与焉。"其中以落下闳、邓平法周密。汉武帝"乃诏（司马）迁用邓平所造八十一分律历，罢废尤疏远者十七家，复使校历律昏明。宦者淳于陵渠复覆《太初历》晦朔弦望，皆最密，日月如合璧，五星如连珠。陵渠奏状，遂用邓平历，以平为太史丞"⑩。经过考察验证，汉武帝诏令太史令司马迁选用邓平的八十一分律历，废弃其他的十七家，即罢废。

　　有时指罢去繁礼缛节。如"孝文即位，有司议欲定仪礼，孝文好道家之学，以为繁礼饰貌，无益于治，躬化谓何耳，故罢去之"⑪。即免去繁琐的礼节仪式。

　　综上所述，所说的罢、罢之、罢归、废罢、罢免、罢官、罢职、罢逐、罢遣、罢

---

① 《史记》卷二二《汉兴以来将相名臣年表》，第1335页。
② 《汉书》卷八九《循吏传·龚遂》，第3639页。
③ 《汉书》卷九九中《王莽传中》，第4119页、第4120页。
④ 《汉书》卷九三《佞幸传·石显》，第3730页。
⑤ 张家山二四七号汉墓竹简整理小组：《张家山汉墓竹简·二年律令·传食律（237）》，文物出版社，2001年，第165页。
⑥ 《史记》卷一〇七《魏其武安侯列传》，第3419页。
⑦ 《汉书》卷八四《翟方进传》，第3417页。
⑧ 《汉书》卷三六《楚元王传·刘向》，第1929—1930页。
⑨ 《汉书》卷六九《赵充国传》，第2992页。
⑩ 《汉书》卷二一上《律历志上》，第975页、第976页。
⑪ 《史记》卷二三《礼书》，第1368页。

退、罢废、报闻罢等,均是西汉时代在选拔官吏、官吏晋升、罢免官吏时对于未能成功进入仕途为官者、未能晋升官职者或被罢免官职者所常用的字词,既有在多数情况下来说是未成功,即无升迁归原官,或是名落孙山,亦有在某些情况下的惩罚措施,罢官职归乡里,并非只有一种情况、一种解释。总之,罢是指在无罪情况下的不升迁、免官职等。罢去,则是指免去那些繁琐无益的礼节仪式。无论如何,都没有剥夺生命、消灭干净的含义。

(二)说"黜"字

建元六年(前135),"窦太后崩,武安君田蚡为丞相,黜黄老、刑名百家之言,延文学儒者以百数,而公孙弘以治《春秋》为丞相封侯,天下学士靡然乡风矣"①。《史记·儒林列传》中"黜"作"绌",两字相通。②黜或绌黄老、刑名百家之言,即是摈弃、罢退言黄老刑名者。这条史料,是学者们多方面解读的典型史料。下面不妨从"黜"字入手看西汉"黜"字的用法。

有时用于对官员的惩罚。如"高后欲王诸吕,王陵廷争;孝景将侯王氏,脩侯犯色,卒用废黜"③。废黜,是说王陵、周亚夫因其意见与最高统治者主张不同而丢官。汉成帝时,大将军王凤嫉妒丞相王商,"潜而罢之。商自杀,亲属皆废黜"④。"王商有刚毅节,废黜以忧死,非其罪也。"⑤ 废黜,指废免、罢黜其原有官职,或由朝官贬为地方官等而言。卫青曰:"彼亲待士大夫,招贤黜不肖者,人主之柄也。"⑥ 黜不肖,指罢退不肖者。汉宣中兴,"是时黜陟有序,众职修理,公卿多称其位,海内兴于礼让"⑦。黜陟,是指官吏的升迁贬降。"黜,贬下也。"⑧ 元狩六年(前117),大农令颜异以腹诽被诛,丞相史言:"此人本枉,以己为式。此颜异所以诛黜,而狄山死于匈奴也。"⑨ 上述的废黜、黜陟、诛黜、黜不肖等,均是对于官吏的贬官降职罢退直至被杀行为而言。

有时用于对官员、将士等功劳的处理。如"奋行者官过其望,以适过行皆黜其

---

① 《汉书》卷八八《儒林传》,第3593页。
② 《汉书》卷八八《儒林传》引文,《史记》卷一二一《儒林列传》(第3762页)作:"武安侯田蚡为丞相,绌黄老、刑名百家之言。"《汉书》卷二五上《郊祀志上》(第1201页)载:"始皇闻此议各乖异,难施用,由此黜儒生。"《史记》卷二八《封禅书》(第1636页)中"黜"作"绌"。《汉书》卷八八《儒林传》(第3591页)载:"天下并争于战国,儒术既黜焉。"《史记》卷一二一《儒林列传》(第3760页)中"黜"作"绌"。可知,《汉书》作"黜"者,《史记》作"绌","黜"与"绌"两字含义相通。
③ 《汉书》卷一八《外戚恩泽侯表序》,第678页。
④ 《汉书》卷二六《天文志》,第1309页。
⑤ 《汉书》卷八二《王商传》,第3375页、第3382页。
⑥ 《汉书》卷五五《卫青霍去病传·赞》,第3493页。
⑦ 《汉书》卷七四《魏相丙吉传·赞》,第3151页。
⑧ [东汉]许慎:《说文解字》卷一〇上《黑部》,中华书局,1963年,第211页。
⑨ 王利器:《盐铁论校注(定本)》卷五《论诽》,中华书局,1992年,第299页。

劳。"颜师古曰："適读曰谪。言以罪谪而行者，免其所犯，不叙功劳。"① 即是说自愿随军征战者都给予了超过期望值的官位，而因罪随军征战者，免去了所犯的罪行，但也不记其功劳，也就是"黜其劳"。

有时用于对诸侯王和外戚的处置。如"景遭七国之难，抑损诸侯，减黜其官"。颜师古注曰："谓改丞相曰相，省御史大夫、廷尉、少府、宗正、博士，损大夫、谒者诸官长丞员等也。"② 减黜，犹指汉景帝趁机裁减诸侯王国官吏的员额数量，改变其官名。韦玄成被"有司劾奏，等辈数人皆削爵为关内侯。玄成自伤贬黜父爵，叹曰：'吾何面目以奉祭祀！'"③ 贬黜，即由列侯降为关内侯。汉宣帝"以〔盖〕宽饶为太中大夫，使行风俗，多所称举贬黜，奉使称意"④。谏大夫王骏言："故事，诸侯王获罪京师，罪恶轻重，纵不伏诛，必蒙迁削贬黜之罪，未有但已者也。"⑤ 贬黜，指官员降职、列侯等降低爵位等级或免去官爵等。"其后济东、胶西、江都王皆坐法削黜自杀。"⑥ 韦孟曰：楚王刘戊，"嫚彼显祖，轻兹削黜"⑦。削黜，指削减诸侯王封地面积，贬降其官职、封爵等级。刘向建议："黜远外戚，毋授以政，皆罢令就弟，以则效先帝之所行，厚安外戚，全其宗族，诚东宫之意，外家之福也。"颜师古注曰："远，谓疏而离之也。"⑧ 汉明帝"问当世政迹。（杨）仁对以宽和任贤，抑黜骄戚为先"⑨。张安世家族，"自昭帝封安世，至吉，传国八世，经历篡乱，二百年间未尝谴黜，封者莫与为比"⑩。谴黜，指谪降贬黜。上述的减黜、贬黜、削黜、黜远、抑黜、谴黜等，均是对于诸侯王、外戚或官吏而言，指贬低、裁减其官吏等级与数量，降低其封爵，削减其封地等。

有时用于对学派、学者的处理。除前面列举的"黜黄老、刑名之言""世之学老子者则绌儒学，儒学亦绌老子"外，还有"公孙龙善为坚白之辩，及邹衍过赵言至道，乃绌公孙龙"⑪。即在辩论中，邹衍胜于公孙龙。"天下并争于战国，儒术既绌焉，然齐鲁之间，学者独不废也。"⑫ 绌儒术，即统治者不采用儒术，不重用儒家学者，并不妨碍齐鲁学者的治儒家学术，孟子、荀子仍然以弘扬孔子之业而名显于世。秦始皇因

---

① 《汉书》卷六一《李广利传》，第2704页。
② 《汉书》卷一四《诸侯王表序》，第395页、第396页。
③ 《汉书》卷七三《韦贤传·韦玄成》，第3110页。
④ 《汉书》卷七七《盖宽饶传》，第3244页。
⑤ 《汉书》卷八〇《宣六王传·淮阳宪王刘钦》，第3317页。
⑥ 《汉书》卷二六《天文志》，第1305页。
⑦ 《汉书》卷七三《韦贤传·韦孟》，第3103页。
⑧ 《汉书》卷三六《楚元王传·刘向》，第1962页。
⑨ 《后汉书》卷七九下《儒林列传·杨仁》，第2574页。
⑩ 《后汉书》卷三五《张纯列传》，第1200页。
⑪ 《史记》卷七六《平原君列传》，第2866页。
⑫ 《史记》卷一二一《儒林列传》，第3760页。

齐鲁儒生博士所言封禅礼仪"各乖异，难施用，由此黜儒生"。"始皇之上泰山，中阪遇暴雨，休于大树下。诸儒既黜，不得与封禅，闻始皇遇风雨，即讥之。"① 汉武帝封禅泰山时，"上为封祠器视群儒，群儒或曰'不与古同'，徐偃又曰'太常诸生行礼不如鲁善'，周霸属图封事，于是上黜偃、霸，而尽罢诸儒弗用"②。在封禅礼器等方面，汉武帝不采纳徐偃、周霸与诸儒的意见，而不是把他们都免职。上述的黜黄老、绌老子、黜偃、霸等，均是对于学派、学者的罢黜而言。区别在于绌儒学、绌老子、黜黄老刑名针对的是学派，黜徐偃、黜周霸、尽罢诸儒针对的是个人。具体到汉武帝，作为至高无上的皇帝，并没有因为徐偃、周霸、诸儒是儒生，而不罢黜，也没有因为主父偃长短纵横之术，而不采纳其意见。③ 罢黜与采纳的关键，在于其意见是否有利于巩固其统治，是否符合皇帝的心意。总起来说，黜是贬降、罢退，是疏远，并非是斩尽杀绝的惩罚，只是不重用而已，并不影响其学派与学者的生存、存在。

有时黜字，表示退而后之，也就是说位置有先后而已。如班固言：司马迁"论大道则先黄老而后六经"④，唐朝人则作"黜'六经'"⑤。对于思想，统治者有选择，学者们有喜好，有先有后，并不是说禁绝。有时作自黜，如汉文帝前元十五年（前165）春，"黄龙见成纪，张苍自黜，所欲论著不成"⑥。这里的"自黜"，不是指官员的自我罢官。其前载："汉兴，高祖曰'北畤待我而起'，亦自以为获水德之瑞。虽明习历及张苍等，咸以为然。是时天下初定，方纲纪大基，高后女主，皆未遑，故袭秦正朔服色。至孝文时，鲁人公孙臣以终始五德上书，言：'汉德土德，宜更元，改正朔，易服色。当有瑞，瑞黄龙见。'事下丞相张苍，张苍亦学律历，以为非是，罢之。"⑦ 先罢他人，后自黜，即自己贬废其坚持的汉水德之说。

有时用于对经典文献的处置。如汉成帝时，征求能古文《尚书》者，张"霸以能为《百两》征，以中书校之，非是。霸辞受父，父有弟子尉氏樊并。时太中大夫平当、

---

① 《汉书》卷二五上《郊祀志上》，第1201页、第1202页。
② 《史记》卷二八《封禅书》，第1670页。
③ 《史记》卷一一二《主父偃列传》（第3553页）载："主父偃者，齐临菑人也。学长短纵横之术，晚乃学《易》《春秋》、百家言。游齐诸生间，莫能厚遇也。"又载（第3554页）："乃上书阙下。朝奏，暮召入见。所言九事，其八事为律令。"又载（第3560页），汉武帝拜主父偃为郎中，"上疏言事，诏拜偃为谒者，迁为中大夫，一岁中四迁偃"。主父偃建议推恩分子弟，上从其计。建议徙民茂陵，上又从其计。主父偃盛言经营朔方之便，"上竟用主父计，立朔方郡"（第3562页）。汉武帝并不以学术流派取人，也不因学术流派废言，只要有利于巩固其统治，务实有用，切实可行，就会采纳。
④ 《汉书》卷六二《司马迁传》，第2738页。
⑤ ［唐］房玄龄等：《晋书》卷五《孝怀帝愍帝纪》（中华书局，1974年）史臣曰："学者以老庄为宗而黜'六经'，谈者以虚荡为辨而贱名检行身者。"第135—136页。可见"后六经"与"黜'六经'"有相通之处。
⑥ 《史记》卷二六《历书》，第1499页。
⑦ 《史记》卷二六《历书》，第1499页。

侍御史周敞劝上存之。后樊并谋反，乃黜其书"①。黜其书，即是摈弃、不用张霸所献一百零二篇的古文《尚书》。

综上所述，黜或绌字应用于对官员、诸侯王、外戚、学派、书籍等各方面的处置，具有贬降、罢退、摈弃、抑黜等意。不仅西汉如此，后世有时也是这样。如东汉熹平元年（172），窦太后崩。宦官曹节、王甫认为：梁后家犯恶逆，别葬懿陵。"武帝黜废卫后，而以李夫人配食。"窦太后应别葬。太尉李咸上疏曰："子无黜母，臣无贬君，宜合葬宣陵，一如旧制。"② 于是方得定议合葬。前"黜废"为废黜、贬退之义，后"黜"为贬降、废除之义。贞观六年（632），唐太宗言："武德中，公曾进直言于太上皇，明朕有克定大功，不可黜退云。"③ 不可黜退，即不可贬黜、斥退其官职。宝应元年（762）八月，唐肃宗诏称：来瑱，"据其所犯，合置殊科。以尝侍轩闼，用存宽免之辜；缅范旧章，兼膺黜削之谴。其身官爵，一切削除"④。黜削，指罢免来瑱的一切官职，削除其所有爵位。唐储光羲言："高帝黜儒生，文皇谪才子。"⑤ 宋范纯仁曰："《孟子》恐不可轻，犹黜'六经'之《春秋》矣。"⑥ 这里的黜儒生、犹黜'六经'之《春秋》等，均与儒学、经学有关系，黜有摈弃、不用之义，并没有斩尽杀绝、消灭干净之意。

（三）说"罢黜"

有时罢黜用于对官吏的惩处。如"会司隶奏（杜）业为太常选举不实，业坐免官，复就国。哀帝崩，王莽秉政，诸前议立庙尊号者皆免，徙合浦。业以前罢黜，故见阔略，忧恐，发病死"⑦。可见"坐免官"与"以前罢黜"含义相同，均指罢免其官职而言。再如，"（王）莽复乞骸骨，哀帝赐莽黄金五百斤，安车驷马，罢就第"⑧。又作汉"哀帝罢黜王氏，故太后与莽怨丁、傅、董贤之党"⑨。罢就第、罢黜王氏，均指罢免官职等，在罢免官吏的行为中罢与罢黜相通。

有时用于废黜学派。"孝武初立，卓然罢黜百家，表章'六经'。"⑩ 罢黜百家，表

---

① 《汉书》卷八八《儒林传·孔安国》，第2607页。
② 《后汉书》卷五六《陈球列传》，第1833页。
③ ［唐］吴兢：《贞观政要》卷五《忠义》，上海古籍出版社，1978年，第154页。
④ ［后唐］刘昫等；《旧唐书》卷一一四《来瑱传》，中华书局，1975年，第3367页、第3368页。
⑤ 中华书局编辑部点校：《全唐诗（增订本）》卷一三八储光羲《贻袁三拾遗谪作》，中华书局，1999年，第1405页。
⑥ ［南宋］李焘：《续资治通鉴长编》卷三七一"元祐元年三月壬戌"，中华书局，2004年，第8980页。
⑦ 《汉书》卷六〇《杜周传·杜业》，第2682—2683页。
⑧ 《汉书》卷九九上《王莽传上》，第4042页。
⑨ 《汉书》卷八一《孔光传》，第3362页。
⑩ 《汉书》卷六《武帝纪》，第212页。

示不再以治诸子百家者为贤良方正，不再设立诸子百家博士等，并非是要消灭诸子百家，也不是禁止诸子百家传播，也不是说治诸子百家者不能为官从政。表章"六经"，也就是设立五经博士，设立博士弟子员制度，太学、郡县学以"五经"为教，选举贤良、孝廉等儒生要考试"五经"，士人通经入仕，官员以经治国。标志着子学时代的结束，经学时代的开始。

综上所述，罢、黜与罢黜等，在西汉多用于官员的升迁、罢免，或是士人入仕等方面，有时也用于学派、学者的罢黜等，有不用、排斥、贬退、摒弃等义，而不是斩杀除根、消灭干净、置于死地、不允许其生存等。

二、"罢黜百家，表章'六经'"的变迁

与"罢黜百家，独尊儒术"联系最密切的，当首推班固赞曰："孝武初立，卓然罢黜百家，表章'六经'"①。"孝武初立"，说的是时间，即建元元年（前140）前后，汉武帝即位初期。罢黜百家，当是指建元元年（前140），罢法家、纵横家。建元六年（前135），"绌黄老、刑名百家之言"②。又罢黜了儒家《孟子》等诸子博士。标志着治诸子百家者失去了由贤良方正等察举入仕的资格，诸子百家从官学系统退出。"表章'六经'"，是指建元五年（前136），"置'五经'博士"③，不再立诸子博士。元朔五年（前124），设立博士弟子。这是班固对汉武帝初年罢黜百家、表章"六经"系列举措的概括。这些举措，不仅"建元之始，崇文修德，天下乂安"④，而且深刻地影响了中国两千多年。

六经又称六艺，《周礼·地官·大司徒》曰："六艺，礼、乐、射、御、书、数。"系指六种技艺而言。战国时，六艺演变为《诗》《书》《礼》《乐》《易》《春秋》六种典籍，又称六经、六籍等。六经是华夏民族的原典，是中华智慧的结晶，而非儒家所

---

① 《汉书》卷六《武帝纪》，第212页。《汉书》卷五六《董仲舒传》（第2525页）载："自武帝初立，魏其、武安侯为相而隆儒矣。"《汉书》纪、传所记载的都是汉武帝即位初年尊经崇儒事件。汉荀悦撰《汉纪》卷一五《孝武皇帝纪六》（中华书局，2002年，上册第270页）亦载："孝武之初立，卓然罢黜百家，表章'六艺'。"《两汉纪》在沿袭《汉书》说法时，稍有改变。

② 《史记》卷一二一《儒林列传》，第3762页。《汉书》卷八八《儒林传》（第3593页）作"黜黄老、刑名百家之言"。虽有"绌"与"黜"之别，含义并无不同。

③ 《汉书》卷六《武帝纪》（第159页）；《汉书》卷一九上《百官公卿表上》（第726页）亦载："武帝建元五年，初置《五经》博士。"[清]孙星衍等辑《汉官六种·汉官仪》（中华书局，1990年）卷上载："孝武建元五年，初置五经博士，秩六百石。"第128页。上述三条资料，记载时间相同，后两种增"初置"二字，强调了设立《五经》博士的创造性。

④ 王利器：《盐铁论校注（定本）》卷五《国疾》，第334页。

私有。① 因为，"'六艺'非孔氏之书，乃周官之旧典也。《易》掌太卜，《书》藏外史，《礼》在宗伯，《乐》隶司乐，《诗》领于太师，《春秋》存乎国史"②。春秋时，孔子整理六经作为教学的课本，六经与儒家联系越来越密切，但并非只属于儒家，政治家、外交家、文学家、诸子百家等都可以研读、引用，在日常生活中、外交场合里都有人引用六经。③ 因为《乐经》失传，剩下了五部。汉武帝"表章'六经'"的重要举措，就是设立五经博士，专门研究、传授五经。设立博士弟子员，以经取士，以经入仕。罢黜百家，表章六经，走出了尊崇某个学派、诸子互黜的怪圈，而是要以诸子百家共同的资源——六经，作为国家尊奉的经典，以经治国，由此开辟了汉代的经学时代，并且深刻影响了中国以后两千多年的经学发展。尊经与尊儒有区别，表章六经与独尊儒术并不相等。《汉书·艺文志》中分为七略，即七大部类，六经归六艺略，儒家等归诸子略，六经与诸子在汉代人的观念中，不仅归类不同，而且有经传之分、尊卑之别。《隋书·经籍志》分为经史子集四大部类，五经归经部，儒家等归子部，历经清《四库全书总目》，直至现代的《中国古籍善本书目》《中国古籍总目》等，均用经史子集分类。

千百年来，班固的"罢黜百家，表章'六经'"无数次被人引用，使用了不同的方法，赋予了不同的含义。

"罢黜百家，表章'六经'"，被后人改为不同的表达方式，赋予不同的内容。宋范祖禹言："汉武帝时，董仲舒对策以为诸不在六艺之科、孔子之术者，皆绝其道，勿使并进。武帝感其言，遂罢黜百家，表章'六经'。"④ 认为董仲舒建议在先，汉武帝罢黜百家、表章六经在后，沿袭《资治通鉴》的说法与事件先后的顺序。晁说之曰："是以明王罢斥百家，表章'六经'，大儒推明孔氏，抑黜百家。"⑤ 把汉武帝罢黜百

---

① 《汉书》卷八八《儒林传序》载："古之儒者，博学虖'六艺'之文。'六艺'者，王教之典籍，先圣所以明天道、正人伦、致至治之成法也。"第3589页。儒家以"六经"作为教科书，墨家也经常说到"六经"，道家也提到过"六经"，杂家也引用"六经"文字，诸子论述中也经常引用"六经"词语，"六经"与儒家不能画等号。"六经"，是华夏民族的元典，王教的典籍，蕴含着治国之道，文化源泉。并非诸子某家的私有文献资源，当然也不是儒家所独有。只是随着汉武帝"表章'六经'"政策的实行，"六经"逐渐与儒家联系越来越密切，以致被视为儒家经典，实在是以偏概全。

② 章学诚：《校雠通义·原道》，中华书局，1985年，第951页。

③ 郭伟川《先秦六经与中国主体文化·从〈左传〉论春秋时期各国普遍引用'六经'》（北京图书馆出版社，2007年）一文中，"举《诗》三十五例、《书》十八例、《礼》六十七例、《乐》十三例、《易》十三例、《春秋》二例（三见），涉及的国家，除周王室外，有鲁、晋、齐、郑、蔡、吴、楚、宋、秦、虞等诸侯国，皆普遍应用'六经'"。第84页。可见其被引用的广泛性、普遍性。

④ [宋]范祖禹：《范太史集》卷二一《封还差道士陈景元校道书事状》，景印文渊阁《四库全书》，台湾商务印书馆，1986年，第1100册第265页。

⑤ [宋]晁说之：《景迂生集》卷三《奏审覆皇太子所读〈孝经〉〈论语〉〈尔雅〉札子》，景印文渊阁《四库全书》，第1118册第66页。

家、表章六经与董仲舒推明孔氏、抑黜百家相提并论,把两人的作用区分得很清楚,这是由两人的角色所决定的。元朝郝经称:"董仲舒出,而孝武方隆儒,乃请罢黜百家,表章六经,尊孔氏,明仁义,圣人之道复立。"① 认为董仲舒因汉武帝隆儒而建议罢黜百家、表章六经,因果关系说得很清楚。明代王祎认为:董仲舒"告时君罢黜百家,表章六经,以隆孔子之教,使道术有统,异端息灭,民到于今赖之"②。归有光言:"至孝武,始兴文学,罢黜百家,表章六经,实自仲舒发之。故诸不在六艺之科,孔子之术者,皆绝其道,勿使并进。至于今学者守之。"③ 王祎、归有光认为罢黜百家、表章六经由董仲舒发之,沿用班固《汉书·董仲舒传》的说法。上述均是沿用班固《汉书·武帝纪》的赞语,而把汉武帝、董仲舒与罢黜百家、表章六经联在一起。元朝郝经认为:"仲舒欲罢黜百家,而孝武不用。"④ 把董仲舒与汉武帝区别开来。多数人因天人三策的影响而把罢黜百家元勋或罪魁的称号给董仲舒,实际上,是把隆儒丞相卫绾、窦婴、田蚡之冠戴到了董仲舒头上。

有些人在说到与"罢黜百家,表章六经"相联系的词语时,在构成、表达方式等方面有所变化。荀悦称:"孝武之初立,卓然罢黜百家,表章六艺。"⑤ 把"表章六经"改为"表章六艺",两汉时代六艺与六经所指具体内容相同,荀悦在沿袭中稍有修改。宋朝晁公武说:"当武帝之世,表章儒术而罢黜百家。"⑥ 把"表章六经"改成了"表章儒术",并颠倒了"罢黜百家,表章六经"词语的位置顺序,实际上六经与儒术也不能画等号。刘行简曰:"其后罢斥百家,表章六经,制礼乐,易服色,典章文物灿然大备。"⑦ 把"罢黜百家"改为"罢斥百家"。元朝谢应芳言:汉武帝"罢黜百氏,表章六经,弥纶治道,网罗群英,信一代之英主"⑧。杨维桢言:"董仲舒推明孔氏,力挽正学,清净之说方息,而贤良之科始盛,百氏之术既罢,而六经之学益彰,文章彬彬,焕然有三代之风者,董氏之力也。"⑨ 把"罢黜百家"说成是"罢黜百氏",百氏与百家含义相同。明朝吴讷说:"唯董仲舒学识醇正,又遇孝武初政清明,策之再三,故克

---

① [元]郝经:《陵川集》卷二六《去鲁记》,景印文渊阁《四库全书》,第1192册第281页。
② [明]王祎:《王忠文集》卷一五《孔子庙庭从祀议》,景印文渊阁《四库全书》,第1226册第307页。又见《明文海》卷七四《孔子庙庭从祀议》,景印文渊阁《四库全书》,第1453册第691页。
③ [明]归有光:《震川先生集·别集》卷二下《河南策问对二道》,上海古籍出版社,1981年,第774页。
④ [元]郝经:《陵川集》卷一九《异端》,景印文渊阁《四库全书》,第1192册第204页。
⑤ 《汉纪》卷一五《孝武皇帝纪六》,《两汉纪》,上册第270页。
⑥ 孙猛:《郡斋读书志校证》卷五《史记》,上海古籍出版社,1990年,第176页。
⑦ 见[明]杨士奇等:《历代名臣奏议》卷四八《治道》,景印文渊阁《四库全书》,第434册第350页。
⑧ [元]谢应芳:《龟巢藁》卷一《承露盘赋》,景印文渊阁《四库全书》,第1218册第8页。
⑨ [明]杨维桢:《东维子集》卷二七《与吴宗师书》,景印文渊阁《四库全书》,第1221册第673页。

罄竭所蕴，帝因是罢黜百家、专崇孔氏，以表章六经，厥功茂焉。"①增加了"专崇孔氏"一句话。清姚文然称："广川以天人三策擢第一人，实始黜百家尊孔氏，为万世儒宗。"②简化了"罢黜百家"的说法，放大了董仲舒的作用。齐召南曰：汉武帝"嗣位之初，即慨然有意于唐虞三代之盛，崇重儒术，罢黜百家，将立明堂以宏制作，修礼乐以兴太平"③。不用"表章六经"而说"崇重儒术"，把两者等同起来了。阮元言："迨孝武尽黜百家，公卿大夫士吏彬彬多文学矣。"④把"罢黜百家"改为"尽黜百家"。上述表达方式，内涵袭用班固精神，表述自己的看法，词句有所变化，多带着作者生活时代的影子，存在着放大董仲舒天人三策的作用，有距离历史真实越来越远的弊端。

还有套用班固词语模式表达自己的说法者。如元陆文圭言：皇帝"表章六艺，示至道之恢宏；罢诎百家，开正途之壅塞"⑤。把"罢黜百家"改为"罢诎百家"，是把班固的词语拿来变为赞美当朝皇帝的颂词，与汉武帝、董仲舒已经没有关系了。清人称："若明成祖之命儒臣纂修五经四书性理大全，颁行两京六部及国子监天下郡县学，庶几于汉之武帝罢黜百家、表章六经之功矣。"⑥把明成祖命儒臣编纂五经四书注疏集成，与汉武帝"罢黜百家，表章六经"之功相媲美。清朝全祖望称："圣祖仁皇帝纯心正学，表章儒术不遗余力。"⑦王昶言："昔圣祖仁皇帝表章六艺，兼综百家。"⑧把"罢黜百家"改为"兼综百家"，很有学术眼光也符合实际，也是用班固的词句类型来歌颂清圣祖康熙皇帝。

上述例证说明，从东汉到清朝千余年间，在班固所言"罢黜百家，表章六经"的基础上，有的改变词语先后顺序，有的变更词语构成，有的增加词语，有的表达词句不同，形式多种多样。总起来说，宋元以来，对汉武帝"罢黜百家，表章六经"的评价越来越高，认同班固说法的学者越来越多，并把董仲舒与"罢黜百家"联系起来，这与经学传播越来越广泛和地位日益巩固有着密切关系，学者们表达了自己的想法，

---

① 见［明］唐顺之：《稗编》卷七五《文艺四》之吴讷《文章辨体序题》，景印文渊阁《四库全书》，第954册第645页。
② ［清］姚文然：《姚端恪公集·文集》卷一三《顺天乡试录序》，《四库未收书辑刊》，北京出版社，2000年，第柒辑第18册第348页。
③ 《御览经史讲义》卷二七齐召南《史》，景印文渊阁《四库全书》，第723册第668页。
④ ［清］阮元：《揅经室集》卷二《拟国史儒林传序》，中华书局，1993年，第36页。
⑤ ［元］陆文圭撰：《墙东类稿》卷一《拟谢赐进士及第表》，景印文渊阁《四库全书》，第1194册第534页。
⑥ 《御定孝经衍义》卷五九《天子之孝·崇圣学》，景印文渊阁《四库全书》，第718册第649页。
⑦ 见朱铸禹：《全祖望集汇校集注·鲒琦亭集》卷十一《梨洲先生神道碑文》，上海古籍出版社，2000年，第220页。
⑧ ［清］王昶：《春融堂集》卷四一《吴竹桥小湖田乐府序》，《续修四库全书》，上海古籍出版社，2002年，第1438册第89页。

也难免有误解。还有不同的看法，如周必大认为：汉"武帝非表章六经，乃罢黜六经也"①。从另一个角度来说汉武帝和"表章六经"的关系。

实际上，不仅六经与儒术所指对象不完全相同，而且表章六经、表章六艺、表章儒术、尊崇儒术、崇重儒术与独尊儒术的含义也不完全相同。表章与表彰同义，指显扬、表扬，含有提倡、倡导之意，因此，清朝有作"罢黜百家，表彰六经"者②。尊崇，指尊敬推崇。崇重，犹尊贵、高贵，又指尊重、重视。独，含有无与可比、唯一、绝对、单独、独自、专断、独裁、独特等多方面的含义。独尊，指独受尊重，独居首位。表章、尊崇、崇重、尊重等词语并不具有独尊的含义。

三、"推明孔氏，抑黜百家"的变化

班固说："自武帝初立，魏其、武安侯为相而隆儒矣。及仲舒对册，推明孔氏，抑黜百家。立学校之官，州郡举茂材孝廉，皆自仲舒发之。"③ 这是对于董仲舒的评价。时间与《汉书·武帝纪赞》一样也是"武帝初立"，在"魏其、武安侯为相而隆儒矣"的背景下，董仲舒做出了他的贡献——"推明孔氏，抑黜百家"，也就是"文王之文在孔子，孔子之文在仲舒"④，并提出了一些具体建议。

班固的"推明孔氏，抑黜百家"，在被后人的引用中，也发生了一些变化。

东汉荀悦说："孝武皇帝时，董仲舒推崇孔氏，抑绌百家。"⑤ 把"推明"改成"推崇"、"抑黜"改为"抑绌"，黜与绌相通，意思未有变化，表述有所变动。宋朝范祖禹说："董仲舒对策推明孔氏，帝遂罢黜百家，表章'六经'。"⑥ 把董仲舒"推明孔氏"与汉武帝"罢黜百家，表章六经"联系起来，以说明其因果关系。孙复认为：董仲舒"其对策，推明孔子，抑黜百家，诸不在六艺之科者，绝其道，勿使并进，熄灭邪说，斯可谓尽心于圣人之道者也。噫！暴秦之后，圣道晦矣，晦而复明者，仲舒之力也"⑦。孙复接着班固的话讲，肯定了董仲舒的贡献。元代吴莱称：董"仲舒有以发之矣，然而推明孔氏，罢绌百家，使学者有所统一"⑧。把"推明孔氏"与"罢绌百

---

① [南宋] 周必大：《文忠集》卷一五五《承明集三·淳熙二年闰九月二十五日进》，景印文渊阁《四库全书》，第1148册第687页。
② [清] 韩菼：《孝经衍义》卷五七《天子之孝》载："武帝卓然罢黜百家，表彰六经，其功顾亦伟矣，然未有以知而好之、好而乐之也。"景印文渊阁《四库全书》，第718册第616页。
③ 《汉书》卷五六《董仲舒传》，第2525页。
④ 黄晖：《论衡校释》卷一三《超奇篇》，第614页。
⑤ 《汉纪》卷二五《孝成皇帝纪二》，《两汉纪》，上册第438页。
⑥ [宋] 范祖禹：《帝学》卷二《世宗孝武皇帝》，景印文渊阁《四库全书》，第696册第737页。
⑦ [宋] 孙复：《孙明复小集·董仲舒论》，景印文渊阁《四库全书》，第1090册第162页。
⑧ [元] 吴莱：《渊颖集》卷八《春秋繁露后题》，景印文渊阁《四库全书》，第1209册第143页。

家"糅合在一块。明朝张宁称：汉"武帝抑黜百家，表章六经，建立学校，举用贤良，大率皆仲舒推明正学之力"①。把"抑黜百家"归为汉武帝，与"表章六经"等相提并论，也就是把"抑黜百家"与"罢黜百家"等同起来。明丘濬曰："秦汉而下，自武帝表章六经之后，世之所谓儒者咸知尊孔氏黜百家。"②认为"尊孔氏黜百家"是儒者的共识。薛瑄曰："董子曰：'尊孔氏者黜百家。'若尊孔氏，又信百家，必不能真尊孔氏矣。"③认为孔氏与百家只能选择其一，体现出经学的深入传播与思想的僵化。清朝朱彝尊曰："董仲舒对策，独推明孔氏，令学者知所统一。"④在"推明孔氏"前加上"独"字，以突出董仲舒的作用。晚清李元度言："董子知道之大原，能尊孔氏，斥百家，以正谊明道为鹄。"⑤将"推明孔氏"演变为"尊孔氏"，把"抑黜百家"说成是"斥百家"，与班固说法内涵一致，表述有所改变。

上述例证，反映出从东汉到清代"推明孔氏，抑黜百家"的变化，有的融合了《汉书》的《武帝纪》与《董仲舒传》的说法，把"推明孔氏"与"罢黜百家，表章六经"融合起来，有的增加了"尊孔氏"等内容，把汉武帝与董仲舒联系起来。抑黜百家、抑绌百家，均有贬废、排斥百家的含义；罢黜百家有废除、排斥之意，两者有相通之处，可以互相替代。

上述"罢黜百家，表章六经"和"推明孔氏，抑黜百家"的变迁与演变，为后来"罢黜百家，独尊儒术"的形成奠定了基础。但认为"《汉书·武帝纪赞》'罢黜百家，表章六经'，《汉书·董仲舒传》亦云'推明孔氏，抑黜百家'，后世将这一政策概括为'罢黜百家，独尊儒术'"⑥并不准确，因为，汉武帝的"罢黜百家，独尊儒术"，可以称为政策，董仲舒的"推明孔氏，抑黜百家"，并非是政策，董仲舒没有制定政策的权力，建议也未马上转化为政策。再则，何人将上述两段话概括为"罢黜百家，独尊儒术"，没有说明，我们还是继续寻找"罢黜百家，独尊儒术"的出处吧。

四、"罢黜百家，独尊儒术"词语的出现

由上述来看，《汉书·武帝纪》的"罢黜百家，表章六经"，《董仲舒传》的"推明孔氏，抑黜百家"，分别是班固对于汉武帝、董仲舒生平的部分评价。评价的依据，

---

① [明]张宁：《方洲集》卷二九《读史录》，景印文渊阁《四库全书》，第1247册第607页。
② [明]丘濬：《重编琼台藁》卷八《会试策问》，景印文渊阁《四库全书》，第1248册第164页。
③ [明]薛瑄：《薛文清公读书续录》卷四，三晋出版社，2015年，第965页。
④ [清]朱彝尊：《经义考》卷二七八《拟经十一·孔子集语》，景印文渊阁《四库全书》，第680册第571页。
⑤ [清]李元度：《天岳山馆文钞》卷一六《重修贾太傅祠记》，岳麓书社，2009年，第373页。
⑥ 张岱年主编：《孔子百科辞典》，上海辞书出版社，2010年，第428页。

是汉武帝建元新政的系列举措、董仲舒的天人三策等，其时间在建元元年（前140）到元光元年（前134）之间。

班固之所以这样划分，是有根据的。从汉武帝的皇帝生涯看，即位初年，年仅十七岁，羽翼尚未丰满，皇帝权威尚需巩固，尊崇黄老之学的窦太后尚在世，对于国家大政方针时有干涉。国家需要改革，需要改革的理论，汉武帝采取了一系列隆儒、尊儒的措施，受到了窦太后的阻挠、反对，有些挫折、失败。他改变策略，由隆儒、尊儒变为罢黜百家、表章"六经"，采取立五经博士、设立博士弟子员的措施，采用诸子百家共同的文化资源——"六经"，作为统治思想的载体，既减少了最高统治者内部的纷争，亦避免了诸子互黜的纠纷，还容易取得社会的认可。以"六经"作为国家尊奉的经典，统一天下的人心，规范人们的行为，选择善于用经术缘饰吏治的官僚[1]，而并不是要独尊儒术，而且也没有真正地独尊过儒术。汉武帝是一个"内多欲而外施仁义"的皇帝，在建元新政基本完成了罢黜百家、表章"六经"的任务之后，改变了关注的目标重点，转化为"外攘夷狄，内修法度"[2]，追求的目标变了，施政的方针变了，相应的用人方针也变了，"当公孙弘之时，人主方设谋垂意于四夷，故权谲之谋进，荆、楚之士用，将帅或至封侯食邑，而勋获者咸蒙厚赏，是以奋击之士由此兴。其后，干戈不休，军旅相望，甲士糜弊，县官用不足，故设险兴利之臣起，磻溪熊罴之士隐。泾、渭造渠以通漕运，东郭咸阳、孔仅建盐、铁，策诸利，富者买爵贩官，免刑除罪，公用弥多而为者徇私，上下兼求，百姓不堪，抏弊而从法，故憯急之臣进，而见知、废格之法起。杜周、咸宣之属，以峻文决理贵，而王温舒之徒以鹰隼击杀显。其欲据仁义以道事君者寡，偷合取容者众。"[3] 更注重实行"博开艺能之路，悉延百端之学"[4]的方针，广招人才，"以广儒墨"[5]，为改革制度、开疆拓土的大业服务。两千多年后，用"罢黜百家、独尊儒术"来概括汉武帝时代的思想学术，只能说是现时代社会存在

---

[1] 汉武帝欣赏、选拔、重视善于用经术缘饰吏治的官僚。如《史记》卷一一二《平津侯列传》（第3550页）载：公孙弘"其行敦厚，辩论有余，习文法吏事，而又缘饰以儒术，上大悦之"，汉武帝对其加以提升。《汉书》卷八九《循吏传序》（第3623—3624页）载：汉武帝"时少能以化治称者，惟江都相董仲舒、内史公孙弘、儿宽，居官可纪。三人皆儒者，通于世务，明习文法，以经术润饰吏事，天子器之"。缘饰、润饰，其义为点缀、粉饰，上述官员善于用经术、儒术作为吏治的点缀、粉饰，受到了汉武帝的欣赏、提拔。

[2] 《史记》卷一三〇《太史公自序》，第3981页。《汉书》卷二四上《食货志上》（第1137页）载"外事四夷，内兴功利"。《汉书》卷六五《东方朔传》（第2863页）载"外事胡越，内兴制度"。《汉书》卷八九《循吏传序》（第3623页）载"外攘四夷，内改法度"。上述所引资料，共同点在于都是从内、外两方面说明了汉武帝追求的目标变了。

[3] 王利器：《盐铁论校注（定本）》卷二《刺复》，第132页。

[4] 《史记》卷一二八《龟策列传》，第3890页。

[5] 《史记》卷一一二《平津侯主父列传》太史公曰，第3563页。胡海帆、汤燕：《1996—2012年北京大学图书馆新藏金石拓本菁华·李君碑》（北京大学出版社，2013年，第44页）载："同心齐鲁，诱进儒墨。远近缉熙，荒学复殖。"两者可以互证。

的反映，而不符合汉武帝时代的社会实际。

从东汉以来，人们对班固所说的"罢黜百家，表章六经""推明孔氏，抑黜百家"两个词组，不太注意武帝初立、董仲舒对策的前提，逐步放大了这两句话，不仅当成了汉武帝、董仲舒一生的事业，而且当成了两汉以来的古代社会历史一贯如此。引用这两句话者甚多，有所改动、融合、概括，可以说这是经学地位逐步提升与日益巩固的反映，也反映了处于不同时代的人们对于"罢黜百家，表章六经"不同的看法。

两汉人说经术者不少，如董"仲舒所著，皆明经术之意"①。"今御史大夫（贡）禹絜白廉正，经术通明，有伯夷、史鱼之风。"② 夏侯胜言："士病不明经术；经术苟明，其取青紫如俯拾地芥耳。学经不明，不如归耕。"③ 于定国"为人谦恭，尤重经术士"④。"光武中兴，爱好经术"⑤，左雄言："宜崇经术，缮修太学。"⑥ 上述这些都证明当时对于经术的注重与普及，经术与儒术相比，有相通之处，也有相异之处，古代人使用经术词语的数量要比儒术多一些⑦。随着时代的发展，有关尊崇儒学的言论也越来越多，对于儒术的评价也越来越高。如：东汉桓谭认为：汉武帝"兴起六艺，广进儒术，自开辟以来，惟汉家最为盛焉"⑧。是"广进儒术"，而不是"独尊儒术"。

《汉书》有"太子宽仁喜儒术"⑨ 的记载，《后汉纪》有"崇尚儒术学"⑩ 的记述，《后汉书》收录有汉章帝诏书曰："汉承暴秦，褒显儒术，建立'五经'，为置博士。"⑪ 范晔言："自武帝以后，崇尚儒学，怀经协术。"⑫ 徐防说："汉承乱秦，经典废绝，本文略存，或无章句。收拾缺遗，建立明经，博征儒术，开置太学。"⑬ 又称刘表"遂起立学校，博求儒术，綦母闿、宋忠等，撰立'五经'章句，谓之后定。"⑭《宋书》有

---

① 《汉书》卷五六《董仲舒传》，第2525页。
② 《汉书》卷六七《朱云传》，第2913页。
③ 《汉书》卷七五《夏侯胜传》，第3159页。
④ 《汉书》卷七一《于定国传》，第3043页。
⑤ 《后汉书》卷七九上《儒林列传序》，第2545页。
⑥ 《后汉书》卷六一《左雄列传》，第2019页。
⑦ 用汉籍全文检索系统（四）来检索秦汉时期经术与儒术的词语应用数量，经术命中文献有一百一十一篇、总命中一百五十九次；儒术命中文献有八十五篇、总命中一百二十三次。经术比儒术多命中文献二十六篇、三十六次。以后直至明清时代，除魏晋南北朝外，使用经术者比使用儒术者多。
⑧ 朱谦之：《新辑本桓谭新论》卷一〇《识通篇》，中华书局，2009年，第43页。
⑨ 《汉书》卷八〇《宣元六王传·淮阳宪王刘钦》，第3311页。
⑩ ［晋］袁宏：《后汉纪》卷一四《孝和皇帝纪下》载："永平中，崇尚儒术学，自皇太子诸王侯及臣子弟，莫不受经，又为外戚樊氏、郭氏、马氏诸子弟立学，号曰'四姓小侯'，置'五经'师。"（《两汉纪》，下册第286—287页）
⑪ 《后汉书》卷三《肃宗孝章帝纪》，第137页。
⑫ 《后汉书》卷六七《党锢列传序》，第2184—2185页。
⑬ 《后汉书》卷四四《徐防列传》，第1500页。
⑭ 《后汉书》卷七四下《刘表列传》，第2421页。

主张"崇儒兴学,治致升平"①的上书,《梁书》有"尊重儒术"②举措的记载,亦有"贺玚、严植之之徒,遭梁之崇儒重道,咸至高官"③的记载。《魏书》有"为国家者,罔不崇儒尊道,学校为先"④的言论,《晋书》有"敦崇儒学"⑤的说法和"外修兵革,内崇儒学"⑥的措施,《新唐书》有"唐兴,世崇儒学"⑦的记载,吴处厚有"尊崇儒术"⑧的记述,杨时有"熙宁之初,崇儒尊经,训迪多士"⑨的说法。欧阳修有"自太宗崇奖儒学,骤擢高科,至辅弼者多矣"⑩的记述。《榕村集》有"圣天子尊儒崇道之化"⑪的记述。《齐乘》有"汉尚经术,光武、明、章益崇儒学"⑫的看法,冯时行认为:"惟皇作极,贵儒尚德,百王之式。"⑬吴亮辑《万历疏钞》卷三五设立《崇儒类》,收录崇祀大儒、真儒等奏疏。汤斌颂扬"历代贤主,莫不褒崇儒学,优礼先圣"⑭。张之洞说:"宗尚儒术,以教为政。"上述广进、崇尚、褒显、博征、博求、崇、尊、内崇、敦崇、世崇、崇奖、尊崇、尊重、褒崇、宗尚等褒扬性文字、词语与儒、经、道、儒学、儒术等相联系,标志着随着时间的推移对儒学、儒术认同、尊崇的程度越来越高,其中有些混淆了经学、经术与儒学、儒术的含义,甚至合二为一。

宋孝宗淳熙五年至十年(1178—1183)时,曾任宰相的史浩说:"既而从游幸至损斋,获亲陛下止息之所,圣语谈道,下陋释老,独尊儒术,臣与群臣听闻开悟。"⑮这是说宋孝宗在与大臣谈经论道时,对于宋代的儒释道三家,相互比较,"下陋释老"而

---

① [南朝梁]沈约:《宋书》卷一四《礼志一》,中华书局,1974年,第360页。
② [唐]姚思廉:《梁书》卷四八《儒林传·何佟之》(中华书局,1972年,第664页)载:"高祖践祚,尊重儒术,以佟之为尚书左丞。"
③ [唐]姚思廉:《梁书》卷四八《儒林传》姚察曰,第664页。
④ [北齐]魏收:《魏书》卷五五《刘芳传》,中华书局,2017年,第1335页。
⑤ [唐]房玄龄等:《晋书》卷一二四《慕容宝载记》,第3093页。
⑥ [唐]房玄龄等:《晋书》卷一一四《苻坚载记下》,第2932页。
⑦ [北宋]欧阳修、[北宋]宋祁:《新唐书》卷四四《选举志》,中华书局,1975年,第1169页。
⑧ [宋]吴处厚:《青箱杂记》(中华书局,1985年,第61页)卷六载:"近世释子多务吟咏,唯国初赞宁,独以著书立言尊崇儒术为佛事。"
⑨ [宋]杨时:《龟山集》卷二五《孙先生春秋传序》,景印文渊阁《四库全书》,第1125册第348页。
⑩ [北宋]欧阳修:《欧阳修全集》卷一二六《归田录》卷一,中华书局,2001年,第1924页。
⑪ [清]李光地:《榕村全集》卷一二《杨宾实制义序》,《清代诗文集汇编》,上海古籍出版社,2010年,第160册第202页。
⑫ 刘敦愿等:《齐乘校释》卷六《人物》,中华书局,2012年,第532页。
⑬ [宋]扈仲荣等:《成都文类》卷三〇冯时行撰《修成都府府学记》,景印文渊阁《四库全书》,第1354册第623页。
⑭ [清]汤斌:《汤子遗书》卷二《请录先贤后裔疏》,《清代诗文集汇编》,第102册第297页。
⑮ [南宋]史浩:《鄮峯真隐漫录》卷三〇《谢得旨就禁中排当札子》,景印文渊阁《四库全书》,第1141册第765页。此语又见《宋集珍本丛刊》,线装书局,2004年,第43册第143—144页。

"独尊儒术"，给大臣以启发、领悟，与《汉书》的"罢黜百家，表章六经"没有直接的联系。这不仅是笔者目前所看到的比较早的关于"独尊儒术"的记载，而且数量也很少，在景印文渊阁《四库全书》三千四百六十一种书籍与"中国基本古籍库"万种图书中，仅有此一处"独尊儒术"的记载。

此后与"独尊儒术"相类似的表述也不多，元朝有人说"独能尊圣经"者，如王恽诗称：董仲舒"仁义我所重，功利我所轻。纷纷弘汤间，独能尊圣经"①。明清有人说"独尊孔氏"者，如明朝冯琦上奏："臣窃惟国家以经术取士，自'五经''四书''二十一史'《通鉴》、性理诸书而外，不列于学官，而经书传注又以宋儒所订者为准，此即古人罢黜百家、独尊孔氏之旨。"② 把明朝的做法与古人"罢黜百家、独尊孔氏之旨"相联系。清戴名世曰："余以谓古人罢黜百家，独尊孔氏，今之尊朱子即所以尊孔氏也。"③清李清馥言："古人罢黜百家独尊孔氏之旨者，欲其道术之一也。"④ 三人均把"罢黜百家"与"独尊孔氏"或"独尊孔氏之旨"相提并论，"古人罢黜百家、独尊孔氏"构成为一个词组。光绪二十九年（1903）癸卯恩科乡试，河南乡试头二场考题中有"周秦学术百家杂出，汉兴后何以儒术独尊论"⑤的题目，"儒术独尊"出现在了科举考试的卷子上，但与"独尊儒术"的词序不同。还有1916年浙江都督朱瑞去世后，徐时勉送的挽联中有"图云台廿八人，安阳独尊儒术"⑥，以"为人质直，尚儒学"⑦的安阳侯朱祐比拟朱瑞，为其歌功颂德。"独尊孔氏""独尊儒术""儒术独尊"等为"罢黜百家、独尊儒术"的诞生奠定了基础。

晚清以来，面对千古未有之巨变，学者们睁开眼睛看世界，不仅看到了西方的船坚炮利，引进西方先进的科学技术，而且向西欧东洋学习进步的思想文化，反思中国的历史文化，张之洞言："自汉武始屏斥百家，一以六艺之科为断。今欲通知学术流别，增益才智，针起瘖聋跛躄之陋儒，未尝不可兼读诸子，然当以经义权衡而节取之。"⑧ 这是对于"一以六艺之科为断"的修正，但没有脱离经学主导的范围。严复指出："四千年文物，九万里中原，所以至于斯极者，其教化学术非也。不徒嬴政、李斯

---

① 杨亮、锺彦飞：《王恽全集汇校》卷三《董大夫庙》，中华书局，2013年，第100页。
② ［清］黄汝成：《日知录集解》卷一八《科场禁约》，上海古籍出版社，1985年，第1409页。清代孙承泽《春明梦余录》卷四〇《礼部二·正士习》（北京古籍出版社，1992年，第744页）作："盖即古人罢黜百家独遵孔氏之旨，此所谓圣真，此所谓王制也。"当是材料来源不同而有所区别。
③ ［清］戴名世：《戴名世集》卷三《四书朱子大全序》，中华书局，1986年，第76页。
④ ［清］李清馥：《闽中理学渊源考》卷四七《隆万以后诸先生学派》，景印文渊阁《四库全书》，第460册第520页。
⑤ ［清］法式善：《清秘述闻三种 清秘述闻再续》卷一《乡会试考官类》，中华书局，1982年，第999页。
⑥ ［清］吴恭亨：《对联话》卷九《哀挽四》，岳麓书社，1984年，第232页。
⑦ 《后汉书》卷二二《朱祐列传》，第770页。
⑧ 《张之洞全集》卷二七〇《劝学篇·宗经》，第9719页。

千秋祸首,若充类至义言之,则'六经'、五子亦皆责有难辞。嬴、李以小人而陵轹苍生,'六经'、五子以君子而束缚天下,后世其用意虽有公私之分,而崇尚我法,劫持天下,使天下必从己而无或敢为异同者则均也。因其劫持,遂生作伪;以其作伪,而是非淆、廉耻丧,天下之敝乃至不可复振也。"① 锋芒直指至高无上的皇权与神圣的经学经典和圣贤,认为其具有束缚天下、劫持天下、作伪混淆是非、丧失廉耻的恶劣作用。社会存在决定人们的思想,这是晚清人面临着严重的民族危机而产生的思想认识,对于两汉以来的历史来讲未必正确,而对于近代以来儒学在社会生活中的作用还是基本符合事实的。

对于汉代"罢黜百家,表章六经"从新的角度进行评价,皮锡瑞说:汉"武帝罢黜百家,表章六经,孔教已定于一尊矣"②。梁启超说:"中国政治之所以不进化,曰惟共主一统故。中国学术所以不进化,曰惟宗师一统故。而其运皆起于秦汉之交。"认为:"儒学统一者,非中国学界之幸,而实中国学术之大不幸也。"指出:董仲舒对策贤良,请表章六艺,罢黜百家,"自兹以往,儒学之尊严,迥绝百流","一尊者,专制之别名也"。③ 又说:"自汉武表章六艺,罢黜百家,凡非在六艺之科者绝勿进,尔后束缚驰骤,日甚一日。虎皮羊质,霸者假之以为护符;社鼠城狐,贱儒缘之以谋口腹;变本加厉,而全国之思想界消沉极矣!"④ 梁启超指出儒学一尊所造成的危害,以及其原因。刘师培指出:"自汉武表章'六经',罢黜百家,托通经致用之名,在下者视为利禄之途,在上者视为挟持之具。"⑤ 六经既是士人仕进的敲门砖,又是皇帝挟持臣民的工具。章太炎称:"春秋以上,学说未兴,汉武以后,定一尊于孔子,虽欲放言高论,犹必以无碍孔氏为宗。强相援引,妄为皮傅,愈调和者愈失其本真,愈附会者愈违其解固。"⑥ 抨击了以孔子为是非标准牵强附会所造成的危害。

正是在这样的社会舆论环境下,出现了"罢黜百家、独尊儒术"的词语。蔡元培在1910年4月完稿、7月由商务印书馆出版的《中国伦理学史》中言:"我国伦理学说,发轫于周季。其时儒墨道法,众家并兴。及汉武帝罢黜百家,独尊儒术,而儒家

---

① 王栻主编:《严复集·救亡决论》,中华书局,1986年,第53—54页。
② 皮锡瑞:《经学历史》四《经学极盛时代》,中华书局,2004年,第67页。
③ 《梁启超全集·论中国学术思想变迁之大势》第四章《儒学统一时代》,中国人民大学出版社,2018年,第3集第49页、第53页、第63页。《论中国学术思想变迁之大势》撰写于1902—1904年间。
④ 《梁启超全集·新民说》第十一节《论进步》,第2集第579—580页。
⑤ 刘师培:《国学发微》,载《仪征刘申叔遗书》,广陵书社,2014年,第4册第1403页。《国学发微》原刊于《国粹学报》1905—1906年第1—14、17、23期。
⑥ 章炳麟:《章太炎政论选集·诸子学略说》,中华书局,1977年,上册第285页。

言始为我国惟一之伦理学。"① 这是笔者目前所见比较早的"罢黜百家、独尊儒术"原始出处。又言:"汉武罢黜百家,而独好神仙。"并非只有独尊儒术。并言:"贾谊、晁错治法家,言治道,虽稍稍绎中思潮之坠绪,其言多依违儒术,适足为武帝时独尊儒术之先驱。"由此可理解汉人对于贾谊不同的学派归属。"自汉至唐,于伦理学界,卓然成一家言者,寥寥可数。独尊儒术者,汉有董仲舒,唐有韩愈。"② 其实董仲舒并非独尊儒术,而是博采众家之长,而自成一家之言。蔡元培对于"罢黜百家,独尊儒术",没有详细分析,只是平静地叙述。1934 年,蔡元培说:"我素来不赞成董仲舒罢黜百家、独尊孔氏的主张。"③ 可见对于"罢黜百家,独尊儒术"是持否定态度的。而把"罢黜百家,独尊儒术"放在一起是矛盾的。因为,儒家无疑是诸子百家之一,儒术与道术、墨术、法术等相等,又与儒家密切相连,百家既然已经罢黜,何来"独尊儒术"呢?逻辑不通。蔡元培著《中国伦理学史》,是中国伦理学史的大辂椎轮之作、传世的学术名著,但"罢黜百家、独尊儒术"的说法未引起世人的瞩目。

有些人在文章中仍然用"罢黜百家"等词语,而未用"罢黜百家,独尊儒术"。如清华学校学生何浩若言:"秦灰糟粕而六经彰,汉黜百家而学术绝","孔孟以德化,申韩以法治。以德化者不可少,以法治者亦自可多,又何必黜彼以尊此","必欲黜彼以尊此,天下少学术矣!必欲罢彼以存此,天下无学术矣!坑儒废学罢黜百家,且甚于坑儒焚书绝学,罢黜百家且埒于焚书。"④ 论述了秦始皇焚书坑儒与汉武帝罢黜百家殊途同归的本质,认为诸子自有存在的理由,将"天下后世沌沌然、昏昏然,不明于学术者"归为"汉武帝罢黜百家之罪也"⑤。还有一些学生撰写文章,批判了罢黜百家的举措⑥。可见梁启超等学者们的看法,得到了年轻学生们的呼应,声讨"罢黜百家,表章六经"成了社会的主流。

在蔡元培《中国伦理学史》之后,运用"罢黜百家,独尊儒术"说,立足现实深入分析者,是新文化运动中撰写《孔子评议》的学者易白沙。

---

① 蔡元培:《中国伦理学史·绪论》,商务印书馆,1987 年影印 1910 年初版本,第 3 页。高平叔编《蔡元培全集》第二卷《中国伦理学史》(中华书局,1984 年,第 1 页)书名下注明"1910年",题解载:"1907 至 1911 年间,蔡元培在德国留学时,撰写《中国伦理学史》一书,由商务印书馆于清宣统二年(庚戌年)出版。1937 年 5 月,商务印书馆又将此书列入中国文化史丛书第 2 辑,重新排印出版。1941 年,日本中岛太郎将此书译为日文,由东京大东出版社出版,书名为《支那伦理学史》。"《序例》标注"庚戌三月十六日 编者识",第 2 页。宣统庚戌年,即 1910 年。相对于易白沙 1916 年 2 月发表的《孔子评议》中使用"罢黜百家、独尊儒术"的词语早了近六年。
② 蔡元培:《中国伦理学史》第二期《汉唐继承时代》,第 2 页、第 3 页、第 42 页。
③ 高平叔:《蔡元培全集》第六卷《我在北京大学的经历》,中华书局,1988 年,第 352 页。《我在北京大学的经历》,发表于《东方杂志》第 31 卷第 1 号,1934 年。
④ 何浩若:《汉武帝罢黜百家论》,《清华周刊》1916 年第 89 期,第 11—12 页。作者姓名,目录作:何浩著,正文作:何浩若,本文取正文作者姓名。
⑤ 何浩若:《汉武帝罢黜百家论》,《清华周刊》1916 年第 89 期,第 11—12 页。
⑥ 如西北大学政科学生屈为伸、宫瀑、王建基、熊受书的《汉武帝表章六经罢黜百家论》(《学丛》1914 年第 4 期,第 6—12 页)等。这些学生的文章,反映了年轻人的看法。

1916年2月15日，易白沙在《青年杂志》第一卷第六号上发表《孔子评议上篇》，指出孔学有适应、代表社会潮流的一面，亦有被君主利用的一面，"孔子尊君权漫无限制，易演成独夫专制之弊"①。"孔子讲学不许问难，易演成思想专制之弊"②，"孔子少绝对之主张，易为人所藉口"，"孔子单重作官，不重谋食，易入民贼牢笼"③。认为上述四个方面是孔子容易被君主利用的因素。文中分析评价孔学的价值与弊端，认为："汉武当国，扩充高祖之用心，改良始皇之法术，欲蔽塞天下之聪明才志，不如专崇一说，以灭他说，于是罢黜百家，独尊儒术，利用孔子为傀儡，垄断天下之思想，使失其自由。"④ 把"罢黜百家，独尊儒术"与汉武帝联系起来，揭示出其本质与目的，以及其影响。

1916年9月1日，易白沙在《青年杂志》改名的《新青年》第二卷第一号上发表《孔子评议下篇》，其文指出："闭户时代之董仲舒，用强权手段，罢黜百家，独尊儒术；开关时代之董仲舒，用牢笼手段，附会百家，归宗孔氏。其悖于名实，摧沮学术之进化，则一而已矣。"⑤ 把"罢黜百家独尊儒术"与"闭户时代之董仲舒"联系在一起。这里的董仲舒是符号性的董仲舒，而不是西汉儒宗的董仲舒，并分为"闭户"与"开关"两个不同时代的董仲舒，其实，无论何时代的董仲舒，都没有"强权手段""牢笼手段"。

易白沙立足于现实的社会需要，纵观古今中外的历史，评价孔子及其学说，文中言："时则有赵绾、王臧、田蚡、董仲舒、胡毋生、高堂生、韩婴、伏生、辕固生、申培公之徒，为之倡筹安会。"⑥ 把赵绾等人比喻为1915年8月成立的为袁世凯复辟帝制制造舆论的筹安会，以抨击现实。又言："愚所祈祷，固不足为今之董仲舒道。何也？今之董仲舒，欲以孔子一家学术代表中国过去、未来之文明也。"⑦ 明确说明所针对的不是历史上的董仲舒，而是现实社会中的鼓吹尊孔读经、鼓吹复辟帝制的"今之董仲舒"。"不知汉高帝、武帝、魏文帝皆傀儡孔子，所谓尊孔，滑稽之尊孔也。典礼愈隆，表扬愈烈，国家之风俗、人心、学问愈见退落。"⑧ 直揭尊孔、读经、复古所带来的恶果。由此可见，这不是纯粹的学术论文，而是借学术论文的形式，揭露袁世凯利用尊

---

① 陈先初编：《易白沙集·孔子评议上篇》，湖南人民出版社，2008年，第87页。
② 陈先初编：《易白沙集·孔子评议上篇》，第88页。
③ 陈先初编：《易白沙集·孔子评议上篇》，第89页。
④ 陈先初编：《易白沙集·孔子评议上篇》，第86页。
⑤ 陈先初编：《易白沙集·孔子评议下篇》，第91—92页。
⑥ 陈先初编：《易白沙集·孔子评议上篇》，第86页。《史记》卷一二一《儒林列传·伏生》载："孝文帝时，欲求能治《尚书》者，天下无有，乃闻伏生能治，欲召之。是时伏生年九十余，老不能行，于是乃诏太常使掌故朝错往受之。"汉武帝时，"伏生孙以治《尚书》征，不能明也"。第3769页、第3770页。汉文帝时，伏生已年九十余岁，到汉武帝时，已超过百余岁，征其孙，说明伏生已经去世，易白沙所言伏生不可信。
⑦ 陈先初编：《易白沙集·孔子评议下篇》，第91页。
⑧ 陈先初编：《易白沙集·孔子评议上篇》，第86页。

孔祭孔复辟帝制的本质，揭露筹安会等人为复辟帝制利用孔子的目的，借此以批判尊孔读经复辟思潮，以救国救民，再造中华。文中激荡着批判的激情，但所运用的汉武帝、董仲舒"罢黜百家，独尊儒术"的观念，前后相异，又把"罢黜百家，独尊儒术"放在一起，逻辑矛盾。

易白沙运用的"罢黜百家，独尊儒术"的说法，是其时代的产物，有其产生的社会环境与适宜土壤，揭示出孔学尊君权漫无限制易演成独夫专制之弊、讲学不许问难易演成思想专制之弊等，具有重要的思想理论价值，对于破除迷信、解放思想具有重要的意义和影响。其文章具有学术研究的色彩，更多是时事政论文的风格，具有借事明义的性质。我们不必以学术文章的规范来指责其不准确之处，因为作者意不在此，也不必以是否符合历史事实来评价，文章的意义也不在此。因为易白沙明白"以孔子统一古之文明，则老、庄、杨、墨、管、晏、申、韩、长沮、桀溺、许行、吴虑，必群起否认，开会反对。以孔子网罗今之文明，则印度、欧洲，一居南海，一居西海，风马牛不相及"①。"今之董仲舒，欲以孔子一家学术代表中国过去、未来之文明也"②，也是逆历史潮流而动。明确指出："不仅创造文字，不必归功孔子，即各家之学，亦无须定尊于一人。孔子之学只能谓为儒家一家之学，必不可称以中国一国之学。盖孔学与国学绝然不同，非孔学之小，实国学范围之大也。朕即国家之思想，不可施于政治，尤不可施于学术。三代文物，炳然大观，岂一人所能统治？"③ 易白沙《孔子评议》这样说，就更证明了"罢黜百家，独尊儒术"的不合理性，是立足于批判"罢黜百家，独尊儒术"的反动性。不过是"孔子宏愿，诚欲统一学术，统一政治，不料为独夫民贼作百世之傀儡"④，以此作为批判现实社会弊端的说法而已，绝非是存在的都是合理的认同。

蔡元培提出"罢黜百家、独尊儒术"的说法，影响深远，易白沙的《孔子评议》运用"罢黜百家、独尊儒术"这一词语，文章直指时弊，议论振聋发聩。但"罢黜百家，独尊儒术"一词，并没有立即被学者们所接受而发扬光大，有些人仍然在用废黜、独尊一类的词语。陈独秀认为："孔学优点，仆未尝不服膺，惟自汉武以来，学尚一尊，百家废黜，吾族聪明，因之锢蔽，流毒至今，未之能解。"⑤ 陈独秀指出学尚一尊、百家废黜的影响深远。王逸塘说："汉武帝罢黜百家，独尊孔氏，学术专制之毒，其结果烈于焚书。三千年来，文化消长，此为关键。"⑥ 指出了罢黜百家是学术专制，是文化消长的关键所在。杨鸿烈认为中国法律思想史上有"儒学独霸时代"，自秦亡汉兴以

---

① 陈先初编：《易白沙集·孔子评议下篇》，第91页。
② 陈先初编：《易白沙集·孔子评议下篇》，第91页。
③ 陈先初编：《易白沙集·孔子评议下篇》，第93页。
④ 陈先初编：《易白沙集·孔子评议下篇》，第97页。
⑤ 陈独秀：《再答常乃惪（古文与孔教）》，《新青年》第2卷第6号，1917年2月1日；又见任建树等编：《陈独秀著作选集》第一卷，上海人民出版社，1993年，第265页。
⑥ 王逸塘：《今传是楼诗话》，《近代中国史料丛刊》，文海出版社，1969年，第678册第97页。

至清末季两千余年。① 任时先认为："董仲舒对策深得汉武帝之赞同，于是便下令尊孔重儒，罢黜百家，国民思想归于一统。"② 诸如上述言论，是立足于中国近代以来丧权辱国的现实，面对中学与西学此消彼长的情势，针对尊孔读经的逆流，在反思中国历史文化的过程中，寻找落后挨打的原因，对于汉代"罢黜百家，表章六经"进行探讨，既有接受西学后的新眼光，引进了新观念，又有历史的评价、现实的批判，是时代思潮的反映。所说的儒学一尊、一统、独尊、独霸等，带着时代的特色，已经成为许多学者的共识，使用得比较普遍，但并未引用"罢黜百家，独尊儒术"的词语。

除易白沙外，在文章内运用"罢黜百家，独尊儒术"词语者，是张纯1934年在《广益》半月刊第七卷第六期上发表的《汉武帝罢黜百家专崇儒术论》一文，其文言："汉武帝即位之元年，用董仲舒策，罢黜百家，独尊儒术。"这距蔡元培《中国伦理学史》的出版已经过去二十四年了。

笔者目前所看到以"罢黜百家，独尊儒术"为题目的论文，是郭树人1939年11月在《新动向》杂志第三卷第五期上发表的《汉初"罢黜百家独尊儒术"的社会背景》一文。该文认为："罢黜百家，独尊儒术"是"中国历史上一件大事，是中国学术思想上的一个桎梏"。探讨了独尊儒术的社会背景，指出"独尊儒术"与"罢黜百家"是互为表里的。

但"罢黜百家，独尊儒术"的说法，仍未成为学术界的通用语。1940年6月，范文澜在延安新哲学年会上说：董仲舒"完成了儒家独尊的巨大事业"，汉武帝"毅然下诏罢斥诸子百家，独尊经学"③。《中国通史简编》载："刘彻初年，罢斥诸子百家，独尊儒学。""刘彻很慷慨地提高儒家独尊的地位。被称为汉朝唯一大儒的董仲舒，尽量发展这些学说，而且归纳到《春秋公羊传》一部书里面，使儒家独尊的地位愈加巩固。"④ 前后虽有"儒家独尊""独尊经学"与"独尊儒学"的变化，但没有用"罢黜百家，独尊儒术"的词语。李达指出："由于汉武帝罢黜百家，独尊儒术，精神文化从此就始终停顿于儒家学说的范围，并没有新的成就了。"⑤ 又说："汉武帝运用政治的权力，罢黜百家，独尊儒家，从此学术界统于一尊。"⑥ "独尊儒术"与"独尊儒家"似乎没有根本的区别。1948年10月8日，傅佩青〔铜〕在《大公报》发表《罢黜百家独尊儒术与打倒孔家店》一文，分为"罢黜百家独尊儒术的解释我见""'打倒孔家

---

① 杨鸿烈：《中国法律思想史》，《中国文化史丛书》，商务印书馆，1936年，下册第1页。
② 任时先：《中国教育思想史》，《中国文化史丛书》，商务印书馆，1937年，第117页。
③ 范文澜：《中国经学史的演变——延安新哲学年会演讲提纲》，《中国文化》第2卷第2期，第27页，1940年；又见《范文澜全集》第十卷《文集·中国经学史的演变》，河北教育出版社，2002年，第57—58页。
④ 中国历史研究会、范文澜等：《中国通史简编》，新知书店，1947年，上册第226页。
⑤ 李达：《中国社会发展迟滞的原因》，《文化杂志》第1卷第2号，1941年9月；又见《李达文集》第一卷，人民出版社，1980年，第685页。
⑥ 李达：《中国社会发展迟滞的原因》，《文化杂志》第1卷第2号，1941年9月；又见《李达文集》第一卷，第699页。

'店'的估价和今后应取的态度",标志着"罢黜百家,独尊儒术"的说法进一步传播。

也有一些学者对于"罢黜百家,独尊儒术"的说法提出不同的看法。如柳诒徵指出:"世多谓汉武帝绌诸子,崇儒学,为束缚思想之主因。然古先圣哲思想之流传,实武帝之功。以功为罪,正与事实相反。""至孝武而后,诸子传说与六艺之文,始并充秘府,恶得以董仲舒、卫绾之言,遽谓武帝'罢黜百家'乎?武帝以后,学者犹兼治诸子百家之学。"①"汉人之学,不专治经也。周秦诸子之学,汉时实能综括而章明之。"② 揭示出汉武帝在古代先哲思想流传方面的功绩,并非仅仅是罪恶。钱穆分析说:"刘向父子编《七略》,六艺与儒家分流。是儒亦百家之一,不得上侪于六艺。然则武帝立五经博士,谓其尊六艺则可,谓其尊儒则未尽然也。特六艺多传于儒生,故后人遂混而勿辨耳。"区分并解释了尊六艺与尊儒术的不同及其原因。"汉人之尊六艺,并不以为其儒书而尊,而汉人之尊儒,则以其守六经。此不可以不辨也。""汉人之尊孔子,特为其传六艺之统。汉人之尊六艺,特为其古代之王官学。汉武之立五经博士,特为欲复古者王官之学之旧,以更易秦廷末世之所建。惟深推其用意,实亦不出秦廷统私学于王官,而以吏为师之故智耳。故其采六艺而罢百家,若专就朝廷设官之用意言,则未见其有所大胜于秦之泯《诗》《书》而守《家言》也。后人乃专以汉武尊儒为说,又未为得当时之真相矣。"③ 从分析六艺与儒术关系着眼,说明汉武帝的本意在于尊重王官之学,与秦始皇以吏为师有相通之处,绝非独尊儒术。吕思勉在梳理归纳了道家、阴阳家、刑名家、纵横家、杂家、兵法等在汉朝传播的情况的基础上指出:"秦、汉之世,百家之学见于《史》《汉》《三国志》纪、传者如此,合《汉志》所载之书观之,诸学未尝废绝,弥可见矣。安得谓一经汉武之表章罢黜,而百家之学遂微不足道邪?"又指出:"则知学术之盛衰,宗派之隆替,实与社会风尚之关系深,而与国家政令之关系浅矣。"④ 他们不仅梳理了汉代经学、诸子学发展演变的情况,而且在"罢黜百家,独尊儒术"传播初期,揭示历史真相,以纠正人们望文生义之弊端,实为难能可贵。

上述这些认识,是在中国近代以来社会、经济等诸多方面发生巨变的条件下,东西文化激烈碰撞,新旧文化强烈冲突,诸家崛起,诸说纷纭。有些思想家使用进化论等新理论,从新的角度,对现实社会的思考与对古代历史的考察,提出了一些新的看法。"罢黜百家,独尊儒术"是其中的一种,主旨是借评议、批判孔子的形式,借事明义,以抨击现实尊孔读经的弊端,以进行道德革命和文化革命,救国救民,再造中华,以推动社会的发展进步。他们抨击现实弊端的热情,值得赞扬,他们的说法如雷贯耳,给社会以警醒,值得肯定,但也需清楚地看到,"罢黜百家,独尊儒术"的说法也难免

---

① 柳诒徵:《中国文化史》第三十一章《两汉之学术及文艺》,上海古籍出版社,2001年,第352—353页。
② 柳诒徵:《中国文化史》第三十一章《两汉之学术及文艺》,第361页。
③ 钱穆:《秦汉史》第三章《西汉之全盛》,三联书店,2004年,第94页、第96页。
④ 吕思勉:《秦汉史》第十九章《秦汉学术》,商务印书馆,2010年,第802页、第803页。

五、"罢黜百家，独尊儒术"的泛化

中华人民共和国的成立，标志着中国新民主主义革命的基本结束，向社会主义社会过渡的开始，标志着由战争岁月向和平年代的转变，标志着由革命年代向发展年代的转化，革命的领导核心——中国共产党，由革命党向执政党转化等，诸如这些变化，也就直接或间接影响了对于"罢黜百家，独尊儒术"和董仲舒的看法。在抗日战争时期，毛泽东对董仲舒持批判的态度①，建国后也没有大的改变②，成为当时对于董仲舒的主流看法。

与此同时，"罢黜百家，独尊儒术"得到了广泛的传播。侯外庐说：汉武帝"在文化思想上，就是罢黜百家，独尊儒术的思想学术的统一政策"③。范文澜说："汉武帝时更进一步，形成了罢黜百家，独尊儒术的局面。""武帝提出独尊儒家，罢黜诸子百家。从表面上看，好像是由于董仲舒建议要独尊儒家，实际上，是由于当时政治上的要求。"④ 翦伯赞撰著的《中国史纲》称："卓然罢黜百家，表彰儒术。"⑤ 建国后主编的《中国史纲要》则说："建元六年（前135）窦太后死，武帝起用好儒术的田蚡为相。田蚡把不治儒家五经的太常博士一律罢黜，排斥黄老刑名百家之言于官学之外，

---

① 《毛泽东选集》第一卷《矛盾论》（人民出版社，1991年，第301页）言："在中国，则有所谓'天不变，道亦不变'的形而上学的思想，曾经长期地为腐朽了的封建统治阶级所拥护。""天不变，道亦不变"（《汉书》卷五六《董仲舒传》，第2519页）是董仲舒天人三策中的主张。1942年12月，毛泽东在陕甘宁边区高级干部会议上的书面报告中指出：有许多单位的领导者不懂得经济工作的重要性。"其所以还不懂得，或则中了董仲舒们所谓'正其谊不谋其利，明其道不计其功'这些唯心的、骗人的腐话之毒，还没有去掉得干净。""我们不是处在'学也，禄在其中'的时代，我们不能饿着肚子去'正谊明道'，我们必须弄饭吃，我们必须注意经济工作。"见中共中央文献研究室编：《毛泽东文集》第二卷《经济问题与财政问题（节选）》，人民出版社，1993年，第465页。"正其谊不谋其利，明其道不计其功"（《汉书》卷五六《董仲舒传》，第2524页）是董仲舒回答江都王刘非询问越国三仁问题的话。"天不变，道亦不变""正谊明道"是董仲舒的核心观点。上述引文，是毛泽东对董仲舒持批判态度的例证，适应了革命事业发展的需要。在毛泽东传记中，涉及对于董仲舒及其学说的评价，因为影响面比较小，故不列举。

② 中华人民共和国成立后，毛泽东延续了革命战争年代对于董仲舒的看法，如《毛泽东文集》（人民出版社，1999年）第六卷《关于辛亥革命的评价》载："如果共产党的领袖人物就说不得，各民主党派、人民团体的领导人物就说不得，那就不好了。对孔夫子，自董仲舒以来就说不得了，'非圣诬法，大乱之殃'。我们不能这样，我们要实事求是。"第346页。虽然没有直接批评董仲舒，但仍然以董仲舒为反面的例子。

③ 侯外庐等：《中国思想通史》第二卷《两汉思想》，人民出版社，1957年，第95页。

④ 此为范文澜1963年在《红旗》杂志社等单位理论工作者讲演时所说，载《历史学》1979年第1期，参见《范文澜全集》第十卷《文集·经学史讲演录》，河北教育出版社，2002年，第472页。

⑤ 翦伯赞：《中国史纲》第二卷《秦汉史》，大孚出版公司，1946年，第624页。

并且优礼延揽儒生数百人。这就是有名的'罢黜百家，独尊儒术。'"① 从使用"表彰儒术"转化为"独尊儒术"。随着这些史学大师撰写的史学著作广泛传播，走入千家万户、机关学校、新闻媒体等，"罢黜百家，独尊儒术"逐渐为中国学术界所接受，逐渐由晚清民国年间的批判占主导地位，向着既有批判的含义，又有肯定的成分转化。

1966年8月8日，林彪在怀仁堂接见中央"文革"小组时说："我国是7亿人口的大国，要使全国有统一的思想用毛泽东思想统一起来，才能有统一行动。7亿人口的大国家，没有统一的思想，还是一盘散沙。张三一篇，李四一篇，不能统一全国的思想，只有毛泽东思想的威力，才能把全国人民的思想统一起来……中国封建社会统治用孔孟之道巩固了它的政权，资产阶级有他们的思想体系巩固他们的政权。我们要用我们的代表无产阶级利益、人民利益的新的思想体系，就是毛泽东思想体系，巩固无产阶级专政。"② 又讲："汉朝废百家，独尊儒术，有个董仲舒，我希望大家都当董仲舒。"③ 与当时的政治格局联系起来看，这里绝不是"批林批孔"运动中所谓的林彪反党集团尊孔、尊崇董仲舒的证据，而是林彪希望参加会见的中央"文革"小组成员陈伯达、江青、张春桥、姚文元等人像董仲舒尊崇孔孟之道一样，尊崇毛泽东思想，罢黜所谓的"张三一篇，李四一篇"等，以统一全国人民的思想。这是在"文革"时期当红的中央"文革"小组成员面前发表的具有其语言特点的讲话，也是林彪明确的政治表态，因此林彪《接见中央"文革"小组成员时的讲话》又在中共中央八届十一中全会上传达。1967年4月13日，陈伯达解释林彪讲话的精神，说"秦始皇当皇帝后，主张愚昧政策，大搞焚书坑儒，使孔孟的学说吃不开了。这时董仲舒给皇帝讲道理，要想永远统一天下，就要有一种能统一人民的思想。这种思想只能是一种思想，那就是孔孟之道……由于他高举了孔孟之道，所以很快被人民接受了，一直传了几千年。"所以要响应林彪的号召"做个革命的董仲舒"④。也就是用毛泽东思想统一全国人民的思想。董仲舒与林彪，在主张思想统一这一点上的确有一致之处，董仲舒推崇《春秋》大一统、

---

① 翦伯赞主编：《中国史纲要》第一册，人民出版社，1979年，第197页。
② 江山主编：《世纪档案：影响20世纪中国历史进程的重要文章（下）》，团结出版社，1998年，第706页。
③ 《中共中央文件》中发〔1974〕1号附《林彪与孔孟之道》，第17—18页。
④ 《中共中央文件》中发〔1974〕1号附《林彪与孔孟之道》，第18页。陈伯达1967年4月13日的讲话。上述引文，是林彪、陈伯达政治性讲话，并非是严谨的学术表达，尤其是所谓的"孔孟之道"，更不准确。因为汉代周公、孔子并称为"周孔"，如张衡曰："弹五弦之妙指，咏周孔之图书。"见《文选》卷一五《归田赋》，中华书局，1977年，第223页。蔡邕言："方将骋驰乎典籍之崇涂，休息乎仁义之渊薮，盘旋乎周、孔之庭宇，揖儒、墨而与为友。"见《蔡邕集编年校注》卷一《编年作品·释诲》，河北教育出版社，2002年，第53页。《秦君碑》载："余闻汤、武千载，周、孔异世，以义相高。"见《顾炎武全集·金石文字记》卷二，上海古籍出版社，2012年，第248页，等等。上述所言"周孔"，均指周公、孔子。唐宋才开始孔孟并称为孔孟之道，汉朝董仲舒怎么会讲孔孟之道，何况孔孟之道与六艺之科并不相同。

尊崇孔子，林彪、陈伯达鼓吹用毛泽东思想统一全国的思想、尊崇毛泽东，因此也就连带肯定了董仲舒、独尊儒术，也就是董仲舒、独尊儒术在这里变成了林彪所需要的道具。后来广泛传播的林彪《接见中央"文革"小组成员时的讲话》中并没有"汉朝废百家，独尊儒术，有个董仲舒，我希望大家都当董仲舒"①的语言，不知道是删去了，还是林彪在另一个场合的讲话等，笔者现在不清楚，尚需要继续考察。1974年，随着批林批孔运动的兴起，《中共中央文件》1974年1号的颁布，全国各地翻印了大量的《林彪与孔孟之道》②以及《林彪吹捧董仲舒是为了复辟》《林彪为什么要吹捧董仲舒》③一类的小册子，发表了大量的《林彪和董仲舒是一个窝里的蝎子》④《林彪与董仲舒》⑤之类的批判文章。一方面林彪与陈伯达的上述言论遭到了广泛的批判，歪曲了林彪、陈伯达的本意，另一方面林彪、陈伯达的说法也得到了空前广泛的传播，关于董仲舒、独尊儒术的说法也得到了后来一些人的直接或间接的认同。

如果说中华民国年间有关"罢黜百家、独尊儒术"的论著屈指可数，学者们立足于批判者多，那么改革开放以来，不仅数量不胜枚举，而且评价发生了很大的变化，多种说法并行于世。

改革开放以来，随着思想解放的深入开展，网络技术的快速发展，有关"罢黜百家、独尊儒术"的资料不断被整理出来，为研究提供了前所未有的丰富资料和查阅检索的便捷。如目前笔者所知比较早提出"罢黜百家，独尊儒术"说法的蔡元培的《中国伦理学史》，商务印书馆1987年、1998年等先后出版了影印本、排印本等，又有东方出版社1996年、中国画报出版社2013年、上海三联书店2014年、崇文书局2015年、中国文史出版社2016年、中国书籍出版社2016年等十多个版本，提供了丰富的研

---

① 林彪《接见中央"文化革命"小组成员时的讲话》，又作《接见中央"文革"小组成员时的讲话》等。据笔者所见铅印本、油印本和公开出版的《中华人民共和国国史全鉴》第三卷1960—1966年（团结出版社，1996年，第3765—3767页），以及曹英主编：《共和国风云五十年》，内蒙古人民出版社，1999年，第1784—1786页等，均无"汉朝废百家，独尊儒术，有个董仲舒，我希望大家都当董仲舒"这样的话。

② 《中共中央文件》中发〔1974〕1号附《林彪与孔孟之道》，是"'清华北大两校大批判组'依据毛主席的要求编写"的。"1973年秋天，当时北大的党委书记王连友同志找我们谈话，他说'清华的同志编了一份《林彪与孔孟之道》，毛主席看了，认为不好，他说找一些北大懂点孔孟之道的人参加，和清华一起来编写吧。'王连友同志说：'你们就和清华的同志一起编写吧！'"汤一介：《我们三代人·我自己·我与"梁效"》，中国大百科全书出版社，2016年，第268页、第261页。《林彪与孔孟之道》一书，有的是《中共中央文件》中发〔1974〕1号附《林彪与孔孟之道》的翻印本，中央和各省出版社多有翻印；有的是"批林批孔"的文集，有的是学习材料汇编，其中有些是出版社出版的，有些是各单位编辑印刷的。

③ 中共河北省衡水地委：《林彪吹捧董仲舒是为了复辟》，农业出版社，1974年。《林彪为什么要吹捧董仲舒》，云南人民出版社，1974年。

④ 河北景县董故庄大队党支部：《林彪和董仲舒是一个窝里的蝎子》，《红旗》1974年第2期。

⑤ 董健：《林彪与董仲舒》，《人民日报》1974年3月19日。

究资料。立足现实论述"罢黜百家,独尊儒术"看法的易白沙的《孔子评议》一文,长期以来知晓的人数有限,而改革开放以来,全文刊载的书籍接连不断。如1982年,蔡尚思主编的《中国现代思想史资料简编》第一卷,由浙江人民出版社出版;2013年,陈独秀,李大钊等编撰的《新青年精粹1》,由中国画报出版社出版;田晓青主编的《民国思潮读本》第一卷,由作家出版社出版等,笔者所知从1982年到2013年有十二种图书,从不同的学科门类,不同的研究视角,不同的体裁类型,进行整理编辑,都收录了易白沙的《孔子评议》上、下篇,前所未有地扩大了《孔子评议》的传播范围,方便了人们的阅读、引用,为研究"罢黜百家,独尊儒术"提供了方便条件。

虽然,长期以来,多数人不知道"罢黜百家,独尊儒术"的来源出处,但并没有妨碍学者们对于"罢黜百家,独尊儒术"的讨论,因为,大中学校教材普遍采用了"罢黜百家,独尊儒术"的说法,空前地扩大了其传播范围,影响了一代又一代的学生,天长日久产生了巨大影响。还有,表面上与《汉书·武帝纪》的"罢黜百家,表章'六经'"有相似之处,概括精炼,明白易记,容易引起人们的共鸣,为多数人所认同。再加上思想解放的深入发展,诸多禁区被打破,有利于"罢黜百家,独尊儒术"讨论的开展。改革开放以来,有关研究"罢黜百家,独尊儒术"的文章,不仅数量大增,而且讨论的范围越来越广,探讨的内容日益深入。

有些学者对于"罢黜百家,独尊儒术"本身进行研究。有认为"罢黜百家,独尊儒术"是子虚乌有者①,亦有认为确有其事者②,两者针锋相对,在相互争鸣中,提出了一些新问题,搞清了一些问题的来龙去脉。有认为"罢黜百家,独尊儒术"是误解者③,有认为是误会者④,亦有学者认为"'罢黜百家,独尊儒术'只是两汉社会思潮演变过程中的外在表现形式。外儒内法,法主儒从;儒法并用,法本儒末乃是汉代政治文化的根本特征"⑤等。多数学者从清末民初学者用"罢黜百家,独尊儒术"来批判封建思想专制、批判专制主义,转化为对于"罢黜百家,独尊儒术"的赞同,论述

---

① 孙景坛:《汉武帝"罢黜百家,独尊儒术"子虚乌有:中国近代儒学反思的一个基点性错误》,《南京社会科学》1993年第6期;庄春波:《汉武帝"罢黜百家,独尊儒术"说考辩》,《孔子研究》2000年第4期等。

② 管怀伦:《汉武帝"罢黜百家,独尊儒术"确有其事:与孙景坛同志商榷》,《南京社会科学》1994年第6期。

③ 刘桂生:《近代学人对"罢黜百家、独尊儒术"的误解及其成因》,《北大史学》第2辑;又见北京大学中国传统文化研究中心编:《北京大学百年国学文粹·史学卷》,北京大学出版社,1998年,第515—527页。

④ 李全华:《史记疑案》第11章《说汉武帝"罢黜百家,独尊儒术"是误会》,湖南大学出版社,2010年,第360—365页。

⑤ 黄朴民:《汉代真的"独尊儒术"吗》,《文史天地》2017年第10期。

"罢黜百家，独尊儒术"是历史发展的必然性①，还有的学者认为："汉武帝以后的皇帝都沿用'罢黜百家，独尊儒术'这一思想来统一全国思想。"② 把"罢黜百家，独尊儒术"推广至中国皇权时代。亦有学者探讨"罢黜百家、独尊儒术"的社会危害③。

学者们以自己专业的视角和方法，从多方面探讨"罢黜百家，独尊儒术"问题。在政治领域，赵沛指出：汉武帝独尊儒学，实际上是独尊《公羊》学。汉武用人，绝非"独用儒生"，不能将武帝政治的开放理解成"独尊儒术"的产物。④ 袁德良等指出：汉武帝前期，儒学一直存在且被宣传为官方理论，但在政治实践中，儒学从政策理论逐渐蜕变为意识形态的说教，有一个渐进嬗变的过程。⑤ 在思想领域，张如珍指出："独尊儒术"思想的形成和确立，奠定了儒家思想的政治统治模式，创立了兴学育才的封建教育工程，确立了儒家以道德为中心的人生价值取向。⑥ 纪兴等认为："独尊儒术"结束了自春秋以来学术与政治的分离状态，使儒学由私学转化为官学，学术与政治融为一体。⑦ 林伟认为："独尊儒术"反映了从孔子到董仲舒思想自身的发展轨迹。⑧ 在学术领域，葛志毅指出：战国秦汉百家之学可称是独尊儒术学术上的根源。⑨ 王葆玹认为：汉武帝的创举不是"罢黜百家"，而是罢黜秦代官方奉行的刑名法术之学，并将黄老之学由经学的地位贬到子学的地位。罢黜百家、独尊儒术发生在汉成帝建始二年。⑩ 黄开国则认为：独尊儒术、罢黜百家的历史意义，并不是取消百家，而是法定儒学唯一的正宗地位。⑪ 丁四新认为：汉武帝的学术思想政策其实是"罢黜百家，表章'六经'"，主要是从学官、教育制度立论，而不是禁止、禁绝百家之意，是以王官之学来统一包括儒家在内的诸子百家之学。⑫ 在文化领域，李文东认为："汉武帝实

---

① 如张烈：《"独尊儒术"是历史的必然》，《文史知识》1985年第9期；张学忠：《"独尊儒术"是历史的必然》，《宿州师专学报》2002年第3期等。
② 魏文华：《儒学大师董仲舒》，新华出版社，2000年，第56页。
③ 郝立忠：《从"焚书坑儒"到"罢黜百家，独尊儒术"——兼论"罢黜百家，独尊儒术"的社会危害》，《武汉科技大学学报》（社会科学版）2017年第3期。
④ 赵沛：《论汉武政治的开放并非"独尊儒术"的产物》，《河南师范大学学报》（哲学社会科学版）2004年第4期。
⑤ 袁德良、袁刚：《论汉武帝前期政治思想的嬗变：兼论"罢黜百家，独尊儒术"与"悉延百端之学"》，《山西大学学报》（哲学社会科学版）2008年第6期。
⑥ 张如珍：《论"独尊儒术"思想的产生、确立及其意义》，《社科纵横》1996年第2期。
⑦ 纪兴、宋阳：《独尊儒术与汉武帝的思想文化建设》，《燕山大学学报》（哲学社会科学版）2009年第3期。
⑧ 林伟：《关于"独尊儒术"的再思考》，《唯实》1999年第10期。
⑨ 葛志毅：《百家之学与独尊儒术》，《史学集刊》1994年第3期。
⑩ 王葆玹：《中国学术从百家争鸣时期向独尊儒术时期的转变》，《哲学研究》1990年第1期。
⑪ 黄开国：《独尊儒术与西汉学术大势——与王葆玹先生商榷》，《哲学研究》1990年第4期。
⑫ 丁四新：《"罢黜百家，独尊儒术"辨与汉代儒家学术思想专制说驳论》，《孔子研究》2019年第3期。

行的是在确立儒家为其统治思想基础上的'悉延百端之学'的文化政策,并未禁绝百家,而是在一定程度上促进了文化发展,对西汉盛世的出现起了不可忽视的重要作用。"① 逄振镐指出:"对'焚书坑儒''罢黜百家,独尊儒术'作何评价,这是对是否是专制独裁统治者的一块试金石。""应当对其做出客观的研究,而没有理由去为之歌功颂德。"② 张颐认为:在政治需求与理论支撑的作用下,产生的"独尊儒术"文化政策,仅仅是对儒学作功能主义而非信仰的解读,这导致了儒学与政权之间不可避免的张力。③ 在法律领域,周恬等则从影响法律传统的角度比较教皇革命与"罢黜百家,独尊儒术"的异同。④ 关于这一问题的讨论涉及领域广泛,学者们在讨论中互相汲取思想,在交流中观点相互碰撞,激发出灵感的火花,揭示出历史的真相,使得看法越来越接近历史的真实情况。

有些学者从多方面探讨了"罢黜百家,独尊儒术"与汉武帝、董仲舒的关系。

有人认为汉武帝并非独尊儒术⑤,有人认为汉武帝独尊儒术⑥,认为两者异中有同,不同的看法,深化了有关问题的探讨。还有学者将有关成果,概括为汉武帝是否实行过"罢黜百家独尊儒术"的政策,也就是"罢黜百家,独尊儒术"的可信性问题;独尊儒术形成的原因;"罢黜百家,独尊儒术"的内涵和性质的解读、时间问题;"罢黜百家,独尊儒术"的作用四个问题⑦,综述学者们的研究成果。

有许多人认为董仲舒提出了"罢黜百家,独尊儒术"的建议,被汉武帝所接受,推行了"罢黜百家,独尊儒术"的政策。有人肯定董仲舒独尊儒术的功绩⑧,有人认为董仲舒是"罢黜百家,独尊儒术"的首倡者,有人认为董仲舒的独尊儒术,既有进

---

① 李文东:《"罢黜百家独尊儒术"与汉武帝的文化政策》,《许昌师专学报》(社会科学版) 1988 年第 3 期。

② 逄振镐:《从"焚书坑儒"到"独尊儒术":中国古文化发展史的大转变时期》,《东南文化》1992 年第 5 期。

③ 张颐:《儒学与政权之间——汉武帝"罢黜百家、独尊儒术"文化政策再思考》,《研究生法学》2012 年第 6 期。

④ 周恬、郭建:《教皇革命与"罢黜百家,独尊儒术"的异同——从影响法律传统的角度比较》,《肇庆学院学报》2005 年第 6 期。

⑤ 杨生民:《略谈汉武帝的文治》,《炎黄春秋》2002 年第 1 期;《论汉武帝是否独尊儒术——也谈思想方法问题》,《中国社会科学院研究生院学报》2004 年第 2 期。

⑥ 苏诚鉴:《汉武帝独尊儒术考实》,《中国哲学史研究》1985 年第 1 期;邓志鹏:《略论汉武帝的"独尊儒术"》,《广州师院学报》(社会科学版) 1987 年第 2 期;窦连荣:《汉武帝"独尊儒术"探源》,《宁夏大学学报》(社会科学版) 1988 年第 3 期;周桂钿:《汉武帝是否独尊儒术?——兼论思想方法诸问题》,《中国社会科学院研究生院学报》2003 年第 2 期;《从〈史记〉看汉武帝独尊儒术——兼复杨生民》,《中国社会科学院研究生院学报》2004 年第 5 期等。

⑦ 郝建平:《近 30 年来汉武帝"罢黜百家,独尊儒术"问题研究综述》,《古籍整理研究学刊》2013 年 第 4 期。

⑧ 周桂钿:《独尊儒术,奠定汉魂——董仲舒政治哲学研究》,《船山学刊》1998 年第 2 期。

步意义，也有局限与糟粕，即有功也有过①。有人认为董仲舒不是"罢黜百家，独尊儒术"的创始人②；有人认为独尊儒术，并不因为董仲舒，要纠正这种流传广泛而久远的误解③，有人认为董仲舒与"罢黜百家，独尊儒术"无关④等。

学者们还考察了田蚡、公孙弘、汲黯、司马迁等人与"罢黜百家独尊儒术"的关系⑤，探索了西汉新儒家、儒家知识分子群体⑥、齐鲁人才的资源优势⑦等与"罢黜百家，独尊儒术"的关系等。

除绝大多数学者继续坚持运用流传广泛的"罢黜百家、独尊儒术"说法之外，有些学人经过深入研究，提出新的说法。有些学者改"罢黜百家、独尊儒术"为"罢黜百家，独尊儒学"⑧，有些学者采用班固"罢黜百家、表章六经"的说法⑨，有些学者运用明清人提出的"罢黜百家、独尊孔氏"⑩，有些学者认同中华民国年间归纳的"罢

---

① 孙仁宏：《简论董仲舒"独尊儒术"》，《盐城师专学报》（哲学社会科学）1996年第卷2期；王永祥、霍艳霞：《董仲舒"独尊儒术"功过论》，《河北学刊》1998年第4期。

② 施丁：《董仲舒天人三策作于元光元年辨——兼谈董仲舒不是"罢黜百家，独尊儒术"的创始人》，《社会科学辑刊》1980年第3期。

③ 余志平：《独尊儒术：并不因为董仲舒——纠正一种流传广泛而久远的误解》，《湘潭大学学报》（哲学社会科学）2004年第3期。

④ 秦进才：《董仲舒与"罢黜百家，独尊儒术"关系新探》，《衡水学院学报》2020年第5期。

⑤ 如梁国楹：《田蚡与"独尊儒术"》，《德州学院学报》2018年第2期；李金玉：《公孙弘——儒术独尊的实际倡导者与践行者》，《兰台世界》2012年5月下旬；王云云、王绍东：《从黄老之术到儒术独尊转变过程中的典型人物——汲黯》，《咸阳师范学院学报》2011年第1期；康清莲：《司马迁与汉武帝时期的"罢黜百家，独尊儒术"》，《四川教育学院学报》2001年第3期等。

⑥ 王春阳：《汉初儒家知识分子群体与儒术独尊》，《黑龙江史志》2009年第8期。

⑦ 孙顺华：《汉"独尊儒术"政策下齐鲁的人才资源优势》，《孔子研究》2006年第5期。

⑧ 王成骥、董春霖、蔡景昆《中国文学史名词解释》（中国展望出版社，1983年，第55页）载："'罢黜百家，独尊儒学'是汉武帝时代奉行的重要文化策之一。"

⑨ 徐光烈：《论汉武帝的"罢黜百家，表章六经"》，《上海师范学院学报》（哲学社会科学版）1979年第1期。

⑩ 孙承泽《春明梦余录》（北京古籍出版社，1992年，第744页）卷四〇《礼部二·正士习》作："盖即古人罢黜百家、独遵孔氏之旨，此所谓圣真，此所谓王制也。"此语亦为中华民国时期学者所沿用。《张岱年全集》（河北人民出版社，1996年，第218页）第八卷《〈孔学新论〉序》载："汉代罢黜百家，独尊孔氏，其后历代统治者都尊崇孔子，'以孔子之是非为是非'，因而起了束缚人民思想的消极作用。""罢黜百家，独尊孔氏"，从明朝冯琦，到现代张岱年，一直被沿用。

黜百家、尊崇儒术"①"罢黜百家、表彰儒术"② 等，有些学者使用新的方式将其概括为"罢黜百家、首尊儒术"③"独尊儒术，罢黜百家"④ 等，力求更接近历史的真实。诸如此类的观点、看法，前所未有地扩展了"罢黜百家，独尊儒术"的研究范围，深化了相关问题的认识。

与此同时，由在论述中叙述"罢黜百家，独尊儒术"，发展为在著述中设立专门章节论述"罢黜百家，独尊儒术"⑤，以"罢黜百家""独尊儒术""罢黜百家，独尊儒术"等词语作为研究论文、会议论文、学位论文题目者数以百计。亦有学者推出《罢黜百家，独尊儒术：汉代儒学与政治》的专著⑥，标志着"罢黜百家，独尊儒术"由词组、论文发展成为专著的名称。先后有三篇文章综述改革开放以来关于"罢黜百家，独尊儒术"的研究成果⑦，有的学者分析了四十年来"罢黜百家，独尊儒术"研究的阶段变化⑧，这些文章提供了很多"罢黜百家，独尊儒术"研究的信息。还有学者介

---

① 周予同《开明本国史》（中国国际广播出版社，2012年，第38页）载："汉武帝罢黜百家，尊崇儒术，利用孔子与经典，使人民思想定于一尊，以巩固其平民皇帝的创局。"何兹全《中国古代及中世纪史》（鹭江出版社，2003年，第52页）载："汉武帝罢黜百家，尊崇儒术，结束了战国以来百家争鸣的局面。"

② 罗根泽编著《古史辨》（上海古籍出版社，1982年，第609页）第四册《〈杨朱篇〉和杨子之比较研究》载："汉武帝罢黜百家，表彰儒术，诸子学说多告绝灭。"此文发表于1931年3月。郑孟彤《中国诗歌发展史略》（黑龙江人民出版社，1981年，第57页）载："自西汉以来，统治阶级为了巩固他们的政权，实行思想统治，'罢黜百家，表彰儒术'。把儒家思想提到独尊的地位。""罢黜百家，表彰儒术"与"罢黜百家，独尊儒术"精神相近。

③ 何新：《论中国历史与国民意识：何新史学论著选集》（时事出版社，2002年，第294页）载："新政的首要方针是改革国家意识形态，即'罢黜百家，首尊儒术'。"

④ 郭龙《"独尊儒术，罢黜百家"与儒家经学的确立》（四川师范大学2010年硕士学位论文）载："把'罢黜百家'和'独尊儒术'的顺序互换，借以强调'罢黜百家，独尊儒术'行动过程中经历了策略上的转变，从原来的将注意力放在对以黄老为首的百家的'罢黜'上，转变为对儒学的'独尊'上，正是经过这个策略上的转变，儒学才最终在政治上获得了'独尊'。另外，从字面的逻辑来理解，'罢黜百家，独尊儒术'的重点是'罢黜'，伴随的结果是儒学的'独尊'；而'独尊儒术，罢黜百家'的重点是'独尊'，伴随的结果是百家的被'罢黜'。"

⑤ 如朱维铮《中国经学史十讲·儒术独尊的转折过程》（复旦大学出版社，2002年，第66—85页）从常识引出的疑问入手，考察时间记录的矛盾、西汉儒术的先驱、罢黜黄老取得成功等问题。再如宋定国《国学纵横·"独尊儒术"的真与伪》（首都师范大学出版社，2013年，第113—126页）考察汉武帝有无"罢黜百家，独尊儒术"，董仲舒有无建议"罢黜百家，独尊儒术"等问题，提出了自己的看法。前者认同儒术独尊的存在，后者质疑独尊儒术为真，看法不同，相同的是都用独立的篇章专门论述"独尊儒术"问题。

⑥ 张红珍：《罢黜百家，独尊儒术：汉代儒学与政治》，西南交通大学出版社，2018年。

⑦ 参见刘伟杰：《汉武帝独尊儒术问题的研究现状与反思》，《南京社会科学》2007年第2期；郝建平：《近30年来汉武帝"罢黜百家，独尊儒术"问题研究综述》，《古籍整理研究学刊》2013年第4期；郭炳杰：《近三十年"罢黜百家，独尊儒术"研究综述》，《史学月刊》2015年第8期。

⑧ 丁四新：《近四十年"罢黜百家，独尊儒术"问题研究的三个阶段》，《衡水学院学报》2019年第3期。

绍了日本学者对于"废黜百家"与"儒教国教化"研究的情况①,提供了它山之石可以攻玉的资料。

不可否认,虽然很多学者不知道"罢黜百家,独尊儒术"是1910年蔡元培在《中国伦理学史》中首先提出来的,是1916年易白沙在《孔子评议》中系统论述的,但改革开放以来,随着思想解放的深入发展,在"罢黜百家,独尊儒术"研究中,依然提出了一些新问题,形成了一些新观点,取得了一些可喜成果。但也不必讳言,其中既有望文生义的演绎,也存在着随波逐流的跟风现象,更多是人云亦云、不深入思考的泛用,陈陈相因,缺乏新意。对于"罢黜百家,独尊儒术"歌功颂德者屡见不鲜,义愤填膺批判者大有人在,人云亦云者难以枚举,从而形成频繁地出现在著作、论文、工具书、通俗读物等书籍中的固定词语。这些研究成果和诸多说法,反映了中华人民共和国成立以来,社会发生了巨大变化,汉武帝、董仲舒等人,由革命时代的批判对象转化为肯定与批判共存的对象,现实需要从历史上汲取治国智慧,从文化上继承传统,以复兴中华民族的文化自信,也需要批判他们的历史局限,熔铸现代社会所需要的思想文化,正是时代赋予学术界新的使命,"罢黜百家,独尊儒术"研究焕发了前所未有的学术活力。历史地求真求实与思想的融合铸造并存,与其说历史的真实,不如说现实的社会需要,塑造了"罢黜百家,独尊儒术"的新面貌。

综上所述,说"罢黜百家,独尊儒术"是后儒的概括者,也未具体说明哪个后儒;说出于《资治通鉴》者,也查找不到记载;至于说已经流传了数百年者,也没有根据。实际上,《汉书·武帝纪》中的"孝武初立,卓然罢黜百家,表章六经"和《汉书·董仲舒传》中"自武帝初立,魏其、武安侯为相而隆儒矣。及仲舒对册,推明孔氏,抑黜百家",明确地标明了罢黜百家、抑黜百家的时间,即汉武帝初立,比较准确地表达了汉武帝与董仲舒的不同地位与作用,并非是整个汉武帝时代,更不是两汉时期。历经社会的沧桑巨变,走过思潮的风云变幻,随着儒学的发展,对于罢黜百家有着不同的组合表述,明代冯琦概括为"罢黜百家,独尊孔氏",1910年蔡元培提出"罢黜百家,独尊儒术"的词组,1933年门启明提出"罢黜百家,表彰儒术",影响比较大的是"罢黜百家,独尊儒术"。中华人民共和国成立后,"罢黜百家,独尊儒术"这一表述方式传播甚为广泛,尤其到20世纪70年代改革开放以来,成为应用广泛的习用词语与表达方式,肯定者大有人在,亦有许多学者在批评"罢黜百家,独尊儒术"表达方式的不准确性,并在学术界内部取得了一些共识,但相对于铺天盖地的传播媒介以及数以亿计的大众来说犹如杯水车薪无济于事。由此可见,可以说"罢黜百家,独尊儒术"为一百余年来社会思潮变迁的标志。清末民初,学者出于对现实社会出路的探索,反思中国的历史文化,提出了"罢黜百家,独尊儒术",立足于对传统思想的批

---

① 邓红:《"废黜百家"与"儒教国教化"——日本学术界关于"儒教国教化"的争论》,《衡水学院学报》2017年第3期。

判,以实现救国救民的理想,社会思想意义重大,但不符合西汉历史的实际。中华人民共和国成立后的十七年中,延续了近代革命的惯性,"罢黜百家,独尊儒术"仍然体现在批判的意义上。20世纪70年代,林彪、陈伯达的偶尔肯定,遭遇了批林批孔的更为猛烈的大批判。改革开放以来,随着思想解放的深入发展,对于"罢黜百家,独尊儒术"的评价,呈现出多说并存的格局,前所未有地得到了充分的肯定,这与对于传统文化的肯定思潮是一致的,肯定者赋予了"罢黜百家,独尊儒术"更多的含义。但从历史求真求实的角度看,"罢黜百家,独尊儒术"是既不符合西汉历史的实际,又不合乎逻辑的说法,不是真实的历史存在。① 然而,从社会思潮的角度看,百余年来,众多学者借"罢黜百家,独尊儒术"的话题,阐释自己的思想,反映着学者对于历史的看法与社会思想的变迁,这又是真实的社会存在。这种社会现实的存在,促使我下笨功夫,对于"罢黜百家,独尊儒术"词语源流演变的来龙去脉进行粗略的考察。鉴于中国历史文献浩如烟海,虽然现在可以利用电子版图书、网络图书,利用强大的搜索引擎,查找资料、进行检索,但深知自己远未做到竭泽而渔,遗漏在所难免,因此把考察的管窥蠡测之见,拿出来供感兴趣的朋友们参考,如果能起到抛砖引玉的作用,也就如愿以偿了。

---

① 参见2020年山东省尼山书院董子公开课第四讲——秦进才:《"罢黜百家 独尊儒术"的历史真相》。

汉兴楚亡中激励机制问题探微

王 刚 陈 林

(江西师范大学历史文化与旅游学院)

摘要：激励机制问题是推动汉兴楚亡的重要原因。刘邦在争夺天下的过程中，善于利用激励机制管理人才，按照集团成员出身地域的差别采取了不同的激励方式，可分为有形激励与无形激励两种模式。而在项羽集团内，虽存在激励机制，但因项羽个人性格的矛盾和在落实"尚功"时有失偏颇，严重影响了内部的人才管理，最终导致其在楚汉之争中的失败。同时，刘邦在楚汉战争时期逐渐开始形成的激励机制更有特色，对汉王朝及此后的历史发展产生了重要影响。

关键词：汉兴楚亡；刘项集团；激励机制；尚功

汉代是古代中国政治制度与文化体系不断发展与完善的关键期。刘邦自公元前209年响应"张楚"号召开始，已然自觉或不自觉地对政治与文化进行建设，并使之成为了汉兴楚亡的重要推动力。其中，很重要的一条就是激励机制的运用。换句话说，刘邦在集团内部实行的激励机制有效地帮助其赢得了最终胜利。不仅如此，以刘邦的激励机制为模型，经过历代君主的不断填充与发展后，逐步成为中国古代人才管理制度的重要内容。

一、汉兴楚亡中激励机制的意义及相关问题探讨

汉末，赤壁之战后，魏蜀吴三国鼎足而立，曹操欲想实现天下统一的愿望受阻后，求贤若渴，分别于建安十五年（210）、建安十七年（212）与建安十九年（214）发布了三道"求才令"。其在建安十五年春发布的文告中写道：

自古受命及中兴之君，曷尝不得贤人君子与之共治天下者乎！及其得贤也，曾不出闾巷，岂幸相遇哉？上之人不求之耳。今天下尚未定，此特求贤之急时也。"孟公绰为赵、魏老则优，不可以为滕、薛大夫"。若必廉士而后可用，则齐桓其何以霸世！今天下得无有被褐怀玉而钓于渭滨者乎？又得无盗嫂受金而未遇无知

者乎？二三子其佐我明扬仄陋，唯才是举，吾得而用之。①

从中我们可以看出：一是"天下未定"是发布求才令的主要原因；二是曹操明确表达了"唯才是举"；三是这份求才令以历史上的成功案例来激励世人，其中，很重要的例子来自于楚汉战争时期刘邦之用人。它在表面上所呈现的，似乎是陈平的个人成功，但实质上所反映的，是刘邦集团人才激励机制的独到之处。可以说，刘邦的激励机制成功影响了楚汉之争的走向，也成了历史上一笔宝贵的精神财富。

刘邦之所以要激励部下，在于激发部下的才能，以为军政斗争服务，它有着功利主义及去道德化的色彩。《史记·陈丞相世家》记载，绛侯周勃与灌婴等认为陈平有"盗其嫂""受诸将金"②等不法行为，希望刘邦谨慎留用陈平，但刘邦反而厚赐陈平，并拜其为护军都尉，这与曹操在求才令中提到的"又得无有盗嫂受金而未遇无知者乎"指向一致，表明刘邦与曹操对于"盗嫂受金"的陈平之品行保持宽容不咎、只重视其个人才能的态度。他们的目的都是为了激励有才之人为己所用。但有所不同的是，刘邦对陈平的激励在当时并未形成一套完整的激励制度，而曹操是以法令文书的方式明确昭告天下：无论出生与品行，唯才是举，构建了正式的制度。换言之，曹操的求才令是以西汉受命之君刘邦的人才激励机制为基调，并在实际运用中，将其加以继承、整合与发展而成为一整套制度。

由曹操而刘邦，追本溯源，刘邦对人才的激励究竟如何？以及该时期的激励机制又是如何逐步演变成为制度性的政策呢？这些都是值得探究的论题，但对此展开探究之前，我们首先需将激励的内涵与意义阐述清楚。

许慎《说文解字》云："激，疾波也""励，勉力也"。由此可知激励是一种力量。美国管理学家贝雷尔森和斯坦尼尔则指出："一切内心要争取的条件、希望、愿望、动力等都构成了对人的激励，它是人类活动的一种内心状态。"③因此，激励也是提高人的积极性与斗志的一种诱导剂。"激励"一词在中国古代文献中也不乏身影。《史记·范雎蔡泽列传》载："欲以激励应侯。"④《后汉书·袁安传》中有"司徒桓虞改议从安。太尉郑宏、司空第五伦皆恨之。宏因大言激励虞曰：'诸言当还生口者，皆为不忠'"⑤，可知"激励"一词并非像大多数人所认为的那样是个舶来品，相反，它可从古代浩如烟海的文献中找到真实存在。不可否认的是，相较于西方善于将思想系统化、理论化，中国古代并没有如西方那样形成完整的激励理论，但中国古代的激励思想与激励方法的运用可从具体实践中探知，它虽散落在各处，却随着中国古代的管理制度

---

① 《三国志》卷一《魏书·武帝纪》，中华书局，1959年，第32页。
② 《史记》卷五六《陈丞相世家》，中华书局，1982年，第2054页。
③ 〔美〕小詹姆斯等著，李柱流等译：《管理学基础》，中国人民大学出版社，1982年，第195页。
④ 《史记》卷七九《范雎蔡泽列传》，第2418页。
⑤ 《后汉书》卷四五《袁张韩周列传》，中华书局，1974年，第1519页。

不断完善与发展，由机制逐步演变为制度，最终形成了具有丰富内涵的激励体系，并成为中国古代独特的政治文化表现之一。

就激励的意义而言，刘邦正是通过对人才集团给予各种激励，才使得集团人员愿意为其服务，最终帮助他成为"群雄逐鹿"的最终获胜者。这也使得曹操在求才令中发出感叹：受命与中兴之君的成功离不开贤士的辅助。事实上，刘邦激励机制的运用不仅仅实施在有才之士上，对于普通百姓，尤其是对于汉中的百姓，更是发挥了相当的效应，使得汉中百姓们纷纷愿意为汉王效劳，这与秦政之下人人自危的情形截然不同。正因为如此，我们应该特别重视激励机制对刘邦人才管理的意义。我们也可以说，汉兴楚亡的过程及结果是伴随着项羽、刘邦的激励机制的运用的。所以，笔者认为，若要探讨汉兴楚亡，就离不开探讨项羽、刘邦的相关激励问题，它能够帮助我们更好地了解与分析汉兴楚亡的相关问题。

二、刘邦激励机制的运用

（一）刘邦激励机制的运用对象

秦汉之间为历史的一大变局。清人赵翼在《廿十史劄记》卷二中评价汉初的"布衣将相之局"①时说，高祖等人由一介布衣成为帝国的最高统治者是"气运"使然，这与太史公的评价"岂非天哉"②如出一辙。赵翼与太史公的言语均提到历史的发展具有不确定性与偶然性，在当时的历史条件受限的情况下他们只能将其解释为"气运"，然而所谓"气运"者，若有若无，反映的正是隐藏在变局之下的历史和现实的政治资源和传统。③ 事实上，刘邦政治资源的最大依托即为围绕在他身边的布衣将相，它们共同构成了"刘邦集团"。"刘邦集团"成员作为汉帝国的创建者，也是刘邦直接明面上的激励机制的实施对象。对于这些人，有学者指出："刘邦根据个人加入刘邦集团之时间先后和军功之大小而授予不同的军功爵，再根据军功爵的高低而授予不同数量的土地财富，决定其社会身份的高低，相应地委任不同官职。"④ 这也可理解为，刘邦根据个人加入其集团的时间先后和地域差别采取了不同的激励措施。具体言之，刘邦集团中的三类人值得我们关注。

一是丰沛元从集团，为跟随刘邦起兵于沛县之地的集团，是前期刘邦集团的核心与基础，也是刘邦最为亲信之人。正因为如此，刘邦对丰沛元从集团成员的激励与众不同：一方面，激励带有亲情性质。刘邦与王陵、萧何、卢绾、樊哙等人皆曾为故交。

---

① ［清］赵翼著，王树民校证：《廿二史劄记校证》卷一《汉初布衣将相之局》，中华书局，2013年，第37页。
② 《史记》卷一六《秦楚之际月表》，第760页。
③ 王刚：《学与政：汉代知识与政治互动关系之考察》，黑龙江人民出版社，2012年，第45页。
④ 李开元：《汉帝国的建立与刘邦集团——军功受益阶层研究》，三联书店，2000年，第175页。

《史记·韩信卢绾列传》载："及高祖、卢绾壮，具学书，又相爱也。""从东击项籍，以太尉常从，出入卧内，衣被饮食赏赐，群臣莫敢望，虽萧何等，特以事见礼，至其亲幸，莫及卢绾。"① 甚至在定天下后，刘邦不顾群臣的不满，封卢绾为燕王。《史记·萧相国世家》同样记载："高祖为布衣时，何数以吏事护高祖。高祖为亭长，常左右之。高祖以吏繇咸阳，吏皆送奉钱三，何独以五。"② 可见高祖与卢绾、萧何等人情感深厚。而刘邦在前期抗秦的过程中，正是凭借自身与丰沛元从集团成员的亲密情感，在他们的帮助下，才能够抢先项羽一步，先入关中称王。另一方面，激励带有长期性。当刘邦定天下后，对于该集团的成员也给予了崇高地位与优待，在学界，有学者考察出，在《汉书》卷十六《高惠高后文功臣表》载有汉初功臣162人，其中沛县籍者33人，占20%，然而，以位次居前20位者而言，沛县籍者人10人，占了一半，可谓所占比重之大小与地位之高低适成反比。③ 不仅如此，功臣后代在武帝中期以前也大都能够依恃父辈的功劳成为朝廷重要官员。

二是砀泗楚人集团，为跟随刘邦进入汉中就国的地域集团。汉元年（前206）四月，项羽背弃怀王之约，更立刘邦为汉王，派遣三万士卒跟随刘邦从入汉中地区。"汉王怨羽之背约，欲攻之"④，在萧何的劝说下，刘邦意识到双方实力悬殊，此时并非攻打项羽的良机。因此，刘邦暂时放弃正面出击项羽，而是采取了迂回战术，在巩固汉中根据地的同时，吞并项羽所封塞、翟、欣三王之地。同时，在政治与情感的双重作用下，对于楚汉战争中投奔自己的成员，皆给予优厚待遇，如曾在项羽阵营任职的郎中韩信、九江王英布以及都尉陈平等人源源不断背楚入汉。就刘邦而言，由于自身资源本就存在先天的弱势，因而尽自己最大能力发挥身边人员的最大价值便是打造和囤积军政资本。换言之，只有尽量满足这部分人的需求，才能够有一线生机。因而刘邦在对这部分人的激励机制上表现为物质与精神的双重激励形式，不断以"利"诱之。值得注意的是，这部分人是楚汉战争时期刘邦最重要的激励对象。一个明显的例子是，在项羽麾下"官不过郎中，位不过执戟"⑤ 的韩信在没有战功的条件下便被刘邦拜为大将，"自以为得信晚"⑥，给予了韩信莫大的殊荣，甚至在楚汉战争末期，刘邦便封韩信为诸侯王。而在汉朝正式建立后，刘邦分封的8个异姓王中，属于砀泗楚人集团的成员便有3个，分别是楚王韩信、九江王英布与梁王彭越。

三是秦人集团，即原属于秦国统治之地的成员。在这部分成员中，又可划分为原属于秦官僚集团的成员与一般民众。

---

① 《史记》卷九三《韩信卢绾列传》，第2637页。
② 《史记》卷五三《萧相国世家》，第2013页。
③ 李开元：《汉帝国的建立与刘邦集团——军功受益阶层研究》，第155页。
④ 《汉书》卷一上《高帝纪上》，中华书局，1962年，第28页。
⑤ 《史记》卷九二《淮阴侯列传》，第2622页。
⑥ 《史记》卷九二《淮阴侯列传》，第2612页。

秦二世时期，秦帝国统治大厦已摇摇欲坠，其官僚集团内部分崩离析，秦待诏博士叔孙通、御史张苍等人，纷纷转投刘邦部下。对于这些人，刘邦也并未忽视，反而不计前嫌，继续委以重任，为自己效力。如御史张苍犯罪本当问斩，刘邦赦免了他的罪行，其后，因为立功而被封为北平侯，又因其原为秦时柱下御史，熟知图籍立法计数，"故令苍以列侯居相府，领主郡国上计者"①。同样，叔孙通投奔刘邦后，刘邦也"拜叔孙通为博士，号稷嗣君"②。对于秦地较低一级的官吏，刘邦初入关便规定"诸吏人皆案堵如故"③，这不仅仅是为了稳定秦地政务正常运作的需要，也是为了将秦地官员收入囊中的需要。由此可见，刘邦对于原秦官僚集团的激励，很重要的一点便是"官任原职"，并在此基础上，如刘邦阵营的其他成员一样，有功即有赏。

对于一般民众，刘邦同样采取了收买人心的措施。《史记·高祖本纪》载：

> 召诸县父老豪桀曰："父老苦秦苛法久矣，诽谤者卒，偶语者弃市……与父老曰，法三章耳：杀人者死，伤人及盗抵罪。余悉除去秦法……凡吾所以来，为父老除害，非有所侵暴，无恐！且吾所以还军霸上，待诸侯至而定约束耳。"乃使人与秦吏行县乡邑，告谕之。秦人大喜，争持牛羊酒食献飨军士。沛公又让不受，曰："仓粟多，非乏，不欲费人。"人又益喜，唯恐沛公不为秦王。④

由此段材料，可知刘邦一开始对秦地普通民众并没有采取任何物质上的诱惑激励措施，那为何秦人会"唯恐沛公不为秦王"呢？实际上，沛公此时对秦人是心理上"做减法"的激励。秦始皇统治时期采取的高压政治使得秦人在生理与心理上伤痕累累，已经伤痕累累之人如何再经得起又一次摧残呢？正因为如此，当项羽坑杀十万秦兵、杀子婴与焚烧秦宫室后，"秦人大失所望，然恐，不敢不服耳"⑤，而这也是楚怀王选择西略地之人为何强调要"宽大长者"⑥，对于"残暴"的项羽与"宽厚"的刘邦，毋庸置疑，后者才是定秦的最好选择。此时对于秦地之人来说，经历了如蝼蚁般的生活后，能够活下去便是最好的激励手段。如果说刘邦的"约法三章"使秦人在心理上得到减负的话，那么，再采取适当的物质激励必然使人心服。汉二年（前205）二月，汉王"施恩德，赐民爵。蜀、汉民给军事劳苦，复勿租税二岁"⑦。此后，对于刘邦来说，秦地与秦地之人便是他最牢固的根据地及最忠实的民众基础。

可见，若根据刘邦集团内部人员地域的不同，我们也可以得出刘邦对于集团内部人员的激励有所不同。在刘邦初期起义时，由于起义队伍人员多为亲信，因而刘邦主

---

① 《史记》卷九六《张丞相列传》，第2676页。
② 《史记》卷九九《刘敬叔孙通列传》，第2722页。
③ 《史记》卷八《高祖本纪》，第262页。
④ 《史记》卷八《高祖本纪》，第262页。
⑤ 《史记》卷八《高祖本纪》，第365页。
⑥ 《史记》卷八《高祖本纪》，第357页。
⑦ 《汉书》卷一上《高帝纪上》，第33页。

要以拟家族的亲情来激励,在建立汉朝后,依然能够保证他们的利益。但在楚汉战争进入高潮之后,刘邦将物质与精神双重激励手段主要运用在韩信、彭越等砀泗楚人集团成员上。对于原秦官僚集团成员,刘邦并未剥夺他们原来的职务,反而在其后同样实行论功行赏的激励方式,而对于秦人集团的普通民众主要为心理上"做减法"的激励,刘邦也因此获得秦人集团的支持。但是,我们需知道的是,无论刘邦激励方式有何不同,他实行激励机制的最主要目的是为了和各集团人员形成利益共同体,积蓄实力,以便与项羽抗衡。

(二)有形激励与无形激励

明君之所以英明,就是因为他们成功地集聚和驾驭了那些贤臣,使之为其出谋划策、攻城略地。而贤臣之所以尽心尽力地辅佐明君开创不世伟业,就在于明君知人善任、驭臣有道,能够最大限度地激发臣属的积极性并服务于其专制统治。① 刘邦作为汉代的开国君主,尤其是作为一介布衣而能够荣登九五至尊之位,其个人谋略与管理能力都不容小觑。

刘邦称帝后曾置酒洛阳南宫,询问众臣对其能够得天下的原因,刘邦对众臣的回答不甚满意,他认为"夫运筹帷幄之中,决胜千里之外,吾不如子房;填国家,抚百姓,给饷馈,不绝粮道,吾不如萧何;连百万之众,战必胜,攻必取,吾不如韩信。三者皆人杰,吾能用之,此吾所以取天下者也。项羽有一范增而不能用,此所以为我禽也"②。也就是说,刘邦认为其能够最终获胜的原因,是能够有效利用张良、萧何、韩信等人的能力。这种看法必然不是此刻刘邦突然的心有所感,而是经历过长时间的实践而得出的结论。同时,"组织成员的能力不能直接决定其对组织的价值,其能力的发挥很大程度上取决于其感受到的激励程度的高低"③,故而,要了解刘邦集团人员的能力究竟如何,必然绕不过研究刘邦对其集团人员激励机制的运用。

按照激励的存在形态,我们可以将其划分为有形激励与无形激励两种模式。

有形激励与物质激励紧密挂钩,刘邦对于集团人员的有形激励常见的有赐金、赐田宅与赐爵邑。如汉六年(前201)十二月,在刘邦执楚王韩信后,田肯上书认为齐为险胜之地,"非亲子弟,莫可使王齐者"④,刘邦十分赞同,赐田肯金五百斤;汉元年(前206)正月,刘邦称王巴蜀,又赐张良"金百溢,珠二斗"⑤;高帝五年诏中也显示刘邦曾赐予有功者田宅与爵邑。值得注意的是,赐爵作为激励士气的一种方式,是刘邦对秦王朝"二十等军功爵制"的继承。也就是说,刘邦通过赐爵来激励将士奋勇杀敌,取得战功是"承秦"而来。赐爵作为行之有效的激励方式,在后面又不断变化发

---

① 王海霞:《古代明君的驭臣之道对构建现代激励机制的鉴示》,《领导科学》2014 年第 21 期。
② 《史记》卷八《高祖本纪》,第 381 页。
③ 余兴安:《激励的理论和制度创新》,国家行政学院出版社,2005 年,第 3 页。
④ 《汉书》卷一下《高帝纪下》,第 59 页。
⑤ 《史记》卷五五《留侯世家》,第 2083 页。

展,"二十等爵制最初依军功而授,但汉代承平日久,逐渐又向一般官吏授爵,用作激励手段,甚至还向民众普赐,成了向民众施惠的手段了"①。总体而言,有形激励是刘邦最基本的激励手段,用来满足集团成员最基本的需求。

再看看无形激励。秦末是各色人马于风云际会中造就功业的重要时机,对于刘邦集团中的成员来说,抓住时机,建功立业,是通往上层的重要渠道。刘邦作为集团的首领,正如上文所说,激励措施运用的恰当与否深刻影响着自己的命运。因而,刘邦在运用有形激励的同时,也善于用无形激励,甚至有时无形激励发挥的作用远远超过有形激励。具体言之,刘邦的无形激励可分为两个时期,即以刘邦入关前后作为界点。

入关前,刘邦作为一介布衣,在初期跟随陈涉、吴广起义时,声望、兵力、社会资源毫无优势,但丰沛元从集团却始终追随,与其并肩作战,正是刘邦凭借着故交与地域上的亲缘属性的结果。"就刘邦本人来说,入关前本无开创帝业的奢望,至秦地后,形势、位置的变化,才为其争夺天下提供了可能。"② 当然,此时刘邦对丰沛元从集团的激励是无意识的,其带领部下与秦军抗衡不过是追随"秦失其鹿,天下共逐之"③ 的形势。同时,性格上的仁爱爱人、胸襟广阔、喜施也是他前期无意识激励部下的主要原因。

正因为如此,刘邦能够用人不疑,对集团成员高度信赖,促使部下感到知遇之恩。《史记·淮阴侯列传》载,韩信本为布衣,"贫无行,不得推择为吏"④,后入项氏阵营,因为多次献计给项羽而不用,转而投奔刘邦集团。与项羽不同,刘邦对韩信十分信任,主动让韩信献谋划策,"自以为得信晚"⑤,给予了韩信极大的信任。韩信也未使刘邦失望,在战场上帮助刘邦牵制项羽大军。其后,虽有项王派人劝说韩信共同三分天下,韩信却认为"吾岂可以乡利倍义乎"⑥。无疑,正是刘邦对韩信的信任和高度信赖,激励韩信始终坚持效忠刘邦,不愿背弃。

与入关前刘邦无意识的激励不同,入关后刘邦对部下则有意激励。而转变的重要原因是入关后刘邦身份有了巨大转变,按照怀王之约,刘邦此时的身份应该为"秦王",然而面对世代为楚将的项羽,刘邦此时有明显的弱势,更为可怕的是这位对手对于自己于关中称王表现出极大的不满,在这种情况下,刘邦只有团结一切可用资源才能够与项羽抗衡。汉元年(前206)夏四月,刘邦就国汉中,在此之后又收拢了一大批人员,即上文所说的砀泗楚人集团与秦人集团。随着兵马的壮大及组织制度建设的需要,刘邦开始有意识地对部下进行激励。此后,这种有意识的无形激励便成为后期刘

---

① 阎步克:《波峰与波谷》,北京大学出版社,2009年,第52页。
② 王刚:《学与政:汉代知识与政治互动关系之考察》,第38页。
③ 《汉书》卷三五《蒯伍江息夫传》,第2165页。
④ 《史记》卷九二《淮阴侯列传》,第2609页。
⑤ 《史记》卷九二《淮阴侯列传》,第2612页。
⑥ 《史记》卷九二《淮阴侯列传》,第2624页。

邦管理人才的重要手段。甚至在刘邦称帝后也一直实行，对于汉朝后期政治文化产生极大影响。具体言之：

重"礼"的中国社会的传统，皇帝作为帝国的统治者，必然要起到先锋模范的作用。"皇帝根据每个时期不同的政治情况，对臣下的一部分常感以特别的礼仪，以显示其厚遇。这种与常礼不同的优遇礼仪，一般称其为'殊礼'。"① 但是有人却认为汉高祖刘邦未讲"礼仪"，甚至明太祖朱元璋也认为："高祖创业，遭秦灭学，民憔悴甫苏，礼乐之事故所未讲。"② 然而事实上，刘邦在登基后，便也开始了"礼乐"建设。

汉帝国建立后，原先的一批"武夫"依靠从龙之功掌握了国家政权，然而他们内在的粗俗、蛮横的气质却并未就此消散，"群臣饮酒争功，醉或妄呼，拔剑击柱，高帝患之"③。此时的刘邦望着这一群毫无文化底蕴的武夫，心知他们无法管理好国家，因而便命"儒者"孙叔通制礼。可见，刘邦此时已经明白礼的重要性。当刘邦"行自淮南还，过鲁，以大牢祠孔子"④ 时，刘邦的内在精神气质已悄然转变。众所周知，刘邦从前并不爱好儒，甚至厌恶儒生到了溲溺儒冠的地步，然其"过鲁祭孔"，促使其转变的原因或许是对陆贾所说的"不可马上治天下"的幡然醒悟，因而在吸取了"马上治天下"的秦王朝迅速灭亡的教训后，加上孙叔通制礼仪后感受到了皇帝的高贵，便也开始身体力行的实践，以表达对礼制的尊重。无论是刘邦命孙叔通制礼仪，陆贾造《新语》，抑或是"过鲁祭孔"，皆可见刘邦"礼"制思想的觉醒，他已由市井无赖摇身变为了文质彬彬之士。也就是说，从刘邦登基后，他将"礼"制逐渐与汉帝国相融，以自身为榜样，将激励机制转化为一种文化内容，并通过一种"自上而下"的激励方式来改变整个汉帝国的面貌。在这之后由于汉初百废待兴，只能行"黄老无为"之学，然而重视"礼"的意识却并没有消散。这为汉朝的精神气质奠定了基础，尤其是在汉武帝时代，对中国文化中的"重儒"思想影响巨大。

不仅如此，刘邦还将激励转化为政治内容。汉五年（前202），论功行封，刘邦不仅赐"未有汗马功劳，徒持文墨议论"⑤ 的萧何功次、位次皆第一外，还给予他"赐带剑履上殿，入朝不趋"⑥ 的特殊恩典，面对群臣的质疑与不满，刘邦提出了"功狗""功人"的理论，这不仅仅是因为萧何在后方起到了重要作用，更为重要的是此时汉朝初建，需要有像萧何这样的治理人才。而正也是从此时开始，汉朝对丞相极其尊荣，由于"丞相过于尊贵，在汉代便形成'将相不辱'和'将相不对理陈冤'的习惯"⑦。

---

① 〔日〕尾形勇著，张鹤泉译：《中国古代的"家"与国家》，中华书局，2010年，第108页。
② ［清］张廷玉：《明史》卷一三五《孔克仁传》，中华书局，1974年，第3923页。
③ 《史记》卷九九《刘敬叔孙通列传》，第2722页。
④ 《汉书》卷一下《高帝纪下》，第76页。
⑤ 《汉书》卷三九《萧何曹参传》，第2008页。
⑥ 《汉书》卷三九《萧何曹参传》，第2009页。
⑦ 安作璋、熊铁基：《秦汉官制史稿》，齐鲁书社，2007年，第42页。

又如白马之盟，是刘邦基于对功臣的信赖而拟定的契约关系，它既保证了汉初军功受益阶层对汉朝政府的支配权①，又在无形之中激励汉初军功受益阶层遵守约定，保证对刘氏王天下的忠诚。由此可见，刘邦将激励无形地融合于政治生活中。

简而言之，刘邦的激励机制有一个动态发展过程，前期在自身性格影响下对于丰沛元从集团人员为无意识地激励，随着后期政治环境与自身心态的改变，开始逐渐有意识地对砀泗楚人集团人员与秦人集团进行激励。相比较而言，由于现实军政环境的需要，此时刘邦的激励主体已由丰沛元从集团转为砀泗楚人集团。并在建立汉帝国后，刘邦的激励机制又转变为政治与文化内容，对后世产生了极大影响。

三、项羽与刘邦激励方式的不同及影响

前已论及刘邦会根据地域、出身、自身需求等方面综合考虑，利用不同形式激励集团成员，从而帮助其在楚汉战争中获得胜利。那么是否意味着在项氏集团内部便无激励机制呢？事实上，项氏集团内部也存在激励机制。

项羽是楚国贵族，自然承楚制。在楚制中，赐爵制是重要的赏功方式。项羽本可以将此作为项氏集团重要的激励方式，但项羽在实际执行过程中，并未真正落实，加之其他激励方式同样也被项羽漠视或不执行，在刘项集团内部便呈现两种截然不同的激励状况。因而，笔者认为有必要探析项羽与刘邦激励方式的不同及影响

（一）性格所带来的成与败

《孟子·离娄上》说："桀纣之失天下也，其失民也。失其民者，失其心也。得天有道：得其民，斯得天下矣。得其民有道：得其心，斯得民矣。"② 可见"得民"与"得天下"密切相关。而在"得天下"的过程中，领导的自身性格会影响其处事作风。正如有学者说："领导性格是领导意志的直接体现，它对下属的情绪、行为甚至命运走向都会产生较强的导向和影响作用。"③ 这一观点在刘邦与项羽身上得到了充分的印证，基于刘邦与项羽性格的迥异，他们对其下属的激励方式也截然不同，而这正是影响他们"得天下"与"失天下"的关键一环。

项羽与刘邦性格的差异，既有先天性因素，也有后天性因素。先天性因素是指刘邦、项羽的出身不同。刘邦出身卑微，为平民；项羽则出身于贵族家庭，"项氏世世为楚将，封于项，故姓项氏"④。后天性因素则是指刘邦与项羽个人成长环境与经历不同。

---

① 李开元：《汉帝国的建立与刘邦集团——军功受益阶层研究》，第194页。
② 《孟子》卷七《离娄上》，中华书局，2006年，第151页。
③ 阿山江·买买提江：《领导性格与下属能力发展——基于刘邦、项羽与韩信的角度》，《领导科学》2015年第13期。
④ 《史记》卷七《项羽本纪》，第295页。

刘邦曾做过泗水亭亭长,"不事家人生产作业""好酒及色"①,还曾一度逃亡于芒山、砀山之间,而项羽由于叔父项梁的缘故,曾于吴中避难。正因为如此,刘邦与项羽的性格有鲜明的对比。具体言之:

  项羽的武将贵族身份以及年少时跟随叔父过着颠沛流离的生活造就了项羽性格的矛盾。一方面,或许因颠沛流离而有贴近民众的一面,加之自身敏感的性情,从而关爱士卒,史载:"项王见人,恭敬慈爱,言语呕呕,人有疾病,涕泣分食饮。"② 另一方面,因强势性格的存在则表现为极度自信与自满。正因为如此,韩信多次献策于项羽,项羽皆不用,同时对于身边高级军官的委任,不是项氏便是妻舅,甚至对于出谋划策的人,项羽也只有范增一人。也就是说,在项羽集团内,除项氏等人外,其他有才之人几乎没有可施展才华的空间。项羽性格上的过于强势与"专制",最终导致其众叛亲离。

  反观刘邦,受其卑微的出身、后天个人成长环境与经历以及与项羽之间存在的现实差距和自身能力不足的影响,在他身上的性格标签则表现为宽仁爱人、豁达大度与喜欢施与。在拜韩信为大将军时,韩信曾明确指出,刘邦只有反项羽道而行,"任天下武勇、以天下城邑封功臣、以义兵从思东归之士"③,才能与项羽争夺天下。也就是说,刘邦只有摆出一副低姿态的模样,礼贤下士,才能获取自己今后的生存空间。因而,刘邦对于集团人员的态度与项羽大相径庭,他愿意不断满足人才的需要,给他们创造施展才华的舞台,使他们无论在物质或精神上都获得极大满足,借此激励人才,最大限度地激发刘氏集团的积极性,为他后期战胜项羽积累了人才基础。

  刘、项的的性格冲突表明,在军政环境下,胜负的决定性因素并非纯靠武力,领导者的精神气质以及行为往往会潜移默化地影响其在集团成员中的威信。项羽本来具有天然的优势足以战胜刘邦,一统天下,得到万民的敬仰,然而却受自身性格的影响,在与刘邦最后的较量中惨败,导致乌江自刎的悲剧,令人扼腕叹息。

(二)尚功的落实与激励

  在一个组织或者集团内部,无论是普通士兵抑或是将领,其愿意为领导效劳的主要原因无外乎是领导会给予他们足够的报酬,正所谓"无功不赏"④,那么,"有功"时则必须"赏不逾时"⑤。换言之,在集团内部,及时的赏赐能够提高将士的作战积极性,这是取得战争胜利的重要保证。从刘、项之争看,刘邦之所以胜利,项羽之所以失败,不仅仅是由于他们性格差异导致的用人方式的不同,从他们对待内部集团的有功之人来说,也为最后的结局埋下了伏笔。

---

① 《史记》卷八《高祖本纪》,第343—372页。
② 《史记》卷九二《淮阴侯列传》,第2612页。
③ 《史记》卷九二《淮阴侯列传》,第2612页。
④ [清]王先谦:《荀子集解》卷五《王制篇》,中华书局,1988年,第159页。
⑤ 王震:《司马法集释》卷上《天子之义第二》,中华书局,2018年,第83页。

太史公记载韩信评价项羽时说,项羽虽对待士卒有慈爱之心,然而对待有功当封爵者,却"印刓敝,忍不能予"①。也就是说,项羽对待有功之人本该"尚功"时,其态度往往暧昧不清,这恰恰导致应受功之人内心的强烈不满。那么,何以项羽在"尚功"方面态度如此呢?笔者认为,主要有两点:

第一,项羽的为人天性偏于吝啬,不愿意对有功之人进行及时赏赐,或者即使有赏赐,也是较为低级的分封赏赐,相较于刘邦,其赏赐远远不够。第二,项羽为人骄傲自满,轻视他人,看不到他人的闪光点。范增是项羽身边唯一一位谋士,被项羽尊称为"亚父"。然而,细品之下,项羽对"亚父"并非从内心真正尊崇。鸿门宴上,范增三示玉玦于项羽,项羽依然无所行动,后在陈平的离间计下,项羽怀疑范增,致使范增气愤而死。可见项羽对待身边的唯一谋士,也并非全心信赖。对待楚怀王同样如此,项羽出于怨恨暗杀楚怀王后,则为其后面的满盘皆输埋下了伏笔。事实上,纵使楚怀王只是个"傀儡"身份,但是他依然代表着"君",而项羽是"臣",臣弑君,违背了中国古代的君臣之别,因而在刘邦集结诸侯讨伐项羽所论的项羽"十罪"中,最后一条提到"夫人臣而弑其主,杀已降,为政不平,主约不信,天下所不容,大逆不道,罪十也"②,而这一条,已使得项羽在道义上棋输一着。项羽因自己的骄傲自满,刚愎自用,无论在对待为自己效忠的将领时,抑或是对待楚怀王这样的名义上为自己君主的人时,都显得高高在上,遥不可攀,对于这些人,项羽从来没有对他们真正了解过,更没有看到这些人的闪光点,而看不到别人闪光点的人,又怎会去激励他们呢?

而刘邦在对待有功之臣时,则体现了其大度的一面。史载刘邦对于有功之人的提拔,真正做到了有功即有赏,且赏不移时。如此,不仅使得集团成员愿意为其效劳,同时也不断激励不同的人来投奔刘邦。刘邦胜利后置酒洛阳南宫时,众臣皆认为刘邦能够得天下的原因为"陛下使人攻城略地,所将下者因以予之,与天下同利也"③。同时,群臣之所以拥立刘邦即皇位,是因为对于有功之人刘邦会裂地将其封为王侯,可见刘邦对于与自己共同战斗过的有功之人的赏赐从不吝啬。不仅如此,史载韩信攻下齐国后,以齐国边远之地,齐人狡诈多变为由,要求刘邦封其为"假王",当时身处困境的刘邦极其气愤,但在张良的提醒下,刘邦顿悟,封韩信为"真王"——齐王④。可见,无论是内心愿意或不愿意赏赐,刘邦都以大局为重,将及时尚功作为激励的重要手段,而这也与项羽尚功犹豫形成鲜明对比。

与此同时,刘邦与项羽不仅在尚功的具体落实上有着截然不同的做法,在如何尚功方面也呈现着细微的差别。首先,项羽的尚功模式表现得较为单一。《史记·田儋列传》中记载巨鹿之战后,"田荣以负项梁以不肯出兵助楚、赵攻秦,故不得王;赵将陈

---

① 《史记》卷九二《淮阴侯传》,第2612页。
② 《史记》卷八《高祖本纪》,第376页。
③ 《汉书》卷一下《高帝纪下》,第56页。
④ 《史记》卷九二《淮阴侯传》,第2621页。

余亦失职,不得王:二人具怨项王"①。可见,项羽尚"功"的"功"往往体现的是攻城野战之功。也就是说,若没有跟随项羽破阵杀敌,那么往往得不到赏赐,例如在项羽阵营内,谋士往往得不到重用。而刘邦却不然,其尚功的标准是,无论是攻城野战的将领,还是出谋划策的谋士,只要立功,则有赏。所以当我们对比刘项集团内部的武将与谋士的人数后,可知项氏集团内部文武大臣人数出现失衡状态,其内部人员组成为武将多,谋士少;反之,刘氏集团内部却是武将与谋士人数旗鼓相当。这为刘邦集团注入了活力,使其整体呈现一片欣欣向荣、积极向上之态。

统而言之,刘邦和项羽集团内部都存在激励机制,但由于两人截然不同的态度,一人重视且认真执行,一人忽视且对功劳赏赐犹犹豫豫,这也是导致汉兴楚亡的重要原因。对于汉兴楚亡,人们大多认为是项羽在垓下之围的一时不慎导致的结果,殊不知,项羽的失败并非只因这一场战争,而是在与刘邦长期的对抗中众多因素不断结合而最终导致的质变。

四、刘邦激励机制之特色

(一) 善将兵与善将将

史载,韩信曾评价刘邦"陛下不能将兵而善将将"②,然从史实出发,我们可知刘邦不仅"善将将",实际上也"善将兵"。汉二年(前205),英布初反时,曾对部将说:"上老矣,厌兵,必不能来,使诸将,诸将独患淮阴、彭越,今皆已死,余不足畏。"③ 身为汉初三大名将之一的英布为何对于刘邦亲征之事内心感到畏惧呢?英布反叛时,士兵都为精锐部队,准备已十分周全,据史料记载,刘邦从城上观看,"望布军置陈如项籍军,心恶之"④,然而不久,英布大败,逃亡江南。从此材料中可知两点,第一,刘邦从城墙上便能够详察英布的布阵排兵,可知刘邦对于兵法是极其熟悉的;第二,刘邦最终打败了善用兵的英布。故而,我们认为刘邦并非如韩信所言不善于率领士兵,而是"善将兵"且又"善将将"。

刘邦"善将兵"又"善将将"是多种因素相互作用的结果。首先,刘邦天生便具有领袖风范。史载刘邦见秦始皇出游时,喟然太息曰:"嗟乎,大丈夫当如此"⑤,可见刘邦骨子里天生具有王者霸气。其次,刘邦性格上的宽容仁慈、平易近人与出身底层促使其与将士之间的距离感减少,这也是刘邦集团人才济济的重要原因之一。最后,在"天下逐鹿"的形势推动下,刘邦对于人才管理自我意识的觉醒,和在战斗中积累

---

① 《史记》卷九四《田儋列传》,第2645页。
② 《史记》卷九二《淮阴侯列传》,第2628页。
③ 《史记》卷九一《黥布列传》,第2606页。
④ 《史记》卷九一《黥布列传》,第2606页。
⑤ 《史记》卷八《高祖本纪》,第344页。

的实际经验有效地帮助其能够"善将兵"与"善将将"。而善将兵与善将将的结合最终带来了他的帝王之气与夺得天下的底蕴。

在刘邦集团内部,刘邦合理运用激励机制是帮助其能够"善将兵"与"善将将"的重要原因。而在当中,"饶人以爵邑"①是刘邦激励将士的良方。正如有学者所说:"楚汉战争之时,刘邦用'饶人以爵邑'的办法激励将士玩命杀敌。"② 不仅如此,刘邦还保护有功之人的权益,汉高帝五年诏中对于吏员轻待有爵位之人曾提出严厉指责,"诸侯子及从军归者,甚多高爵,吾数诏吏先与田宅,及所当求于吏者,亟与"③。

尤为重要的是,既然刘邦善于将兵,那么为何在韩信眼中刘邦只善于将将而不能将兵呢?事实上,这正是刘邦用人智慧的体现,也是其基于现实的一种选择。换句话说,刘邦所一度表现出的不善将兵是为了更好地"将将"。刘邦作为集团的首领人物,只要能够紧握"将将"的权力,再将"将兵"之权分配给将领,这不但使得将有兵可带,兵有将可依,实现了人才资源的最大化利用,而且平衡了自己与高级将领之间的权力冲突,既让自己处于领导人的地位,统筹全局,又能够满足将领的权力需求,从而达到激励将领的目的。从某种意义上说,刘邦正是抓住了将士们的内心所求,并通过多种激励方式满足他们的需求,从而最终达到了"善将兵"又"善将将"的效果。

(二) 资源缺乏下的激励

刘邦作为布衣起家,其最初起兵的目标本无称霸天下之意,原本期望能够凭借"怀王之约"获得关中王的地位,然项羽曲解条约,将其赶往巴蜀之地,立为汉王,并利用三王对其进行监视。当此之时,刘邦在经济实力、军事资源和个人声望上都远远不如项羽,只能忍气吞声,"烧绝栈道,以备诸侯盗兵袭之,亦示项羽无东意"④。然而,被项羽迁往巴蜀之地后的刘邦,经审时度势一番后,用心经营巴蜀地区,为楚汉战争的胜利奠定了基础。而在当中,刘邦是如何利用激励机制来改变自身的劣势值得我们探讨一番。

第一,刘邦利用激励来激发内在潜能。一个典型的例子便是萧何由一位地位低下的沛县主掾成为汉帝国的第一位丞相。据记载,刘邦定三王之地时,刘邦任命萧何为丞相,治理巴蜀之地,给予萧何便以行事权——"专属任何关中事"⑤,这恰恰是刘邦利用信任来激励萧何的内在潜能的体现,而萧何借此不但成为推动汉兴楚亡的关键人物,更在此后成为了汉帝国的首席优秀管理人才。第二,利用激励来吸引外部人才。如前所述,前期的丰沛元从集团成员以及其后的砀泗楚人集团、秦人集团成员的加入是刘邦利用激励机制的重要结果。第三,利用激励来转化资源,化危机为转机,化被

---

① 《史记》卷五六《陈丞相世家》,第 2055 页。
② 阎步克:《品味与职位——秦汉魏晋南北朝官阶制度研究》,中华书局,2002 年,第 94 页。
③ 《汉书》卷一下《高帝纪下》,第 54 页。
④ 《史记》卷八《高祖本纪》,第 367 页。
⑤ 《史记》卷五三《萧相国世家》,第 2015 页。

动为主动。进入巴蜀之地的刘邦利用汉中得天独厚的地理环境,通过一系列措来激励汉中百姓,发展汉中经济,使他们回归正常生活,刘邦也因此赢得了汉中人民的民心,民心得声望,再加上刘邦收复了三秦之地,其经济实力、军事资源和个人声望一跃而上,最终积累了抗衡项羽的资本。

当然,刘邦做到这些除了天性方面的原因,更是由于后期其不得不面对项羽这一强敌,为了自身能够获得生存与发展,其作为一个政治家以及管理者的自觉意识便逐渐开始觉醒,加上实践中刘邦政治经验不断得到发展与完善,最终帮助其战胜了项羽。

概言之,刘邦激励措施的实施是其站在生存与发展的角度进行的,迫于项羽强悍的实力与自身资源不足等劣势,能够审时度势,善于分析与利用,这是刘邦成长为一名成熟政治家的重要标志。

五、结论

从汉兴楚亡这一结果出发,对刘邦、项羽集团激励问题进行研讨,笔者得出如下结论:

第一,魏晋时期,曹操发布的求才三令是对汉高祖刘邦的人才激励机制加以继承、整合与发展而形成的一整套制度,可见刘邦激励机制的深刻历史影响。刘邦之所以要在其集团内部实行激励,目的是为了更好地激发部下的才能,为军政服务,因而其激励有着功利主义及去道德化的色彩。

第二,刘邦在实施激励的过程中,根据个人加入其集团的时间先后和地域差别采取了不同的激励措施。总体而言可分为有形激励和无形激励两大类。具体言之,则是对丰沛元从集团、砀泗楚人集团和秦人集团成员分别采取了不同的激励方式。对处于刘氏集团的核心人物——丰沛元从集团,因与刘邦关系最为密切,激励带有亲情性质与长期性。砀泗楚人集团形成于楚汉焦灼时期,为改变自身劣势,刘邦的主要激励对象由丰沛元从集团逐渐转向砀泗楚人集团,并采用物质与精神双重激励方式来打造或囤积军政资本。对于原属于秦人集团中的官僚成员,刘邦并未剥夺他们原有的职务,反而继续"官任原职",同样实行有功即有赏的激励方式;而对于秦人集团中的普通民众则主要采取心理上"做减法"的激励,以减轻秦暴政所带来的压力。

不仅如此,受外部压力与自我觉醒等因素的影响,刘邦对于集团成员的激励有一个明显的动态发展过程,即由前期无意识的激励转变为后期有意识的激励,甚至在建国后将逐渐激励转化为文化与政治内容。

第三,项羽、刘邦都曾在集团内部实行激励机制,但由于双方性格、在尚功的具体落实方面的不同,激励机制在集团内部发挥的效用也不同。也就是说,出身贵族的项羽虽有关爱士卒的一面,但性格上的强势与极度自满以及赏功时的犹豫吝啬使得项羽集团内部的激励机制无法得到真正的执行。反观刘邦,天生仁爱宽厚和大方以及对集团成员有功即有赏且赏不移时，因而吸引了大批杰出之才，这也是导致汉兴楚亡的重要原因。

第四，刘邦的激励机制具有一定的特色。一方面，与韩信所评价的不同，天生具有领袖风范加上性格平易近人和后天自我意识的觉醒，刘邦不仅"善将兵"而且"善将将"，然其之所以表现出"不善将兵"，实际上是为了激励将领，以达到更好的"将将"效果；另一方面，刘邦实施激励的重要原因在于其政治、经济与个人声望远远不如项羽，因而刘邦运用激励机制来发挥将士的潜能和吸引外部人才以及获取民心，帮助其化被动为主动、化劣势为优势。

总之，作为历史上第一位布衣起家的皇帝，刘邦在人才管理中的措施值得我们进行探讨，而在其中，刘邦对激励机制的运用更显得尤为重要。即使在刘邦去世后，激励机制也并未随之消亡，而是更深入地融入于政治文化生活中，对汉代的发展产生了重要影响。

"毋文书"与匈奴文字问题

刘 鸣

（西安市社会科学院）

摘要： 古代的匈奴有没有自己的文字，迄今没有定论。《史记》《汉书》《后汉书》中匈奴"毋文书"的记载被视作匈奴没有文字的铁证。然而仔细分析其含义可以发现，此处所说的"文书"并不能等同于文字，而是指官私文书簿籍，不能由此而断定匈奴没有文字。

关键词： 秦汉史；匈奴文字；文书行政

古时的匈奴有没有自己的文字，学者们各执一词，至今还没有一致的意见。比如清代的洪钧就认为匈奴有自己的文字，他在《元史译文证补》卷二十七《西域古地考·康居庵蔡》中很明确地说：

> 阿拉复引而西，战胜攻取，威震欧洲，罗马亦惮之。立国于今马加之地。希腊罗马郭特之人多为其所抚用，与西国使命往来，坛坫称盛。有诗词歌咏，皆古时匈奴文字。（罗马有通匈奴文者，匈奴亦有通腊丁文者，惜后世无传焉）。①

洪钧说得言辞凿凿，但不知以何为据。对于他的看法，研究匈奴史的专家陈序经持反对意见。陈氏认为匈奴不但古时没有文字，即便抵达欧洲以后有没有自己的文字，也是一个值得怀疑的问题，而在其长途迁徙的过程中要自创文字更不可能。如果匈奴在西迁的途中采纳了中亚其他民族的文字，那么其与其他人群间的军书往来，国书交换以至诗词歌咏，所使用的也不能说是匈奴古代的文字。然而，这里有一个无法回避的问题，即以古代匈奴活动范围之广，影响之大，跨越时间之长，他们要和欧亚大陆的那么多的政权和族群打交道，如果没有自己的文字，那他们是以什么为媒介呢？陈序经先生显然考虑到了这一点，因而对自己的看法也有所犹豫，他说："匈奴威加欧洲，在阿提拉的时代又与这么多的国家办交涉，光凭口传似不可能，应该采用某种文字以

---

* 本文系陕西省哲学社会科学重大理论与现实问题研究项目"秦汉时期陕西地区的翻译活动"的前期成果。

① ［清］洪钧撰，〔日〕那珂通世校订：《元史译文证补》，东京文求堂藏版，明治三十五年（1902）秋重刊本，卷二十七上，第8页。

为交涉或颁布命令的工具,说不定将来或可发现出来。"①

蒙古的东方学家L·苏赫巴塔尔用中国的史料,证明匈奴自公元前二世纪始就有了自己的文字,并推测他们借用印度婆罗米文,形成了原始的卢纳文。蒙古语言学家A·鲁布桑登德布也认为古代匈奴人使用的是卢纳文。蒙古考古学家策·道尔吉苏荣引用秦汉典籍中匈奴与汉朝的书信往来,推测匈奴已经知道使用文字,他们有可能使用汉文,也有可能有自己的文字。②

马长寿根据《史记·匈奴列传》和《后汉书·南匈奴列传》中匈奴"毋文书"的记载,断定古代匈奴并没有创立过文字,他们在政治生活中广泛使用汉字。③ 郭素新对匈奴有无文字的两种不同意见进行了详细的梳理,并依据匈奴旧地考古所发现的文字材料得出结论,认为古代匈奴可能没有自己的文字。大约在战国前后,汉字传入匈奴,"文献记载的匈奴的疏计、函牍、印封,显然是使用汉字。"从而证明《史记·匈奴列传》中的有关记载是真实可信的。④

从以上可以看出,认为匈奴没有自己文字的学者,皆以秦汉史籍中以下三处记载为铁证。《史记·匈奴列传》中说匈奴"毋文书,以言语为约束。"⑤《汉书·匈奴传》此处为"无文书,以言语为约束"⑥。另外,《后汉书·南匈奴传》记载,匈奴国中有呼衍氏、须卜氏、丘林氏、兰氏等四姓贵族,他们与单于联姻,"呼衍氏为左,兰氏、须卜氏为右,主断狱听讼,当决轻重,口白单于,无文书簿领焉。"⑦

单就这两句话本身来说,把此处的"文书"理解为"文字"就是有问题的。仔细分析第一句话的语义,可见句中把"文书"视作一种"约束",这句话如果说得繁琐些,可作"毋文书约束,以言语为约束"。"约束"为秦汉典籍中所习见,为用以规范行为的"法令""规定""限制"之义。比如《史记·匈奴列传》记载,中行说劝谏匈奴单于不要爱慕汉朝的风物,他说:"匈奴之俗,人食畜肉,饮其汁,衣其皮。畜食草饮水,随时转移。故其急则人习骑射,宽则人乐无事,其约束轻,易行也。君臣简易,一国之政犹一身也……"汉武帝即位后,与匈奴"明和亲约束,厚遇,通关市,饶给之。"⑧ 又《史记·高祖本纪》记载汉元年(前206)十月,刘邦率先抵达咸阳,他还军霸上,"召致诸县父老豪桀,约法三章",申明自己"待诸侯至而定约束耳"⑨。

---

① 陈序经遗著:《关于匈奴史的中国史料》,南开大学历史系编:《南开史学》,1980年第1期。
② 对匈奴文字问题的学术回顾,可参见郭素新:《匈奴族是否有文字》,《内蒙古社会科学》,1981年第2期。
③ 马长寿:《北狄与匈奴》,广西师范大学出版社,2006年,第77—78页。
④ 郭素新:《匈奴族是否有文字》,《内蒙古社会科学》1981年第2期。
⑤ 《史记》卷一一〇《匈奴列传》,中华书局(点校本二十四史修订本),2014年,第3483页。
⑥ 《汉书》卷九四《匈奴传》,中华书局,1962年,第3743页。
⑦ 《后汉书》卷八九《南匈奴列传》,中华书局,1965年,第2945页。
⑧ 《史记》卷一一〇《匈奴列传》,第3505页、第3510页。
⑨ 《史记》卷八《高祖本纪》,第459页。

《汉书·曹参传》说曹参"代（萧）何为相国，举事无所变更，壹遵何之约束。"

《后汉书·刘盆子传》中的记载最能说明问题。琅琊人樊崇起兵后，"众既浸盛，乃相与为约：杀人者死，伤人者偿创。以言辞为约束，无文书、旌旗、部曲、号令。"① 在这句话中"文书"与"旌旗、部曲、号令"并举，都被视作"约束"，可以和《史记·匈奴列传》中"毋文书，以言语为约束"相比照，有助于理解其中"文书"的本义。

而在《后汉书·南匈奴传》中，以"文书"与"簿领"并列，其中的"文书"就更不能理解为"文字"了。这句话说匈奴贵族中的呼衍氏、兰氏、须卜氏主理国中的断狱听讼，每当需要裁决时，"口白单于，无文书簿领"。"簿领"又见于《后汉书·独行传》："扬州刺史欧阳参奏太守成公浮臧罪，遣部从事薛安案仓库簿领。"② 可见此处的"文书簿领"显然是指司法文书与簿籍。

秦汉典籍中本有"文字"，如《史记》中说秦始皇统一六国后"一法度衡石丈尺。车同轨。书同文字"③。褚少孙在其所补《三王世家》中感叹汉武帝时齐王、广陵王和燕王的分封诏书"固非浅闻者所能知，非博闻强记君子者所不能究竟其意，至其次序分绝，文字之上下，简之参差长短，皆有意，人莫之能知"④。《汉书》中记载张敞"好古文字"⑤。《五行志》说昭帝时，"上林苑中大柳树断仆地，一朝起立，生枝叶，有虫食其叶，成文字，曰'公孙病已立'"⑥。《艺文志》曰："刘向以中古文校欧阳、大小夏侯三家经文，《酒诰》脱简一，《召诰》脱简二。率简二十五字者，脱亦二十五字，简二十二字者，脱亦二十二字，文字异者七百有余，脱字数十。"⑦ 王莽时，张永献符命铜璧，其文言"太皇太后当为新室文母太皇太后"。莽乃下诏曰："予视群公，咸曰：'休哉。其文字非刻非画，厥性自然。'"⑧ 这些记载中的"文字"与今义相接近。

秦汉典籍中的"文书"二字，一般是指公私文书，如《史记·李斯列传》记载沙丘之谋后，二世胡亥即位，赵高意欲除掉丞相李斯，诬陷李斯长子李由与陈胜等"文书相往来"⑨，这里的"文书"应指私人书信。又汉景帝时吴王刘濞意图谋反，闻听胶西王勇武喜兵，为诸齐所敬畏，于是派中大夫应高去联络胶西王，"无文书，口报曰：

---

① 《后汉书》卷一一《刘盆子传》，第478页。
② 《后汉书》卷八一《独行传》，第2691页。
③ 《史记》卷六《秦始皇本纪》，第307—308页。
④ 《史记》卷六〇《三王世家》，第2571页。
⑤ 《汉书》卷二五《郊祀志》，第1251页。
⑥ 《汉书》卷三七《五行志》，第1412页。
⑦ 《汉书》卷三〇《艺文志》，第1706页。
⑧ 《汉书》卷九八《元后传》，第2114页。
⑨ 《史记》卷八七《李斯列传》，第3104页。

'吴王不肖，有宿夕之忧，不敢自外，使喻其欢心。'"①此处文书一样应为私文书，不用文书是避免予人口实。

《史记》中说飞将军李广在军中"莫府省约文书籍事，然亦远斥候"②。《汉书》中记载刘邦攻入咸阳后，"乃封秦重宝财物府库，还军霸上。萧何尽收秦丞相府图籍文书"③。《汉书·刑法志》说秦始皇"躬操文墨，昼断狱，夜理书，自程决事，日县石之一"。服虔曰："始皇省读文书，日以百二十斤为程。"又汉武帝时禁罔寖密，"律令凡三百五十九章，大辟四百九条，千八百八十二事，死罪决事比万三千四百七十二事。文书盈于几阁，典者不能遍睹"④。《汉书·西域传》中说大秦国"各有官曹文书。置三十六将，皆会议国事"⑤。这些例子中的"文书"皆或指私人书信，或指行政或司法文书，类似的例子极多，不胜枚举。

众所周知，公文文书在秦汉政治中起到至关重要的作用，东汉时期的学者王充就曾说："萧何入秦，收拾文书，汉所以能制九州者，文书之力也。以文书御天下，天下之富，孰与家人之财？"⑥富谷至认为长达四百多年的汉帝国长久支撑着集权国家的架构，"使之得以实现的力量正是完备的文书行政，以及依靠文书确立起来的人员及物品流动管理检查体系"⑦。

自战国时代起，随着官僚制度的形成，为了适应行政处理的需要，大量复杂的公文及公文制度随之产生。秦汉时期形成了更为系统化、规范化的公文制度，出现了以公文行事的行政运作规则。卜宪群把秦汉时期的公文文书大体分为四种：御用公文、官僚奏疏、官府行移公文以及官府考绩和管理公文，认为这些公文大致围绕中央政府、州郡和县乡三个层次运转。⑧

以出土简牍文书来说⑨，张家山汉墓所出《二年律令》所规定的文书种类，仅见于《户律》的文书就有民宅园户籍、年细籍、田比地籍、田命籍、田租籍、先令券等等。⑩永田英正对居处汉简中的文书进行了分类，他所列举的文书种类有"在署名籍"

---

① 《史记》卷一〇六《吴王濞列传》，第3420页。
② 《史记》卷一〇九《李将军列传》，第3469—3470页。
③ 《汉书》卷一《高帝纪》，第22页。
④ 《汉书》卷二三《刑法志》，第1101页。
⑤ 《汉书》卷九六《西域传》第2919页。
⑥ 黄晖撰：《论衡校释》卷十三《别通第三十八》，中华书局，1990年，第591页。
⑦ 〔日〕富谷至著，刘恒武、孔李波译：《文书行政的汉帝国》，江苏人民出版社，2013年，第353页。
⑧ 卜宪群：《秦汉公文文书与官僚行政管理》，《历史研究》1997年第4期；《秦汉公文文书与国家行政管理》，《文史知识》1998年第8期。
⑨ 参见〔日〕土口史记：《秦汉时期的"令"与文书行政》，载楼劲、陈伟编：《秦汉魏晋南北朝史国际学术研讨会论文集》，中国社会科学出版社，2018年，第72—90页。
⑩ 张家山二四七号汉墓竹简整理小组编：《张家山汉墓竹简（二四七号墓）》，文物出版社，2001年，第177—178页。

"疾病簿""卒廪名籍""卒家属名籍""作簿""日迹簿""守御器簿""折伤簿"等等。① 这些文书都有一定的时间要求，在出土秦汉简牍中，可见以"令"规定了簿籍提交的时间。

李均明与刘军在《简牍文书学》中把汉代文书进行了细致的分类，"书一类分为诏书、命书、奏谳书等二十类，簿则为分三十类，籍分为三十九类"②。在《秦汉简牍文书分类辑解》中，李均明又把秦汉简牍文书分为书檄、律令、簿籍、录课、符券、检楬六大类，每一大类又按二到三个层次细分为小类。以书檄类为例，又分为书、檄、记三类，三类下又分为十三小类，某些小类又进行了细分，比如书类中的官府往来书又细分为诸官府书等13种。③ 可见秦汉时期文书种类之繁多，文书行政之细密。

通过上面的论述可以看出，《史记》《汉书》《后汉书》中关于匈奴"毋（无）文书"的记载，其中的"文书"是指各种官私文书，并不指文字，不能作为匈奴无文字的证据。秦汉帝国有着发达细密的文书行政制度与实践，史家说匈奴"毋文字"是以秦汉制度作为对比下的记载。近年来，有关匈奴文字的考古材料不断出现，可能会给重新考虑这个学术问题提供新的证据。2020年7月，乌兰巴托大学的Iderkhangai博士对媒体发布了关于哈日干杜尔沃勒金城址的初步考古成果，他认为该城址就是文献记载的匈奴龙城。此次发现了大量筒瓦、板瓦等建筑遗存，其中包括多块带有"天子单于"字样的瓦当，与汉朝宫殿文字瓦当上"与天毋极""千秋万岁"等题材几乎一致，只是文字的书写方式和布局特征以及瓦当的造型特征与汉朝瓦当有着明显区别。④ 这些新材料有望为匈奴文字问题提供新的线索，让我们拭目以待。

---

① 〔日〕永田英正著，张学锋译：《居延汉简研究》，广西师范大学出版社，2007年，第380页。
② 李均明，刘军：《简牍文书学》"吴荣曾序"，广西教育出版社，1999年。
③ 李均明：《秦汉简牍文书分类辑解》，文物出版社，2009年。
④ 任潇、周立刚：《匈奴龙城考古探索与进展》，《大众考古》2021年第1期。

两汉时期匈奴侵汉的季节特征刍议
——结合气候与政治的再认识

舒 展

（中国人民大学历史学院）

摘要： 两汉时期匈奴侵汉的季节特征反映了气候因素对匈奴军事活动的影响程度。根据传世史籍，季节性气候对军事行动的限制作用总体与匈奴相对于汉朝政治实力的强弱呈负相关，并受气候环境、自然灾害、入侵目标等因素影响。在匈强汉弱的格局下，气候的限制作用较小；随着汉匈强弱关系的改变，气候的限制作用也逐步增大，并从影响族群的战力转向存亡。出土文献所见匈奴"小寇盗"在不同阶段的季节特征同样受政治背景影响，但由于材料稀少，不应随意解读。季节特征不仅是气候与政治综合影响的结果，更能帮助理解匈奴侵汉原因和汉匈关系的走向。

关键词： 两汉时期；匈奴；入侵；季节

近年来，学界对两汉时期汉匈冲突的研究视角趋于多元，季节是关注点之一。学者或认为匈奴侵汉多发生在秋季、冬季①，或认为以夏季、秋季为多②，抑或认为一年四季不定期皆可掠夺③。笔者认为此前对匈奴侵汉季节特征的研究不够系统，且多以气候作为产生差异的原因。本文试图将其纳入一个结合生态和政治的历时性考察中，并希望能对匈奴入侵汉朝的原因有一些新的认识。以下敬陈管见，以求教于方家。④

---

① 王子今：《秦汉时期生态环境研究》，北京大学出版社，2007年，第440—449页。
② 〔日〕内田吟风著，童岭译，余太山校：《古代游牧民族侵入农耕国家的原因——以匈奴史为例的考察》，《西域研究》2016年第4期。
③ 王明珂：《游牧者的抉择：面对汉帝国的北亚游牧部族》，广西师范大学出版社，2008年，第135—137页；马智全：《居延汉简反映的汉匈边塞战事》，《西北民族大学学报》（哲学社会科学版）2016年第5期；裴永亮：《河西汉简所见边塞地区汉匈日常战事及其特点》，《湖北社会科学》2019年第1期。
④ 本文统称"匈奴"时，在东汉南、北匈奴分立后指北匈奴，下文皆同。

一、研究综述与本文目标

20 世纪前期，以亨廷顿（Ellsworth Huntington）、汤因比（Arnold Joseph Toynbee）为代表的学者认为，游牧民族扩张源于气候脉动（climatic pulsations），继而将草原的周期性干旱作为游牧民族迁移的原因。① 这些学说颇具气候决定论（climate determinism）色彩，如今我们在认识上也已摆脱后者的窠臼。② 然而，针对气候在不同情况下的影响程度，我们有时也不免疏于考虑或难以兼顾。下文即怀着这一关照而展开。

20 世纪中叶，针对亨氏、汤氏的观点，内田吟风以匈奴对汉帝国的入侵为例驳之：根据入侵原因，他将匈奴南侵分为十一期，并指出因食量不足而侵寇的事例并不存在，而真正原因包括获得放牧地、树立傀儡政权、掠夺、反击、报复、威胁等。同时，他指出匈奴南侵以夏、秋二季为最多，这与骑马作战、弓弩强韧有联系。③ 可见，内田氏在以政治因素否定周期性气象灾害对匈奴侵汉有决定作用的同时，又通过季节来保留对气候因素的关注。两种语境中匈奴侵汉的出发点不同，表现在是否为了离开故地。内田氏对政治背景的归纳值得重视，但当涉及对匈奴南侵目的的判断时，还不可避免地要将汉、匈两个政治体本身及其关系纳入考量。④ 同时，这样泾渭分明的区分容易使人忽略匈奴所处气候环境的动态演变。匈奴活动范围的移动随着气候而变化，且在同

---

① E. Huntington: *Mainsprings of Civilization*, John Wiley and Sons, Inc., 1945, pp. 562 – 572；〔英〕阿诺德·汤因比：《历史研究（上卷）》，〔英〕D·C·萨默维尔编，郭小凌、王皖强、杜庭广、吕厚量、梁洁译，上海人民出版社，2016 年，第 166 页。

② 例如，地理学者 Oskar Spate 认为亨氏的模式"太过取决于物理因素"，而没有充分发挥社会自主发展的作用，"发展确实被允许，但却通常又回到了环境上去"；而汤氏则"缺乏尺度感"，"是在写地理，而不是其他"，参见 O. H. K. Spate: *Toynbee and Huntington: A Study in Determinism*, The Geographical Journal, vol. 118, no. 4 (Dec. 1952), pp. 408 – 418。学界至今已积累了大量相关批判，旨在强调对气候自身变化的重视及其影响程度的重新把握，相关总结如 M. Hulme: *Reducing the Future to Climate: A Story of Climate Determinism and Reductionism*, Osiris, vol. 26, no. 1 (2011), pp. 245 – 266。

③ 〔日〕内田吟风著，童岭译，余太山校：《古代游牧民族侵入农耕国家的原因——以匈奴史为例的考察》，第 101—115 页。

④ 正如哈扎诺夫（Anatoly M. Khazanov）所述，游牧民所面对的最大且最难克服的是生态的（ecological）障碍。同时，他们不是经济独立的（non – autarkic），因而努力与外部世界联系和互动。其间，外部世界同样能有主动作用，故游牧民适应（adaptation）方式和意义是不同的。详参 A. M. Khazanov: *Nomads and the Outside World*, Trans. by Julia Crookenden, Cambridge University Press, 1984, pp. 198 – 227。因此，内田氏的论述或许还不足以作为分析的终点。更深层的思考如泽田勋认为，内田氏仅分析汉匈间政治形势。而前者基于社会结构、生产方式、掠夺物品分配等因素，认为匈奴掠夺的真正原因在于通过维系游牧经济再生产，来保证包括一般牧民在内的匈奴部落联合体的安宁。〔日〕见沢田勋：《内田吟风著"北アジア史研究（匈奴篇）"》，《史学雑誌》第 85 卷第 6 号，1976 年。

一范围内还处于历时性变迁中。再者,匈奴对入侵季节的选择受诸多因素影响,若笼统归于季节性气候,更限于以马肥、弓强为前提,则是将历史进程简单化,未免流露出气候决定论的残余。但无论如何,内田氏认识到周期性气候变化对分析游牧民族入侵农耕圈原因的价值和有限性,这很有意义。

随后,中文学界的一些学者开始关注北方民族南下与气候的关系问题。① 同时,也有学者强调游牧民族南下的气候与政治、经济、军事等因素的结合。② 然而谈及匈奴侵汉季节问题时,相关讨论似乎还是处在气候主导的思路下。王子今最先在《秦汉时期生态环境研究》中提出西汉时期匈奴南下多在秋季、冬季之际,并指出其与气候变迁有对应关系。③ 但该文对史料的梳理似乎还不够系统,且值得做更深入的分析。随后,王明珂的研究使这一问题获得质的突破。他将匈奴南侵视作"辅助性生业"之一的"掠夺",包括"生计性掠夺"与"战略性掠夺":

前者是为了直接获得生活物资,这是游牧经济生态的一部分,因而它必须配合游牧的季节活动。生计性掠夺,一般行于秋季或初冬,此时牧民一年的游牧工作大体完成,士强马壮。战略性掠夺,是为了威胁、恐吓定居国家以遂其经济或政治目的的攻击行动。因此,相反的,为了增强此种掠夺威胁效果,它们经常在一年中不定期发动。

王明珂进而认为:"虽然匈奴对外劫掠发生在秋季较多,但更重要的是他们在四季皆可能发动攻击。因此,匈奴对外劫掠,很明显的是一种战略性劫掠。"④ 这种基于经济生业的考虑,使气候的影响不再局限于与战争直接相关的因素。而季节则成为社会政治组织与游牧经济生业互动的结果,更能反映入侵目标。

不过王明珂的观点也有商榷空间。首先,仅据"四季皆可能发动攻击"即得"战略性"判断,不妥。此标准来自其研究汉代羌人的博士论文:以公元107年为界,此前羌乱多在秋季,因此是配合特定游牧(nomadic)经济的;此后分散于任意季节,意在达到最佳战略目的。⑤ 但王明珂已指出,公元107年后羌人四季寇边"可能显示参与

---

① 较系统者,如许倬云指出:"微小的气候变化,可以立刻引起生态的改变,从而导致人类行为的因应,其显著的现象则是因此而迁移南方。"见许倬云:《汉末至南北朝气候与民族移动的初步考察》,《许倬云自选集》,上海教育出版社,2002年,第221页、第225页;王会昌认为:"气候温暖时期,中国北方游牧政权与中原农耕世界和平共处;气候寒冷时期,游牧民族南迁,中原政权不稳。"见王会昌:《2000年来中国北方游牧民族南迁与气候变化》,《地理科学》1996年第3期。
② 如李克让主编:《中国气候变化及其影响》,海洋出版社,1992年,第443—446页;满志敏、葛全胜、张丕远:《气候变化对历史上农牧过渡带影响的个例研究》,《地理研究》2000年第2期;韩茂莉:《2000年来我国人类活动与环境适应以及科学启示》,《地理研究》2000年第3期。
③ 王子今:《秦汉时期生态环境研究》,第440—449页。
④ 王明珂:《游牧者的抉择:面对汉帝国的北亚游牧部族》,第135—137页。
⑤ Ming-ke Wang: *The Ch'iang of Ancient China through the Han Dynasty: Ecological Frontiers and Ethnic Boundaries*, Ph. D. diss., Harvard University, 1992, pp. 77–78.

寇边的羌人部落在被迁往帝国边郡后,其原有生计模式已有很大改变或严重失调"①。季节性畜牧经济已被稀释,若将其套用在匈奴等游牧族群中,说服力会更受影响。② 其次,"战略性"是全部目标吗?这一论断有部分巴菲尔德(Thomas Barfield)所谓"外部边界战略"的味道。③ 王氏也将"外部边界战略"视为"匈奴劫掠中国的方法",颇有使之与"战略性劫掠"划等的意图。不过,王氏在引用时有疏漏:其一,巴氏"外部边界战略"并不恒定,真正符合"战略性"界定的或只在汉初至武帝北击匈奴前;其二,巴氏"敲诈性的掠夺战略"包括"劫掠性入侵"及其后的"签订新和约"。这两个目标并不非此即彼,且"生计性"应是更基本的考虑④;其三,王氏将入侵等同于掠夺。但除掠夺外,内田氏归纳的获得放牧地、树立傀儡政权、反击、报复、威胁,亨氏、汤氏所说的迁移等,都可能是其目的。匈奴入侵行为的性质,应在考察气候和政治背景后具体分析。最后,王氏所用史料有些错误,参见表2-1。

  近期,刘鸣使用计量方法呈现汉匈双方在各季节的军事行动情况,对匈奴侵汉季节及其原因分析方面延续了前人的结论。⑤ 此研究对材料的梳理十分细致,但从本文角度来看还可进一步思考:首先,该研究侧重汉朝方面,对匈奴的研究不多。其次,作者意识到时间段、规模差异在计量分析中的不足,指出"我们希望统计的总样本数可以抵消一部分上述的缺陷",但这或许不是控制变量的合理方式。再次,该文根据窦宪击破匈奴后鲜卑在人群上继承了部分匈奴,而乌桓与匈奴经济、文化与风俗一致,认为鲜卑、乌桓可与匈奴并论。但这与发动入侵都不存在直接联系。相反,正如王明珂将匈奴和乌桓、鲜卑的社会政治组织分别划分为"国家"和"部落联盟",这样的杂糅在此文的考察范围内并不合适。⑥ 另外,此文史料也有少量值得商榷之处,同见表2-1。那么,应怎样更合适地利用史料?笔者以为,所幸样本不多,与其机械地统计分析,未若效仿内田氏结合政治背景的分期考察,以基于不同阶段历史背景的定性分析来抵抗因史料缺陷而产生的误差。

  可见,学者依据传世文献而从宏观视角呈现了匈奴对汉的季节性入侵情况。另外,

---

① 王明珂:《游牧者的抉择:面对汉帝国的北亚游牧部族》,第178页。
② 钟焓指出王氏混淆了"游牧"(nomadism)与"放牧"(pastoralism)的概念,见钟焓:《历史学研究的人类学化及其存在的问题——评王明珂〈游牧者的抉择:面对汉帝国的北亚游牧部族〉》,《中国边疆民族研究》第三辑,2010年4月。
③ 〔美〕巴菲尔德著,袁剑译:《危险的边疆:游牧帝国与中国》,江苏人民出版社,2011年,第56—65页。
④ 例如,泽田勋指出:"游牧民族之所以把自己的特产——家畜也作为掠夺对象,是为了使游牧经济再生产活动恒常化。"〔日〕泽田勋著,王庆宪、丛晓明译:《匈奴:古代游牧国家的兴亡》,内蒙古人民出版社,2010年,第156页。
⑤ 刘鸣:《两汉与匈奴冲突中的季节问题》,《秦汉研究》第十三辑,西北大学出版社,2019年。
⑥ 王明珂:《游牧者的抉择:面对汉帝国的北亚游牧部族》,第137—201、第247—277页。

马智全、裴永亮分别通过居延汉简等出土文献研究匈奴进攻汉塞的时间。[①]诚然，出土文献能反映具体、微观情况。但匈奴入侵是否具有季节性，在如此少而零散的样本下不应轻下论断。不过，大、小规模入侵在季节上有怎样的联系和差异？同样是个值得关注的话题。

综上，我们应从匈奴政治体本身出发，将入侵作为其基于游牧经济生业，并结合历时性气候、政治背景以及具体事件综合作用下的反应。匈奴入侵的季节特征反映了气候因素在匈奴军事行动中的影响程度，进而折射出主要社会问题。上述学者都分别对某一部分有所留意，但没有给出系统完整的研究，且几乎都只关注静态的季节变化的影响。然而，整体气候条件并非一成不变，匈奴政治体也不是全然均质。不同空间的历时性分析，值得关注。

因此，我们要思考的并非"两汉时期匈奴主要在哪个季节入寇"，而是"在不同情况下，匈奴的进攻分别会有怎样的季节特征"，以此帮助理解匈奴侵汉原因和汉匈关系的走向。

二、传世史籍所见匈奴侵汉季节特征

据上文，我们需在厘清气候、政治背景的基础上把握匈奴侵汉季节特征的阶段性变化。

气候对游牧族群的影响可分为常态和非常态。前者如季节交替下的移牧活动和因气候环境变迁而对游牧生业的调整；后者更为剧烈，表现为旱、雪等自然灾害。此前，王明珂总结了匈奴移牧活动理想的季节特征。概言之，冬季多定居于冬场以避风寒；阴历五月进入夏季牧场，直到九月从秋季牧场往冬场转移。因此，秋季是青壮出外劫掠或参加战争的最佳时机，而晚冬、初春最为艰苦。[②]此外，《汉书·爰盎晁错传》载，晁错谓文帝曰："陛下绝匈奴不与和亲，臣窃意其冬来南也，壹大治，则终身创矣。欲立威者，始于折胶，来而不能困，使得气去，后未易服也。"颜师古注引苏林曰："秋气至，胶可折，弓弩可用，匈奴常以为候而出军。"[③]王彦坤认为原句"折胶"当通"折骄"，而"其冬南来"之"冬"当读作"终"，可从。[④]但另一方面，苏林将"折胶"联想为秋季，说明在时人所据记载、记忆中，当没有其他因素干扰时，匈奴常在秋季因"候"出军。诸如弓弩等因素在前文中也曾提及，此不赘述。可见，无论从经济生业还是战争条件来说，秋季都是最佳入侵时间。

---

① 马智全：《居延汉简反映的汉匈边塞战事》；裴永亮：《河西汉简所见边塞地区汉匈日常战事及其特点》。
② 王明珂：《游牧者的抉择：面对汉帝国的北亚游牧部族》，第121—127页。
③ 《汉书》卷四九《爰盎晁错传》，中华书局，1962年，第2289页。
④ 王彦坤：《〈汉书·晁错传〉通假字补考》，《学术研究》2003年第6期。

从气候环境变迁来说，汉元帝时郎中侯应曰："臣闻北边塞至辽东，外有阴山，东西千余里，草木茂盛，多禽兽，本冒顿单于依阻其中，治作弓矢，来出为寇，是其苑囿也。至孝武世，出师征伐，斥夺此地，攘之于漠北。"① 以元狩四年（前119年）"匈奴远遁，而幕南无王庭"为界，匈奴中心分别位于阴山和漠北，且元封六年（前110年）"单于益西北"。② 另外，此前学者考辨得冒顿时匈奴以阴山及其以北为活动中心。③ 彼时阴山地区森林草原广布，对匈奴来说是重要资源。④ 同时，西汉时我国气候趋暖，农牧交错带北移。⑤ 因此，草原上牧草生长期应小幅变长，适合匈奴南侵的时间因而略微延长。⑥ 漠北单于庭应位于鄂尔浑河上游。⑦ 漠北热量条件不如阴山，适合南侵的时间也随之缩短。⑧ 从对杭爱山区几个湖泊的古气候研究来看，当地均温自匈奴远遁直至北匈奴西迁持续下降。⑨ 以上研究为笔者提供了参考。⑩

蒙古高原自然灾害频发，以上仅是对一般情况的推测。⑪ 关于自然灾害，前引内田

---

① 《汉书》卷九四下《匈奴传下》，第3803页。
② 《史记》卷一一〇《匈奴列传》，中华书局，1982年，第2911页、第2914页。
③ 参见宋新潮：《匈奴早期活动地域考辨》，《民族研究》1993年第6期；马利清：《原匈奴、匈奴历史与文化的考古学探索》，内蒙古大学出版社，2005年，第220—230页。
④ 除上文"是其苑囿也"等记载外，也可从阴山岩画中找到证明，可参见盖山林：《阴山岩画》，文物出版社，1986年，第354—360页。
⑤ 参见竺可桢：《中国近五千年来气候变迁的初步研究》，《考古学报》1972年第1期；王子今：《秦汉时期气候变迁的历史学考察》，《历史研究》1995年第2期。葛全胜等学者指出："秦末西汉（公元前221年—公元前50年）时，农牧交错带北界由39°N逐渐北移至公元前50年前后的41°N附近，而同期气候持续温暖，温度变化速率较小。"见葛全胜、刘浩龙、郑景云、萧凌波：《中国过去2000年气候变化与社会发展》，《自然杂志》2013年第1期。
⑥ 参考当今农学研究成果，在内蒙古中部草原气温每升高1℃优势牧草返青日期约提前3.0—5.1d，见李夏子、韩国栋、郭春燕：《气候变化对内蒙古中部草原优势牧草生长季的影响》，《生态学报》2013年第13期。另外，蒙古高原气候不稳定，牧草返青、黄枯期也会存在波动，但其仍不足以改变整体季节特征。
⑦ 可参〔日〕内田吟风：《北アジア史研究（匈奴篇）》，京都：同朋舍，1988年，第99—102页；林幹：《匈奴史》，第30—31页。
⑧ 如今蒙古北部地区年平均气温为-5℃甚至更低，7月均温为10℃—15℃，1月均温为-25——30℃，参郝时远、杜世伟编著：《蒙古》，社会科学文献出版社，2007年，第2—3页。而阴山山脉北侧年平均气温为2—4℃，7月均温为17—19℃，1月均温为-14—16℃，参见王文辉主编：《内蒙古气候》，气象出版社，1990年，第2—7页。
⑨ 例如，王维指出位于鄂尔浑河支流上的Ugii Nuur湖在3170-1600 cal. yr B. P. 气候总体趋于凉湿，见王维：《蒙古中部Ugii Nuur湖过去8660年孢粉记录与环境变化研究》，博士学位论文，兰州大学地质科学与矿产资源学院，2009年，第100页；Fowell等学者也曾指出Telmen湖的环境在1600-2150 cal yr B. P. 逐渐湿润，这源于温度降低所致的地表蒸发减小，见S. J. Fowell et al, *Mid to late Holocene climate evolution of the Lake Telmen Basin, North Central Mongolia, based on palynological data*, Quaternary Research, vol. 59, no. 3 (2003), pp. 358-36。
⑩ 但受限于专业，笔者下文的一些论述难以给出特别确切、深入的解释，敬希指正。
⑪ 可参王文辉主编：《内蒙古气候》，第79—136页。

氏文在批判亨氏、汤氏的基础上认为，饥饿"成为诸部族投降中国的原因"；也有学者指出其对汉匈关系有重大影响。① 不过，若将灾害与汉匈关系简单对应，同样容易过分强调气候因素。换言之，灾害之造成损害并被记录，与政治、经济、社会等发展情况不无联系。② 例如，白登之围前，"会冬大寒雨雪，卒之堕指者十二三"③，汉军受损严重，然而相同战场下匈奴却未受同等程度的影响。因此，在关注自然灾害时，也需兼顾人类社会的相关因素。

与此同时，政治实力主导的汉匈关系也有阶段性差异。此前内田氏将匈奴南侵分为十一期。④ 我们以内田氏的分期为标靶来考察匈奴侵汉的季节特征，继而又对此分期做进一步的匡正。至于相关史料中体现政治特征的内容，包括规模、地点、对汉的损害等，将择要列举于论述中。⑤ 我们得到的最终结果以表1呈现。

由于少部分相关史料没有季节或月份记载，表1未涵盖两汉时期匈奴侵汉的全部记录，但未收录者中的重要部分也会在下文提及。纵览全表，匈奴侵汉次数在秋季最多，冬季次之，夏季又次之，春季最少，但不同时期并不均匀。据上文，若仅从气候环境的变化来说，一年中适合匈奴南侵的时间变化可以公元前119年为界分为两个阶段：以秋季为中心，汉初至公元前119年之间较长，且总体略微延长（约为A—D期）；公元前119年后至北匈奴西迁之间短于上一阶段，且总体略微缩短（约为E—G期）。但从表2-1初步判断，各阶段实际季节分布与之不全符合，大略有以下分歧：B期过于分散，而C—D期相较于B期却更向秋季聚拢；F—G期以冬季占大多数，而秋季却一次也没有。这是政治因素影响的结果，以下逐一说明。⑥

---

① 〔日〕内田吟风著，童岭译，余太山校：《古代游牧民族侵入农耕国家的原因——以匈奴史为例的考察》，第111页；王文涛：《汉代匈奴区的自然灾害及对汉匈关系的影响》，《社会科学战线》2012年第7期。

② 面对自然灾害，人类社会具有能动性："通过各种的技术、方法和规范自己的行为，力图消除或减弱自然灾害的诱发因素和灾害因子的形成，提高人类和经济社会承受自然灾害的能力，减低自然灾害的影响。"见沈金瑞编著：《自然灾害学》，吉林大学出版社，2009年，第32页。

③ 《史记》卷一一〇《匈奴列传》，第2894页。

④ 详参〔日〕内田吟风著，童岭译，余太山校：《古代游牧民族侵入农耕国家的原因——以匈奴史为例的考察》，第103—109页。以下本节中引自该文的内容均在此范围内，不赘注。就笔者目力所及，这仍是从匈奴角度对其入侵原因最系统的分期整理。我国学者多以汉朝本位，讨论汉王朝采取不同民族政策的原因，以及不同时期汉匈战争的性质。这在20世纪末较为流行，如木芹：《两汉民族关系史》，四川民族出版社，1988年，第50—64、第74—98页、第149—156页、第162—175页；吴兴勇：《论汉族与匈奴族的战争》，《民族论坛》1991年第4期。

⑤ 与王明珂、刘鸣等学者一样，本文未将西域纳入考察范围，因为西域并非始终在两汉版图之内，其管理方式和政治地位与中原不同。另外，在匈奴入侵西域的史料中，也仅有永平十八年（75）北匈奴击金浦城的记载有季节可循，参见《后汉书》卷一九《耿弇列传》，中华书局，1965年，第720—721页。

⑥ 为使文章简洁，自此至第三节末，对表中已注出处的材料，仅在其后加括号注明；其余所引史料中未加注释者，皆取自中华书局本前三史中《匈奴列传》以及相关帝王《本纪》。

表1 传世史籍所见不同阶段匈奴侵汉季节分布

分期	政治背景	年份	编号	春	夏	秋	冬	出处	备注
A	匈奴为确立政治优势而南侵。	201B.C.	A1			9		史385、2894；汉63、3753	王缺、刘异
		201B.C.	A2			*		史385、2894；汉63、3753	王缺
B	西汉奉行和亲政策，匈奴依靠军事优势进行"战略性掠夺"。	201B.C.	B1				12	汉63	王、刘缺
		196B.C.	B2	*				史2635；汉1855	王、刘缺
		182B.C.	B3			*		汉99	王误
		182B.C.	B4				12	汉99	
		177B.C.	B5		5			史425、2895；汉119、3756	
		169B.C.	B6			*		汉123	王误
		167B.C.	B7				*	史429、2901；汉125、3761	王误
		159B.C.	B8				11	史431、2904；汉131、3764	王误
		148B.C.	B9	2				史444；汉145	
		144B.C.	B10		6			汉150	
		144B.C.	B11			8		史446	刘缺
		142B.C.	B12	3				史448；汉151	
C	武帝北击匈奴，匈奴主攻汉东北边疆。	133B.C.	C1				11	汉1305	王、刘缺
		129B.C.	C2			*		汉165、3766	王缺
		129B.C.	C3			(*)	(*)	史2906；汉166、3766	王异
		128B.C.	C4			*		史2906；汉169、3766	王误
		127B.C.	C5	*				汉170	王缺
D	汉朝重西轻东，匈奴主攻汉北部、东北边疆。匈奴败北，退往漠北。	126B.C.	D1		*			史2907；汉171、3767	刘异
		126B.C.	D2			*		史2907；汉171、3767	
		125B.C.	D3		*			汉171、3767	
		124B.C.	D4			*		史2907；汉172、3767	王误
		122B.C.	D5		(*)	(*)		史2908；汉175、3768	王误
		121B.C.	D6		*			史2908；汉176、3768	王缺
		120B.C.	D7	(*)		(*)		史2910；汉177、3769	王误、刘异

续表

		112B.C.	E1	*		汉 188	王缺
E	匈奴远遁漠北，实力削弱。双方互有胜负，最终汉朝停止北征，匈奴侵盗也变少，转而寻求和亲。	107B.C.	E2		*	汉 196、3774	王缺
		102B.C.	E3		*	史 2917；汉 201、3776	
		98B.C.	E4		*	汉 204	
		91B.C.	E5			*	汉 209、3778	王、刘误
		90B.C.	E6	*		汉 209、3778	
		87B.C.	E7			*	汉 218	
		83B.C.	E8		*	汉 3782	
		72B.C.	E9	6		汉 244	王、刘缺
		60B.C.	E10		9	汉 2972	王、刘缺
F	匈奴傀儡政权失败，连年旱蝗，铤而走险。	37A.D.	F1	5		后 62、2940	王缺
		44A.D.	F2	5		后 72	王、刘缺
		44A.D.	F3		12	后 73、2940	王缺
		45A.D.	F4		10	后 73、2940；后纪 135	
G	北匈奴乞和亲失败，灾害频发、内忧外患，铤而走险。	62A.D.	G1		11	后 109、2948	
		65A.D.	G2			*	后 113、2949	王缺
		72A.D.	G3			*	后纪 191	王、刘缺

注：1. "*"表示在该季节但月份不明，同一列"（ ）"表示两者内容之一；

2. "出处"一栏采用简写，"史"指《史记》，"汉"指《汉书》，"后"指《后汉书》，"后纪"指《后汉纪》，数字为页码。其中，"后纪"参考［晋］袁宏：《后汉纪》，中华书局，2002 年。

3. 此前王明珂、刘鸣有类似梳理。不过，王著将本纪中另起一列的记载均归于前列时间下，并有一些其他讹误；刘文也存在少量疏漏。本表将相关问题标于"备注"栏内。其中，"王"指王文，"刘"指刘文，"缺"指漏记，"误"指与史料明显不符的错误，"异"指笔者与作者理解不同，但不代表其错误。

（一） A–B 期：汉武帝马邑之谋前

内田氏认为，匈奴在秦二世至汉惠帝前侵汉原因为"获得放牧之地"。笔者以此作为 A 期，但认为其目的更在于"为确立政治优势"。此间，匈奴先"悉复收秦所使蒙恬所夺匈奴地者，与汉关故河南塞，至朝那、肤施，遂侵燕、代"，随后在秋九月"大攻围马邑，韩王信降匈奴"（A1），继而"引兵南逾句注，攻太原，至晋阳下"（A2），尔后有"冒顿纵精兵四十万骑围高帝于白登"。① 有学者认为匈奴"很有可能利用围困刘邦这个机会向汉提出诸多要求，达到双赢互惠的目的"，因而对刘邦网开一面。② 诚如阏氏所述"今得汉地，犹不能居"云云，可见彼时匈奴南侵实意在为随后的索取铺

---

① 有关白登之围汉匈双方兵力情况，曾宪法通过汉、匈全国兵力数对比和白登古战场地形等角度，说明双方参战兵员人数与史料记载相比"不过十一"，可兹参考。见曾宪法：《"白登之围"兵员数目考》，《国际关系学院学报》2003 年第 2 期。不过，无论具体兵员几何，匈奴必然是势众的。

② 《史记》卷九三《韩信卢绾列传》，第 2634 页；《汉书》卷三三《魏豹田儋韩王信传》，第 1854 页；孙键：《关于"白登之围"若干问题之探究》，《内蒙古社会科学》（汉文版）2008 年第 3 期。

平道路，以适应经济生业需要。因此，在"冒顿得自强，控弦之士三十余万"的情况下，其仍选择秋九月南下。这与下一阶段的季节特征形成鲜明对比。

白登之围后至马邑之谋前匈奴数次南侵，是为 B 期。内田氏将原因分别概括为"真正原因并不明朗"和"匈奴'贪利'"。不过如前文所述，此时"外边疆战略"近似"战略性劫掠"，即通过威胁、恐吓而索取财物。这是深层目的。① 如其所欲，汉以数次和亲作为回应。② 有识于此，更知白登之围是一个关键节点。此后，韩王信等"数倍约，侵盗代、云中"，而冒顿"常往来侵盗代地"。其中，高祖七年（前200）十二月"匈奴攻代"（B1）并再次缔结和亲约，十一年（前196）春"故韩王信复与胡骑入居参合，距汉"（B2），开始不受季节限制。随后匈奴九次背约南侵。白音查干指出："期间的几次大的入侵，地理上往往从北地、上郡、云中侵入南下。这是因为汉朝当时的首都在长安，单于大举的目的在于索赂。"③ 相比之下，入侵时间则是不规则的：高后至文帝时期，匈奴仅两次秋季南下（B3、B6），反而曾在五（B5）、十一（B8）、十二（B4）月及冬某月（B7）南下，按季节性生业来说均不理想。此外，从十二月"略二千余人"（B4），冬季"十四万骑入朝那萧关，杀北地都尉卬，虏人民畜产甚多，遂至彭阳，使骑兵入烧回中宫，候骑至雍甘泉"（B7），十一月"大入上郡、云中各三万骑，所杀略甚众"（B8）等记载可见，此时冬季甚至深冬也未对匈奴兵员数目和破坏力有所限制。景帝时，匈奴更数次在春季（B9、B12）和夏季（B10）南侵。④ 而在"吏卒战死者二千余人"（B10），"太守冯敬与战死"（B12）的语境下，却留下诸如"终孝景时，时小入盗边，无大寇"的记载。这或说明春、夏相对马弱、兵少，故景帝时"寇"的规模不大，但造成的损害仍然不小。

此外，有学者认为汉初消极防御的原因之一是白登之围造成的恐惧心理。⑤ 可见，匈奴结和亲约后的南侵处在政治实力明显占优的背景下，季节性经济生业未能对其有

---

① 〔美〕巴菲尔德著，袁剑译：《危险的边疆：游牧帝国与中国》，第56—65页；王明珂：《游牧者的抉择：面对汉帝国的北亚游牧部族》，第135—136页。又见白音查干：《匈奴"背约南侵"考》，《内蒙古师大学报》1985年第3期。

② 有学者指出和亲的本质是"岁遗"，而此时汉匈关系"本质上是主动权掌握于匈奴的不对等关系"。参见江俊伟：《西汉前期汉匈和亲之性质及汉匈关系》，《中州学刊》2019年第1期。

③ 白音查干：《匈奴"背约南侵"考》，《内蒙古师大学报》1985年第3期。

④ 景帝至武帝初是关市贸易最稳定的时期："孝景帝复与匈奴和亲，通关市，给遗匈奴，遣公主，如故约"，汉匈关市首见诸史籍；"今帝即位，明和亲约束，厚遇，通关市，饶给之"，且马邑之谋后"匈奴贪，尚乐嗜汉财物，汉亦尚关市不绝以中之"。这种关市应结束于五年后"汉使四将军各万骑击胡关市下"。关市贸易给一般牧民提供了易储存的农产品，一定程度上缓解了其在深冬、初春的境遇。因此，景帝时期匈奴南侵季节特征的改变可能与关市有一定关系。不过在通关市前，匈奴南侵季节特征业已与游牧经济不符，故关市贸易的影响并非决定性的。

⑤ 宋超：《汉匈战争对两汉社会心态的影响》，《史学理论研究》1997年第4期；武沐：《匈奴史研究》，民族出版社，2005年，第153—168页。

所束缚。

(二) C-E期：汉武帝马邑之谋后至郅支单于被诛之间

随着实力对比的变化，武帝试图扭转汉匈政治关系格局。① 内田氏认为，武帝时期匈奴南侵属于"匈奴为了对汉朝进行报复、破坏汉朝的战斗力、搅乱汉朝国内秩序等等而进行的军事行动"。笔者赞同其报复性的判断，但也认为这不全妥。王明珂指出"约从公元前129年始，汉军对匈奴的出击大都选在春季"，并称之为"几近恶毒的战略"。② 相比之下，匈奴南下的季节性特征不如汉军明显，但呈现出一个逐步整合的过程：

C期始自马邑之谋，终于军臣单于逝世。此时，匈奴诸王驻牧地被概括为"诸左方王将居东方，直上谷以往者，东接秽貉、朝鲜；右方王将居西方，直上郡以西，接月氏、氐、羌；而单于庭直代、云中"。有学者指出，此时匈奴"将主力放在东北方向"。③ 起初元光二年（前133）十一月，"单于将十万骑入武州"（C1），但未知交战与否。及至元光六年（前129）秋"匈奴入上谷，杀略吏民"（C2），始开大规模战端。此时，匈奴意在取胜以巩固地位，故在秋季南下。这与A1类似。汉随即"使四将军各万骑击胡关市下"，匈奴又立刻报以"数入盗边，渔阳尤甚"（C3）。④ 其后汉军未再次攻击，故匈奴在一年后才再于秋季南下，进攻辽西、渔阳、雁门（C4）。对此，卫青、李息分别在雁门、代郡反击，而韩安国在渔阳被匈奴击败，故"是时匈奴扬言当入东方"。⑤ 在此认识驱使下，匈奴于次年春季"入上谷、渔阳，杀略吏民千余人"（C5）。可见匈奴逐渐意识到汉朝东北边疆的脆弱，以至其不但将主力集中于此，还逐渐不受季节限制。

随后伊稚斜单于自立，D期肇始于此，而终于漠北之战。在此前的基础上，匈奴将以代郡为主的汉朝北部边疆也纳入攻击重心。反观汉军，在卫青夺取河南地之后至漠北战前，除元朔六年（前123）春季出定襄外，均采取"重西轻东"的战略，逐步将兵力集中于西北边疆。⑥ 因此，右贤王虽因失河南地而"数寇盗边，及入河南，侵扰朔方，杀略吏民甚众"以图报复，但最终无力反击。可见此时双方战略重心不同，故

---

① 可参王绍东：《汉武帝转变对匈奴政策的原因新论》，《秦汉研究》第六辑，2012年8月；胡岩涛、徐卫民：《论夷夏观与汉武帝时期的汉匈战争》，《内蒙古社会科学（汉文版）》2015年第6期。

② 王明珂：《游牧者的抉择：面对汉帝国的北亚游牧部族》，第150页。

③ 陈胜武：《汉武帝时期汉匈双方战略运用比较》，《军事历史研究》2011年第2期。

④ 对匈奴此次入侵（C3）的记载各异：《史记·匈奴列传》载"其冬，匈奴数入盗边，渔阳尤甚"；《汉书·武帝纪》载"秋，匈奴盗边"，《匈奴传》载"冬，匈奴数千人盗边，渔阳尤甚"。三者在时间、次数上有差异。笔者认为这应当是对秋季四将军"击胡关市下"的报复。四将军中唯有卫青出上谷而"得胡首虏七百人"，与此对应的则是"渔阳尤甚"。而由于是报复行为，又存在多个入侵地点，或许秋、冬均有入侵，是为"数入盗边"。但即便为冬季，也必然去秋季不远。

⑤ 《史记》卷一〇八《韩长孺列传》，第2864页。

⑥ 详参陈梧桐、李德龙、刘曙光：《中国军事通史·第5卷·西汉军事史》，军事科学出版社，1998年，第218—223页；安子毓：《"李广难封"背后的汉廷对匈奴战略》，《湖南社会科学》2020年第3期。

匈奴南侵并不是基于两军主力的对峙。针对汉朝北方，在伊稚斜即位当年（前126）夏季（D1）、秋季（D2），次年夏季（D3），匈奴开展频繁而猛烈的攻击；而在汉军于元朔五年（前124）春出朔方、高阙，元狩二年（前121）春、夏出陇西、北地后，匈奴也分别于秋（D4）、夏（D6）入代郡、雁门等地，是为反击。针对汉朝东北，匈奴也在季夏或秋季发动攻击（D5）。可见伊稚斜单于即位后匈奴调整战略重心，并基本在夏、秋两季南侵。至于元狩三年（前120）"匈奴入右北平、定襄数万骑，杀略千余人而去"（D7），《汉书·武帝纪》系之于秋季，同书《匈奴传》则系于春季。考虑到伊稚斜即位后对入侵时间、地点的调整，笔者推测应为秋季，但也仅为臆断。另外，为何此时南侵近半数发生在夏季呢？笔者推测：其一，此时匈奴尚据阴山且气候趋于温暖，同时这夏季或许也多为夏末（例如D5若为夏季，则在季夏），生产活动已有所停歇（如D1、D3、D6）；其二，部分战事报复性、牵制性目标强烈（如D6）。可见，随着政治局势的转变，季节的限制力逐渐增强。

漠北战后"匈奴远遁，而幕南无王庭"，E期发端于此而迄至郅支单于被诛。文帝曾遗匈奴书曰"匈奴处北地，寒，杀气早降"，那么此时匈奴居处益北、益寒。侯应亦曾说："幕北地平，少草木，多大沙。"所以正如上文所述，此时适宜进攻的时间较阴山时期缩短。从元鼎六年（前111）秋季西羌与匈奴通使而"匈奴入五原，杀太守"（E1）可知，在势均力敌且不直接出于报复时，与A1、C2类似，匈奴往往在秋季开启战局。元封四年（前107）秋，"单于使来，死京师，匈奴寇边"（E2），这看似因意外而寇边。但单于既"特空给王乌，殊无意入汉及遣太子来质"，又恰逢秋季，那么借这口实而"数使奇兵侵犯边"也只是顺水推舟。不过此时双方还没有连续性冲突，直至儿单于立（前105）后才渐开互相攻伐的战局。但相较于D期，E期武帝在位时匈奴南侵有如下特征：其一，是时"单于益西北，左方兵直云中，右方直酒泉、敦煌郡"，双方交战重心多重合在酒泉、五原等汉朝西北、北方边境；其二，匈奴在交战中也曾示好，如且鞮侯单于"尽归汉使之不降者路充国等于汉"，壶衍鞮单于时卫律归苏武、马宏，可见其在处理汉匈关系时更为审慎；其三，太初元年（前104）冬季"匈奴大雨雪，畜多饥寒死"，后元元年（前88）匈奴地区"会连雨雪数月，畜产死，人民疫病，谷稼不熟"，可见匈奴抵御自然灾害的能力减弱，因而不得不重视气候的影响。诸因素交织下，匈奴多在秋季入侵（如E3、E4、E8）。同时，或因武帝后期汉朝国力衰落[1]，

---

[1] 相关研究如田余庆：《论轮台诏》，《历史研究》1984年第2期。

匈奴在武帝后期也发动了两波冬季的攻击（E5、E6①、E7②）且造成一定破坏。不过，匈奴对汉朝的损害程度持续减弱。除表中诸条外，在始元四年（前83）后三次季节不详的南侵中，出现"汉无所失亡""张掖太守、属国都尉发兵击，大破之，得脱者数百人"等记载，最终"匈奴为边寇者少利，希复犯塞"。及至宣帝本始二年（前72）六月季夏"匈奴数侵边，又西伐乌孙"（E9），次年则有"会天大雨雪，一日深丈余，人民畜产冻死，还者不能什一"。此后匈奴"兹欲乡和亲，而边境少事矣"，仅见神爵二年（前60）"欲入为寇"（E10），仍遵循季节性生业，不过终因汉有备而"引去"。要之，由于匈奴北遁，气候的限制作用增强。同时，此阶段双方实力均受损，需以更多的时间和更谨慎的态度准备战争。因此，前引学者所谓"秋、冬较多"，以此期最为显著。

综上，匈奴南侵在汉匈交战的背景下逐渐呈现出季节性特征，且随着匈奴的迁移而更加显著。其间所见秋季以外的事例，部分可从报复性（C3、D6）、汉朝力量薄弱（C5、E5、E6、E7）等方面得到解释，部分是或可被推测为夏末发生（D1、D3、D6、E9），部分或为史料不确（D7），抑或为特例。因此，C—E期匈奴为重树政治地位，又在迁移中受气候限制加剧，因而多选择秋季南侵汉朝，且其占比在E期有所增大。

（三）F-G期：东汉初至北匈奴西迁之间

E、F期之间是呼韩邪单于内附、郅支单于被诛至莽新的一段时期，汉匈基本保持和平。而由于"莽扰乱匈奴，与之构难"，莽新时期匈奴又不断南下。可惜没有季节相

---

① 关于E5、E6，《汉书·武帝纪》将征和二年（前91）"匈奴入上谷、五原，杀略吏民"（E5）系于"九月"与"三年春正月"条之间，即"三年春正月，行幸雍，至安定、北地。匈奴入五原、酒泉，杀两都尉"（E6）。同书《匈奴传》则作"匈奴入上谷、五原，杀略吏民。其年，匈奴复入五原、酒泉，杀两部都尉"，太初改历后以建寅月为岁首，这"其年"系征和二年，如此则两次南侵均在冬季。可见，E5确定发生于冬季，E6则当在冬、春之际，且后者应是因前者获利进而采取的行动，二者属于同一波攻势。

② 关于E7，史料中未见其造成损害的直接记载。不过，《盐铁论》载："大夫曰：'匈奴桀黠，擅恣入塞，犯厉中国，杀伐郡、县、朔方都尉，甚悖逆不轨，诛讨之日久矣。'"注引姚范曰："句有脱误。昭纪：'始元二年冬，匈奴入朔方，杀略吏民。始元二年冬，发习战士诣朔方。'"王利器认为这"不过是匈奴侵扰的又一罪行而已，何所执疑"。以上参见王利器校注：《盐铁论校注》，中华书局，1992年，第2页、第13页。陈直则认为："《盐铁论·本议篇》云：'杀伐郡县朔方都尉'。疑原本作'杀代郡朔方都尉'，衍县字，伐又为代之误字，典本传正合。然本传无杀朔方都尉事，仅云匈奴右贤王怨汉夺之河南地而筑朔方，数为寇盗边，及入河南，侵扰朔方，杀略吏民甚众。"参见陈直：《史记新证》，中华书局，2006年，第167页。笔者以为，陈氏"杀代郡朔方都尉"的校正颇有道理，然其非指右贤王侵扰朔方事。同时，姚范所述"始元二年"显误，当作武帝后元二年（前87）。按盐铁会议召开于始元六年（前81），则匈奴"杀代郡都尉"当指"后二年秋，匈奴入代，杀都尉"（E8）一事；至于"杀朔方都尉"，考诸史料，此前似无相关记载，然此亦当为近事，或应在"（后元二年）冬，匈奴入朔方，杀略吏民"（E7）一事之中。此事系于《汉书》，可惜陈氏《汉书新证》似乎未加措意。

关记载，故难以纳入本文考察范围。① 承袭这一背景，东汉与匈奴也战事频仍：

F期始于东汉初，内田氏谓"以'单于畏汉乘其敝，乃遣使诣渔阳求和亲'为终止"，可从。"光武初，方平诸夏，未遑外事"，匈奴先后立彭宠、卢芳等傀儡政权，"匈奴转盛，钞暴日增"。因此，建武十三年（37）五月"遂寇河东，州郡不能禁"（F1）是势力强盛的表现。随后这些傀儡相继失败。同时，匈奴地区自然灾害严重："二十二年……匈奴中连年旱蝗，赤地数千里，草木尽枯，人畜饥疫，死耗太半。"这"连年"揭示旱、蝗灾已持续数年。此时气候持续冷湿化，适合进攻的时间被限于秋季之内且较E期更短。在这一背景下，匈奴却频频南侵。著史者认为其入侵原因在"由是大恨，入寇尤深"；而内田氏总结为"治愈失望感的掠夺"，实未出前者意涵。不过，此时匈奴南侵可分作两类：其一，联合乌桓、鲜卑的南侵，其皆在秋季，但匈奴应处次要地位；② 其二，匈奴独立南侵，其在建武二十年（44）五月（F2）、十二月（F3），二十一年（45）十月（F4）三度南下。其中，第二类南侵与匈奴社会联系更为密切，其均在夏、冬季乃至深冬，颇显不合时宜，且其时乌桓、鲜卑则并未随之一同南侵。与其说这是因"贪得财帛""望得其赏"不行而"由是大恨"，不如说是为摆脱生计困境的无奈抉择。内田氏虽也注意到自然灾害，但忽略了"连年"的意义。他认为，这灾害导致"匈奴饥疫，自相分争"，进而以此作为"饥饿是匈奴侵寇的原因，却一个实证也没有"的论据之一。③ 而根据上文，匈奴是在长久的旱、蝗灾害和气候趋冷的背景下，因南下无果才转而"自相纷争"。萧启庆曾针对内田氏的论断指出："如因人口膨胀或自然灾害而形成饥馑，草原边缘的小股游牧民被迫铤而走险，侵袭中国边境的农村，则很有可能。可惜这类小型的侵袭大多不见于记载。"④ 承接萧论，"铤而走险"的不仅有小股游牧民，F2、F3、F4即是体现。这也正可驳内田氏之论，说明在气候因素驱动下，饥饿也是匈奴南侵的直接原因之一。不过，D—E期时气候更多作用于对战斗力的影响；此时气候的限制却逐渐关乎族群的存亡。这说明匈奴侵汉不再主要为基于长远目标的战略性胜利，而多着眼于直接掠夺以摆脱生计困境。

承接前期，G期在南北匈奴分立至北匈奴西迁之间。建武二十四年（48）南单于

---

① 可参见晓克：《论新莽时期的汉匈关系》，《内蒙古社会科学》1991年第2期。
② 建武二十年（44）秋，"匈奴、乌桓寇扶风""匈奴入右北平"，而次年秋马援"将三千骑出高柳，行雁门、代郡、上谷障塞"后，却仅有"乌桓候者见汉军至，虏遂散去，援无所得而还"，参见《后汉书》卷九〇《乌桓鲜卑列传》，第2982页，卷二四《马援列传》，第841—842页。建武二十一年（45）秋八月，"匈奴、鲜卑寇辽东""鲜卑与匈奴入辽东"，但《后汉书·祭遵传附祭肜传》则作"鲜卑万余骑寇辽东"，见《后汉书》卷二〇《祭遵传附祭肜传》，第744页。这些战事的主体当分别是乌桓和鲜卑。《后汉书·匈奴列传》所述"（建武）二十年，遂至上党、扶风、天水。（建武）二十一年冬，复寇上谷、中山，杀略钞掠甚众，北边复无宁岁"一句并不涉及上述南侵记载，也是一个体现。
③ 《后汉书》卷一八《吴盖陈臧列传》，第695页。
④ 萧启庆：《北亚游牧民族南侵各种原因的检讨》，《食货月刊》1972年第12期。

比附汉，而"北单于惶恐，颇还所略汉人，以示善意"，并数遣使乞和亲，但汉不从。内田氏认为"匈奴因此怨恨，为了报复乃至威胁而再次侵寇"，这大体是准确的。不过北匈奴于永平五年（62）十一月入五原塞，继而于十二月寇云中至原阳（G1），延续了深冬进攻的特征。因此这南侵虽有威胁动机，并在永平七年（64）"遣使求和亲"后得到东汉的承诺，但与此前的 B 期有本质差异。随后，内田氏认为东汉政府的承诺使"南单于产生了动摇，向北方逃亡，北匈奴为了援助他们而侵寇"，不甚妥当。当年秋季，北匈奴"欲度迎南部畔者，以汉有备，乃引去"，于是在冬季"复数寇钞边郡，焚烧城邑，杀略甚众，河西城门昼闭"（G2）。此后并不见南匈奴北亡的记载，反而多"北虏衰耗，党众离畔"的相关信息，说明这"寇西河诸郡"肇因于与汉和亲的彻底失败。是后，北匈奴于永平十五年（72）冬十一或十二月寇河西（G3），十六年"入云中，遂至渔阳，太守廉范击却之"，均未见损害。因此，自建武二十年（44）前后被灾以来，史籍所见北匈奴独立南侵基本都在冬季；与其同步的，是破坏力的波动下降。此后北匈奴控制西域不行，又因内忧外患及自然灾害而衰弱，这持续而乏力的冬季攻势当为其张本。①

可见因实力下降，加之气候趋冷、自然灾害频发，北匈奴常迫于生计而临时起意。这不是亨氏、汤氏所说的迁移，也无法对应内田氏总结的政治原因。反而略似王明珂所谓"生计性劫掠"。②但王氏认为此类劫掠表现为秋季南侵，而笔者认为纯粹的"生计性劫掠"，即应表现为秋季以外的"铤而走险"。同前文 A—B 期时一样，此类南侵也不符合经济生业的特征。可见，王明珂所谓因"战略性"目标而刻意分散南侵季节的相关观点值得商榷。同时，南侵季节特征并不能唯一地成为衡量目标的依据，而需以相关背景佐之。

综上，不同时期匈奴侵汉的季节特征存在差异：在白登之围及结和亲约后，匈奴借和约关系和军事优势数次背约南侵，其间并无明显季节倾向；武帝北击匈奴后，匈奴因生态和政治压力而多在秋季南侵，这在远遁漠北后更加明显；东汉之后，在实力不强、气候趋冷、灾害频发等背景下，匈奴却基本选择冬季侵汉，这是迫于生计的掠夺。可见，两汉时期匈奴侵汉的季节选择受气候环境、自然灾害、入侵目标等因素的影响，但更取决于汉匈政治实力的对比。在匈强汉弱的格局下，气候的限制作用较小（A—B 期）；随着汉匈强弱关系的改变，气候的限制作用也逐步增大，并从影响族群的战力（C-E 期）转向存亡（F—G 期）。

---

① 《后汉书》卷一九《耿弇列传》，第 720 页—722 页，卷四七《班梁列传》，第 1571—1581 页，卷八九《南匈奴列传》，第 2950—2953 页。

② 上文曾提到，亨氏、汤氏与内田氏对游牧民侵入农耕圈原因分析的差异表现在是否为了离开故地。前二者出于生存环境变差；后者则因政治力量增强，对生态的适应能力也增强。东汉前期，匈奴实力趋弱，汉朝转盛，虽然前者有迁移以改变生存环境的需求，但后者实力强劲，不会对前者产生拉力。这实力不对等的情况本不适合匈奴南侵，其持续的冬季入侵显然未经长远打算。

三、出土文献所见匈奴侵汉季节特征

相较于传世史籍，出土文献提供了更细致的视角。此前，马智全指出"匈奴进攻汉塞一般在春夏之交或秋冬时节"，裴永亮则认为"汉简记载匈奴入侵汉塞情况几乎每月都有发生，不太受到季节的限制"。① 但两者的考察都不很系统。根据上文，基于政治实力对比且在其他因素影响下，不同时期匈奴侵汉的季节特征并不相同。另外，出土文献所提供的是一个空间、时段、规模都受到限制的切入点。因此，我们仅能以之为有限的参照，而不应期望据以解决"匈奴在哪个季节进攻汉塞"这样一个宏大而模糊的问题。②

我们仿照上文，汇总出土文献中与匈奴入侵汉塞相关的记载，得下表2。③

表2 出土文献所见匈奴侵汉季节分布

分期	年份	编号	春	夏	秋	冬
a	73B.C.	a1			9	
	72B.C.	a2			闰8	
	68B.C.	a3	2			
b	11B.C.	b1			7	
c	26A.D.	c1	3			
	27A.D.	c2		6		
	28A.D.	c3			9	
	29A.D.	c4				12
	30A.D.	c5		4		
	32A.D.	c6				11
	不详	d				
	不详	e				
	不详	f		6		
	不详	g	1			

---

① 马智全：《居延汉简反映的汉匈边塞战事》；裴永亮：《河西汉简所见边塞地区汉匈日常战事及其特点》。

② 对与匈奴南侵相关出土文献的整理和研究还可参如〔日〕高村武幸：《河西における漢と匈奴の攻防：前漢後半期から後漢初期の史料分析を通じて》，《東洋学報》第82卷第3号，2000年；汪桂海：《汉简所见匈奴对边塞的寇掠》，《简帛》（第三辑），2008年10月。上述研究多指出简牍所见匈奴南侵是集中在武帝至宣帝中期以及莽新至东汉初期的中小规模寇掠。

③ 其中，a1、b1 见简牍整理小组编：《居延汉简（壹）》，"中研院"史语所，2014年，第186页、第129页；a2、d 见简牍整理小组编：《居延汉简（叁）》，"中研院"史语所，2016年，第181页、第203—204页；a3 见甘肃简牍保护研究中心等编：《肩水金关汉简（壹）下册》，中西书局，2011年，第11页；c3 见魏坚：《额济纳汉简》，广西师范大学出版社，2005年，第211—215页；c1、c2、c4、c5、c6、e、g 见马怡、张荣强主编：《居延新简释校》，天津古籍出版社，2013年，第789页、第795页、第729页、第783页、第747—748页、第746—747页、第668页；f 见甘肃省文物考古研究所编：《敦煌汉简》，中华书局，1991年，第238页。

在样本量少时，需审慎地判断匈奴入侵汉塞是否具有或有怎样的季节性特征。赵充国曾说："至于虏小寇盗，时杀人民，其原未可卒禁。"另外，史载"单于贪莽赂遗，故外不失汉故事，然内利寇掠。又使还，知子登前死，怨恨，寇虏从左地入，不绝。使者问单于，辄曰：'乌桓与匈奴无状黠民共为寇入塞，譬如中国有盗贼耳！咸初立持国，威信尚浅，尽力禁止，不敢有二心'"。此处单于的说辞无非是在掩饰，但对以部落结成的游牧国家来说，这"无状黠民"自行入寇的现象应当是存在的。这样几十骑甚至十几骑的入侵显然不同于文献中的大规模寇边，当属赵充国所谓"小寇盗"。不难发现，简牍的记载集中在几个时期内。结合政治背景来看，其中也有值得思考之处。

（一）a 期

如上所述，元凤二年（前79）后"汉边郡烽火候望精明，匈奴为边寇者少利，希复犯塞"。不过，本始二年（前72）时又出现"匈奴数侵边"的记载，a1、a2 即属于此，均在秋季。其中，"本始元年九月庚子，虏可九十骑入甲渠止北燧，略得卒一人，盗取官三石，弩一橐，矢十二，牛一，衣物去城"（a1），这可说是一次规模不小而较为成功的盗略，从盗略衣物的行为来看或是为准备过冬。

但随后，匈奴遭遇毁灭性灾害：

> 其（本始二年）冬，单于自将万骑击乌孙，颇得老弱，欲还。会天大雨雪，一日深丈余，人民畜产冻死，还者不能什一。于是丁令乘弱攻其北，乌桓入其东，乌孙击其西。凡三国所杀数万骑兵，马数万匹，牛羊甚众。又重以饿死，人民死者什三，畜产什五，匈奴大虚弱，诸国羁属者皆瓦解，攻盗不能理。其后汉出三千余骑，为三道，并入匈奴，捕虏得数千人还。匈奴终不敢取当，兹欲乡和亲，而边境少事矣。

至地节二年（前68）虚闾权渠单于立前，"匈奴不能为边寇，于是汉罢外城，以休百姓"，且"是岁也，匈奴饥，人民畜产死十六七"。可见，此时匈奴始终处于虚弱状态。在这样的背景下，《肩水金关汉简（壹）》第73EJT1：156 简载："二月己乙卯府""匈奴虏入河东泉□"（a3）。① 传世史料中春季入侵的记载不多，且均在匈强汉弱（B2、B9、B12、C5）或双方总体均势（E6）的政治背景下。此外，《居延汉简》第278·7A-7B 觚载"十二月辛未……举蓬燔一积薪，虏即西北去，毋所失亡"（d），不过次日又有"疑虏有大众不去，欲并入为寇"。此次南侵可能发生于地节三年（前67年）前后。② 此时匈奴政权明显虚弱而"欲乡和亲"，因此 a3、d 与时势不符，又结

---

① 这"本始六年"即地节二年（前68），因改元诏书未及时到达所致。参见肖从礼：《金关汉简所见新旧年号并用现象举隅》，《鲁东大学学报》（哲学社会科学版）2012 年第5期。

② 此觚出现"将兵护民田官"一职，大庭修指出《居延新简》中有明确纪年而出现此职务的简仅有一例，其纪年为地节三年（前67年），并认为两者之间存在联系。详参氏著：《汉简研究》，徐世虹译，桂林：广西师范大学出版社，2001年，第98-99页。因无直接纪年，出于谨慎，仍以其时间为"不详"。

合"毋所失亡"（d）的表现来看，其动机或也在"铤而走险"。这也体现出"小寇盗"的自由性特征。

（二）b—c 期

在呼韩邪内附至王莽掌权之间，传世史料中没有汉匈交战相关记载，双方处于一种"数世不见烟火之警，人民炽盛，牛马布野"的状态。可见，元延二年（前11）使汉"出坞上苣火一通"（b1）的入侵也属于目的不明且组织性弱的小规模侵寇。其选在七月进行，是否也可佐证秋季也是"小盗寇"的最佳季节呢？但孤证不立，仅作一推测。

两汉之际，汉匈再次陷入战争关系。更始二年（24），单于谓汉使曰："匈奴本与汉为兄弟，匈奴中乱，孝宣皇帝辅立呼韩邪单于，故称臣以尊汉。今汉亦大乱，为王莽所篡，匈奴亦出兵击莽，空其边境，令天下骚动思汉，莽卒以败而汉复兴，亦我力也，当复尊我。"而"建武初，彭宠反畔于渔阳，单于与共连兵，因复权立卢芳，使入居五原"则是其以实际行动相威胁。c 期即处于这一背景之下。传世史料中对此时匈奴入侵没有明确记载，而简牍材料则记录了频繁的小规模战斗（c1、c2、c3、c4、c5、c6、e）。①这密集的进攻与汉朝趋弱而匈奴转盛不无联系。与西汉时"背约南侵"类似，此时匈奴在四季均有进攻，且曾在秋九月入肩水塞"略得焦凤牛十余头，羌女子一人"（c3），更在冬季对甲渠候塞多地发动进攻以至于"卒有万分恐不能自守，唯恐为虏所得"（e）。此前学者所持"四季皆可入边"等观点多本自此。可见我们虽不能说匈奴随时会在四季侵边，但在匈强汉弱时其对季节并无太多顾虑。相反，在匈弱汉强时即便是"小寇盗"也多在秋季（a1、a2、b1）。

另外，一些简牍中有匈奴入侵汉塞的月份记载但年份无考（f、g）。其中，《居延新简》第 E. P. T65：52 简记载某年正月吏卒五人在三天的时间内因格射胡虏花费一百零五支箭矢（g），则人均一日射七支。这与发生在冬季的"即日平旦……攻候部，君主官谭等格射各十余发"（e）形成对比，可见前者中匈奴规模小、战力弱，这春季入侵并不能造成实质性伤害，其处境与 a3 类似。可见，即便基于季节的气候条件相近，其入侵态势也是各异的。

综上，目前所见简文中匈奴入寇季节较传世史籍相对分散一些。这受简文自身时段政治背景和入寇组织化程度、规模的影响，但因数目参考较少尚无法轻下论断。不过可以肯定的是，在匈奴实力较强时，季节对"小寇盗"的限制不强。此外，《肩水金

---

① 针对《居延新简》第 EPF16：36 - 56 简（d），特日格乐认为"由于今已公布之居延简中罕有建武八年以后的简，故笔者推断，这次进攻始于建武八年（公元三二年）十月廿八日"，他还推断这场战斗一直持续到十一月壬午日（廿九日），参见特日格乐：《西北简牍所见汉匈关系若干问题研究》，内蒙古大学蒙古学研究中心2007年博士学位论文。此外，该组简以下第 EPF16：57A - 57D 组简（即 c6）时间在建武八年（32）十一月庚辰，亦可兹参考。出于谨慎，仍以其时间为"不详"。但无论具体年份为何，此战应发生在建武初无误。

关汉简（叁）》第 73EJT30：27B + T26：21B 简为一封汉代书信，其中致信人"转"对受信人"幼卿"说"方秋房为寇时，往来独行关外，愿慎之，身非有副，它来者时，赐记"①。可见对边塞军人而言，"房为寇"仍以秋季为多而强，需要多加小心。这同样值得参考。

四、结语

自上文可知，传世史籍所载匈奴侵汉规模较大，出土文献则多"小寇盗"。从传世史籍来看，不同时期匈奴侵汉的季节特征有差异。概言之，季节性气候的限制作用总体与匈奴相对于汉朝政治实力强弱呈负相关，还一定程度上受气候历时性变迁、自然灾害、地理位置、入侵目标等因素影响。在匈强汉弱的格局下，气候的限制作用较小；随着匈奴政治实力的衰落，气候的限制作用也逐步增大，且逐步从影响族群的战力转向存亡。而从出土文献来看，匈奴"小寇盗"在不同阶段的季节特征同样受政治背景影响。不过，因组织化程度低且规模小，"小寇盗"所受气候限制相对小一些。但由于材料稀少，不应随意解读，更不可据此认为匈奴入侵"不太受到季节的限制"。

近年来，北方民族史研究流行关注内亚。对匈奴史来说，笔者首推王明珂《游牧者的抉择：面对汉帝国的北亚游牧部族》一书。该书从生态切入，说明了匈奴所在地区游牧经济生业、社会政治组织情况。这对生态及匈奴族群本身的重视，显得别开生面。② 然而，其或许过度强调了生态的作用。③ 那么，抛开理论关怀，王著所重视的"生态本相"对族群的影响程度具体如何？王氏的实证分析或许还不够细致，其结论应可商榷。对此，本文选择以匈奴入侵汉朝的季节为切入点加以考察，这是因为：战争是在充满汉人主观意识的史料中少有的对匈奴行为相对客观的记载，而入侵季节则是在权衡气候环境、自然灾害、政治背景、经济生业、具体事件等诸多因素之后所做出的选择。本文通过将匈奴侵汉季节纳入具体政治、军事背景中，说明季节不仅仅是内田吟风、王子今等学者文章中所呈现的生态因素的结果；随后，又通过对王明珂以季节区分匈奴侵汉目的这一思路的承袭和细化，使季节这一因素得以帮助理解匈奴侵汉原因和汉匈关系的走向。可见，在结合相关理论后更精耕史料，才能使新兴研究所带来的冲击和启发得到更好的适应和运用。

---

① 甘肃简牍博物馆等编：《肩水金关汉简（叁）下册》，中西书局，2013 年，第 106 页。
② 王明珂：《游牧者的抉择：面对汉帝国的北亚游牧部族》，第 101—156 页。
③ 参见钟焓：《历史学研究的人类学化及其存在的问题——评王明珂〈游牧者的抉择：面对汉帝国的北亚游牧部族〉》。

汉代长安昆明池修建初衷再审视*

冯晓多

（西安工业大学马克思主义学院）

摘要：关于汉代长安昆明池修建初衷这一问题，目前学界主要存在两种说法，一为军事原因说，一为向长安城供水说。通过梳理相关文献，可知汉武帝首次穿凿昆明池是为征讨昆明夷，再次修建是为伐南越。其修建初衷为军事原因不容置疑。需要注意的是，昆明池修建与汉征讨滇国并无关联。向长安城供水说则源于宋人程大昌，其亦是在承认始凿为军事原因的前提下提出。然今人对此理解多有偏差，加之其一，《汉书·五行志》所记元狩三年（前120）旱灾与武帝朝旱灾似为频繁的情形；其二，昆明池下游渠系连通长安的实际情况。以上致使城市供水说形成，并一度掩盖了军事原因说。故此，需要重新审视昆明池始凿前的汉代旱灾。对《五行志》记载元狩三年（前120）旱灾，需结合前后文相类记载，以其表述体例作辨别。对宋人程大昌及黄盛璋等主张亦需进一步讨论。需要留意的是，汉长安昆明池主要功能存在一个随时代变化而由军事向社会经济方面转化的过程。

关键词：汉代长安城；昆明池；修建初衷；军事原因；供水说

汉长安昆明池为汉武帝时期修建，目前依据文献与考古资料，其研究之基本问题已形成共识。然而学界对于昆明池修建与滇国之关系，包括修建初衷仍存在认识不清。为此有必要对涉及该问题相关文献进行逐一梳理、订对，甚至从其表述体例等加以辨别。当然，对于长安昆明池功能随时代变化的共识中，修建初衷似不应被忽视。

一、两种说法：初衷有争议

目前关于汉长安昆明池修建初始原因可归结为军事与供水两种说法。

其一，汉长安昆明池修建初衷为军事说。如曹尔琴认为昆明池"开凿的起因是汉

---

* 2022 年西安市社科规划基金课题一般项目"西安'三河一山'历史文化资源的挖掘与利用"（22LW194）阶段性成果。

武帝欲通印度,派使者前往,经过今云南境内的昆明国时受到阻拦,不能前进,因此,汉武帝准备征伐昆明国。昆明国有方圆150公里的滇池,是一个水胜的小国,欲征伐昆明国就必须熟悉水战。元狩三年(前120)汉武帝决定在长安附近开凿一个湖泊,并命名为昆明池。"① 吕卓民指出:"昆明池首先是为适应军事需要而开凿的。"② 王作良曾言昆明池"是汉武帝为打通通往西南的通道,为了迎战当时的滇国和南越,训练水军而修凿的。"③ 刘晓达认为"对昆明池的开凿活动当然与武帝借此训练水军、讨伐西南夷等军事战略密切相关。"④ 雷铭在其博士论文中亦讲到"武帝时为与滇王战及伐南越,又于上林苑中修昆明池演习水战",并进一步指出"上林苑修昆明池以习水战,是对上林苑军事功能的再次开发与强化。"⑤ 长安昆明池为战争说多是依据对文献的直接理解,然而存在的问题是对于昆明池修建究竟与昆明夷,还是滇国,抑或南越间的军事关系仍有混淆不清。此外,考古学者一般均赞同军事说。如刘振东、张建锋执笔的《西安市汉唐昆明池遗址的钻探与试掘简报》以及张建锋在《汉长安城地区城市水利设施和水利系统的考古学研究》⑥ 的观点。刘振东等认为"昆明池的修建和得名与西南夷之越嶲、昆明国及滇池有关",而武帝元鼎年间"同样出于军事目的,又一次对昆明池进行了修建"⑦。但随后刘氏又将昆明池的开凿归结为训练水军与遇到旱灾时提供水源两方面原因⑧。

其二,汉长安昆明池为城市供水说。宋人程大昌首次提出汉城内外的水源来自昆明池,然则程氏之论是在承认始凿为军事原因的前提下提出的。而今人对此多有偏差理解,加之《汉书·五行志》所记元狩三年(前120)旱灾以及汉代旱灾似为频繁的记载,以上致使昆明池为城市供水说形成,并在一定程度掩盖了军事初衷的事实。如黄盛璋提出"昆明池就是为汉长安城的蓄水库而开凿,这在今天看来或者不致有多大

---

① 曹尔琴:《从汉唐昆明池的变化谈国都与水的关系》,《中国古都研究》(第12辑),山西人民出版社,1998年,第13—18页。
② 吕卓民:《西安城南交潏二水的历史变迁》,《中国历史地理论丛》1990年第2辑。
③ 王作良:《汉唐长安昆明池的功用及其文化与文学影响》,《长安大学学报(社会科学版)》2010年第3期。
④ 刘晓达:《汉武帝时代的上林苑与"天下"观——以昆明池、建章宫太液池的开凿为论述中心》,《美术学报》2017年第3期。
⑤ 雷铭:《秦汉禁苑研究》,东北师范大学2019年博士学位论文。
⑥ 张建锋认为"昆明池的功能,开始时训练水军",同时除了军事训练外,昆明池还起到养殖水产、为汉长安城及漕渠供水、皇家游览的风景胜地等作用。参见张建锋:《汉长安城地区城市水利设施和水利系统的考古学研究》,科学出版社,2016年,第207—209页。
⑦ 刘振东、张建锋:《西安市汉唐昆明池遗址的钻探与试掘简报》,《考古》2006年第10期。
⑧ 刘振东、谭青枝:《汉唐昆明池杂议》,载中国社会科学院考古研究所、陕西省考古研究院、西安市文物保护考古所编:《汉长安城考古与汉文化》,科学出版社,2008年,第263—264页。

问题。"① 卢连成亦言"汉代至唐代,镐池和昆明池作为京都长安西南的两处重要大池、水库,十分引人注目。"② 马正林讲到"西汉开凿昆明池也完全是为解决长安城的水源。"③ 徐卫民也认为昆明池的开凿"是为了操练水军,南征昆明"很是值得怀疑,并引宋人程大昌之观点指出"昆明池修建的目的是多元的,绝非只是为了训练水兵,与长安城的用水有很大的关系,实质上是长安城西南的总蓄水库,供应汉长安城内外的用水。"④ 吴庆洲也说"为了解决城市供水问题,汉长安城开凿了昆明池作为城市蓄水库,并作为水军操练基地。"⑤ 张宁等认为昆明池以滇池为原型不可信,昆明池虽因昆明夷而得名,然而其修建的根本原因"是为长安城供水并满足其(汉武帝)游乐观赏的需求。"⑥ 李宪霞依据史料提出"汉武帝开凿昆明池是为了操练水军,南征昆明",但"这是否为当时的真实目的,暂且不论,但它最重要的功能在后来看来应是作为汉长安城的总储水库,与汉长安城的城市用水息息相关。"⑦ 故昆明池为城市供水说主要依据《汉书·五行志》所记元狩三年(前120)大旱事件后旋即修建昆明池之记载、宋人程大昌说法以及昆明池与汉城间连通的水系流路等而做出的推理。

此外,关于昆明池修建亦有两种原因变化说。如史念海先生指出昆明池中"水军还没有练好,昆明已经降附。昆明池就成为都城附近游赏的胜地了"。⑧ 史先生同时指出昆明池后期所发挥的作用,"这是汉武帝及其臣下们没有料想得到的"。⑨ 李令福指出昆明池修建是"为了操练水军,征伐西南夷诸国"⑩的军事目的"仿照滇池而建"⑪,其两次修建时"船战的拟定对象有了改变,由原来的西南夷变成了南越"⑫。同时"昆明池操练水军的功能历时并不是很长,汉代也仅仅持续了武帝后期一段时期。

---

① 黄盛璋:《西安城市发展中的给水问题以及今后水源的利用与开发》,《地理学报》1958年第4期。

② 卢连成:《西周丰镐两京考》,《中国历史地理论丛》1988年第3辑,第115—152页。

③ 马正林:《汉长安城总体布局的地理特征》,《陕西师大学报(哲学社会科学版)》山西人民出版社,1994年第4期。同样马氏在其《中国城市历史地理》(山东教育出版社,1998年,第318页)一书中亦持此观点。

④ 徐卫民:《汉长安城对周边水环境的改造与利用》,《河南科技大学学报(社会科学版)》2007年第6期。

⑤ 吴庆洲:《中国古城防洪研究》,中国建筑工业出版社,2009年,第59页。

⑥ 张宁、张旭:《汉昆明池的兴废与功能考辨》,《文博》2013年第3期。

⑦ 李宪霞:《汉长安城的湖泊池陂及其作用》,《秦汉研究》(第2辑),三秦出版社,2007年,第293—301页。

⑧ 史念海:《昆明池的通塞》,《西安晚报》1962年7月27日。

⑨ 史念海:《昆明池的通塞》,《西安晚报》1962年7月27日。

⑩ 李令福:《论西汉长安城都市水利》,《中国古都研究》(第19辑),四川大学出版社,2004年,第193—210页。

⑪ 李令福:《论汉代昆明池的功能与影响》,《唐都学刊》2008年第1期。

⑫ 李令福:《汉昆明池的兴修及其对长安城郊环境的影响》,《陕西师范大学学报(哲学社会科学版)》2008年第4期。

随着汉武帝以后开疆拓土、征伐连年时代的基本结束，昆明池也渐渐丧失了作为一个水军基地的功能。"① 所以"从其历史发展过程看，向京师供水应是昆明池的主要功用。"② 杨金辉则指出"操练水军并非昆明池开挖的真正缘由"，"昆明"则"充其量只不过是其命名的原因"，主要缘由当为"城市供水和调节漕运。"③ 虽然昆明池兴建的主要原因如其所言，非军事原因，但杨氏接续说短暂的操练水军"使它的历史具有了强烈的军事色彩"，并进一步指出"在不同的历史时期内，其功能也是各有侧重、不断变化的。"④ 昆明池修建缘由变化说相较前两种说法，指出了随时代发展长安昆明池功用的转化，但也肯定了初衷为军事这一事实。另有将昆明池功能与漕渠漕运及帝王享乐等关联，但亦是在承认军事原因的前提下提出。如王子今引黄盛璋的看法，认为昆明池的修建与漕渠有关。⑤ 而秦建明讲到昆明池因汉武帝欲攻打昆明国而来，但"不免包藏有帝王为其游乐享受之投资找一个堂皇冠冕借口的成分。"⑥

综上，汉长安昆明池修建初衷基本分作两大认识，即军事原因和为长安城供水。

二、史料明确：初衷为军事

汉长安昆明池修建为征讨昆明夷及南越，史书记载较为明确。学界也已基本形成武帝元狩三年（前120）为讨昆明夷而初建，元鼎二年（前115）为伐南越再修的一致认识。

首次穿凿昆明池的原因。如《史记·西南夷列传》（以下简称《西南夷列传》）记：

> 及元狩元年，博望侯张骞使大夏来，言居大夏时见蜀布、邛竹杖，使问所从来，曰：'从东南身毒国，可数千里，得蜀贾人市'。或闻邛西可二千里有身毒国。骞因盛言大夏在汉西南，慕中国，患匈奴隔其道，诚通蜀，身毒国，道便近，有利无害。于是天子乃令王然于、柏始昌、吕越人等，使间出西夷西，指求身毒国。

---

① 李令福：《论汉代昆明池的功能与影响》，《唐都学刊》2008年第1期。
② 李令福：《论西汉长安城都市水利》，《中国古都研究》（第19辑），第193—210页。李氏观点亦出现在其《关中水利与开发》（人民出版社，2004年，第139页）一书中。
③ 杨金辉：《浅论长安昆明池的开挖缘由》，《西安文理学院学报（社会科学版）》2007年第3期。
④ 杨金辉：《长安昆明池的兴废变迁与功能演变》，《贵州师范大学学报（社会科学版）》2007年第5期。
⑤ 王子今：《秦汉时期关中的湖泊》，黄留珠、魏全瑞主编：《周秦汉唐文化研究》（第2辑），三秦出版社，2003年，第52—65页；黄盛璋：《关于〈水经注〉长安城附近复原的若干问题——兼论〈水经注〉的研究方法》，《考古》1962年第6期。
⑥ 秦建明：《汉上林苑与昆明池》，《文博》2004年第3期。

> 至滇，滇王尝羌乃留，为求道西十余辈。岁余，皆闭昆明，莫能通身毒国。①

可见汉朝欲通"身毒"，但道闭于昆明而仅至滇国。又《史记·大宛列传》（以下简称《大宛列传》）载：

> （天子）乃令骞因蜀犍为发间使，四道并出：出駹，出冉，出徙，出邛、僰，皆各行一二千里。其北方闭氐、筰，南方闭巂、昆明。昆明之属无君长，善寇盗，辄杀略汉使，终莫得通。②

由此可推测"昆明"的政权形式及生活习性等。又《大宛列传》记：

> （天子）乃遣使柏始昌、吕越人等岁十余辈，出此初郡抵大夏，皆复闭昆明，为所杀，夺币财，终莫能通至大夏焉。于是汉发三辅罪人，因巴蜀士数万人，遣两将军郭昌、卫广等往击昆明之遮汉使者，斩首虏数万人而去。其后遣使，昆明复为寇，竟莫能得通。③

可见，汉朝远征"昆明"，虽然"昆明"遭到重创但仍"复为寇。"《史记·平准书》（以下简称《平准书》）曰：

> 法既益严，吏多废免。兵革数动，民多买复及五大夫，征发之士益鲜。于是除千夫五大夫为吏，不欲者出马；故吏皆適令伐棘上林，作昆明池。④

从"作昆明池"前文可见其正是在"兵革数动"的背景下开建。而《汉书·武帝纪》（以下简称《武帝纪》）亦云：（元狩三年）"发谪吏穿昆明池。"⑤ 其后臣瓒《注》曰：

> 《西南夷传》有越巂、昆明国，有滇池，方三百里。汉使求身毒国，而为昆明所闭。今欲伐之，故作昆明池象（像）之，以习水战，在长安西南，周回四十里。⑥

同时《西京杂记》讲："武帝作昆明池，欲伐昆吾夷，教习水战。"⑦《西京杂记》随后指出：

> 昆明池中有戈船、楼船各数百艘。楼船上建楼橹，戈船上建戈矛，四角悉垂幡毦〔旄〕，旍葆麾盖，照灼涯涘。余少时犹忆见之。⑧

以上的记述同样出现在《三辅黄图》中：

> 汉昆明池，武帝元狩四年穿，在长安西南，周回四十里。《西南夷传》曰：天子遣使求身毒国市竹（身毒国即天竺也，《汉书》曰：张骞言使大夏时，见蜀市邛

---

① 《史记》卷一一六《西南夷列传》，中华书局，1959年，第2995页。
② 《史记》卷一二三《大宛列传》，第3166页。
③ 《史记》卷一二三《大宛列传》，第3171页。
④ 《史记》卷三〇《平准书》，第1428页。
⑤ 《汉书》卷六《武帝纪》，中华书局，1962年，第177页。
⑥ 《汉书》卷六《武帝纪》，第177页。
⑦ ［晋］葛洪辑《西京杂记》卷一，中华书局，1985年，第1页。
⑧ ［晋］葛洪辑《西京杂记》卷六，第43页。该书第43页注〔一〕云："［旄〕原作［毦］，据《古今逸史》、《龙威》本改。"

竹仗，问所从来，曰从东来，身毒国可数千里得蜀贾人市)。而为昆明所闭，天子欲伐之，越嶲、昆明国有滇池，方三百里，故作昆明池以象之，以习水战因名昆明池。①

以上种种记载均将长安昆明池始建缘由指向征讨昆明夷。

而再修昆明池之记载。如据《平准书》云："是时越欲与汉用船战逐，乃大修昆明池，列观环之。治楼船，高十余丈，旗帜加其上，甚壮。"② 而《汉书·食货志》（以下简称《食货志》）亦曰："是时粤（越）欲与汉用船战逐，乃大修昆明池，列馆环之。"③《平准书》司马贞之《索隐》引语：

> 盖始穿昆明池，欲与滇王战，今乃更大修之，将与南越吕嘉战逐，故作楼船，于是杨仆有将军之号。又下云"因南方楼船卒二十余万击南越"也。④

所言之"又下云……"即指《平准书》随后说法⑤，但此事在《史记·南越列传》中另有详细记载，只不过杨氏所率楼船军为"罪人及江淮以南楼船"，且只有"十万师"，同时会师讨伐的另有伏波将军路博德，戈船、下厉将军"归义越侯二人"以及驰义侯越人遗等。⑥ 由此可见，长安昆明池再修的原因是为征讨南越。

需要指出的是，司马贞《索隐》言及穿昆明池与滇有关联，似不为妥。翻检史料，似乎昆明池修建与汉征讨滇国并无关联。如《西南夷列传》云，（汉使）"至滇，滇王尝羌乃留，为求道西十余辈。"⑦ 可见滇王款待汉使并帮助汉廷求道身毒。《西南夷列传》又讲：

> 滇王与汉使者言曰："汉孰与我大？"及夜郎侯亦然。以道不通故，各自以为一州主，不知汉广大。使者还，因盛言滇大国，足事亲附。天子注意焉。⑧

此条虽未言汉滇关系，但从对话及汉天子的态度上亦能领会彼此之关系。同时《西南夷列传》又云：

> 上使王然于以越破及诛南夷兵威风谕滇王入朝。滇王者，其众数万人，其旁东北有劳、靡莫，皆同姓相扶，未肯听。劳、靡莫数侵犯使者吏卒。元封二年，天子发巴蜀兵击灭劳、靡莫，以兵临滇。滇王始首善。以故弗诛。滇王离难西南

---

① ［清］毕沅重校《三辅黄图》，清乾隆四十九年刊本影印，中国方志丛书·华北地方·第306号，台北成文出版社，1970年，第69页。
② 《史记》卷三〇《平准书》，第1436页。
③ 《汉书》卷二四下《食货志下》，第1170页。
④ 《史记》卷三〇《平准书》，第1436页。
⑤ 《平准书》随后云："南越反……因南方楼船卒二十余万人击南越"。参见《史记》卷三〇《平准书》，第1438—1439页。
⑥ 《史记》卷一一三《南越列传》，第2974—2975页。
⑦ 《史记》卷一一六《西南夷列传》，第2995页。
⑧ 《史记》卷一一六《西南夷列传》，第2996页。

夷，举国降，请置吏入朝。于是以为益州郡，赐滇王王印，复长其民。①
其中滇国"其众数万人"，可见其实力较强。在南越国破，汉收服西南诸夷的大背景下，汉朝以兵威"谕滇王入朝"。然而与滇国同姓的"劳""靡莫"等族联合阻挠，使"滇"骑墙难下，不便降服。而在汉出兵灭其二国而兵临滇国时，"滇"才得以"离西夷"而入朝②，并且汉朝因滇王"首善"而"复长其民"。而"西南夷君长以百数，独夜郎、滇受王印。滇小邑，最宠焉。"③ 从以上"滇"对于汉的态度及汉滇关系看，《平准书》司马贞之《索隐》不足为信，即长安昆明池修建与"滇"并无军事关系。

要之，汉长安昆明池修建初衷为军事原因，据众史料其言之凿凿，不容置疑。

三、存在质疑：初衷供水说

部分学者认为长安昆明池修建初始原因为向长安城供水，其主要依据是对西汉旱灾以及《汉书·五行志》（以下简称《五行志》）记载元狩三年大旱事件。据《五行志》记"元狩三年夏，大旱。是岁发天下故吏伐棘上林，穿昆明池。"④ 有学者据此称"这才正是元狩三年第一次兴建昆明池的主要原因。"⑤ 杨金辉更是据陈业新对两汉旱灾统计数据称，因旱灾频繁且"大旱年份多，旱情也颇重，如《五行志》载，惠帝五年（前190）夏，'大旱，江河水少，溪谷绝'。于是汉武帝就在长安西南开凿昆明池供水工程……而且开挖的当年就是大旱，可见当时昆明池开挖的必要性和紧迫性。"⑥

对以上论述，需要明确的是陈业新统计的是两汉之旱情⑦，根据对汉长安昆明池初建时间截点（前120）前的武帝朝以及武帝朝之前旱灾发生频次分析，可推算出除武帝朝建元五年（前136）至元光五年（前130）无旱灾发生外，在武帝即位之建元元年（前140）至建元四年（前137）、元光六年（前129）至元狩三年（前120）两个阶段约14年时间发生旱灾4次。而武帝朝之前的惠帝二年（前193）至景帝中元二年（前148）共46年时间发生旱灾6次，陈业新称之为"旱灾少发阶段"。虽然少发，但似有程度上"旱情颇重"之情形。景帝中元三年（前147）至后元三年（前141）共7年间发生旱灾4次。从以上旱灾频次看，景帝朝后期虽旱灾增多，但武帝朝伊始至昆明池修建时频次又趋于减少。因此，至少从旱灾发生频次看，旱灾似不必成为昆明池开凿

---

① 《史记》卷一一六《西南夷列传》，第2997页。
② 《史记·西南夷列传》作："滇王离难西南夷"，《汉书·西南夷两粤朝鲜传》作："滇王离西夷"。
③ 《史记》卷一一六《西南夷列传》，第2997页。
④ 《汉书》卷二七中之上《五行志中之上》，第1392页。
⑤ 张宁、张旭：《汉昆明池的兴废与功能考辨》，《文博》2013年第3期。
⑥ 杨金辉：《长安昆明池的兴废变迁与功能演变》，《贵州师范大学学报（社会科学版）》2007年第5期。
⑦ 陈业新：《灾害与两汉社会研究》，华中师范大学2001年博士学位论文。

的必然理由。此外，若依陈氏对两汉水灾之统计，结合武帝朝及前代水灾看，景帝中元五年（前145）至武帝元光四年（前131）时期水灾相对稍多，元光四年（前131）至元狩二年（前121）左右"则无水灾"，而武帝朝之前的文帝景帝时期"基本上风调雨顺"，接续往前推之高后三年（前185）至文帝后元三年（前161）时期"以多雨为主，大旱稀至"①。由以上昆明池修建前西汉旱灾与水灾频次看，则不可回避的一个问题是：依据水灾或旱灾之发生，能否作为开凿昆明池之必然理由？史念海先生在论及汉唐长安城气候时曾讲，"汉唐长安城亦与其他地区一样，有干旱之年，也有雨涝之岁。也遇到大旱和久涝。大旱往往成灾，不过大旱之年究竟不多，还可以说是稀少，两次旱年之间的差距也较为远些。旱涝相比较，倒是澍雨还显得多些。"②综上而言，可以说旱灾或许只是修建昆明池的小概率缘由，正是由于其缺乏与昆明池修建有关联的直接表述与文献记载。

同时《五行志》记载昆明池条目亦似值得商榷。也就是说，元狩三年（前120）旱情发生后，旋即修建昆明池，貌似二者之间有关联，但是否有直接因果关系？倘若如此，则何以解释昆明池得名之由来？一次大旱何以就修建昆明池？为说明问题，此处翻检《五行志》元狩三年（前120）"穿昆明池"条目前后多处记载。其前接两条：

（1）"元朔五年春，大旱。是岁，六将军众十余万征匈奴。"③

（2）"武帝元光六年夏，大旱。是岁，四将军征匈奴。"④

其后续两条：

（1）"天汉元年夏，大旱；其三年夏，大旱。先是贰师将军征大宛还。天汉元年，发谪民。二年夏，三将军征匈奴，李陵没不还。"⑤

（2）"征和元年夏，大旱。是岁发三辅骑士闭长安城门，大搜，始治巫蛊。明年，卫皇后、太子败。"⑥

由以上诸则史料可见，其表述体例为某年某季出现某灾害，然后当年又有重要事件发生。若将汉元狩三年（前120）大旱与昆明池开凿作因果联系，那么《五行志》诸则记载是否亦可作前后因果联系？倘如此，将会出现大面积前后不通的状况。也就是说《五行志》中某年某季有某灾，其后只是赘述当年发生之重要事件，前后可能并无因果联系。同时惠帝朝一则史料为：

惠帝五年夏，大旱，江河水少，溪谷绝。先是发民男女十四万六千人城长安，

---

① 陈业新：《灾害与两汉社会研究》，华中师范大学2001年博士学位论文。
② 史念海：《汉唐长安城与生态环境》，《中国历史地理论丛》1998年第1辑。
③ 《汉书》卷二七中之上《五行志中之上》，第1392页。
④ 《汉书》卷二七中之上《五行志中之上》，第1392页。
⑤ 《汉书》卷二七中之上《五行志中之上》，第1392页。
⑥ 《汉书》卷二七中之上《五行志中之上》，第1393页。

是岁城乃成。①

显然,若将此与前之列举史料对比,倘前后有因果联系,则其断句及用词亦可见端倪。此外,以上诸则史料有一个共同体例,即灾害年记载发生重要的政治或军事事件,如"征匈奴""治巫蛊""城长安"。故,"穿昆明池"亦应为一次重要的政治或军事事件,从而再次将昆明池的修建初衷指向军事目的。当然大旱亦有可能成为修建昆明池之契机,以此为号召,或许便于调动人力物力。而出于武帝本人内心的想法——征讨西南夷,尤其是"昆明"夷当为初衷缘由。否则无法解释昆明池名称之来历,难以解释其修建规模之宏大,更不能解释其上楼船高十余丈之壮景。

南宋程大昌所论昆明池供水长安城可作为昆明池城市供水说之肇始。其著《雍录》言:

《长安志》引《水经》曰:'交水西至石堨,武帝穿昆明池所造,有石闼堰在县西南三十二里。'则昆明之周三百余顷者,用此堰之水也。昆明基高,故其下流尚可壅激以为都城之用,于是并城疏别三派,城内外皆赖之。②

可见,供水长安城一说是由于昆明池址基高而水可通过渠系自流至地势较低的长安城。由交水、石闼堰、昆明池及汉长安城彼此间水源承续关系看,地势自南向北依次降低,这是供水长安城具备的地理条件,相信汉朝人对此亦有认识,否则是不会有此建设与渠系布局。但奇怪的是,汉代史料均记昆明池之军事原因,不载昆明池之供水缘由③。因此,到底是修建伊始,汉代人就已意识到地势高低问题;还是建好之后,出于社会经济需要而造成昆明池功能转化而带来的需求性认知?而似乎由汉至宋近1200余年间,惟有宋程大昌一人有此见地。然则程氏虽首次提出昆明池供水长安,但亦是在承认昆明池为军事原因开凿的前提下。程氏有言:

武帝欲通西域,为昆明之所闭隔,闻昆明有滇池方三百里,凿此池习水战期以伐之……其始凿也,固以习战,久之乃为游玩之地耳。④

可见程氏对始凿为军事目的是认同的,只不过"久之乃为游玩之地。"汉代史料对军事原因记载明确,而供水说没有直接证据,只是后人的一种推测。若不如此,则极有可能陷入以后世理解推断久远前朝事的可能误区。

黄盛璋先生曾指出,因汉长安城需水量大,而昆明池距离较远,为调节水量及控制水流而在池与城之间另建分水库——仓池与揭水陂。⑤可见,如若穿凿伊始即为供水源地,何不另择较近之地?同时,黄氏分析唐长安城水源时指出,龙首渠引水源在城

---

① 《汉书》卷二七中之上《五行志中之上》,第1391页。
② [宋] 程大昌:《雍录》,黄永年点校,中华书局,2002年,第128—129页。
③ 关于《汉书·五行志》记载似为此意,但前有辨析,不可为据。
④ [宋] 程大昌:《雍录》,黄永年点校,第128页。
⑤ 黄盛璋:《西安城市发展中的给水问题以及今后水源的利用与开发》,《地理学报》1958年第4期。

东南三十里马头空设置龙首堰,而并未选择在距城较近的长乐坡,其原因在于前者海拔高,水可自流入唐城,而后者不具备此优势。① 通过此例,黄氏指出"隋初开凿渠道对于西安附近的微地形是深有所了解,开凿前,一定经过详细的测量与实地查勘。"② 与唐代对比,缘何汉代昆明池在修建伊始不曾考虑距城远近与水量调控问题?若将地形因素而致水可自流入城这一情况考虑进去,则设池地点或可就近考虑,至少揭水陂位置远近合适且储蓄之水量完全可来自于沈水。亦或许考虑到昆明池是在周灵沼基础上修建,恰因军事原因可能难以调发劳力,而似择便利凿之。又恰逢修建当年爆发大旱事件,当然极有可能给武帝以冠冕堂皇、为民着想的理由而调发劳力为之,即元狩三年(前120)大旱可能只是被武帝利用的一个促使因素。当然这也是一种推测而已,而军事缘由始终是确凿不误的。或许昆明池的具体修建过程及其以北沟通汉长安城之诸渠系的建造时间差可能有助于问题的解决。

此外,吕卓民的观点值得重视。吕氏指出,潏、滈二水在汉代水量可能很大,且二水在汉代未人工改道前相比沣水,其更靠近长安城。③ 言下之意,如果考虑城市用水问题,则不必将此二水人工改道而导入沣水水系,更没有必要开凿昆明池以解决城市用水。吕先生又指出,人为改道潏、滈二水入沣,并设计控制昆明池进水与排水等均是出于缓解长安城水压问题。④ 因此对于昆明池来讲,水源不选沣而选潏、交,同时又设计众多出水口,昆明池从而与潏、滈、交、沣等诸水形成一个完整调节水量的系统。此系统主要为排洪,以减轻长安城水湿问题。同时昆明池规模较大不但可作为军事演练之地,其排洪调节水量效果则更佳。当然出水口一支通向长安城,亦不排除为城市用水所虑,然而这已经恐怕是后来修建过程中所派生的需要。

四、结语

关于汉长安昆明池之功能目前概括甚多,大多认为其有向长安城供水、调节漕运、皇家园林游乐区、水师操练、水产养殖及游赏垂钓等。然而通过前文之分析,昆明池的修建初衷是为征伐"昆明"夷,故其军事功能——操练水军应为其最初之主要功能。高荣曾分析汉对西南边疆的经营时讲,"汉朝经营西南边疆地区,主要是从政治和军事需要出发的;但为'制越'、'通身毒'和流徙'奸豪'、罪犯而修筑道路和移民等,

---

① 黄盛璋:《西安城市发展中的给水问题以及今后水源的利用与开发》,《地理学报》1958年第4期。
② 黄盛璋:《西安城市发展中的给水问题以及今后水源的利用与开发》,《地理学报》1958年第4期。
③ 吕卓民:《西安城南交潏二水的历史变迁》,《中国历史地理论丛》1990年第2辑。
④ 吕卓民:《西安城南交潏二水的历史变迁》,《中国历史地理论丛》1990年第2辑。

在客观上却有利于西南边疆的经济开发和社会进步。"① 对于昆明池的修建亦是如此，从军事目的出发，其修建属于汉王朝经营西南边疆举措之一。翻检汉代史料，没有记载明确表明修建长安昆明池初衷是为汉长安城供水，而持此种说法者多以汉代旱灾以及昆明池与汉长安城之间的渠道与给水关系而做出的推测，同时西南夷又在较短时间内被平定从而使昆明池修建初衷还没有被充分认识就已经向社会经济方面转化，此是与不同时代的历史背景与社会需求息息相关的。正如史念海先生所言，昆明池"曾经发生过一些好的作用，这是汉武帝及其臣下们没有料想得到的。"② 言下之意，汉武帝修建长安昆明池之初衷是为征讨昆明夷及南越，但无形中却发挥了意想不到的社会经济功用。又如李令福所论汉长安昆明池之功能变化：

> 昆明池兴修于汉武帝时代，最初被用来训练水军，军事功能是其兴修的起因。随着战争的结束与汉长安城以及汉代社会的发展，供水长安、引控漕运成为其最重要的功能。除此之外，昆明池还具备园林游览、水产养殖的作用，并且对后世的文化也产生了多方面的影响。③

总之，汉长安昆明池修建初衷及其后续所展现出来的主要功能是随着时代背景、社会需求而不断演变的，然而需要强调的是不能因此而忽视其修建初衷，当然或许还需考虑武帝本人好大喜功的个体细节。

---

① 高荣：《汉代对西南边疆的经营》，《中国边疆史地研究》2000年第1期。
② 史念海：《昆明池的通塞》，《西安晚报》1962年7月27日。
③ 李令福：《论汉代昆明池的功能与影响》，《唐都学刊》2008年第1期。

野心家的布局：昭、宣继位与霍光辅政新研*

华迪威

（西北大学历史学院）

摘要： 汉武帝崩后，霍光迎立汉昭帝刘弗陵继位，独揽大权；昭帝崩后，霍光又先后迎立昌邑王刘贺及在民间的卫太子之孙刘病已为帝。详考昭、宣二帝的继位过程与霍光辅政之作为，可以判定汉昭帝的继位带有极强的偶然性，而非武帝早已有心立之。霍光等受武帝遗诏辅政之事恐难以尽信，不排除霍光伪造遗诏而树立个人辅政地位的可能性。汉宣帝在民间时便与霍光副手张安世及故吏丙吉、杜延年等关系密切，其继位并非是因为缺少依仗，而是因为其人际网络皆为霍光精心编织，霍光如此作为是为了更方便控制汉宣帝，只是霍光的个人权威未能有效传递到下一代，宣帝不断蓄积力量，终于在霍光死后将霍氏集团一举消灭。

关键词： 汉昭帝；汉宣帝；霍光；辅政；继位

根据《汉书》勾勒的武昭之际政局线索，巫蛊之乱后四年，武帝崩逝，刘弗陵依遗诏继位，霍光为辅政大臣之首，自此开启西汉历史的全新篇章，昭帝崩后，霍光又先后迎立昌邑王刘贺及在民间的卫太子之孙刘病已为帝。仔细考察个中详情，汉昭帝的继位和霍光的辅政都有颇多疑点，似彰显出其中蕴藏的合法性缺失问题，安子毓《西汉武昭之际政局辨疑》一文首先开启对该问题的系统讨论，他认为"由于相关利益纠葛，西汉武昭之际的相关记录多有改窜。所谓'立子杀母'的说法在时间上存在悖论。昭帝之封太子发生在武帝临终时，而霍光得封将军甚至可能发生在昭帝继位之后，其是否为武帝遗命已颇堪疑"①。这一论述给予我们很大启发，但仍有未尽之处。本文在此基础上探讨汉昭帝、宣帝继位与霍光辅政的合法性等问题，望方家指正。

---

* 本文为陕西省社会科学基金"陕西出土汉魏晋南北朝碑刻研究"（2020G014）、西北大学 2019 年"国家社科基金一般项目孵化计划"项目"西汉吏治研究"（19XNFH029）阶段性成果。

① 安子毓：《西汉武昭之际政局辨疑》，《齐鲁学刊》2020 年第 4 期。

一、论汉昭帝继位的偶然性

《汉书·外戚传》载:"拳夫人进为婕妤,居钩弋宫,大有宠,(元)〔太〕始三年生昭帝,号钩弋子。任身十四月乃生,上曰:'闻昔尧十四月而生,今钩弋亦然。'乃命其所生门曰尧母门。"①这被不少学者解读为武帝有意改立储君之信号,从而勾连起巫蛊之祸与"尧母门"之命名的关联。②但这段记载颇有后见之明的色彩,显示出追溯和渲染的痕迹,吕宗力便指出:"孕期超常,在汉代也是一种出生神话。"③并进一步分析这样记载的出现原因:"侥幸胜出的继位之君,真的很需要这样的神话,来巩固强化自己的帝位乃至自信心。"④此论可谓切中肯綮,因为汉昭帝的继位确实带有很大的偶然性。

《外戚传》载:"卫太子败,而燕王旦、广陵王胥多过失,宠姬王夫人男齐怀王、李夫人男昌邑哀王皆蚤薨,钩弋子年五六岁,壮大多知,上常言'类我',又感其生与众异,甚奇爱之,心欲立焉,以其年稚母少,恐女主颛恣乱国家,犹与久之。"⑤可知即便是在卫太子败后,刘弗陵依然并未拥有第一顺位的继承顺序,是在燕王旦、广陵王胥、齐怀王、昌邑王皆无继位可能性的情况下才被确立为储君,且尽管已无竞争对手,武帝依然因为担心女主专权而犹豫再三,可见巫蛊之祸的发生实属偶然,并非是武帝为了改换为刘弗陵的政治运动,如果武帝早就有心刘弗陵,当在卫太子败后便确立其储君地位,以避免他人再生觊觎之心,诱发类似巫蛊之祸这样的巨大变动。

据《汉书·霍光传》,武帝正式确立刘弗陵为嗣君是在其驾崩的前一天⑥,似乎武帝的犹豫是持续到了他生命的最后一刻,刘弗陵实在是他无奈的选择,如果真的早已决定立刘弗陵为嗣,当在其生前公布以安众心,也能确保刘弗陵帝位的稳固,其合法性也不会存在问题。但汉武帝并没有如此做,可知所谓早已有心立之、上常言"类我"的记载皆是为了塑造汉昭帝继位的合法性、神圣性和必然性而附会的。

老皇帝喜欢幼子的事情在汉代并非只有这一次,刘邦便更喜欢戚夫人为他诞下的赵王如意,以各种信号传递易储之事势在必行,《史记·留侯世家》载:"上曰'终不使不肖子居爱子之上',明乎其代太子位必矣。"⑦但在张良、叔孙通、"商山四皓"等

---

① 《汉书》卷九七上《外戚传上》,中华书局,1962年,第3956页。
② 宋艳萍:《论"尧母门"对西汉中后期政治格局以及政治史观的影响》,《史学月刊》2015年第4期。
③ 吕宗力:《汉代的谣言》,浙江大学出版社,2011年,第177页。
④ 吕宗力:《汉代的谣言》,第179页。
⑤ 《汉书》卷九七上《外戚传上》,第3956页。
⑥ 《汉书》卷六八《霍光传》,第2932页。
⑦ 《史记》卷五五《留侯世家》,中华书局,1959年,第2046页。

人的帮助下,改换储君之事还是没有发生。宣帝时也有类似的故事,太子"见宣帝所用多文法吏,以刑名绳下,大臣杨恽、盖宽饶等坐刺讥辞语为罪而诛,尝侍燕从容言:'陛下持刑太深,宜用儒生。'宣帝作色曰:'汉家自有制度,本以霸王道杂之,奈何纯任德教,用周政乎!且俗儒不达时宜,好是古非今,使人眩于名实,不知所守,何足委任!'乃叹曰:'乱我家者,太子也!'繇是疏太子而爱淮阳王,曰:'淮阳王明察好法,宜为吾子。'而王母张婕伃尤幸。上有意欲用淮阳王代太子,然以少依许氏,俱从微起,故终不背焉。"① 元帝被宣帝认为是"乱我家者",措辞如此严厉,却也终究未曾更换储君。我们可以推知,如果不是江充在太子宫掘得桐木人逼得太子不得不起兵一搏而最终败亡,不论汉武帝有多么喜欢幼子,大概也不会贸然改换储君,太子据的继位本是顺理成章的。刘邦所谓的"我欲易之,彼四人辅之,羽翼已成,难动矣"②,和汉宣帝所谓的"俱从微起,故终不背焉"更像是一种托辞,背后实际上还是嫡长子继承制以及长期为太子继位做准备的大臣集团的共同羁绊。种种证据都反映出汉昭帝的继位并非顺理成章、势在必行,而是武帝不得已的选择,这是昭帝继位合法性不足的主要原因。

值得注意的还有昭帝生母赵婕伃被杀一事,安子毓便指出赵婕伃家并无多少势力,不具备专权的条件,且在君主年幼之时,依靠母后比依赖权臣要安全许多,以虚无的猜忌将幼主最值得信赖的生母杀死而相信臣子的忠心并不是明智之举。③ 这一看法是非常精当的。赵婕伃"有过见谴,以忧死"④ 的死因过于笼统,缺乏细节,如果真的是因为要立幼子而杀其母,杀其母之后很久仍然不正式册立幼子便令人不解。褚少孙补《史记·外戚世家》对赵婕伃之死有相当详尽的细节补充,但多未可信。⑤ 且赵婕伃不论是初遇武帝前的"望气者言此有奇女"⑥,还是之后的十四个月孕期,均带有神异色彩,恐非其实,其父遭受宫刑而早卒,本人又在昭帝继位前便被杀,昭帝的身世实际上已经死无对证,这种死无对证是一种偶然还是多种因素竞争后的结果无法确考,但赵婕伃和武帝的相继去世,客观上让昭帝的身世难以自明。

在众多大臣对太子之位的谋划中,我们从未见到刘弗陵的影子,如《汉书·刘屈氂传》载:"贰师将军李广利将兵出击匈奴,丞相为祖道,送至渭桥,与广利辞决。广利曰:'愿君侯早请昌邑王为太子。如立为帝,君侯长何忧乎?'屈氂许诺。昌邑王者,

---

① 《汉书》卷九《元帝纪》,第277页。
② 《史记》卷五五《留侯世家》,第2047页。
③ 参见安子毓:《西汉武昭之际政局辨疑》,《齐鲁学刊》2020年第4期。
④ 《汉书》卷九七上《外戚传上》,第3957页。
⑤ 参见劳榦:《霍光当政时的政治问题》,收入《古代中国的历史与文化》,中华书局,2006年,第139页。
⑥ 《汉书》卷九七上《外戚传上》,第3956页。

贰师将军女弟李夫人子也。贰师女为屈氂子妻，故共欲立焉。"① 李广利和刘屈氂皆欲扶持昌邑王为储君，却从未见过有臣子处心积虑扶持刘弗陵的记载，盖刘弗陵当时不到十岁，其母赵婕伃及其家族并无多大势力，大臣投资刘弗陵的收益不大，因而无人问津，也可以看出刘弗陵在继位前并无多少政治资源作为后盾，因而其继位之初便面临巩固帝位的需要，《汉书》中关于武帝给予刘弗陵特殊青睐的记载大概都是在昭帝侥幸继位的历史背景下形成的。

而昭帝继位后燕王旦的反应也有值得琢磨之处，《汉书·武五子传》载：

> 帝崩，太子立，是为孝昭帝，赐诸侯王玺书。旦得书，不肯哭，曰："玺书封小。京师疑有变。"遣幸臣寿西长、孙纵之、王孺等之长安，以问礼仪为名。王孺见执金吾广意，问帝崩所病，立者谁子，年几岁。广意言待诏五莋宫，宫中谨言帝崩，诸将军共立太子为帝，年八九岁，葬时不出临。归以报王。王曰："上弃群臣，无语言，盖主又不得见，甚可怪也。"②

在武帝崩后，昭帝赐诸侯王玺书，燕王旦认为玺书内容单薄，怀疑京师有非常情况发生，于是让几名幸臣去长安以问礼仪为由打探情况，而打听的内容是武帝因何病去世，立的是谁的儿子，年龄几何，可见燕王旦本人并不清楚武帝身边还有刘弗陵的存在，也可侧面推知刘弗陵从来未被燕王旦视作皇位的有力竞争者。而执金吾广义的回答很可能反映了当时的真实情况，他在宫中等待命令，骤然听到武帝驾崩的消息，然后就传来诸将军立太子为帝的消息（"共立"二字也反映出昭帝继位的合法性有武帝赋予和诸将军赋予两种可能），这位幼主年八九岁，未出席武帝葬礼，即便皇帝身边的执金吾，也对刘弗陵并无多大了解，在武帝驾崩之前，他对刘弗陵的存在一无所知，即便昭帝已经继位，有关昭帝的消息依然只是传言，大多数人无从得见幼主，这不得不令人起疑，连武帝的亲儿子和近臣都对这位所谓的太子知之甚少，这是不符合逻辑的，最有可能的情况是：在武帝驾崩以前，刘弗陵从未出现在政治舞台上。燕王旦所说的"立者疑非刘氏"③和"我安得弟在者！"④ 不宜仅仅视为起兵谋反的宣言，很可能是带有一定真实信息的。

综上，汉昭帝的继位带有很强的偶然性，在他继位前，似未对政局有过任何影响，乃至武帝近臣和亲子都对他一无所知。昭帝的继位与霍光等人的鼎力扶持有直接联系，霍光辅政集团的组成是否出于武帝遗诏也就成为了亟须探讨的问题。

---

① 《汉书》卷六六《刘屈氂传》，第2883页。
② 《汉书》卷六三《武五子传》，第2751页。
③ 《汉书》卷六三《武五子传》，第2753页。
④ 《史记》卷六〇《三王世家》，第2118页。

二、霍光辅政的合法性质疑

《汉书·霍光传》载：

> 征和二年，卫太子为江充所败，而燕王旦、广陵王胥皆多过失。是时上年老，宠姬钩弋赵倢伃有男，上心欲以为嗣，命大臣辅之。察群臣唯光任大重，可属社稷。上乃使黄门画者画周公负成王朝诸侯以赐光。后元二年春，上游五柞宫，病笃，光涕泣问曰："如有不讳，谁当嗣者？"上曰："君未谕前画意邪？立少子，君行周公之事。"光顿首让曰："臣不如金日磾。"日磾亦曰："臣外国人，不如光。"上以光为大司马大将军，日磾为车骑将军，及太仆上官桀为左将军，搜粟都尉桑弘羊为御史大夫，皆拜卧内床下，受遗诏辅少主。明日，武帝崩，太子袭尊号，是为孝昭皇帝。帝年八岁，政事一决于光。①

此段记载点出霍光辅政地位是由武帝在临终前一日的遗诏中赋予的，然前文指出执金吾广意并未收到任何诏令，连武帝去世的消息都是听说的，从遗诏颁布到武帝去世实有一日之差，但宫中的执金吾却对此一无所知，可知遗诏的内容在颁布以后并未第一时间公之于众。这不禁让我们想到侍中王忽在昭帝继位后的表现："时卫尉王莽子男忽侍中，扬语曰：'帝（病）〔崩〕，忽常在左右，安得遗诏封三子事！群儿自相贵耳。'光闻之，切让王莽，莽酖杀忽。"②王忽为宫中侍中，据他所言武帝去世前并无遗诏封霍光等人，而霍光得知此事后严厉责问其父右将军王莽，王莽不得已而杀其子。《燕王旦传》载："盖主报言，独患大将军与右将军王莽。"③可知王莽与霍光关系密切，立场统一，王莽的儿子应当不可能故意放出谣言诬陷霍光，而霍光如此愤怒，王莽大概正是在霍光的言语暗示下将王忽杀死以封其口。这促使我们重新审视关于武帝遗诏封霍光等三人之事。

《霍光传》载："先是，后元年，侍中仆射莽何罗与弟重合侯通谋为逆，时光与金日磾、上官桀等共诛之，功未录。武帝病，封玺书曰：'帝崩发书以从事。'遗诏封金日磾为秺侯，上官桀为安阳侯，光为博陆侯，皆以前捕反者功封。"④盖霍光、金日磾和上官桀三人是因为共同诛杀谋反的莽何罗兄弟因而得以封侯，但令人不解的是为何这样的事情还要在武帝崩后才发布，事态平息后马上行封赏之事便可，在身后发书实在是天然降低其遗诏的真实性，而且仅凭此事便成为辅政大臣更是难以取信天下之人。在武帝遗诏之前，霍光等三人并未活跃在政治舞台，只是常在武帝左右侍奉而已，在武帝末年，三人也并未在政治决策层面起到过重要作用，而这样的三个人竟然成为了

---

① 《汉书》卷六八《霍光传》，第2932页。
② 《汉书》卷六八《霍光传》，第2933页。
③ 《汉书》卷六三《武五子传》，第2756页。
④ 《汉书》卷六八《霍光传》，第2933页。

辅政的核心，不得不让人起疑，王忽所言"群儿自相贵耳"恐怕不可简单视为谣言。而《霍光传》中载录的武帝以周公辅成王像赐霍光的行为也颇为可疑，因为武帝本就对臣子专权有颇多防范，政由己出，乾纲独断，连政治势力几近于无的赵婕仔都不能容，安能容得下有臣子以类似周公的方式辅佐自己的儿子呢？所谓武帝以周公辅成王像赐霍光这样的记载，大概也是霍光集团为了粉饰、加强其辅政的合法性而事后追加的。

依《霍光传》，在武帝床前受其遗诏的有霍光、金日磾、上官桀、桑弘羊四人；《金日磾传》只载其"为光副"①，未提及上官桀、桑弘羊受诏辅政；《昭帝纪》载："大将军光秉政，领尚书事，车骑将军金日磾、左将军上官桀副焉。"② 又未言及桑弘羊受诏之事；《车千秋传》载："拜大将军霍光、车骑将军金日磾、御史大夫桑弘羊及丞相千秋，并受遗诏，辅道少主。"③ 又不见上官桀受诏之事。关于具体受诏者有谁，此等大事不当有他说，但同书诸传中便有如此多的出入，不得不让人怀疑辅政集团的形成是有先后次序的。诸多记载中，只有霍光和金日磾二人是确定无疑的，二人在武帝面前的推让也非常生动，但二人并无行政经验，其实都并非辅政首选，似乎是武帝强以为辅政大臣，结合武帝病重的情况，大概武帝此时已无余力择定最合适的辅政人选，二人或许是因为在武帝近旁而得以有机会越过武帝，自行决定辅政集团人选，大概上官桀和桑弘羊是在此时被二人纳入辅政集团，这便是《霍光传》中四人床前受诏这一情况的一种可能性。而田千秋毕竟是丞相，理论上的天子之下第一人，如果不纳入辅政集团难以服众，因而霍光等人将其补入辅政集团名单，但是从田千秋本人的表现中或可一窥他对于此事的真实想法：

> 千秋居丞相位，谨厚有重德。每公卿朝会，光谓千秋曰："始与君侯俱受先帝遗诏，今光治内，君侯治外，宜有以教督，使光毋负天下。"千秋曰："唯将军留意，即天下幸甚。"终不肯有所言。④

霍光明言"与君侯俱受先帝遗诏"，表明他认可田千秋的辅政大臣地位，并客气地表示丞相治外，霍光治内，希望田千秋多加帮助，而田千秋却只让霍光自己多留意天下政务，始终不肯有所言，大概正是出于对霍光成为辅政核心方式并不正当的认识，田千秋知道自己虽为丞相，但实权毕竟是在霍光手上，他不宜对政务发表太多言论以影响政局，他清楚自己被写入辅政大臣名单正是霍光授意的结果，又怎会在这样的局势下多言呢？他也正是以这样的方式做到了明哲保身，而上官桀和桑弘羊就因为对霍光专权的不满而有所图谋，终致身死家败。

霍光的辅政之权是由于他在武帝崩逝前在其左右，故与金日磾商量，伪造遗诏以

---

① 《汉书》卷六八《金日磾传》，第2962页。
② 《汉书》卷七《昭帝纪》，第217页。
③ 《汉书》卷六六《车千秋传》，第2886页。
④ 《汉书》卷六六《车千秋传》，第2886页。

自贵，为了笼络朝臣，又不得不随后添加上官桀、桑弘羊和田千秋三人，最终形成五人辅政集团的局面，而二号核心人物金日磾早逝，上官桀、桑弘羊被诛杀，田千秋不肯有所言退出政治舞台，霍光最终得以大权独揽，先辅昭帝，再先后迎立昌邑王刘贺和汉宣帝。

而汉昭帝名为弗陵也令人起疑，关于其姓名的记载仅见于《汉书·武帝纪》：（后元二年二月）"乙丑，立皇子弗陵为皇太子。"① 除此之外，《汉书》他处未提及昭帝之姓名。值得一提的是，汉代诸帝，高祖刘邦、惠帝刘盈、文帝刘恒、景帝刘启、武帝刘彻、昭帝刘弗陵、宣帝刘询、元帝刘奭、成帝刘骜、哀帝刘欣、平帝刘衎、孺子刘婴中，仅昭帝为二名，实际上中国历代皇帝为二名的也是少数，在东晋之前更是仅有昭帝一例。

昭帝为二名，与时代风气颇为不合，儒家思想认为"二名非礼"，一般情况下，社会精英和皇族绝少二名者，皇帝即便曾经为二名，也会下诏更名，如宣帝原名病已，后下诏曰："闻古天子之名，难知而易讳也。今百姓多上书触讳以犯罪者，朕甚怜之。其更讳询。诸触讳在令前者，赦之。"② 更名为刘询；平帝本名箕子，后下诏曰："皇帝二名，通于器物，今更名，合于古制。使太师光奉太牢告祠高庙。"孟康曰："平帝本名箕子，更名曰衎。箕，用器也，故云通于器物。"③ 因二名多带有民间色彩，反映出身份地位上较为卑贱，宣帝生长民间时可以二名，入得大统便不得不更名，王莽更是"奏令中国不得有二名，因使使者以风单于，宜上书慕化，为一名，汉必加厚赏。单于从之，上书言：'幸得备藩臣，窃乐太平圣制，臣故名囊知牙斯，今谨更名曰知。'"④ 不仅对汉人之名进行单名化，连匈奴单于都遵循其道，可见单名还是一种文化上较为优越、先进的体现。因而，如果昭帝深受武帝喜爱，当不至以二名，且是以"弗陵"这么奇怪的两个字名之。

私以为"弗陵"二字非武帝命名，而是出于霍光，弗者，不也，陵者，凌驾、逾越也，弗陵者，居上而实不凌驾、超越于他人也。霍光很可能以这样的命名让昭帝明白他虽为皇帝，但本无实权，并不凌驾于辅政大臣霍光之上，昭帝实际上是霍光的傀儡。或许这也可以解释为何昭帝成年之后，依然以军国大事"遂委任光"⑤，我们也可以理解为何刘贺继位不久便被废黜，因为刘贺过于急切从霍光手中夺权了⑥。

---

① 《汉书》卷六《武帝纪》，第 211 页。
② 《汉书》卷八《宣帝纪》，第 256 页。
③ 《汉书》卷一二《平帝纪》，第 352 页。
④ 《汉书》卷九四下《匈奴传下》，第 3819 页。
⑤ 《汉书》卷六八《霍光传》，第 2936 页。
⑥ 参见辛德勇：《海昏侯刘贺》，生活·读书·新知三联书店，2016 年，第 136—139 页。

三、论宣帝继位背后的政治谋划

刘贺被废后，扶持何人为新皇帝成为了霍光等人面对的紧要问题。《霍光传》载：

> 光坐庭中，会丞相以下议定所立。广陵王已前不用，及燕刺王反诛，其子不在议中。近亲唯有卫太子孙号皇曾孙在民间，咸称述焉。光遂复与丞相敞等上奏曰："礼曰'人道亲亲故尊祖，尊祖故敬宗'。（太）〔大〕宗亡嗣，择支子孙贤者为嗣。孝武皇帝曾孙病已，武帝时有诏掖庭养视，至今年十八，师受《诗》《论语》《孝经》，躬行节俭，慈仁爱人，可以嗣孝昭皇帝后，奉承祖宗庙，子万姓。臣昧死以闻。"皇太后诏曰："可。"①

扶持刘病已似乎是汉庭不得已的选择，辛德勇认为宣帝没有政治势力作根基，也更容易摆布，是符合霍家理想的傀儡皇帝。②但实际上刘病已在民间并非无人知晓，前文"咸称述焉"的记载反映出汉庭一直在关注着他的一举一动，而如果我们勾勒出刘病已的人际交往网络，可以发现他与朝堂之上的不少重臣有密切联系。

1. 杜延年。《汉书·杜延年传》载："时宣帝养于掖庭，号皇曾孙，与延年中子佗相爱善，延年知曾孙德美，劝光、安世立焉。"③杜延年此时为太仆，因其子与刘病已关系密切，率先向霍光、张安世推荐，霍光接受了他的建议，杜延年"本大将军霍光吏"④，与霍光是故吏与故主的关系。

2. 丙吉。丙吉在推荐刘病已一事上出力甚勤，当年在巫蛊大狱中他便竭力保护了皇曾孙刘病已的安全，丙吉在民间好生赡养刘病已，又"为车骑将军军市令，迁大将军长史，霍光甚重之，入为光禄大夫给事中"⑤。也是霍光的故吏。

3. 张贺、张安世、张彭祖。张贺为张安世之兄，时任掖庭令，"尝事戾太子，思顾旧恩，哀曾孙，奉养甚谨，以私钱供给教书"⑥。张贺为戾太子故吏，因念旧恩，故待刘病已甚为恭谨。"贺弟安世为右将军，与霍将军同心辅政，闻贺称誉皇曾孙，欲妻以女，安世怒曰：'曾孙乃卫太子后也，幸得以庶人衣食县官，足矣，勿复言予女事。'于是贺止。"⑦此时昭帝初立，政局未稳，卫太子孙刘病已的存在无疑是新生昭帝政权的一个威胁，张安世制止这样的婚事实际上是一种保护，刘病已在民间保持低调、不豫世事才能尽可能保全自己，以谋远图。宣帝登基后也认为："掖庭令平生称我，将军

---

① 《汉书》卷六八《霍光传》，第2947页。
② 辛德勇：《建元与改元——西汉新莽年号研究》，中华书局，2013年，第211页。
③ 《汉书》卷六〇《杜延年传》，第2665页。
④ 《汉书》卷六〇《杜延年传》，第2662页。
⑤ 《汉书》卷七四《丙吉传》，第3143页。
⑥ 《汉书》卷八《宣帝纪》，第236页。
⑦ 《汉书》卷九七上《孝宣许皇后传》，第3964页。

止之,是也。"① 而张安世更是霍光亲自选择的副手,"大将军霍光秉政,以安世笃行,光亲重之。会左将军上官桀父子及御史大夫桑弘羊皆与燕王、盖主谋反诛,光以朝无旧臣,白用安世为右将军光禄勋,以自副焉"②。张安世与霍光一同辅政,他很可能是在霍光授意下特意减轻众人对刘病已的关注,以使其保持低调,蛰伏待机。张安世之子张彭祖更是"小与上同席研书"③,试问,一位辅政大臣的儿子为何会与身处掖庭的刘病已一同读书呢?想必这是张氏父子早就开始酝酿的政治投资。

刘病已看似生长民间,但与辅政大臣张安世的儿子从小一起读书、学习,又得到了第一权臣霍光麾下两位故吏的贴心照顾,而这几位朝臣又都非常重视对刘病已的文化教育,如果刘病已仅仅是毫无政治前途的罪臣之孙,这些朝臣断无必要对其如此重视,但刘病已不仅仅是卫太子的孙子,更是汉武帝的曾孙,这样的身份注定其同时面对着风险与机遇,张安世等人的小心谨慎,就是在最大限度避免风险以蛰伏待机。

值得一提的是,我们似乎看不出霍光早已对刘病已有所了解的影子,但这些一直培养、照顾刘病已的朝臣又无不与霍光关系密切,以霍光对朝政的专断,不可能对这样的私养之事一无所知。我们大概可以判断,正是在霍光的授意下,丙吉、杜延年、张安世等人才对刘病已如此照顾,在昭帝在位时,霍光很可能就对刘病已有所关注,并将其列入了傀儡皇帝的选择范围之中,而刘病已因缘际会真的继位时,与他关系最为亲近的人,基本都是霍光门下的故吏,那么他继位后完全为霍光所摆布的可能性自然也就很高了。霍光为卫太子的表亲,从辈分而言比宣帝大两辈,选择这样一位所有势力网络皆以霍光为核心且辈分比刘贺更低的皇帝,自然是便于霍光控制的,宣帝并非是因为其所依赖的屏障少而被选择,而是因为他的屏障全都是霍光的左膀右臂而被选择。

也正因为宣帝甫一继位便处于霍光为他编织的人际网络之中,他不得不对霍光百般恭敬,而霍光更是肆无忌惮,试图将自己的亲信安插到宣帝的所有人际关系中,乃至使其妻霍显"私使乳医淳于衍行毒药杀许后"④。如此之种种让宣帝觉得芒刺在背,但霍光毕竟有迎立之功,不过霍光死后宣帝便再无顾忌,对霍家进行了血腥的镇压。宣帝虽才能远远高出刘贺,但在霍光在世时也只能忍耐,当霍光的儿子们试图重新延续这种权威时才遭到灭顶之灾。实际上历代权臣多在身后遭受清算,因为权臣的权威往往仅局限于个人,而无法延续到其子孙,霍氏之覆灭正是如此。

① 《汉书》卷五九《张安世传》,第2651页。
② 《汉书》卷五九《张安世传》,第2647页。
③ 《汉书》卷五九《张安世传》,第2651页。
④ 《汉书》卷六八《霍光传》,第2952页。

马国翰辑《尚书马氏传》勘误[*]

曹子男

（扬州大学文学院）

摘要：清人马国翰辑《尚书马氏传》，所得独多。然受人力、文献资料等限制，马国翰辑本也有讹脱衍倒及别本异文未作辨析等校勘问题，今人在学习利用时，不可不察。通过排比诸本、比勘同异可知，马国翰辑本共有52例需要作文字方面的补正。

关键词：马国翰；《尚书》马注；勘误

东汉通儒马融（79—166），在《尚书》学传承与发展史上占有重要的历史地位。《后汉书·儒林传》云："扶风杜林传《古文尚书》，林同郡贾逵为之作训，马融作传，郑玄注解，由是《古文尚书》遂显于世。"[①] 马融上承贾逵，下传郑玄，著有《尚书传》，为古文《尚书》的传承与创新做出了不可磨灭的贡献。

遗憾的是，马融《尚书传》后世不传，大概亡佚于唐宋之间。[②] 后人深致慨惜，遂有人辑其佚文。宋人王应麟肇其事，作《古文尚书马郑注》。清人辑《尚书》马注佚文成就最大，先后有惠栋（1697—1758）《九经古义》、江声（1721—1799）《尚书集注音疏》、王鸣盛（1722—1798）《尚书后案》、王谟（1731—1817）《尚书马融注》、余萧客（1732—1778）《古经解钩沉》、孙星衍（1753—1818）《古文尚书马郑注补》[③]、马国翰（1794—1857）《尚书马氏传》等。诸儒倾力裒辑马融《尚书注》佚文，足见其学术价值和重要性。

---

[*] 国家社科基金重大项目"《尚书》学文献集成与研究"（项目编号：12&ZD155）、国家社科基金青年项目"乾嘉吴派经学与文学关系研究"（项目编号：21CZW028）、江苏省研究生科研与实践创新计划项目"清代常州庄氏《尚书》学研究"（项目编号：KYCX19 - 2091）阶段性成果。

① 《后汉书》卷七九上《儒林传上》，中华书局，1965年，第2566页。

② 王鸣盛云："据此二志，知唐时马郑王本固在也，至《宋史·艺文志》始无之，大约亡于唐宋之间。"[清]王鸣盛：《尚书后案》，北京大学出版社，2012年，第703页。王鸣盛所谓"二志"，指《旧唐书·经籍志》和《新唐书·艺文志》。

③ 《续修四库全书总目提要·尚书马传四卷（娜嬛馆补校本）》著录云："宋王应麟尝辑《古文尚书》马郑注，清孙星衍复增补之。"《续修四库全书总目提要》第1册，齐鲁书社，1996年，第212页。

清人马国翰辑《尚书马氏传》，所得独多，贡献最大（参见拙文《马国翰辑〈尚书马氏传〉的文献学价值》，待刊）。然受人力、文献资料等的限制，马国翰辑本也有讹脱衍倒及别本异文未作辨析等校勘问题，今人在学习利用时，不可不察。我们通过别本比勘，发现马国翰辑本共有52例需要作文字方面的补正，现分类勘误（个别条目有交叉），汇为一编，以期为《尚书》马注辑佚和利用提供一个更为近真的文本。条目排列顺序依次为《尚书》出句，马国翰辑马注及所在页码、栏目、行数。马国翰《尚书马氏传》采用《续修四库全书》本第1201册《玉函山房辑佚书》（上海古籍出版社，2002年影印娜嬛馆校补本）。

一、文字误讹

（1）《皋陶谟》"予欲观古人之象……黼黻、𫄨绣"，马国翰辑《释文》马注："𫄨，初私反；又敕其反。"（151/上/5）原文无标点，新式标点为笔者所加。下同。

按：单行本《释文》："𫄨，徐敕私反，又敕其反，马同。"（87/上/9①）注疏本②《释文》（3-618/6）同。可见，马国翰辑马注"初私反"之"初"字实是"敕"字之误。

（2）《禹贡》"夹右碣石，入于海"，马国翰辑《正义》马注："冀州不书其界者，时帝都之，使若广大。"（152/上/4-5）

按：马国翰辑本经文"入于海"，今本③《尚书·禹贡》作"入于河"（第164页），传世本《尚书·禹贡》（3-732/4）同。可见，马国翰辑本误"河"字为"海"字。又，传世本《尚书注疏》孔疏："马郑皆云：冀州……使若广大然。"（3-734/3）可见，马国翰辑马注脱句末"然"字。

（3）《禹贡》"三邦厎④贡厥名"，马国翰辑《史记·夏本纪》《集解》马注："言箘簵、楛，三国所致贡，其名美也。"（153/上/47）

按：今本《史记》⑤"三国致贡其名"句下，《集解》马注："言箘簬、楛三国所致贡，其名善也。"（第78页）殿本《史记》⑥（《夏本纪》第二，第8页）同。可见，马国翰辑马注误"善"字为"美"字。

---

① ［唐］陆德明撰，黄焯汇校：《经典释文汇校》，中华书局，2006年，第87页上栏第9行。下同。原文无标点，新式标点为笔者所加，下同。

② 本文所谓注疏本、传世本《尚书》，均指杜泽逊主编：《尚书注疏汇校》，中华书局，2018年。下同。

③ 今本《尚书》，特指《尚书正义》，北京大学出版社，2000年。下同。

④ 厎，马国翰作"底"。本文据通行本《尚书》改作"厎"，下同。

⑤ 《史记》，中华书局，2014年点校修订本第3版。

⑥ 《史记》，清乾隆武英殿二十一史刻本，乾隆四年校刊。

(4)《禹贡》"泾属渭汭",马国翰辑《释文》马注:"属,入也。"(154/上/3)

按:单行本《释文》:"属,之蜀反。汭,本又作内,同;如锐反。马云:入也。"(90/上/13)注疏本《释文》(3-770/3)同。可见,马国翰辑马注误将被释词"汭"字讹作"属"字。又,孔疏引郑玄曰"汭之言内也"(3-770/3),亦可证马国翰辑本误。

(5)《禹贡》"织皮昆仑、析支、渠搜,西戎即叙",马国翰辑《释文》《禹贡集解》卷一马注:"昆仑在临羌西;析支在河关西。"(154/上/5)

按:单行本《释文》马注(90/上/17)、四库本《禹贡集解》马注(57-68/上/5①)同马国翰辑文。然《禹贡集解》此条马注在卷二而非卷一,马国翰标志《禹贡集解》卷数误"二"字为"一"字。

(6)《禹贡》"导河、积石,至于龙门",马国翰辑黄度《书说》卷二马注:"北条行河,中条行渭、洛、济、淮,南条行江东。"(154/上/17)

按:四库本《书说》卷二"导岍及岐至于荆山"句下云:"班固、马融、王肃皆言……北条行河,中条行渭、洛、济、淮,南条行江汉。"(57-496/下/15),摘藻堂本黄度《书说》卷二(18-573/上/16②)同。可见,马国翰辑马注误末句"江汉"之"汉"字为"东"字。

(7)《盘庚》"尔沈不属",马国翰辑《释文》马注:"属,独也。"(156/上/12)

按:马国翰辑《释文》马注不误,单行本《释文》马注(96/上/20)可证。然传世本《尚书·盘庚》"沈"字作"忱"字(4-1280/8),马国翰误录经文"忱"字为"沈"字。

(8)《洪范》"四曰司空,五曰司徒,六曰司寇",马国翰辑《史记·宋微子世家》《集解》马注:"司空,掌营城郭,王空土以居民。司寇,主诛寇害。"(158/下/18)

按:马国翰辑马注"司空……王空土以居民"之"王"字,与下句"司寇,主诛寇害"之"主"字语义不协,令人生疑。查今本《史记·宋微子世家》《集解》马注"王"字正作"主"字(第1950页),殿本《史记》(《宋微子世家》第八,第4页)同。可见,马国翰辑马注误"主"字讹作"王"字。

(9)《金縢》"惟朕小子其亲迎",马国翰出校曰:"《释文》新迎,马本作亲迎。"(160/下/8)

按:单行本《释文》:"新逆,马本作亲迎。"(104/上/21)注疏本《释文》(6-1876/5)同。可见马国翰校语"《释文》新迎"当是"《释文》新逆"之误。今本、传世本《尚书·金縢》均作"新逆"(第401页;6-1876/3),亦可证。

---

① 57-68/上/5,见影印文渊阁《四库全书》第57册,台湾商务印书馆,2008年,第68页上栏第5行。下同。

② 《摘藻堂四库全书荟要》第18册,台湾世界书局1988年影印,第573页上栏第16行。下文仿此。

（10）《梓材》，马国翰辑《释文》马注："梓，古作梓字。治木器曰梓，治土器曰陶，治金器曰冶。"(161/下/12)

按：马国翰辑马注"治金器曰冶"之"治"字当为"冶"字之误，因马注"冶"与"梓""陶"等词，皆表专名，且相对为文；又单行本《释文》马注正作"冶"字(107/上/4)，注疏本《释文》（第452页）同，皆可证。

（11）《无逸》"作其即位，乃或亮阴，三年不言"，马国翰辑《春秋·隐元先》正义马注"亮，信也。"(163/上/19)

按：马国翰辑本误将"《春秋·隐（公）元年》"讹作"《春秋·隐元先》"，盖因"元年"形近而误作"元先"也，马国翰失校。

（12）《无逸》"不敢荒宁，嘉靖殷邦"，马国翰辑《史记·鲁周公世家》《集解》马注："宁，安也。"(163/下/3)

按：殿本、四部丛刊百衲本《史记集解》马注（《鲁周公世家》第三，第5页）均同马国翰辑文，然中华书局本《史记·鲁周公世家》"不敢荒宁，密靖殷国"下，《集解》马融曰："密，安也。"（第1840页）清人张文虎于《集解》"密"下校曰："宋本与《诗·公刘传》合。各本讹'宁'。"① 盖"宁"字，繁体作寧、甯，与"密"字形义俱近而误，马国翰失校。

（13）《顾命》"敷重底席"，马国翰辑《释文》、薛季宣《古文训》卷十三马注："底，青蒲也。"(165/上/2)

按：《尔雅·释诂》："底，止也。"《尚书》孔传："厎，蒻苹。"注疏本《释文》马注"厎，青蒲也"(8-2780/3)底、厎二字，形殊义别。马国翰辑本《顾命》及所辑马注被释词"底"字，单行本《释文》(113/上/1)、今本《尚书·释文》均作"厎"（第591页）。清人浦镗《十三经注疏正字》曰："敷重厎席。'厎'，毛本误'底'。"(8-2893/9)亦可证。

（14）《顾命》"一人冕弁，执戈"，马国翰校曰："《释文》綦，马本作騏"。(165/上/14)

按：马国翰辑本《顾命》"一人"，传世本《顾命》均作"四人"(8-2792/3)。可见，马国翰误"四"字作"一"字。又经文《顾命》"执戈"后有"上刃，夹两阶戺"六字，其下孔疏："在阶者，两厢各二人，故'四人'。"(8-2793/4)孔颖达疏"冕弁，执戈"（戴着花纹鹿皮弁、手握戈）者为"四人"，亦可证马国翰辑本误"四"字为"一"字。

（15）《吕刑》"刵辟疑赦，其罚倍差"，马国翰辑《史记·周本纪》《集解》马注："倍二百为四百锾也。差者，又如四百之三分一，凡五百三十三三分一也。"(166/下/2)

---

① ［清］张文虎：《史记集解索隐正义札记》，中华书局，1977年，第381页。

按：马国翰辑马注"又如四百之三分一"，意不可解，疑"如"字讹。今本《史记·周本纪》《集解》马注作"加"字（第178页），殿本《史记》（《周本纪》第四，第20页）同，可见马国翰辑文误"加"字作"如"字。又单行本《释文》："差……马云：倍二百为四百。差者，又加四百之三分一……"（115/上/10）马注"倍二百为四百"句末无"锾也"二字，马国翰失校；又"四百之三分一"前也有"又加"二字，再证马国翰辑马注"如"字为"加"字之形讹。

又，马国翰辑马注"五百三十三三分一"，单行本《释文》作"五百三十三锾三分锾之一"，《尚书全解》卷三十九引马注（55-813/下/11①）同，亦有二"锾"字。马国翰失校。

（16）《费誓》"峙乃桢、幹，甲戌我惟筑，无敢不供"，马国翰辑《史记·鲁周公世家》《集解》马注："桢、幹皆筑具，桢在前，幹在雨旁。"（166/下/16）

按：马国翰辑马注"幹在雨旁"，句意不可解，疑"雨旁"二字有误。查今本《史记·鲁周公世家》"糗粮、桢幹"下，《集解》马融曰："桢、幹皆筑具，桢在前，幹在两旁。"（5-1845）马注"幹在两旁"与上句"桢在前"，句义骈俪，文从字顺。殿本《史记》（《鲁周公世家》第三，第8页）同。可见，马国翰误"雨"字为"两"字。

（17）《书序·商书》"祖乙圮于耿，作《祖乙》"，马国翰辑《释文》马注："圮，毁也。"（168/下/3）

按：单行本《释文》出字"圮"作"圯"（95/上/22），黄焯校曰："圮，卢本误作圯。"（95/下/17）。今本《尚书》经文及马注均作"圮"（第264页）。"圮""圯"虽形近但音义俱殊。圯，《说文·土部》："东楚谓桥为圯。从土巳声。与之切。"圮，《说文·土部》："毁也。《虞书》曰：'方命圮族。'从土己声。"可见，马国翰辑本误"圮"字为"圯"字。

（18）《书序·周书》"成王既伐管叔、蔡叔，以殷余民封康叔，作《康诰》《酒诰》《梓材》"，马国翰辑《正义》马注："康，国名，在畿内。"（169/上/3）

按：传世本《尚书注疏》孔疏："知'康，圻内国名'者，以管、蔡、郕、霍皆国名，则康亦国名而在圻内。马、王亦然。"（6-2019）今本《尚书正义》（第423页）同。可见，马国翰辑马注"畿"字为"圻"字之误。

（19）《书序·商书》"高宗梦得说，使百工营求诸野，得诸傅岩，作《说命》三篇"，马国翰辑《正义》马注："高宗始命为傅氏。"（168/下/5）

按：传世本《说命上》孔疏："郑云：'得诸傅岩，高宗因以傅命说为氏。'案序直言'梦得说'，不言'傅'，或如马郑之言。如高宗始命为傅氏，不知旧何氏也。"

---

① 55-813/下/11，见《影印文渊阁四库全书》第55册，台湾商务印书馆，2008年，第813页下栏第11行。下同。

(5-1393/9）据孔疏可知，郑玄之说也即马融之言，故马国翰辑马注当作："得诸傅岩，高宗因以傅命说为氏。"显然，马国翰此处误将孔疏作马注。

二、异文不别

（1）《尧典》"卒乃复"，马国翰辑《史记·五帝本纪》《集解》马注："五玉礼终则还之，三帛以下不还也。"（148/下/6）

按：今本《史记·五帝本纪》《集解》马注"三帛以下"之"以"字作"已"字（第27页），殿本《史记》（《五帝本纪》第一，第18页）同。马国翰未出校辨明。

（2）《禹贡》"三百里夷，二百里蔡"，马国翰辑《释文》、薛季宣《书古文训》卷三马注："夷，易也。蔡，法也。"（154/下/13）

按：《释文》《书古文训》引马注并不完全相同，马国翰未作辨析。单行本《释文》："夷，马云：易也。"（91/上/11）无"蔡，法也"3字，今本《尚书正义·释文》（第202页）同。《书古文训》卷三："夷，易也；蔡，法也；蛮，慢也。流行无常居也，皆马融说。"（42-260/上/13①）（马注"蛮，慢也。流行无常居也"，见下条马国翰辑《集解》马注）《书古文训》马注"流行无常居也"，《集解》马注作"无城郭常居"，马国翰未出校辨析。

（3）《禹贡》"五百里荒服，三百里蛮，二百里流"，马国翰辑《史记·夏本纪》《集解》马注："荒，政教荒忽，因其故俗而治之。蛮，慢也，礼简怠慢，来不距，去不禁。流，流行，无城郭常居。"（154/下/15）

按：今本《史记·夏本纪》《集解》马注（第95页）"政教荒忽"前无被释词"荒"，又"流行无城郭常居"前无被释词"流"，其余文字同马国翰辑文，殿本《史记集解》马注（《夏本纪》第二，第18页）同今本《史记》。马国翰未出校辨明。

（4）《汤誓》"有众率怠弗协"，马国翰辑《史记·殷本纪》《集解》马注、《册府元龟》卷五马注："众民相率怠堕，不和同。"（155/下/3）

按：马国翰辑马注"众民相率怠堕"之"堕"字，今本《史记·殷本纪》《集解》马注（第96页）、殿本《史记》（《殷本纪》第三，第4页）、《册府元龟》卷五引马注均作"惰"字②。"堕"与"惰"虽音同而义通，然辑马注当忠于马注原文，马国翰应出校说明才是。

（5）《微子》"我祖底遂陈于上"，马国翰辑《史记·宋微子世家》《集解》马注："我祖，成汤也。"（156/下/5）

---

① 42-260/上/13，见《续修四库全书》第42册，上海古籍出版社，2002年，第260页上栏第13行。下同。

② ［宋］王钦若等编纂，周勋初等校订：《册府元龟》，凤凰出版社，2006年，第48页。

按：《尚书·微子》"我祖底"之"底"字，殿本作"厎"字、古本作"致"字①，马国翰失校。又今本《史记·宋微子世家》《集解》马注："我祖，汤也。"（5 - 1944）殿本《史记》（《宋微子世家》第八，第1页）同。可见，马国翰辑马注误衍"成"字。

（6）《洪范》"次九曰向用五福，威用六极"，马国翰辑《史记·宋微子世家》《集解》马注："言天所以向劝人用五福，所以畏惧人用六极。"校曰："案《史记集解》引无上句，王氏鸣盛云：'马注此条伪孔传与之同，应劭《汉书·五行志》注亦同，而裴骃《史记集解》采马融脱去"向劝人用五福"六字，今以意增。'从之。"（158/下/3 - 5）

按：马国翰虽然出校区分《史记集解》、王鸣盛引马注的区别，但是不够细致。今本《集解》马注作"言天所以畏惧人用六极"（第1611页），无"所以向劝人用五福"八字，非马国翰校语引王鸣盛所言的"六字"，马国翰失校。

又《汉书·五行志》"畏用六极"句下，应劭注："天所以向乐人，用五福，所以畏惧人，用六极。"② 应劭引马注无句首"言"字，且"向劝人"作"向乐人"，马国翰亦失校。

（7）《洪范》"金曰从革"，马国翰辑《史记·宋微子世家》《集解》、《续汉书·五行志③》刘昭注引马注："金之性从火而更可销铄。"（158/下/7）

按：今本《史记·宋微子世家》《集解》马融曰："金之性从人，而更可销铄。"（第1948页）殿本《史记》（《宋微子世家》第八，第4页）同。《续汉书·五行志》"金不从革"句下，刘昭引马融曰："金之性，从人〔火〕而更，可销铄也。"④ 刘昭引马注的句末有"也"字，马国翰失校。又《集解》马注作"从人"、刘昭引马注作"从人〔火〕"，马国翰辑马注作"从火"，也未辨诸本马注异同。

（8）《洪范》"曰王省惟岁"，马国翰辑《史记·宋微子世家》《集解》马注："言王者所省职，如岁兼四时也。"（159/下/18）

按：马国翰辑本《洪范》"王省惟岁"之"省""惟"字，传世本《尚书注疏》（5 - 1745/8）同，然今本《史记》作"眚""维"字（第1955页）；又马国翰辑《集解》马注"省职"，今本《史记》作"眚职"（1957页），殿本《史记》（《宋微子世家》第八，第8页）同今本《史记》。马国翰未出校辨明。

（9）《康诰》"惟三月哉生魄"，马国翰辑《释文》、戴侗《六书故》卷一马注："魄，朏也。谓月三日始生兆朏，名曰魄。"（161/上/8）。

按：单行本《释文》马注（105/上/17）、注疏本《释文》马注（第423页）同马

---

① 杜泽逊主编：《尚书注疏汇校》第5册，第1426页第8行；又第1492页第3行。
② 《汉书》，中华书局，1962年，第1317页。以下随文注出页码。
③ "五行志"，马国翰误作"五行传"。
④ 见《后汉书》志第一三《五行志一》，第3276页。

国翰辑文，然四库本戴侗《六书故》马注卷二"霸"字下双行小字注："马氏曰：魄，胐也。月三日始生兆胐，名曰魄。"（226-26/上/4）"月三日"前无"谓"字，马国翰失校。又，《六书故》引此马注在卷二而非"卷一"，马国翰辑本误"二"字为"一"字。

（10）《君奭》"其崇出于不祥"，马国翰辑《释文》马注："崇，充也。"校曰："案注疏所采《释文》误作'崇，受也'。"（163/下/15）

按：单行本《释文》："终，马本作'崇'，云：'充也。'"（110/上/2）阮元《校记甲》："其终，马本作崇，云充也。"① 可见，经文《君奭》"终"字，马融本作"崇"字，马国翰未出校辨明。

（11）《吕刑》"墨辟疑赦，其罚百锾"，马国翰辑《释文》马注："锾，六②锊也。锊，十一铢二十五分铢之十三也。"校曰："《释文》引《说文》云云，马同。""《史记·平准书》《索隐》引马融云'锊，六两。'"（166/上/15）

按：马国翰辑《释文》马注："锾，六锊也"，单行本《释文》（115/上/8）、注疏本《释文》（第642页）马注均作："锾，六两也。"马国翰均失校。又今本《史记·平准书》《索隐》："马融云：'馔，六两。'《汉书》作'撰'，音同。"（第1722页）殿本《史记》（《平准书》第八，第8页）同。马国翰也未出校辨析。

（12）《书序·虞夏书》"《九共》九篇、《槀饫》"，马国翰辑《释文》马注："共，已勇反，法也。"（167/下/11）

按：单行本《释文》："共，音恭，王已勇反，法也。马同。"（77/上/20）黄焯校曰："写本……'已'作'恭'。"（85/下/7）敦煌写卷《释文》"己勇反"作"恭勇反"，马国翰失校。又传世本《尚书注疏·释文》"己勇反"之"己"作"巳"（杜泽逊2-348/9，杜泽逊未出校），马国翰亦未出校说明。

（13）《书序·商书》"咎单作明居"，马国翰辑《正义》、《史记·殷本纪》《集解》马注："咎单，为汤司空也。明居，明居民之法也。"（168/上/12）

按：传世本《汤诰》孔疏："马融云：'咎单为汤司空。'"（4-1097/1）句末无"也"字，亦无"明居，明居民之法也"八字。又《史记·殷本纪》集解马融曰："咎单，汤司空也。明居民之法也。"（1-127）"汤司空"前无"为"字，且无标目字"明居"二字，马国翰失校。

（14）《书序·商书》"伊陟相大戊，亳有祥桑，谷共生于朝。伊陟赞于巫咸，作《咸乂》四篇"，马国翰辑《释文》马注："大戊，太甲子。"（168/上/16）

按：单行本《释文》"大戊"作"太戊"（95/上/20），注疏本《释文》（4-

---

① 杜泽逊主编：《尚书注疏汇校》第7册，第2522页第10行。
② 《说文》："锾，锊也。"段注："《尚书·释文》引'六锊也'，'六'误衍。郑注《考工记》曰：'许叔重《说文解字》云：锊，锾也。'"参见《说文解字注》，上海古籍出版社，1981年影印本，第708页上栏。

1142/8）同。马国翰未出校。

三、文字误脱

（1）《尧典》"修五礼、五玉、三帛、二生、一死贽"，马国翰辑《史记·五帝本纪》《集解》马注："五礼，吉、凶、军、宾、嘉也。三帛，三孤所执也。贽二生，羔、雁，卿大夫所执；一死，雉，士所执。"（148/下/1-4）

按：今本《史记·五帝本纪》"一死"下，张守节《正义》："马融云：一死，雉，士所执也"，在"贽"下，裴骃《集解》："马融曰：一死，雉，士所执。"（第32页）裴骃、张守节均引马注，但文字略有出入，《集解》马注句末无"也"字，殿本《史记》（《五帝本纪》第一，第18页）同。可见，马国翰脱张守节《正义》马注，且未出校辨析《集解》与《正义》马注的差异。

（2）《尧典》"象以典刑，流宥五刑，鞭作官刑，扑作教刑"，马国翰辑《释文》马注："三宥也。"辑《史记·五帝本纪》《集解》马注："官司为辨治官事者为刑。"（149/上/1）

按：单行本《释文》马注："宥，三宥也。"（76/上/20）今本《尚书正义·释文》作："宥，二宥也。"（第77页）。据二种《释文》可知，马国翰脱马注被释词"宥"字。

覆核《尚书注疏汇校》可知，19种传世本《尚书注疏》，"王、纂、魏、永、殿、库"6种刻本马注作"三宥也"，清人浦镗校云："宥，三宥也。'三'误'二'。"① 又《五帝本纪》《集解》马融曰："宥，宽也。一曰幼少，二曰老耄，三曰蠢愚。"张守节《正义》："郑玄云：'三宥，一曰弗识，二曰过失，三曰遗忘也。'"（今本《史记》，第33页）马融、郑玄均列出"宥"义的"三"个外延，亦可证单行本《释文》马注"三宥"为是而今本《尚书正义·释文》马注"二宥"为非。马国翰未发现注疏本《释文》有误"三宥"为"二宥"者。

又今本《史记》"鞭作官刑"句下，《集解》马注作："为辨治官事者为刑。"（第33页）殿本《史记》（《五帝本纪》第一，第18页）同。可见马国翰辑马注误衍句首"官司"二字。

（3）《禹贡》"奠高山大川"，马国翰辑《史记·夏本纪》《集解》马注："定其差秩，礼所视也。"（152/上/7）

按：今本《史记集解》马注："定其差秩，祀礼所视也。"（第52页）殿本《史记》（《夏本纪》第二，第2页）同。可见，马国翰辑马注脱"祀礼所视也"之

---

① ［清］浦镗：《尚书注疏正字》，见杜泽逊：《尚书注疏汇校》，中华书局，2018年，第398页。

"祀"字。

（4）《禹贡》"三百里纳秸服"，马国翰辑《释文》马注："秸，去其颖。"（154/下/9）

按：单行本《释文》："秸，本或作稭，工八反。马云：去其颖，音①戛。"（91/上/9）注疏本《释文》（第200页）同。可见，马国翰辑马注脱"音戛"二字。

（5）《微子》"用乂稠敛"，马国翰辑《释文》马注："稠，数也。敛，力艳反，赋敛也。"（157/上/5）

按：单行本《释文》："稠，数也。敛，马郑力艳反，谓赋敛也。"（99/上/2）注疏本《释文》（3-800/6）同。可见，马国翰辑马注末句脱"谓"字。

（6）《洪范》"惟时厥庶民于汝极"，马国翰辑《史记集解》马注："以其能敛五福，故众民于汝取中正以归心也。"（159/上/8）

按：马国翰辑马注"以其能敛五福"，今本《集解》马注作"以其能敛是五福"（第1951页），殿本《史记》（《宋微子世家》第八，第4页）同。可见马国翰辑马注脱"五福"前"是"字。

（7）《金縢》"我之弗辟"，马国翰辑《释文》马注："辟，音避。"（160/下/5）

按：单行本《释文》："辟，……马郑音避，谓避居东都。"（104/上/18）注疏本《释文》（6-1871/4）同。可见，马国翰辑马注脱"谓避居东都"五字。

（8）《顾命》"昔君文王、武王宣重光"，马国翰辑《释文》马注："重光，日月也。太极上元十一月朔旦冬至，日月如叠璧，五星如连珠，故曰重光。"（164/下/9）

按：马国翰辑马注"重光，日月也"，与后文"五星如连珠"语义不协，疑"日月也"中脱"星"字。覆核单行本《释文》："重光，马云：日月星也。……"（112/上/16）注疏本《释文》（8-2769/9）同。可见，马国翰辑马注脱"日月星也"之"星"字。

（9）《顾命》"敷重笋席"，马国翰辑《释文》马注："笋，箁箬。"校曰："《古文训》卷十三引作'筥箬'，戴侗《六书故》卷二十三引作'箁箬'。"（165/上/4）

按：单行本《释文》："笋，马云：箁箬也。"（113/上/3）马注句末有"也"字。又四库本《古文训》卷十三引马注（42-254/下/8）、四库本戴侗《六书故》卷二十三"笋"下引马注（226-429/下/8）句末俱有"也"字。可见，马国翰辑马注脱"也"字。

（10）《顾命》"上宗奉同瑁"，马国翰辑《吴书·虞翻传》裴松之引马注："同者，大同天。"（165/上/17）。

按：今本《三国志·吴书·虞翻传》裴注："又马融训注亦以为同者大同天下。"②

---

① 黄焯校曰："宋本、景宋本同，卢本依段校'音'改'曰'。"（《经典释文汇校》，92/下/4）
② 《三国志》，中华书局，1964年，第1323页。

吴金华点校本《三国志》①、乾隆四年校刊本《三国志》(《吴书》卷十二，第5页)同。可见，马国翰辑马注误脱"大同天下"之"下"字。

(11)《顾命》"王三宿，三祭，三咤"，马国翰辑《释文》马注："咤，丁故反，奠爵。"校曰："《释文》咤，马作诧。"(165/上/18)

按：单行本《释文》："咤，《说文》作诧，下②(丁)故反，奠爵也。马本作诧，与《说文》音义同。"(113/上/11)注疏本《释文》(8-2802/3)同。可见，马国翰脱马注"奠爵也"之"也"字。

(12)《书序·商书》"伊尹相汤伐桀，升自陑，遂与桀战于鸣条之野，作《汤誓》"，马国翰辑《尧典》正义、《释文》马注："俗儒以汤为谥，或为号。号者似非其意，言谥近之。然不在《谥法》，故无闻焉。俗儒以为名，《帝系》禹名文命……"(168/上/7)

按：传世本《尧典》正义："马云：俗儒以汤为谥，……故无闻焉。及禹，俗儒以为名……"(4-1065/8)单行本《释文》马注(93/上/18)同。据此可知，马国翰辑马注误脱"及禹"二字。

四、文字误衍

(1)《尧典》"方命圮族"，马国翰辑《释文》马注："方，如字，放也。"(146/下/18)

按：单行本《释文》出字"方命"下云："如字。马云：方，放也。徐云：郑王音放。"(72/上/6-7)注疏本《释文》作"方，如字，马云……"(1-152/5)，由此可知，马国翰涉陆德明音释而误衍马注"如字"二字。又马注"方，放也"之"放"字，明监本等作"故"字③，马国翰未出校。

(2)《皋陶谟》"祖考来格"，马国翰辑《正义》马注："言祖考，此是舜除瞽瞍之丧，祭宗庙之乐。"(151/上/16)

按今本《尚书正义》孔疏："马融见其言'祖考'，遂言'此是舜除瞽瞍之丧，祭宗庙之乐'，亦不知舜父之丧在何时也。"(第153页)孔疏所谓"马融见其言'祖考'"者，意谓马融看到"祖考来格"句中有"祖考"二字，"遂言"其后的文字是马融对"祖考来格"的释义，可见"言祖考"三字并非马注而是孔疏，马国翰辑马注涉孔疏而误衍此三字。

(3)《禹贡》"岛夷皮服"，马国翰辑《释文》马注："岛夷，东北夷国。"(152/

---

① 《三国志》，岳麓书社，2002年，第879页。
② 黄焯校云："下，宋本、影宋本作'丁'。"(《经典释文汇校》，113/下/11)
③ 杜泽逊：《尚书注疏汇校》第1册，第152页第5行。

下/3)

　　按：单行本《释文》："岛，当老反。马云：岛夷，北夷国。"（88/上/13）马注"北夷国"前无"东"字。又今本《尚书正义》孔疏："孔读'鸟'为'岛'……王肃云：'鸟夷，东北夷国名也。'与孔不同。"（第164页）据孔疏可知，马国翰或因王注而误衍马注"东"字。

　　(4)《微子》"卿士师师非度"，马国翰辑《史记·宋微子世家》《集解》马注："非但小人学为奸宄，卿士已下转相师效，为非法度之事。"（156/下/9）

　　按：今本《宋微子世家》《集解》马注："非但小人学为奸宄，卿士已下转相师效，为非法度。"（5-1944）殿本《史记集解》马注（《世家》第八，第1页）同，均无句尾"之事"二字。可见，马国翰辑马注误衍"之事"二字。

　　(5)《吕刑》"五过之疵，惟官、惟反、惟内、谓货、惟求"，马国翰辑《释文》马注："求，有所求，请赇也。"校曰："《释文》'来'，马本作'求'。"（166/上/10）

　　按：单行本《释文》："惟来，马本作'求'。云：有求，请赇也。"（115/上/7）注疏本《释文》（9-3021/7）同。可见，马国翰辑马注误衍"有所求"之"所"字。

　　(6)《书序·周书》"成王东伐淮夷，遂践奄，作成王征"，马国翰辑《释文》马注："践，似浅反；征，正也。"（169/上/11）

　　按：单行本《释文》："践，似浅反，马同……成王政，如字，马本作'征'，云：正。"（110/上/18）注疏本《释文》马注（8-2565/8；8-2565/9）同。可见，马国翰误增马注句末"也"字。

五、文字倒乙

　　《吕刑》"其罪惟均，其克审之"。（166/上/12）

　　按：马国翰辑本《吕刑》"克审"，传世本作"审克"（杜泽逊9-3021/7），马国翰辑本误将"审克"倒乙为"克审"。

论《七略》无"别裁"之法

——基于章学诚"别裁"说的考察

李凯凯

(中国社会科学院大学历史学院、中国社会科学出版社)

摘要：章学诚在《校雠通义》中提出《七略》有"互著""别裁"之法，近现代以来，学者对此多有辩驳。《七略》中不存在章学诚所说的"别裁"之法，其内在原因是，在《七略》的时代，单行本的大量流行与别裁法产生了矛盾，所以"别裁"在目录中难以出现，这是由中国古代书籍形态的发展规律所决定的。刘歆编纂《七略》时，不可避免地遇到了章学诚所说的"理有互通，书有两用"的情况，他的方法是裁分著录而不载原书，虽然未用"别裁"法，但同样达到了"辨著述源流"的目的。

关键词：《七略》；"别裁"；章学诚

"互著"（又作"互注"）"别裁"是古典目录学中两种相伴生的图书著录方法[①]，据王重民先生考证，马端临《文献通考·经籍考》已经使用互著法，明末祁承㸁所编《澹生堂藏书目》更是灵活地运用互著、别裁二法。[②] 不过，清代之前并未有关于"互著""别裁"的理论总结，系统的论述始自清代章学诚。章学诚在《校雠通义》中有《互著》《别裁》两篇专文，讨论这两种图书著录方法。同时，该书其他部分也有大量讨论"互著""别裁"的内容。在追溯"互著""别裁"的起源时，章学诚认为刘歆

[①] 关于"互著""别裁"的学术源流，参见王勇：《目录学中"互著"与"别裁"源流考》，《北京大学中国古文献研究中心辑刊》第八辑，北京大学出版社，2009年。

[②] 参见王重民：《校雠通义通解》，上海古籍出版社，2009年。

《七略》便已经存在此二法。这个观点一直以来聚讼纷纭。①

在对《汉志》和《七略》佚文分析后②，结合章学诚关于"互著""别裁"的定义，可知王重民的结论是合理的，即章学诚举出的《七略》中"互著""别裁"的例子是靠不住的，《七略》中不存在"互著""别裁"的体例。王氏对于《七略》无"互著"的论证，是清晰且有力的，这一点本文无异议；但是，王氏在对《七略》中是否有"别裁"进行分析时，却稍显薄弱。笔者不揣浅陋，拟在前贤研究基础上，对《七略》是否存在"别裁"之法进行深入讨论，同时探讨其内在原因。

一、"别裁"的定义

有必要先准确地把握章学诚关于"别裁"的定义。章氏《校雠通义·互著》说：

> 古人著录，不徒为甲乙部次计。如徒为甲乙部次计，则一掌故令史足矣。何用父子世业，阅年二纪，仅乃卒业乎？盖部次流别，申明大道，序列九流百氏之学，使之绳贯珠连，无少缺逸；欲人即类求书，因书究学。③

其言"父子世业，阅年二纪"④，是指刘向、歆父子校雠中秘图书。意思是说，向、歆在编纂图书目录时，其出发点和落脚点，都是为了辨明学术流别，即所谓"辨章学术，考镜源流"。章学诚认为，这是编纂目录的根本所在。关于"别裁"，《校雠通义·别裁》曰：

> 盖古人著书，有采取成说，袭用故事者。（如《弟子职》必非管子自撰，《月

---

① 支持者有之，如张之洞《书目答问略例》曰："《汉书·艺文志》有互见例。"此言"互见例"即互著，见［清］张之洞撰，范希曾补正：《书目答问补正·略例》，上海古籍出版社，2008年，第4页；孙德谦《汉书艺文志举例》有《互著例》一节，欲明《七略》互著之法，此书收入《二十五史补编》第二册，中华书局，1955年；以及程千帆《校雠广义》等；反对者有之，如王重民、吕绍虞、周少川，都认为章学诚举出的《七略》中互著、别裁的例子是靠不住的，《七略》中不存在互著、别裁的体例。其中以王重民的讨论最为细密。近来有学者提出，《七略》中确无互著，但是有"不成熟、不完善"的别裁，见杨新勋：《〈七略〉"互著""别裁"辨正》，《史学史研究》2001年第4期。

② 汉代刘歆所撰《七略》承袭自刘向、刘歆共撰之《别录》，同时对后者系统编排、斟酌删减。如梁代阮孝绪《七录序》所言："（刘向）别集众录，谓之《别录》。子歆撮其旨要，著为《七略》。"班固又改造《七略》而成《汉志》，班氏自言"今删其要，以备篇籍"。可能也正是因为班固在正史中加入《艺文志》，遂使《别录》《七略》逐渐散佚失传。所以今天研究《七略》，主要依靠《汉志》所载，其次还有《别录》《七略》佚文，虽只鳞片羽，亦弥足珍贵。

③ ［清］章学诚著，叶瑛校注：《文史通义校注》（附《校雠通义》），上海古籍出版社，1985年，第966页。因为《校雠通义》附于《文史通义校注》之后，以下引用前者，注释时径称《文史通义校注》。

④ "阅年二纪"者，一纪为十二年，则章氏以为向、歆父子校书编目历二十四年。据《汉书》所载，刘向领校秘书为成帝河平三年（前26），二十四年后为哀帝建平四年（前3），刘歆《上山海经表》为建平元年（前6），但是并没有证据说明校书结束于此时，不知章氏何据。

令》必非吕不韦自撰,皆所谓采取成说也。)其所采之书,别有本旨,或历时已久,不知所出。又或所著之篇,于全书之内,自为一类者;并得裁其篇章,补苴部次,别出门类,以辨著述源流;至其全书,篇次具存,无所更易,隶于本类,亦自两不相妨。盖权于宾主轻重之间,知其无庸互见者,而始有裁篇别出之法耳。①

这是章学诚关于"别裁"的完整定义。章氏将"别裁"分为两种情况,一种是书内有"采取成说,袭用故事"者,另一种是"全书之内,自为一类"。此两者的分别是,前者为袭用成说,非为作者(编者)自撰;后者则全书皆为作者所著,但又有内容自成一类,与全书内容相异。"别裁"的方法是,将书中属于以上两种情况的部分,"裁其篇章"并"别出门类",即与原书分别著录,达到"辨著述源流"的目的。原书则"篇次具存",内容完整地著录在本类。"权于宾主轻重之间",无须使用互见(互著)之法,所以才有"裁篇别出"这样的著录方法,这是"别裁"的使用原则。

另外,章学诚对"别裁"还有一个补充,《别裁》篇曰:

或《尔雅》《小正》之篇,有别出行世之本,故亦从而别载之尔。非真有见于学问流别,而为之裁制也。不然,何以本篇之下,不标子注,申明篇第之所自出也哉?②

这里说明了"别出行世之本"与"别裁"之法的区别,王重民又将前者称为"别裁本"。章学诚是针对《隋志》和《文献通考·经籍考》而发,《隋志》兼收《孔丛子》与《小尔雅》(《孔丛子》中有《小尔雅》),《经籍考》兼收《大戴记》与《夏小正》(《大戴记》中有《夏小正》)。章氏认为这是由于《小尔雅》《夏小正》都有别裁本行世,并非因为"学问流别而为之裁制",所以算不上是"别裁"。王重民、吕绍虞③也正是由此出发,辩驳《七略》中章氏所说的两例亦为别裁本而非"别裁"之法。

这里所说的别裁本("别出行世之本"),与上文章氏所言"采取成说,袭用故事"的情况,看起来相似,其实是有分别的。前者是在编纂目录、著录图书时,本就有单行本存世,如《大戴记》和《夏小正》,所以将二者同时著录,这算不上是"别裁"之法。后者不一样,在全书之中,有"采取成说,袭用故事"的篇章(内容)存在,编目者在著录时将此裁出。后者从目录表现形式上看,虽然"重复"著录,但就书籍的实际情况而言,则依旧只有一部书。正如王重民先生所说:"目录学上的别裁法,则是对图书中一些具有别裁本的功用而尚无别裁本流行的那部分(或篇章),只要它对其他部类也有参考使用的需要,'权于宾主之间',而又'无庸互见'时,便可用别裁法著录。"④

---

① [清]章学诚著,叶瑛校注:《文史通义校注》,第972页。
② [清]章学诚著,叶瑛校注:《文史通义校注》,第972页。
③ 参见吕绍虞:《中国目录学史稿》,台北丹青图书有限公司,1996年,第34页。
④ 王重民:《校雠通义通解》,第23页。

以上便是章学诚对"别裁"之法的系统论述。同时,他认为《七略》中存在"别裁",《别裁》篇曰:

> 《管子》,道家之言也,刘歆裁其《弟子职》篇入小学。七十子所记百三十一篇,《礼经》所部也,刘歆裁其《三朝记》篇入《论语》。①

又《校雠通义·焦竑误校〈汉志〉》言:

> 裁篇别出之法,《汉志》仅存见于此篇(按,指《弟子职》),及《孔子三朝》篇之出《礼记》而已。②

由此可知,章氏以为《七略》中使用"别裁"之法著录的书仅有《管子》与《弟子职》、《记》百三十一篇与《三朝记》。《管子》于《汉志》(《七略》)属《诸子略》"道家类",曰"《管子》八十六篇",自注"名夷吾,相齐桓公,九合诸侯,不以兵车也。有《列传》"。③《弟子职》于《七略》属《六艺略》"孝经类",章氏言入小学,误也。今本《管子》有《弟子职》一篇,列于《杂篇》第十,乃先生施教于弟子言行之辞也。另,《记》百三十一篇,《七略》属《六艺略》"礼"类,同略《论语》类有《孔子三朝》七篇,章学诚以为是刘歆从《记》百三十一篇裁出。

二、《七略》中无"别裁"之法及其原因

针对章学诚提出的《管子》与《弟子职》、《记》百三十一篇与《三朝记》两例,王重民先生提出了不同看法,他以为:"《弟子职》对《管子》,《三朝记》对《大戴礼记》何尝不是和《夏小正》《小尔雅》一样,都是当时的别出行世之本?刘歆编入《七略》,在篇目下没有标注,申明所自,何尝不也和《隋书·经籍志》《文献通考·经籍考》一样,是'幸而偶中',因有'别出行世之本,故亦从而别裁之尔',同样是'非真有见于学问流别而为之裁制也'!"④按照王重民先生的观点,《弟子职》和《三朝记》在当时都是别出单行之本,所以不能算作"别裁"。但他并没有深入论证,仅将章学诚的误判归结于班固的疏忽。"班固发觉《兵书略》中《伊尹》等十家都是和《诸子略》中的全本相重复,因而省去;但《弟子职》和《管子》,《三朝记》和《记》百三十一篇也相重复,而没有省去,这就使章学诚把《伊尹》等十家谓为互著,而把《弟子职》《三朝记》谓为别裁了!"王重民先生失察的是,《三朝记》并不在《记》百三十一篇中,所以就谈不上"别裁"了,章氏所举《三朝记》这个例证本身

---

① [清]章学诚著,叶瑛校注:《文史通义校注》,第972页。
② [清]章学诚著,叶瑛校注:《文史通义校注》,第1012页。
③ 《汉书》卷三〇《艺文志》,中华书局,1962年,第1729页。
④ 王重民:《校雠通义通解》,第26页。按:《七略》并未著录《大戴礼》,王重民先生误解了章学诚的意思。章学诚在《校雠通义》中是说《三朝记》是《记》百三十一篇之别裁,并没有说是《大戴礼》之别裁。所以下文仍以《记》百三十一篇为讨论对象。

是靠不住的。

　　根据章氏对"别裁"的定义，用"别裁"之法著录的书，当是在原书之内有此内容，也就是说在《记》百三十一篇内有《三朝记》七篇，并且两者同时著录，方可称为"别裁"。但事实并非如此。《三朝记》又作《孔子三朝记》，《七略》将之隶于《论语》类，作《孔子三朝》。《三国志》裴松之注引《七略》曰："孔子三见哀公，作《三朝记》七篇，今在《大戴礼》。"又案："《中经部》有《孔子三朝》八卷，一卷目录，余者所谓七篇"。① 可见在时人观念中，此书是孔子之时所作。《记》百三十一篇，《汉志》自注"七十子后学者所记也"，乃是七十子后学所记孔子弟子言行。此二者撰述时间不同，内容也相异，所以当是两种书。上引裴注提到的《中经部》，即晋荀勖之《中经新簿》，此书乃据三国魏郑默《中经》而成，后者是国家藏书目录。既然《中经新簿》中著录《孔子三朝》七卷（七篇），并且另有目录一卷，则知此书从汉代到魏晋时本有单行本流传。加之上文所言，可知《记》百三十一篇中并无此七篇，在汉代《孔子三朝记》是单行之书。所以，揆诸章学诚的定义，这里的"别裁"是不能成立的。

　　章氏所举《弟子职》与《管子》，确如王重民先生所言，并非"别裁"，而是单行之本。但王氏亦无论证，兹补论如下。在汉代的典籍中，常常有称引《弟子职》之处。如《白虎通·礼乐》："《弟子职》曰'暮食复礼'。"② 又《白虎通·衣裳》："《弟子职》言'抠衣而降也'。"③ 又《说文解字》："疋，足也。上象腓肠，下从止。《弟子职》曰'问疋何止'。"④ 又《礼记·曲礼上》郑注："《弟子职》曰：'执箕膺擖，厥中有帚。'"⑤ 郑玄三《礼》注还有多处引用《弟子职》，此不赘引。

　　由此可见，虽然刘向校书时编成《管子》八十六篇，《弟子职》一篇也在其中。但是汉代《弟子职》仍然单独流传着，存在单行之本。所以刘歆在编目时，虽然将《管子》和《弟子职》同时著录，但由于后者本就有单行本，并非为《七略》所"裁出"，所以不符合章氏对"别裁"的定义。至此，可以得出结论，章学诚提出的两个例证都并非"别裁"，而正如王重民等学者所言，乃是单行之本。并且，《记》百三十一篇与《三朝记》的例子本身就不成立，两者没有统属关系。

　　正如有学者指出的："章学诚在《校雠通义》中将互著、别裁系统地总结为目录著录的重要法则，这是非常可贵的。但是，在其一千多年前的刘歆、班固，则不可能有意识地运用这两种著录方法。"⑥ 这与我国古代书籍形态的发展内在相关。章学诚对

---

① 《三国志》卷三八《蜀书·秦宓传》，中华书局，1959年，第974页。
② 陈立：《白虎通疏证》卷三《礼乐》，中华书局，1994年，第119页。
③ 陈立：《白虎通疏证》卷九《衣裳》，第433页。
④ ［汉］许慎：《说文解字》（附检字），中华书局影印本，1963年，第48页上栏。
⑤ ［清］朱彬：《礼记训纂》，中华书局，1996年，第17页。
⑥ 周少川：《古籍目录学》，第116页。

"别裁"的定义,是建立在书籍形态基本定型,其内部的篇章和结构逐渐稳固这个基础上的。既然把单行本排除在"别裁"法之外,这便与汉代图书的基本形态产生了矛盾。

在汉代刘向、歆校书之前,书籍大多是以单篇流传的。余嘉锡先生在《古书通例》中说:"别本单行者,古人著书,本无专集,往往随作数篇,即以行世……及刘向校定编入全书,题以其人之姓名,而其原书不复分者,后世所传,多是单行之本,其为自刘向校本内析出,抑或民间自有古本流传,不尽行用中秘定著之本,皆不可知。"① 其言诚是也,《弟子职》之于《管子》,便是余氏所说的一个例证。虽然刘向已校正出定本,但在民间仍有《弟子职》单篇行世。造成这种现象的原因,确如余嘉锡先生所说,向、歆所校定中秘之本在当时流传尚不广,但更重要的原因应是书籍的载体使然。汉代最主要的书写载体是简策(简册)和帛书,《汉志》中有三分之二以上的图书都以"篇"计,最初所谓"篇",既是指内容而言,又是指书籍形态。② 而刘向所校定的《管子》八十六篇,不论以简策还是帛书的形态呈现,势必规模庞大。单篇(卷)的简策或帛书,其容量是十分有限的。所以在简帛时代,书籍的载体有利于单篇(单行本)流传,而不利于以"集"(全书)的形式流通。这种情况持续的时间较长,因为纸本书籍的大量出现在晋代以后。③ 当纸本书籍流行之后,纸张成为文字的主要载体,书籍以单篇流传的形式才会逐渐结束。④ 总之,汉代书籍大量以单篇形式(单行本、别裁本)流传,这与章学诚所说的"别裁"之法的要求是一对矛盾,所以刘歆《七略》中并没有出现"别裁"。

三、刘歆《七略》对"书有两用"问题的解决

再回到章学诚关于"别裁"的论述上,基于编纂目录时存在"理有互通,书有两用"的情况,章氏才提出"互著""别裁"之法,以期解决此问题。上文已言,《七略》是不太可能使用"别裁"之法的,而刘歆在著录藏书时,势必也会遇到"书有两用"的问题,甚至是一书之内,多有"自为一类"者,那么他如何处理这个问题呢?根据《汉志》和《别录》《七略》佚文中的两个例子,可见一斑。

第一个例子与上文讨论过的《记》百三十一篇和《孔子三朝记》有关。《经典释文·序录》引刘向《别录》:"古文《记》二百四篇。"⑤ 又引晋陈邵《周礼论序》:

---

① 余嘉锡:《古书通例》,中华书局,2007年,第224页。
② 张石磊在论述先秦两汉篇、卷关系时,认为"篇"和"卷"都有两层含义,"一是表示意义的起讫,一是表示这些意义所依附的物质的起讫"。见张石磊:《〈别录〉〈七略〉研究》,吉林大学2009年硕士学位论文。
③ 参见钱存训:《书于竹帛——中国古代的文字记录》,上海书店,2004年,第117页。
④ 参见曾贻芬、崔文印:《中国历史文献学史述要》,商务印书馆,2010年,第7页。
⑤ [唐]陆德明:《经典释文·序录》,中华书局影印通志堂本,1983年,第11页上栏。

"戴德删古《礼》二百四篇为八十五篇，谓之《大戴礼记》。"此条之下陆德明自注云："汉刘向《别录》有四十九篇，其篇次与今本《礼记》同。"① 根据陆德明所引《别录》"古文《记》二百四篇"之语，尚无法判定在《别录》中是确有此书，抑或只是某书的叙录中语，但《记》二百四篇在《七略》（《汉志》）中不见著录是明确的。结合晋代陈邵的说法，可知在汉代确实存在一个二百四篇的礼《记》本子。关于此"二百四篇"所包含的内容，《隋书·经籍志》曰：

> 河间献王又得仲尼弟子及后学者所记一百三十一篇献之，时亦无传之者。至刘向考校经籍，检得一百三十篇（按：疑有脱误，当为一百三十一篇——引者注），向因第而序之。而又得《明堂阴阳记》三十三篇、《孔子三朝记》七篇、《王史氏记》二十一篇、《乐记》二十三篇，凡五种，合二百十四篇。戴德删其烦重，合而记之，为八十五篇，谓之《大戴记》。②

此言"刘向考校经籍，检得一百三十篇"，据《七略》所载，当为一百三十一篇，故而"五种"合计当二百一十五篇。《隋志》的说法应当是因袭陈邵之说，但两者所言《大戴记》所据的《记》之篇数有所不同。《隋志》提到的五种书，《七略》中均有著录。《六艺略》"礼类"有《记》百三十一篇、《明堂阴阳记》三十三篇、《王史氏》二十一篇，"乐类"有《乐记》二十三篇，"论语类"有《孔子三朝》七篇，合计二百一十五篇，正与《隋志》记载相合。上引《经典释文·序录》称《别录》有"古文《记》二百四篇"，或是其中篇帙有分合，后陈邵又沿用刘向之说。

根据以上材料可知，汉代刘向校书时有一个《记》二百四篇的本子，其中包含有《记》百三十一篇、《明堂阴阳记》《王史氏》《乐记》《孔子三朝》等五种文献。姚振宗认为有可能"中秘本通合二百四篇为一种，《别录》始分别校定为五种"③。这个推断是合理的，刘歆在编纂《七略》时，也沿袭了刘向的做法。针对既存在《记》二百四篇这个"合订本"，同时又有其中所包含的五种文献单行并存的情况，刘歆没有著录前者，而是将后者五个单行本分别著录，这就解决了章学诚提出的"理有互通，书有两用"之问题。如果按照章氏别裁法著录，则应当在《六艺略》"礼类"著录《记》二百四篇，同时在"乐类"和"论语类"分别著录《乐记》二十三篇、《孔子三朝》七篇，如此方合别裁之法。可知，虽然刘歆在《七略》中没有用"别裁"之法，但也解决了章氏认为的"别裁"之法可以（应当）解决的问题。

另外，在刘向、刘歆时，已经有了大、小戴《记》，但是为什么《七略》没有著录？上引《经典释文·序录》中有"汉刘向《别录》有四十九篇"之语，《序录》下文又曰："其篇次与今《礼记》同，名为他家书拾撰所取。"④ 另外《礼记正义·乐记》

---

① ［唐］陆德明：《经典释文·序录》，第11页下栏。
② ［唐］魏徵等：《隋书》卷三三《经籍志一》，中华书局，1973年，第925页。
③ ［清］姚振宗辑录，邓骏捷校补：《七略别录佚文》，第26页。
④ ［唐］陆德明：《经典释文·序录》，第11页下栏。

云："《别录》：《礼记》四十九篇，《乐记》第十九。"①《正义》所引《别录》中《乐记》篇序，与今本同，并且也说四十九篇，与《序录》同，则或许刘向《别录》中有《小戴记》四十九篇。但是在《七略》中并没有著录。据上文可知大、小戴《记》都取自《记》二百四篇中的五种文献，只是二人取舍不同而已，形成了详略不一的两种选本。②《七略》既然已经分别著录了后者，那么基于避免重复的考虑，自然没有再著录《大戴记》和《小戴记》。如果说刘歆使用"别裁"法的话，就没有舍弃大、小戴《记》的必要，但他选择了将全本（二百四篇）按内容分类（五种）著录，其他的选本则未著录。

另一个例子是《石渠议奏》。《汉书·宣帝纪》载："（甘露三年，前51）诏诸儒讲《五经》同异，太子太傅萧望之等平奏其议，上亲称制临决焉。"③ 此即经学史上的石渠阁会议，最后形成的档案叫作《石渠议奏》，又称《石渠议》《石渠论》。《七略》在著录此书时，将其分为五部分，均在《六艺略》。"书类"有《议奏》四十二篇，自注"宣帝时《石渠论》"；"礼类"有《议奏》三十八篇，自注"石渠"；"春秋类"有《议奏》三十九篇，自注"《石渠论》"；"论语类"有《议奏》十八篇，自注"《石渠论》"；"孝经类"有《五经杂议》十八篇，自注"《石渠论》"。合计155篇，总为《石渠议奏》。但是此书没有流传到今天，完整形态已不可知，仅存零散佚文。后世在引用此书时，常称《石渠论》或《石渠议》，如《续汉书·礼仪志》刘昭注："《石渠论》曰：乡射合乐，而大射不，何也。"④ 同书又曰："《石渠论》玄冠朝服。戴圣曰……《白虎通》曰……"⑤《礼仪正义》卷一二《王制》云："《石渠论》《白虎通》云：周以后稷、文、武特七庙。"⑥《通典》卷八三："汉《石渠议》：'闻人通汉问云……'"⑦ 又卷八九："汉《石渠议》：'问：父卒母嫁，为之何服……'"⑧

而且史籍还将《石渠论》与《白虎通》并称，《后汉书·章帝纪》载："（建初四年，79）下太常，将、大夫、博士、议郎、郎官，及诸生、诸儒会白虎观，讲议《五经》同异，使五官中郎将魏应承制问，侍中淳于恭奏，帝亲称制临决，如孝宣甘露石

---

① [唐] 孔颖达等：《礼记正义》卷三七，中华书局影印《十三经注疏》（附校勘记）本，1980年，第1527页。

② 大、小戴《记》之间的关系，及其各自的内容来源，一直是经学史上的重要问题。清代以来的许多学者，都认为它们的来源当是《隋志》中所述的那样，选取自《记》百三十一篇、《明堂阴阳记》等五种文献，此说可采。参见吴承仕：《经典释文序录疏证》，中华书局，1984年，第102页。

③ 《汉书》卷八《宣帝纪》，第272页。

④ 见《后汉书》志第四《礼仪志上》，中华书局，1965年，第3109页。

⑤ 见《后汉书》志第三〇《舆服志下》，第3665页。

⑥ [唐] 孔颖达等：《礼记正义》卷一二，第1335页。

⑦ [唐] 杜佑：《通典》卷八三，中华书局，1988年，第2244页。

⑧ [唐] 杜佑：《通典》卷八九，第2455页。

渠故事，作《白虎议奏》。"① 《白虎议奏》即《白虎通》，是仿效《石渠议奏》编成的，此两书性质相同。前者一直流传至今，《隋志》载《白虎通》六卷，后世著录虽有篇帙分合，但皆以全书形式完整著录。所以在汉代，《石渠议奏》应当和《白虎通》一样，也是以全本存在的。这一点，从《汉志》中五种《议奏》下的自注可以看出，有四处都有注曰"《石渠议》"，即说明此《议奏》出自《石渠议》。那么刘歆《七略》在著录时，为什么不收入全本《石渠议》，而将其分五部分著录呢？这应是想解决章学诚所提出的问题，《石渠议》中的几个部分，分别是对《尚书》《春秋》等经典中相关问题的集中讨论，所以如果将全书著录在某类，势必影响"名实"关系，所以才"别出门类，以辨著述源流"。它与"别裁"的区别是，按章学诚的定义，"别出门类"后，"至于本书，篇次具存，无所更易，隶于本类，亦自两不相妨"。而《七略》的做法是，将《石渠议》分五部分著录后，原书不再著录。

由以上两例可知，刘歆《七略》没有采用"别裁"法，但也解决了章学诚所说的"理有互通，书有两用"的问题。

---

① 《后汉书》卷八《章帝纪》，第272页。

西安清凉山秦墓地多元文化因素及其成因管窥

孙 武

（西安市文物考古研究院）

摘要：清凉山秦墓地处西安长安区杜地核心区，共发掘的549座秦墓与先前发掘的茅坡、潘家庄秦墓地的时代多在战国晚期直至秦统一，与楚文化进入关中的时间密切相关，加上地理上的原因，所反映出的考古学面貌，与咸阳和宝鸡地区的同时代秦墓有着较大的差异：既不是完全意义上的秦墓组合，也不是完全意义上的楚墓组合风格，而是一处非典型的秦式组合，即由大部分秦式器加入楚式器，同时还融入了不少戎人文化和晋文化的多元组合。这种组合形成了战国晚期具有地域特色的秦、楚、晋多元文化因素共存的秦墓地。寻找这些多元化文化因素，为探讨秦务实、开放、兼容并蓄的文化观念提供了重要的实物资料。

关键词：清凉山；楚式剑；晋文化；戎文化

清凉山位于西安市南郊凤栖原上的上塔坡村，1973年，在清凉山西北3公里处的北沈家村发现了杜虎符[1]，证明这一带是秦武公于公元前687年初置杜县之范围。近几十年来，考古工作者在这一带的茅坡、潘家庄[2]、山门口[3]一带发掘了数千座秦墓葬，尤以这次由西安市文物保护考古研究院、西安市长安区博物馆、陕西文物保护专修学院联合组队发掘的549座清凉山秦墓地规模最大。清凉山墓地北部应当还有连片的墓葬，基本上与早前发掘的潘家庄世纪新城秦墓地相连，只是被城市公路和建筑所隔断破坏。清凉山墓地以南二公里就是茅坡村秦墓地（光华鞋厂和邮电学院），显然，清凉山、茅坡村、潘家庄这三处秦墓地的地理环境密切相关。从时代上看，这三处墓地除茅坡村光华鞋厂M75时代可早到春秋晚期外，其他包括茅坡村邮电学院和潘家庄世纪新城，基本上都处在战国中晚期直至秦统一，这次发掘的清凉山墓地，与潘家庄比较接近。从内涵上看，清凉山秦墓地与茅坡秦墓地既有相同之处，也有不同之处；与潘

---

[1] 黑光：《西安市南郊发现秦杜虎符》，《文物》1979年9期。
[2] 西安市文物保护考古所：《西安南郊秦墓》，陕西人民出版社，2004年。
[3] 王久刚：《西安南郊山门口战国秦墓清理简报》，《考古与文物》1994年第1期。

家庄秦墓地更为接近①；与咸阳及宝鸡地区的秦墓内涵差异要大一些。考古发现表明，从春秋时期到战国早期，秦墓葬的基本组合多以鬲、豆、盆（盂）、罐为常见组合，春秋晚期和战国早期出现囷、大喇叭口罐，长颈方壶一直是这个时期秦墓随葬的典型器物；战国中期以鬲、盂、罐为基本组合，新出现了小口圆肩罐，有些墓还出现釜；战国晚期直到秦代的陶器基本组合为釜、盂、罐，或并出茧形壶。清凉山秦墓数量规模大，但规格低，随葬器物数量偏少，且器种单调，以釜、盆（盂）、壶（罐）为主，具有秦文化特色的长颈方壶始终不见出现，大喇叭口罐偶有发现。549座墓葬的规模不算小，但只发现了3件陶鬲，茅坡村光华鞋厂秦墓也只发现了5件陶鬲，茅坡邮电学院和潘家庄都未发现陶鬲。这些差异除了时代上的原因之外，更多的可能是与地缘政治所涉及地理环境变迁有关。

关中东南部丹江流域的商洛处在秦楚文化的交界处。徐良高先生认为，以陕西丹凤商邑为代表的秦文化遗存取代楚文化遗存典型地反映了秦文化与楚文化在这一带的一进一退。这个区域的战国中期以前的墓葬均属楚系，到了战国晚期，丹江上游地区的楚文化已经被秦文化所完全取代。②说明这个区域的秦楚文化交流已很活跃。秦岭以北的蓝田、长安，自商周以来就是秦楚文化交流的重要通道。由于长安区杜地核心区这几处秦墓地的时代特征变化与楚文化进入关中的时间密切相关，加上地理原因，清凉山秦墓地所反映出的考古学面貌，与咸阳和宝鸡地区的同时代秦墓有着较大的差异，既不是完全意义上的秦墓组合，也不是完全意义上的楚墓组合，而是一处非典型的秦墓组合，即由大部分秦式器加入楚式器，同时还融入了不少戎人文化和晋文化的多元组合，这种组合形成了战国晚期具有地域特色的秦、楚、晋多元文化因素共存的秦墓地。

关于这些多元文化因素，主要还是指这些器物在考古学上不同于以往秦墓葬考古中所看到的主要的器形与特征。学界对这些特征的认识既有共识，也有探讨，但很难有一个十分明确、并得到公认的定义和标准。也就是说，实物是客观存在的，无法改变，但对这些实物的认知，却是主观的。因此，争议在所难免。本文旨在以清凉山墓地出土的实物为依据，参照学界的主流观点，对有别于以往秦墓考古中少见的器物及其葬俗与相关文化因素进行比较，为学者认识和研究清凉山秦墓地多元文化提供更多的资料和思路。

一、楚文化因素之端倪

清凉山秦墓地随葬品中秦文化因素虽然是主流，但楚文化因素已显端倪，如

---

① 西安市文物保护考古所：《西安南郊秦墓》，陕西人民出版社，2004年。
② 西安市文物保护考古所：《西安南郊秦墓》，陕西人民出版社，2004年。

M674：5 出土的青铜短剑，就与以往秦墓所发现的秦式短剑完全是两个不同文化的发展序列，也就是说，这种形制的青铜短剑本就不是秦人风格的器物。

"秦式短剑"是张天恩先生提出来的，并对秦式青铜短剑的形态进行了详细的分析研究，认为秦国境内所见到的短剑，无论是青铜短剑，还是铜柄铁剑或金柄铁剑，全部有兽面纹或变形兽面纹的剑格，剑身均作折肩柳叶形，并指出这种剑的来源与西周柳叶形青铜短剑有一脉相承的关系。与北方草原地区以及西南夷地区流行过的各种青铜短剑，与相当时期其他中原国家所见的短剑，均不相同。①

而清凉山秦墓地出土的这把 M674：5 短剑，茎全为圆柱形，剑茎处有两道凸箍，剑身扁平，两面有脊，茎柱上有缠绕的丝麻痕。这种青铜剑虽然在战国中晚期的关中秦墓中也有发现，但它与秦式青铜剑毫无共同之处，与秦式短剑的发展没有文化上的渊源关系，不属于秦式剑的范围。李伯谦先生在 20 世纪 80 年代初对中原地区东周剑的渊源研究中认为，这种剑茎处有两道凸箍的青铜短剑主要分布地在我国南方，应属早期吴越文化的遗存，后来在湖北、湖南、安徽三省发现最多。② 考古发现，这种形式的青铜剑工艺多继承自吴越名剑，进入战国时代以后，楚地男子佩剑之风盛行，青铜剑几乎成了楚墓必备的殉葬品，被学界约定俗成的称作"楚式双箍剑"。

"楚式青铜短剑"的文化属性是由剑身铭文作依据的，也可以认为是一种"自名"器。如 1933 年出土于安徽寿县朱家集、现藏北京故宫博物院的战国楚王酓璋剑，剑身上刻有铭文 15 字"楚王酓璋为从□士铸用剑□用征□"，表明这把剑是楚王酓璋为从征将士铸造的。

清凉山 M674：5 青铜短剑与云梦睡虎地秦墓 M11 出土的青铜短剑完全一致。云梦睡虎地处在楚地核心区，从 1975 年至 1978 年共进行过三次发掘，其中 1976 年发掘的 12 座秦墓，7 座属于战国晚期，5 座属于秦代，时代与清凉山相近。出土的器物如茧形壶、蒜头壶等都是秦文化中的典型器物，但其中不乏一些楚文化的典型器物，如 M11 出土的双道凸箍青铜短剑，就被当成典型的楚式青铜短剑而闻名遐迩。不仅如此，云梦睡虎地秦墓中的楚文化因素还表现在瘗葬习俗上，如墓葬底部用青膏泥密封就是典型的楚文化葬俗。说明战国至秦统一时段，秦楚文化的融合已经相当普遍。③

---

① 张天恩：《再论秦式短剑》，《考古》1995 年 9 期。
② 李伯谦：《中原地区东周剑渊源试探》，《文物》1982 年 1 期。
③ 孝感地区第二期亦工亦农文物考古训练班：《湖北云梦睡虎地十一座秦墓发掘简报》，《文物》1976 年 6 期。

表1　清凉山出土青铜短剑与楚武剑的比较

	出土地点	器物形态
秦式青铜剑	临潼上焦村秦墓	
	宝鸡益门二号墓	
清凉山出土短剑	清凉山 M674	
	清凉山 M215	
	清凉山 M674	
楚式青铜短剑	云梦秦墓 M11	
	北京故宫博物院楚王含璋剑	
	淅川徐家岭楚墓 M10	
	榆次东久环战国墓 M131－1 剑	
	淅川徐家岭楚墓 M1	
	湖北黄州国儿冲楚墓 M3－27	
	新蔡葛陵楚墓 M39	
	新蔡葛陵楚墓 M68	
	江陵雨台山楚墓 M45－8	
	重庆高唐观战国楚墓楚式剑	
	湖北黄州国儿冲楚墓 M3－34	

楚国墓地出土的这种形制的青铜短剑就更突出了。如湖北省文物考古研究所1987年在江陵雨台山共发掘楚墓73座，出土的青铜短剑就有31件，分双道凸箍和柱状空茎

二种形制，M45 出土的双道凸箍青铜短剑，与清凉山 M674：5 相同；M19 出土的圆柱筒状空茎剑，与清凉山 M674：6 和 M215：19 相同。① 1986 年考古工作者在江陵秦家咀发掘楚墓 105 座，共出土青铜短剑 41 件，其中双道凸箍剑 21 件，柱状空茎剑 19 件，其风格和形制囊括了清凉山秦墓地出土短剑的全部特征。② 1981 年冬，考古工作者在湖北黄冈发掘了一批楚国墓葬，其中 M3 出土了两把形制与清凉山 M674：5 双道凸箍青铜短剑相同的短剑，M3：27 出土时有较完整的乌黑漆剑鞘。③

考古发现表明，淅川境内的丹江水库下面，就是春秋时期的楚国始都之丹阳。丹江水库区东西两岸分布着二、三百座东周楚墓。④ 1990 年以来，河南省文物研究所、南阳地区文物研究所、淅川县博物馆联合组成的丹江考古队，在淅川县和尚岭与徐家岭，发现两处春秋战国时期的楚国贵族墓地，出土不少楚式青铜短剑。如徐家岭十号墓和一号墓各出土的一件青铜短剑，时代都在战国早期，造型与清凉山 M674：5 青铜短剑一致。⑤ 还有 1994 年 8 月，河南新蔡县李桥镇葛陵楚墓出土的三件战国中期青铜剑，其中 N：39 为圆首实茎双道凸箍剑，与清凉山 M674：5 短剑形制一致；N：68 与清凉山 M674：6 和 M215：19 出土的基本一致⑥，短剑的茎都是圆柱筒状，与现藏北京故宫博物院的楚王畬璋剑属于同一形制。

这里需要特别提及的是，以往一些考古报告中把这种圆柱筒状空茎形制的短剑与铜铍混称，查阅文献，关于铍的记载也是模糊不清。后来秦始皇兵马俑的发掘证明，铍是一种起源于短剑的长柄兵器，剑与铍之锋部相同，区别在于茎端部。剑是手握的短兵器，端部封闭；铍是固定在木杆上的长兵器，茎端部有孔用以固定。铜铍主要流行于战国时期的赵、楚等国。秦国使用的铍与楚国的铍最大区别是，秦式铍茎是扁平状的，楚式铍是圆柱形的。⑦ 新蔡县葛陵楚墓 N：68 与清凉山 M674：6 和 M215：19 的茎端部都是中空，安装木柄后就成了长兵器，因此，似乎称作铍也不为过。不过，这种兵器无论是称铜铍或铜剑，都不会改变它的形状和文化属性。如作为青铜短剑，起码说明楚式风格的青铜短剑有双道凸箍茎和圆柱筒状茎两种形制。

这些青铜短剑除在楚文化区域的湖北、河南、湖南以及安徽等地发现以外，已经波及四川和重庆。如四川省考古研究所黄家祥研究员于 2019 年 7 月 29 日，在央视 10 台科教节目《探索发现》中，以《发掘出的楚式青铜剑》为题，作了雅俗共赏的精彩

---

① 湖北省文物考古研究所：《江陵雨台山楚墓发掘简报》，《江汉考古》1990 年 3 期。
② 荆沙铁路考古队：《江陵秦家咀楚墓发掘简报》，《江汉考古》1988 年 7 月。
③ 黄州古墓发掘队：《湖北黄州国儿冲楚墓发掘简报》，《江汉考古》1983 年 03 期。
④ 马世之：《河南楚文化的考古发现和研究》，《中原文物》1989 年 4 期。
⑤ 河南省文物考古研究所、淅川县博物馆：《淅川和尚岭与徐家岭楚墓》，大象出版社，2010 年，第 309 页、第 235 页。
⑥ 王蔚波：《河南出土楚国青铜兵器述略（上）》，《收藏家》2010 年 12 期。
⑦ 秦始皇帝陵博物院：《秦始皇帝陵》，文物出版社，2019 年，第 320 页。

演讲。重庆市文化遗产研究院在《重庆巫山县高唐观遗址考古发掘取得阶段性收获》一文中,介绍的一把青铜短剑与清凉山秦墓 M674:6 和 M215:19 的形制完全一致,并在照片下十分明确地标记为"楚式剑(战国)"。① 显然,学界无一例外地把这种剑称作"楚式青铜短剑",这就为我们认识清凉山墓地出土的青铜短剑与楚文化的联系提供了强有力的参照依据。

陶器具有楚文化风格的仅见个别器种,成组的陶器在清凉山秦墓地还没有发现。如 M457 出土的高柄豆,在秦墓中几乎看不到,却在楚墓地比较多见,如河南淮阳马鞍冢楚墓一号车。

表2　清凉山秦墓与楚、晋文化墓葬出土器物比较

陶器\墓号	陶铜鼎	盖壶	蒜头壶	茧形壶	陶罐	铜陶鍪	陶釜	陶漆卮	高柄豆
清凉山秦墓前段	M515:7	M7:3	M515:8	M7:2	M304-1	M196-3	M353-6	M770:4	
清凉山秦墓后段	M302:2	M677:4	M89:1	M121:1	M459-5	M766:5	M677-7	M543:2	M457:4
楚文化前段	马鞍楚墓K1-330	马鞍楚墓K1326		襄樊楚墓M66:9		襄樊楚墓M62		鄂城楚墓M5-9	马鞍楚墓陶豆447
楚文化后段	襄樊郑家山战国楚墓M62	钟祥十包楚墓M7-5				襄樊郑家山楚墓M2-2	襄樊楚墓M49-2	江陵雨台山楚墓2件(无图)	钟祥十包楚墓M3-4
晋文化	山西侯马战国M3-7	山西潞城M8-2		山西稷山墓M19-6	山西潞城M5-8	山西稷山墓M19-2		山西长治战国墓	山西潞城M9-11

马坑出土了3件高柄陶豆②。湖北钟祥市冢十包楚墓地 M3:4、M4:17 出土了2件高柄豆③。细心观察对比后,发现楚墓中高足(柄)的风格不光是表现在豆这种器物上,甚至许多鼎和鬲也是以高锥足为特征的。还有 M770 出土的陶卮这种器形,很少有人去关注它,这种陶卮是古代一种酒器,出现于战国末期,流行于汉代,在楚文化

---

① 重庆市文化遗产研究院:《重庆巫山县高唐观遗址考古发掘取得阶段性收获》,《中国考古网》2016年8月。

② 河南省文物研究所、周口地区文化局文物科:《河南淮阳马鞍冢楚墓发掘简报》,《文物》1984年10期。

③ 湖北省文物考古研究所、荆州市博物馆、钟祥市博物馆:《湖北钟祥市冢十包楚墓的发掘》,《考古》1999年第2期。

区域和南方时有发现,如江陵雨台山楚墓地就出土了2件①,云梦睡虎地秦墓出土了1件漆卮,广州南越国墓葬出土了10件漆卮、7件铜卮、2件陶卮、1件玉卮。这种器型在秦文化区域的墓葬中并不多见,仅在咸阳塔儿坡秦墓中见到一例②,说明战国晚期,随着秦楚文化交流的深入,这种具有楚文化风格的陶器虽然在秦地有所发现,但对秦墓的影响微乎其微。

M212出土的1枚蚁鼻钱,在文化属性上非常明确,毫无疑问这是战国早期(约公元前5世纪)楚国铸造的一种典型铜币。由于楚国的经济、文化比中原各国落后,就仿制商周以来天然贝币的形状制成铜币,后来人们约定俗成地把这种铜币称作"蚁鼻钱"。这种蚁鼻铜钱正面突起,背面磨平,形状像贝但体积较小,是战国时期江淮流域楚文化圈流通的主要货币。这种蚁鼻钱虽然在清凉山墓地只发现了1枚,但它传递的文化信息十分重要,说明秦与楚的交往不光体现在军事、政治和文化层面上,而且还体现在货物的交换上。参考与清凉山墓地相邻的潘家庄M159出土的一枚楚国称量货币"郢爰",说明起码在战国晚期,长安杜地一带的秦人与楚人之间已经出现了货币交流形式的经济来往。

清凉山秦墓地的一些葬俗也与周边秦墓存在着较大的差异。关中地区的秦墓绝大多数为东西向,而清凉山这批秦墓地,南北向的就有125座,占23%。先秦时期的诸多族群,莫不把祖先的故乡视同圣地,因此死后下葬时头部要朝着祖先的故乡。考古中发现的墓葬,东夷系统头向从东,西戎系统头向从西,南蛮系统头向从南,华夏系统头向从北,莫不如此。湖北云梦睡虎地秦墓共发掘的11座墓葬,其中有五座基本上为南北向,这处秦墓地处在楚文化核心区域,不可能不受到楚文化的影响。湖北钟祥市冢十包发掘的7座楚墓均为南北向③,湖北当阳赵家垮发掘的7座楚墓亦全为南北向④,湖北黄冈发掘的5座楚墓亦全是南北向⑤。仅此而言,就已说明南北向是楚墓葬的主要特征。清凉山秦墓地南北向葬式的增多,与战国中期以前秦墓地几乎清一色的东西向葬式形成了比较鲜明的对比,说明战国晚期,长安杜地一带的居住民成分已经发生了较大的变化,根据墓葬的方向占比,可以推算出楚人已占当地人口的五分之一以上。

---

① 湖北省文物考古研究所:《江陵雨台山楚墓发掘简报》,《江汉考古》1990年3期。
② 咸阳市文物考古研究所:《塔儿坡秦墓》图版四四,三秦出版社,1998年。
③ 湖北省文物考古研究所、荆州市博物馆、钟祥博物馆:《湖北钟祥市冢十包楚墓的发掘》,《考古》1999年第2期。
④ 高仲达:《湖北当阳赵家垮楚墓发掘简报》,《江汉考古》1982年1期。
⑤ 黄州古墓发掘队:《湖北黄州国儿冲楚墓发掘简报》,《江汉考古》1983年3期。

二、秦、晋、楚文化的交融

晋国为春秋四强之一。晋国鼎盛时期，地域囊括今山西省全部、陕西省东部与北部、河北省中部与南部、河南省西部和北部、山东西北部与内蒙古一部分的广大地区。早期的晋国因国力强大，经常压制齐、秦、楚三个大国，晋、楚在西周时也曾为同僚，春秋后，秦国又和楚国结盟来对抗晋国。这种地缘和军事上的关系，必然决定秦、晋、楚在考古学文化上是密不可分的。由于晋早于楚一百多年而消亡，加之晋的考古发现相对于楚较少，因此还很少能找出明显具有晋文化特色的器物。表现比较多的还是战国晚期至秦统一阶段秦、晋、楚文化的交流与融合。

一是晋地出土的青铜短剑，如前述楚式青铜短剑不仅在秦墓地有发现，而且在晋地的战国墓地也有发现，如榆次东外环战国墓 M131：1 出土的筒状空茎剑就与清凉山 M674：6 和 M215：19 相同①。还有榆次猫儿岭战国墓出土了 6 把楚式剑，分双道凸箍茎和筒状空茎两种形制，各 3 件。② 这 6 把青铜短剑囊括了清凉山双道凸箍和柱状空茎两种形制的全部风格，属于楚式青铜短剑的序列。二是陶鼎附耳上的曲状外撇风格，如 M304 出土的 A 型鼎附耳上的曲状外撇风格，不但与河南淮阳马鞍冢楚墓 K1：134 相似③，而且还与山西侯马战国墓地出土的 M3：7 陶鼎酷似④。这种曲耳外撇的风格与周式鼎（含秦式鼎）不是一个发展序列，却在楚文化和晋文化区域比较常见，如淅川徐家岭楚墓地出土的青铜鼎曲耳外撇风格就十分突出⑤。因此，这种曲耳外撇风格的仿铜陶鼎应当是楚文化与秦、晋文化相互交流融合的器种。三是盖壶，有学者认为盖壶是晋文化的特征，清凉山 M7 出土的盖壶不但与河南马鞍冢楚墓中出土的 K：326 盖壶很相似，而且还与山西潞城战国 M8：2⑥ 以及山西侯马上马村战国 M3、M4 盖壶一致⑦，这种器型在秦墓地也比较常见，说明这是秦、晋、楚葬俗中的通用器物，当是多元文化相互融合的产物。四是茧形壶，"茧形壶"是战国秦汉时期流行的一种形状独特的器物，许多学者认为，茧形壶是秦人所创造的器物。考古发现也表明，关中地区出

---

① 田燕翔，阎震，张红旗：《榆次市东外环战国墓发掘简报》，《山西省考古学会论文集》（三），山西古籍出版社，2000 年，第 51 页。
② 李夏廷、李建生等：《1984 年榆次猫儿岭战国墓葬发掘简报》，《三晋考古》第一辑，山西人民出版社，1994 年，第 266 页。
③ 河南省文物研究所、周口地区文化局文物科：《河南淮阳马鞍冢楚墓发掘简报》，《文物》1984 年 10 期。
④ 山西省考古研究所侯马工作站：《山西侯马东周、两汉墓》，《文物季刊》1994 年第 2 期。
⑤ 河南省文物考古研究所、淅川县博物馆：《淅川和尚岭与徐家岭楚墓》，大象出版社，2010 年，第 178 页、第 247 页。
⑥ 长治市博物馆、晋东南文物工作站：《山西潞城县潞河东周、汉墓》，《考古》1990 年 11 期。
⑦ 王克林：《山西侯马上马村东周墓》，《考古》1963 年 5 期。

土的茧形壶数量最多，如陕西凤翔西村战国秦墓地 M43：5 茧形壶①，被当作秦墓考古中较早出现的典型器种。清凉山墓地出土了 27 件茧形壶，分二型，A 型 25 件，形制一致，小圆口，平沿，方唇，束颈，茧形壶身，正视呈椭圆形，无圈足。依据凤翔西村的断代，这种器形当流行在战国中期；B 型 2 件，形制与 A 型区别在于多了圈足。山西稷山县孙家城一处战国墓地出土了 3 件茧形壶，形制与清凉山 B 型相同，全带有圈足，其年代已经到了秦统一甚至进入西汉②。此外这种器形在山西西南部的侯马、曲沃、襄汾一带的战国墓地中多有分布③。五是高柄豆，清凉山 M457 出土的高柄豆，在以往的秦墓考古中不曾见到，但却在山西潞城战国墓地一次就发现了 3 件④。在榆次猫儿岭战国墓地也有发现⑤。这种器形应当是战国晚期以后楚文化对秦晋两地影响的结果。

三、秦文化与西戎文化的相伴

秦人西迁后长期与西戎部族杂居，这种生存环境决定了秦文化的时代背景与戎人文化的密切联系。实际上，在秦墓葬考古中，所谓秦人的固有葬俗确实与戎人难解难分，秦墓考古中的许多现象，本来就是戎人文化的成分，只是考古工作者需要有一个发现与认识的过程。

以往秦墓中发现的棺椁都是从实木结构打造而成的，进入战国以后的秦墓考古中，在咸阳塔儿坡秦墓地曾发现三座墓室有立柱，发掘报告认为这应当是由盖板、棚木、立柱共同组成的木椁的一部分，并把这类墓葬的年代隶定在战国晚期。⑥ 至于这种独特鲜见的葬具是不是秦人的葬俗？并未引起人们的关注。后来在西安茅坡邮电学院秦墓也发现了 2 座这类框架结构的棺椁形制⑦。特别是 2018 年，考古工作者在宝鸡郭家崖发掘了一处秦国墓地，共发现了 7 座这类框架结构的棺椁形制，还有 8 座墓室边沿四周有框架，上面盖有棚木，也当属于这种框架结构的棺椁类型⑧。这种独特的葬具形式是不是秦人的葬俗？引起了发掘者的关注。他们把这种葬俗与扶风刘家姜戎墓地发现

---

① 李自智、尚志儒：《陕西凤翔西村战国秦墓发掘简报》，《考古与文物》1986 年第 1 期。
② 运城市文物工作站：《稷山县孙家城战国墓发掘简报》，《三晋考古》，山西人民出版社，1994 年，第 443 页。
③ 山西省考古研究所侯马工作站：《山西侯马东周、两汉墓》，《文物季刊》1994 年 2 期。
④ 长治市博物馆、晋东南文物工作站：《山西潞城县潞河东周、汉墓》，《考古》1990 年 11 期。
⑤ 李夏廷、李建生等：《1984 年榆次猫儿岭战国墓葬发掘简报》，《三晋考古》第一辑，山西人民出版社，1994 年，第 272 页。
⑥ 咸阳市文物考古研究所：《塔儿坡秦墓》，三秦出版社，1998 年，第 15 页，图版六。
⑦ 西安市文物保护考古所：《西安南郊秦墓》，陕西人民出版社，2004 年，第 287 页。
⑧ 陕西省考古研究院、宝鸡市考古研究所：《宝鸡郭家崖秦国墓地（南区）发掘简报》，《文博》2019 年 4 期。

的11座框架结构的木棺进行联系比较，发现这种棺没有底与盖，只有边框，与秦墓中的这种框架结构的葬具有许多相似之处。① 由此看来，郭家崖秦墓地这种框架结构的木椁，很可能是受戎人框架结构木棺影响的结果。也就是说，这种在战国时期出现的框架结构的棺椁的源头应当在羌戎文化中去寻找。

这次在清凉山秦墓地又发现3座立柱框架结构的棺椁，这种葬俗的不断发现，说明这种葬俗文化不是个别现象，应当有它的族属。再联系到这些立柱框架结构的棺椁与石块和高领袋足鬲多有共存的现象，笔者赞成宝鸡郭家崖秦墓发掘简报的结论。刘军社先生在研究先周时期姜戎墓葬特征时也指出，姜戎葬具为长方框形，没有底和盖，墓室内普遍埋有石块②，也符合这些发现的基本特征。因此，立柱框架结构的棺椁特征应当是戎狄文化融入秦文化的表现。随着这方面考古资料的逐步增多，框架结构的棺椁形制为戎人葬俗的认识更为明确。如甘肃省文物考古研究所于2016年对甘肃宁县两周之际的177座石家墓地进行抢救性发掘，发现一类形制特殊的木棺，棺旁是由竖向及横向圆（方）木上下交错叠压，形成木框，再上下辅以盖板和底板。从发掘资料照片上看，这种框架结构的棺椁形制与清凉山秦墓地的发现及上述提到的塔儿坡、茅坡、郭家崖秦墓地的如出一辙，没有两样。③ 石家墓地地处甘肃宁县，是秦人与西戎杂居的核心区。黄留珠先生认为，诸如这类地区，秦人"拿来"戎狄文化最多，以至被称为"戎化"。④ 石家墓地的发现，进一步强化了人们对这种葬俗文化属性的认识，表明这种葬俗在春秋时就已经出现在秦国的墓葬中，并且一直延续到战国晚期。这个发现为我们研究和认识这种框架结构的棺椁与秦戎文化的交融提供了又一重要证据。

清凉山秦墓地共有338座墓葬中带有壁龛，占61%，这些壁龛绝大多数出在洞室墓中，竖穴墓葬中有壁龛者仅占6%。对于秦墓壁龛的认识，有与洞室墓和戎式鬲相似的情况。实际上，洞室墓、壁龛都不是秦人的固有葬俗，是秦人西迁后，因与戎人杂居，所以戎人这种独有的葬俗到了战国以后便很快地融入了秦的文化之中。因为秦人没有使用壁龛存放随葬器物的习俗，所以在陇山东西两翼地区春秋时期的秦墓葬中，迄今还没有发现有用壁龛存放随葬器物的现象。进入战国以后的秦国墓葬中出现了大量使用壁龛存放随葬品的现象，与戎人逐步融入秦社会有关。壁龛早在新石器时代中期裴李岗文化遗址中就已经出现，与本文密切相关的姜戎大文化圈内的马家窑文化中就有不少发现。⑤ 春秋时期的秦墓葬中未发现壁龛和洞室墓，是因为那时秦人还与戎人处

---

① 尹盛平、王均显：《扶风刘家姜戎墓地发掘简报》，《文物》1984年7期。
② 刘军社：《先周文化研究》，三秦出版社，2003年，第126页。
③ 《交流、变迁与融合——甘肃宁县石家及遇村遗址考古新发现》，《中国文物报》2020年9月4日第8版。
④ 黄留珠：《秦文化概说》，《秦文化论丛》第一集，西北大学出版社，1993年，第91页。
⑤ 宁夏文物考古研究所、中国历史博物馆考古部：《宁夏菜园——新石器时代遗址、墓葬发掘报告》，科学出版社，2003年，第198—320页。

在激烈的争夺之中，随着秦人逐渐称霸西戎，戎人才逐步归顺和融入了秦的社会当中，壁龛置随葬物和洞室墓这些戎人葬俗才出现在秦国墓葬中。

壁龛现象所反映出的清凉山秦墓地在战国晚期所包含的多元化文化因素问题，不仅是一处墓地，如清凉山东北一公里处的潘家庄发掘的62座墓葬中，就有55座带有壁龛，这个比例比清凉山更高。还有姜戎文化占主要地位的宝鸡郭家崖秦国墓地，带有壁龛的墓葬就占总数的74%。显然，西戎文化对秦文化的影响力是很大的，到了战国以后，戎人文化已经成了秦国文化的重要成分。到了战国晚期直至秦统一，包括戎人文化因素在内的秦国文化与楚文化、晋文化及巴蜀文化，共同构成了清凉山墓地的多元化文化面貌。

四、清凉山秦墓地多元化文化的背景

清凉山秦墓地规模大，549座墓葬数量比与此相关联的茅坡村和潘家庄三处秦墓的总和还要多，这几处墓地除茅坡村光华鞋厂的几座墓葬时代可早到春秋晚期直至战国早期以外，其他的时代多在战国晚期直至秦统一。特别是潘家庄秦墓地与清凉山秦墓地有许多相似之处，这些地缘的独特性和时代上的一致性为我们认识清凉山秦墓地的多元化文化因素提供了一个绝佳的资料。如果说春秋以前的秦国墓地的文化面貌还是比较单一的秦人文化的话，那么战国以后的秦文化已不再是单纯意义上的秦本土文化了。清凉山秦墓地以及茅坡村的光华鞋厂、邮电学院和潘家庄秦墓地所反映出的多元性就是证明。

春秋时期，秦的势力范围还在关中，斗争与争夺的对象主要还是戎人。进入战国，特别是经过秦献公的改革与商鞅变法，秦的国势迅速强大。史书记载，当时的秦国社会比较稳定，"山无盗贼，乡邑大治"，百姓"甚畏有司而顺"，这与楚国社会政治腐败所导致的"楚国多盗"的文化背景形成了鲜明对照。在邦交上，晋国虽然与秦的地缘政治关系密切，但与楚的关系也不一般，早在西周时晋楚就为同僚，春秋后，虽有"秦晋之好"，但秦国又和楚国经常结盟来对抗晋国，使晋早于楚一百多年而消亡。秦与楚之间不但地缘上相连，而且实力相当，既有联盟，也有斗争。楚国虽然在春秋时是一个强大的诸侯国，曾经创造出当时第一流的物质文化，以"五霸""七强"之一而彪炳于史册。但到了战国晚期，楚国由于政治腐败而迅速衰落，最终被秦国所灭。据考古发现，秦楚相连的丹江流域发现的春秋时期的墓葬还完全是楚文化的面貌，但步入战国时期就已呈现出或清一色的秦文化风格，或秦楚文化共存的风貌，这与楚国的历史演变是一致的。清凉山秦墓地反映出的楚式器物风格的消长变化，就是战国晚期直至秦统一期间，秦楚关系变化所引起文化交流融合的缩影。

在地理环境上，楚国位于湖北荆州，古代多称荆楚之地，进入战国，疆土西北界已达陕西东南部。豫西南的丹江流域和关中长安清凉山一带在地缘政治上与楚关系极为密切。长安杜地区域的清凉山、茅坡、潘家庄一带，在秦徙治栎阳以前，是秦国在关中东部的治理中心，秦迁都咸阳以后，这一带又成了秦都京畿之地的核心和东南连楚的屏障。战国晚期，这一带特别是清凉山的秦墓之密集是其他地方不多见的，根据墓葬的方向占比，可以推算出楚人已占当地人口的五分之一以上。这反映了战国晚期到秦统一期间，杜地的人口居住状况。由于秦国稳定的社会环境和务实、开放、包容的文化观念处于上升的强势地位，吸引了大批包括楚人在内的东方六国百姓"甚畏有司"而归顺秦国，从而促成了以杜地为核心的清凉山一带人口大增。这些居住民，除了秦本土原住民包括秦人和被接收的周余民以及归降的戎人外，相当一部分是楚人和其他归顺秦的民族。这些人死后肯定要瘗葬在当地，并且他们的葬俗必然要反映在墓葬中，同时也就形成了墓地多元葬俗文化的面貌格局。

晋国为春秋四强之一，地域囊括今山西省全部、陕西省东部与北部。春秋时代，晋国和秦国是相邻的两个大国，晋献公还把女儿嫁给秦穆公，以此来加强同秦国的友好关系，但也时有战争。由于晋早于楚一百多年而消亡，造成这个区域的政治格局比较复杂多变，晋东南接近秦地的侯马、曲沃、襄汾一带本是晋国中心所在，战国时期曾属于魏国领地，后逐渐被秦国占领。史载秦惠文王九年（前329），秦军曾"渡河，取汾阴、皮氏"。在张仪取陕之后的秦昭襄王二十一年（前286）"魏献安邑"，该地区就已完全归入秦的版图。榆次一带在战国时属赵地，据《史记》记载，公元前259年被秦攻取，次年被赵收复。到公元前247年，秦又攻取榆次，郡治晋阳。说明战国晚期这里已经属秦了。显然，清凉山秦墓地所面对的这些时代与地缘政治格局的变化，必然影响到秦、晋、楚文化的相互交融，反映出的考古学文化必然是多元的。这些多元因素为研究战国晚期以后秦与楚包括东方六国文化的交流融合，深刻认识秦兼容并蓄、务实、开放、包容的文化观念，提供了宝贵的资料。

"凤凰嘴"误传为汉文帝霸陵的原因分析

马永嬴 曹 龙

(陕西省考古研究院)

摘要：史载，汉文帝葬霸陵。因其墓葬形式为"因山为陵"，故后世难以确定具体位置。蒙元以降，"凤凰嘴"被认为是霸陵所在。但考古成果证实，"凤凰嘴"并无陵墓遗存，而距其2000余米的江村大墓被确定为霸陵，可见"凤凰嘴"之说实为误传。笔者梳理汉魏至唐宋间文献记载的霸陵地望，考证霸陵"因山为陵"的形式，分析最早提出霸陵在"凤凰嘴"的《类编长安志》的相关问题，探寻"凤凰嘴"之误的由来，以便溯本清源，为霸陵的深入研究奠定基础。

关键词：凤凰嘴；误传；霸陵；原因

史书记载，汉文帝葬霸陵。因霸陵不起封土，后世难以确定其具体位置。元代以来，有学者认为文帝霸陵在西安市灞桥区席王街道办毛窑院村南的"凤凰嘴"。但近年来的考古工作证实，"凤凰嘴"并无陵墓遗存，而位于其南侧2000多米的江村大墓实为汉文帝霸陵。[1] 为什么会出现如此大的偏差？霸陵在"凤凰嘴"之说究竟是怎么来的？笔者拟梳理相关文献记载，并结合考古成果分析探究，旨在溯本清源，以正视听。

一、霸陵地望

关于汉文帝霸陵，《史记》《汉书》多有提及。据统计，《史记》提到霸陵凡9处11次，《汉书》更是多达19处22次，但无一指出其具体位置者。《史记·孝文本纪》载：文帝遗诏"霸陵山川因其故……"。南朝宋裴骃撰《史记集解》引应劭注解曰："(霸陵)就其水名，以为陵号。"[2] 同书《张释之冯唐列传》又载："(张释之)顷之，至中郎将。从行至霸陵，居北临厕。"《史记集解》引李奇注曰："霸陵北头厕近霸水，

---

[1] 陕西省考古研究院等：《江村大墓考古工作主要收获》，《中国文物报》2021年12月24日第5版；马永嬴、曹龙、朱晨露：《江村大墓墓主考》，《中国文物报》2021年12月24日第5版。

[2]《史记》卷一〇《孝文本纪》，中华书局，2005年，第435页。

帝登其上，以远望也。"① 应劭和李奇都是东汉时人，这两条较早的史料都指明文帝霸陵应当在霸水附近。东汉末年，王粲《七哀诗》有"南登霸陵岸，回首望长安"② 的诗句，指出了霸陵的方位应当在汉长安城的南方。此后，《三辅黄图·陵墓》提及："文帝霸陵，在长安城东七十里……就其水名，因以为陵号。"③ 这些记载说明，文帝霸陵在汉长安城东南。唐代学者颜师古注《汉书·文帝纪》："（文帝）乙巳，葬霸陵。"即明确指出："霸陵在长安东南。"④《汉书·地理志上》："霸陵，故芷阳，文帝更名。"⑤《史记·秦本纪》："（秦昭襄王）四十年，悼太子死魏，归葬芷阳。"《史记集解》引徐广注曰："今霸陵。"⑥ 司马贞《史记索隐》亦载："霸是水名。水径于山，亦曰'霸山'，即芷阳地也。"⑦ 这些史料进一步缩小了霸陵的地域范围，当在芷阳县境的霸水岸边。另外，后者也提示我们，霸陵所在的区域可能地势较高。

关于霸陵的地势，《史记·袁盎晁错列传》记载："文帝从霸陵上，欲西驰下峻阪。袁盎骑，并车擥辔。上曰：'将军怯邪？'盎曰：'臣闻千金之子坐不垂堂，百金之子不骑衡，圣主不乘危而徼幸。今陛下骋六骓，驰下峻山，如有马惊车败，陛下纵自轻，奈高庙、太后何？'上乃止。"⑧ 这表明霸陵所在区域的地势很高，否则，很难言说"峻阪""峻山"。郦道元《水经注·渭水》载："霸水又左合浐水，历白鹿原东，即霸川之西，故芷阳矣……谓之霸上，汉文帝葬其上，谓之霸陵。"⑨ 意指汉文帝葬在白鹿原的"霸上"，这是明确提到霸陵在霸水西岸白鹿原的最早文献资料。此后，唐、宋时期的历史地理著作均沿用这一观点。如唐代李泰《括地志》："霸陵即霸上，在雍州万年县东北二十五里。"⑩ 也认为霸陵的位置在霸上。李吉甫《元和郡县图志》载："白鹿原，在县东二十里。亦谓之霸上，汉文帝葬其上，谓之霸陵。"⑪ 明言霸上与白鹿原是同一个地方，汉文帝即葬于此。北宋宋敏求《长安志》："文帝霸陵。在县东一十里白鹿原上。"⑫ 南宋程大昌《雍录》："霸陵，在白鹿原上，亦名霸上也。"⑬ 二人均认为汉文帝霸陵在白鹿原上。

---

① 《史记》卷一〇二《张释之冯唐列传》，第2122页。
② 《文选》卷第二三《诗丙·哀伤》，上海古籍出版社，1986年，第1087页。
③ 何清谷：《三辅黄图校注》卷之六，三秦出版社，2006年，第431页。
④ 《汉书》卷四《文帝纪》，中华书局，2005年，第95页、第97页。
⑤ 《汉书》卷二八上《地理志上》，第1245页。
⑥ 《史记》卷五《秦本纪》，第305页、306页。
⑦ 《史记》卷一〇《孝文本纪》，第435页。
⑧ 《史记》卷一〇一《袁盎晁错列传》，第2115页。
⑨ 《水经注》卷一九《渭水》，上海古籍出版社，1990年，第370—371页。
⑩ 贺次君：《括地志辑校》卷一《雍州》，中华书局，1980年，第7页。
⑪ [唐]李吉甫：《元和郡县图志》卷一《关内道一》，中华书局，1983年，第4页。
⑫ [北宋]宋敏求：《长安志》卷第一，三秦出版社，2013年，第374页。
⑬ [南宋]程大昌：《雍录》卷八，中华书局，2002年，第178页。

上述文献资料说明，汉文帝霸陵的地望在唐宋以前一直被认为在长安东南的白鹿原上。

二、霸陵的"因山为陵"

霸陵"因山为陵"之说应当源自汉文帝本人的遗诏："霸陵山川因其故，毋有所改。"① 这句话虽然没有明言"因山为陵"，却表达了霸陵借用原有的地形地貌，不起封土的意思。

所谓"因山为陵"的墓室结构有两种形式，即竖穴式和横穴式。②

竖穴式就是在山顶向下开凿挖掘墓室，如楚元王的陵墓。《续汉书·郡国志》："彭城有铁。"唐李贤注云《北征记》有"城西二十里有山，山有楚元王墓"③ 的相关记载《水经注·获水》记载："获水又东径同孝山北，山阴有楚元王冢，上圆下方，累石为之，高十余丈，广百许步，经十余坟，悉结石也。"④ 根据这段记载，楚元王冢有封土，封土形制为上圆下方，而且封土周缘还有石块垒砌。考古调查表明郦道元所载基本正确。楚元王的陵墓位于今徐州市铜山县大彭镇楚王山北麓，是一座大型竖穴岩圹墓，墓缘原垒砌条石现已不存。楚元王即西汉第一代楚王刘交，他于汉高祖六年（前201）被封楚王，文帝元年（前179）薨。从上述资料来看，楚元王的陵墓是西汉时期最早的"因山为陵"，无疑在文帝霸陵营建之前。因此，有学者认为，文帝"因山为陵"受到了楚元王陵的影响。⑤

横穴式，即所谓的横穴洞室墓，汉代比较典型的为汉文帝之子梁王刘武的陵墓。《史记·梁孝王世家》引《述征记》云："砀有梁孝王之冢。"⑥ 郦道元《水经注》亦云："县（今永城市）有砀山……山有梁孝王墓，其冢斩山作郭，穿石为藏，行一里到藏中……山上有梁孝王祠。"⑦ 通过考古调查，梁孝王墓所在位置与史书记载相符。该墓坐西朝东，墓上有极厚的封土，系斩山穿石而成，由墓道、车马室、斜坡甬道、主室、回廊及十几个侧耳室组成，东西全长60余米，最宽处30余米，是一座规模较大的崖洞墓，犹如一座地下宫殿。⑧ 另外，文帝之孙、景帝之子中山王刘胜墓也是典型的横穴式崖洞墓。刘胜墓坐落在今河北满城县陵山主峰东坡，由墓道、甬道、南耳室、北耳室、

---

① 《史记》卷一〇《孝文本纪》，第434页。
② 周学鹰：《"因山为陵"葬制探源》，《中原文物》2005年第1期。
③ 见《后汉书》志第二一《郡国志三》，中华书局，1965年，第3460页。
④ 《水经注》卷二三《获水》，上海古籍出版社，1990年，第458页。
⑤ 李银德：《论汉代的因山为陵》，载北京大学中国考古学研究中心，北京大学震旦古代文明研究中心编：《古代文明》（第4卷），2005年。
⑥ 《史记》卷五八《梁孝王世家》，第1661页。
⑦ 《水经注》卷二三《获水》，第457页。
⑧ 郑清森：《西汉梁王墓地考古收获》，《中州今古》1995年第1期。

中室和后室六部分组成,是依山开凿的巨大洞室墓。①

此种形式的陵墓,在汉代之后最为著名的就是唐代帝陵,其中唐太宗昭陵是唐陵中时代最早的"因山为陵"。《唐会要》卷二《陵议》记载:"贞观十八年,太宗谓侍臣曰:'昔汉家皆先造山陵,既达始终,身复亲见,又省子孙经营,不烦费人工,我深以此为是。古者因山为坟,此诚便事。我看九嵕山孤耸回绕,因而傍凿,可置山陵处。朕实有终焉之理。'"②关于昭陵玄宫的结构,据《新五代史》记载:"(温)韬在镇七年,唐诸陵在其境内者,悉发掘之,取其所藏金宝,而昭陵最固,韬从埏道下,见宫室制度闳丽,不异人间,中为正寝,东西厢列石床,床上石函中为铁匣,悉藏前世图书。钟、王笔迹,纸墨如新,韬悉取之,遂传人间。"③《唐会要》亦载:"陵在醴泉县,因九嵕层峰,凿山南面,深七十五丈为元宫。"④

2002年至2003年,考古工作者对九嵕山南坡凿山为窟的9座石室进行了调查清理。调查资料显示,编号为ZLS1的石室单独开凿于九嵕山南侧偏东的陡坡崖壁上,距山顶东端垂直高差约30余米,是所有石室中海拔最高的。石室坐北向南,由墓道、甬道、墓室三部分组成。其总体结构与唐墓极为相似。墓道南北通长12.7米,东西宽3.19—3.26米,高1.82—3.83米。甬道口开凿在墓道北壁,连接墓道与墓室。墓室平面呈弧边长方形,顶部为规整的穹隆顶。墓室底部大部凿成一个倒"凹"字形的石台,可能是一个大棺床。墓室南北5.2米、东西5.85米,从台面上到穹隆顶的高度为3.77米。墓室四周壁面的石灰泥层表面原均绘制有壁画,现残存的西北、东北、东南部壁画内容相同,表现的是围廊式建筑的檐部。张建林认为该石室的墓主"很有可能是陪葬昭陵的徐贤妃"⑤;也有学者认为"编号为ZLS1的石室很有可能是最初修建的安厝长孙皇后梓棺的'昭陵'"⑥。无论该石室墓主是谁,均不影响该墓葬为典型的横穴洞室墓形制,唐太宗玄宫当与之相仿,只是规模更为宏大,结构更为复杂。

此后,除唐武宗端陵和唐僖宗靖陵外,均采用此种横穴洞室墓的"因山为陵"墓葬形式。

至于汉文帝霸陵究竟采用了哪种形式?这要看文帝本人"因山为陵"的目的是什么?

《史记·孝文本纪》载:"治霸陵皆以瓦器,不得以金银铜锡为饰,不治坟,欲为省,毋烦民。"⑦《汉书·文帝纪》亦有大致相同的记载:"治霸陵,皆瓦器,不得以金

---

① 郑绍宗:《满城汉墓:汉中山王陵的发现与探索》,《中国文化遗产》2014年第2期。
② 《唐会要》卷二《陵议》,中华书局,1955年,第395页。
③ 《新五代史》卷四〇《杂传第二八·温韬》,中华书局,1974年,第441页。
④ 《唐会要》卷二《陵议》,第395页。
⑤ 张建林:《昭陵石室初探》,《乾陵文化研究》(二),三秦出版社,2006年,第38—41页。
⑥ 刘向阳:《昭陵石室与长孙皇后初殡地关联问题探讨》,《文博》2012年第5期。
⑦ 《史记》卷一〇《孝文本纪》,第434页。

银铜锡为饰,因其山,不起坟。"① 这些记载主要是强调文帝薄葬,陪葬皆以陶器,不用贵金属;体恤民力,因山为陵,不起封土。但我们结合史书其他记载来看,文帝的初衷其实是为了防盗。《史记·张释之冯唐列传》记载:汉文帝至霸陵,"顾谓群臣曰:'嗟乎!以北山石为椁,用纻絮斫陈,蕠漆其间,岂可动哉!'左右皆曰:'善。'释之前进曰:'使其中有可欲者,虽锢南山犹有郤;使其中无可欲者,虽无石椁,又何戚焉!'文帝称善。"② 这段记载表明,文帝原本打算用制作坚固的石椁来防盗,但听了张释之薄葬防盗的进谏之后,有所感悟,可能产生了思想变化,最后才有了"因山为陵"的想法。

既然这样,那么汉文帝的陵墓就很有可能使用其父兄——汉高祖长陵和汉惠帝安陵的构筑方式,只是地面没有封土而已。考古资料表明,汉高祖陵和汉惠帝陵地面现存高大封土,墓葬形制均为带有四条墓道的"亞"字形,墓室深度超过30米。③

霸陵之前的这两座帝陵墓室均为典型的竖穴土圹结构。从历史沿革来看,文帝当会效仿父兄的做法,采用竖穴土圹的建筑方式营建其陵墓,霸陵的"因山为陵"应当是第一种方式,即竖穴式,也就是在山顶向下开凿挖掘墓室。考古成果业已证实了这个推断,被确认为文帝霸陵的江村大墓位于白鹿原西端最高处,符合"因山为陵"的地貌特征。其墓葬形制为带有四条墓道的"亞"字形竖穴木椁墓。④

三、"凤凰嘴"误传为霸陵的由来

汉文帝霸陵在"凤凰嘴"的记载,最早出现在元代方志类著作《类编长安志》中,其原文为:"[文帝霸陵]在京兆通化门东四十里白鹿原北凤凰嘴下。"⑤ 因此,我们有必要来探究一下《类编长安志》究竟是一部怎样的志书?其学术价值如何?

《类编长安志》的作者为骆天骧,其生平事迹,史书几无记载。据黄永年先生研究认为,其大约生于金宣宗末年(公元1223年前后),卒于元大德四年(1300)之后。⑥ 骆氏出身于世居长安的故家旧族,曾任京兆路儒学教授。骆氏编撰《类编长安志》的缘由是因为长安地区"秦迄今寥寥千五百岁,兵火相焚荡,宫阙古迹,十亡其九。仅有存者,荒台废苑,坏址颓垣,禾黍离离,难以诘问,故老相传,名皆讹舛",而"宋敏求编《长安志》自周、秦至唐、宋……其故事散布州县,难以检阅"。因此,骆氏

---

① 《汉书》卷四《文帝纪》,第97页。
② 《史记》卷一〇二《张释之冯唐列传》,第2122页。
③ 汉高祖长陵、汉惠帝安陵的考古资料现存陕西省考古研究院。
④ 陕西省考古研究院等:《江村大墓考古工作主要收获》,《中国文物报》2021年12月24日第5版。
⑤ [元]骆天骧:《类编长安志》卷八"山陵冢墓",三秦出版社,2006年,第227页。
⑥ 参见黄永年《类编长安志》"前言",三秦出版社,2006年,第4页。

"乃翦去繁芜,撮其枢要,自汉、晋、隋、唐、宋、金迄皇元更改府、郡、州、县,引用诸书,检讨百家传记,门分类聚,并秦中古今碑刻、名贤诗文、长安景题、及鸿儒故老传授,增添数百余事,裒为一集,析为十卷,目之曰《类编长安志》。"以便"览之者不劳登涉,长安事迹,如在目前"。① 很显然,骆氏编撰此书的目的就是便于游览者了解长安古迹,诚如黄永年先生所言,骆氏"就是要编纂一部介绍长安地区山川地形、历史沿革,尤其是名胜古迹、旧事佚闻的通俗读物"②。骆氏主要参考的宋敏求《长安志》则"考论都邑,网罗旧闻","穷传记诸子钞类之语,绝编断简,靡不总萃隐括而究极之,上下浃通,为二十卷,用备旧都古今之制,俾其风壤光尘,有以奋于永久。故夫府县有政,官尹有职,河渠关塞有利病,皆干于治而施于用"。③ 宋《志》堪称为学术性专著,而骆《志》"只是近乎后世旅游指南的读物而已"④。因此,其学术价值与宋《志》不可同日而语。

黄永年先生对骆《志》评价很低,认为其引用文献"是沿袭其时坊肆编刻书籍动辄以所谓几百家音注为号召的陋习,极不严肃"⑤。在体例和内容上"杂乱不成章法,甚至望文生义"⑥,"妄加之外也妄改""工作粗疏"⑦。"可见骆氏此书的水平确实远低于宋《志》"⑧。

细读骆《志》,其内容确实颇多舛误,如辨惑类"小儿原"条所说唐玄宗设置十六王宅的事情,宋《志》朱雀门街东第五街第一坊十六王宅条小注本引用《政要》,此书却改为《贞观政要》。⑨《贞观政要》是《太宗实录》的分类节本,如何能记玄宗之事?山水类有一个"南总五水"的条目⑩,让人一头雾水,莫名其妙。查对宋《志》,才知原文本作"酉水。出县西南石楼山。《水经注》曰:酉水出倒兽山,南总五水,单流北注……又入渭"⑪ 云云,骆氏误把"南总五水"当做水名,岂不怪哉;隋、唐离宫里还列了个"上清太平宫"⑫,其实这是北宋时期修建的一所道观,既非隋唐建筑,也非离宫别馆;苑囿池台类本来记述的是建筑,却将唐代御史台、司天台这

---

① 《类编长安志》"骆天骧引",第1—2页。
② 《类编长安志》"前言",第6页。
③ 《长安志·长安志序》,第4页。
④ 《类编长安志》"前言",第6页。
⑤ 《类编长安志》"前言",第10页。
⑥ 《类编长安志》"前言",第8页。
⑦ 《类编长安志》"前言",第10页。
⑧ 《类编长安志》"前言",第11页。
⑨ 《类编长安志》卷八"辨惑",第250页。
⑩ 《类编长安志》卷六"山水",第169页。
⑪ 《长安志》卷十七,第535页。
⑫ 《类编长安志》卷二"宫殿室庭",第67页。

样的官署机构混杂进去①；堂宅庭园的亭亦应指建筑类，而骆氏却将秦汉时乡里机构的亭（如杜邮亭、鸿门亭等）也混为一谈②，等等此类问题不一而足。

根据骆氏序中自述："仆家本长安，幼从乡先生游，兵后关中前进士硕儒故老，犹存百人，为士林义契耆年，文会讲道之暇，远游樊川、韦、杜，近则雁塔龙池，其周、秦、汉、唐遗址，无不登览，或谈故事，或诵诗文，仆每从行，故得耳闻目睹，每有阙疑，再三请问。"③其学问渊源来自于乡先生，是在游历访谈中得到的。除游访外，骆氏还酷爱碑刻，"仆自幼酷嗜古人法书石刻，仅有存者，不惮涉远披荆莽而追访，抄录书撰人名暨所在，垂六十年"④。但看不出骆氏对考证有兴趣，其本人也承认"然老眼昏花，中间多所脱略讹错，更竢好古博雅君子，改而正之"⑤，这还真非谦虚，实乃自知之言。

汉文帝霸陵在凤凰嘴的记载，首次出现在这样一本方志中，其可信性可想而知。不过《类编长安志》在"文帝霸陵"条下，除记载"在京兆通化门东四十里白鹿原北凤凰嘴下"之外，还提及"至元辛卯秋，霸水冲开霸陵外羡门，吹出石板五百余片"⑥。这是霸陵在"凤凰嘴"的一条重要依据，不给出一个合理解释，"凤凰嘴"之说难以撼动。

根据骆氏的生卒年代，至元应为元世祖年号，辛卯为至元二十八年，即公元1291年。据《元史》记载：当年秋天气候异常，尤其是北方多次发生洪涝灾害，先是七月"雨坏都城，发兵二万人筑之"，八月"大名之清河、南乐诸县霖雨害稼，免田租万六千六百六十九石"，九月"景州、河间等县霖雨害稼，免田租五万六千五百九十五石"，"保定、河间、平滦三路大水，被灾者全免，收成者半之"⑦。骆《志》所载"霸水冲开霸陵外羡门"之事，应当也是秋雨导致灞河洪水所致。其中提到的"外羡门"应当是指霸陵的墓道外门，只是"吹出石板"云云，让人颇为费解。笔者因主持霸陵的考古工作，长期驻守当地，在日常与村民交流过程中偶然得知，当地方言将"水冲"就叫"水吹"。元代距现在仅六、七百年，期间并无大的人口迁徙流动，语言习惯特别是方言应当变化不大。汉语史将元、明、清三代划为近代汉语时期，可见其与现代语言差别不大。有学者研究发现，"元杂剧中的许多方言词汇在陕西方言中还被广泛使用"⑧。霸陵所在的白鹿原西部地区的语言传承亦应如此。这就能够解释骆氏所谓"吹

---

① 《类编长安志》卷三"苑囿池台"，第92页。
② 《类编长安志》卷四"堂宅亭园"，第116页。
③ 《类编长安志》"骆天骧引"，第1页。
④ 《类编长安志》卷十"石刻"，第281页。
⑤ 《类编长安志》"骆天骧引"，第2页。
⑥ 《类编长安志》卷八"山陵冢墓"，第227页。
⑦ 《元史》卷一六《本纪一六·世祖十三》，中华书局，1976年，第349—351页。
⑧ 孙立新：《元杂剧中的陕西方言词汇》，《当代戏剧》1998年第6期。

出石板"的用词了。

另外，在走访村民时，还了解到在窦皇后陵东北白鹿原东侧的半塬处有一个叫作"石板沟"的地方。笔者亲赴现场勘查，发现断崖上有一个宽约3米、高1.5米的半圆形洞口，其底部主要是河沙，并有少量河沙与石子黏结在一起的石板。这些石板并不规则，尺寸大约在20—50厘米之间，厚度约2—3厘米左右。

了解到这些信息，我们可以试着还原骆氏这条记载的来历。1291年秋，因秋雨连绵，导致灞河洪水暴发，水位高涨，以至冲开白鹿原东侧半塬的一处洞口，冲出大量河沙与石子黏结的石板。因为距离窦皇后陵不远，村民认为这应当就是汉文帝霸陵的外羡门。当地村官向上级府衙汇报灾情，顺便提到此一情况，用了方言"吹出"云云。骆氏未必亲赴现场查看，有可能只是查阅当地文书档案，看到这一条记载，原文抄录，并且作为了霸陵在凤凰嘴的重要依据。

综上所述，笔者认为《类编长安志》中"（文帝霸陵）在京兆通化门东四十里白鹿原北凤凰嘴下"的记载，应当为骆天骧自己"增添数百余事"之一，并无史料来源。之所以确定在"凤凰嘴"，是因为：其一，此地距离文帝窦皇后陵仅2000余米，也算符合西汉帝、后合葬"同茔异穴"的礼制；其二，"凤凰嘴"是白鹿原东北面向灞河延伸的黄土梁，从河谷观察，孤峰耸立，气势奇峻，颇符合唐代"因山为陵"的地形地貌，尤与唐太宗昭陵、唐高宗乾陵类似；其三，有"霸水冲开霸陵外羡门"的佐证。我们推测，骆天骧正是根据这些证据，认为其位置久已不可考的汉文帝霸陵在"凤凰嘴"。至明、清两代，霸陵踪迹更难寻觅，于是沿用骆《志》记载，自然顺理成章。皇帝遣来祭祀霸陵的官员自然不会考证求实，即便像毕沅这样的经史大家也被误导，在"凤凰嘴"下刊石立碑，一误再误！

略论甘泉宫遗址发现的汉代联珠纹瓦当

李 斌

（中国人民大学历史学院）

摘要：甘泉宫遗址发现的"蟾蜍玉兔纹"瓦当和"飞鸿衔绶纹"瓦当，不仅制作工艺相近，而且在联珠纹的装饰上也颇为相似。与同遗址所出的"益延寿"瓦当一样，它们应皆为西汉武帝中后期遗物，并且很可能是为了营建"益延寿观"而专门设计制作的。从图像寓意来看，"蟾蜍玉兔纹"和"飞鸿衔绶纹"应分别象征"月亮"和"太阳"，并且蕴含着汉武帝对延年益寿的追求。甘泉宫遗址出土的这一类联珠纹瓦当，与秦汉瓦当当心中央饰一周联珠纹的装饰传统有别，但其在外围装饰联珠纹的新风格也并未得到延续和发扬。直至南北朝时期，由于受到西方艺术和佛教的影响，联珠纹瓦当才逐渐流行起来。

关键词：甘泉宫；益延寿观；瓦当；联珠纹；金乌

汉代甘泉宫遗址位于陕西省淳化县北凉武帝村一带。自20世纪70年代姚生民、郑洪春等人勘查甘泉宫遗址以来，这里陆续发现了一大批历史文化遗物，其中尤以种类繁多的瓦当最是引人注目。而对甘泉宫瓦当的收录与研究，又尤以《甘泉宫志》与《新中国出土瓦当集录·甘泉宫卷》最为全面和深入。笔者在通览二书时，发现有一类联珠纹瓦当在形制规格和当面图像上，都有着很强的相似性，而与他种瓦当有别，并且由于此类瓦当与甘泉宫"益延寿观"营建的史实相关，故而有进一步探讨的必要。因此，本文拟将此类瓦当的相关资料加以搜集和介绍，并就其年代、纹饰寓意及联珠纹装饰的渊源流变等问题略作分析，以求正于方家。

一、甘泉宫联珠纹瓦当的相关发现

联珠纹是以连续的圆珠组成的纹样，它或连成条带，或组成菱格，或围绕圆形主题图案的边缘。① 在汉代瓦当中，联珠纹装饰较为常见，且多装饰于当心中央大圆饼周围。② 但本文要讨论的联珠纹瓦当，主要指在当面外围近边轮处饰联珠纹的瓦当。目前，此类瓦当发现较少，但在陕西淳化甘泉宫遗址有集中发现，具体来说，有以下几种。

（一）"蟾蜍玉兔纹"瓦当

淳化董家村附近曾采集到"蟾蜍玉兔纹"瓦当1件③（图一，1）。当面的"蟾蜍玉兔纹"呈浮雕状，左右布列，玉兔作奔跑状，四肢腾跃而起，腰肋间伸出羽翅；蟾蜍四肢向外伸展，腹部鼓起，显得十分夸张。蟾蜍和玉兔周围似为云气或桂枝环绕。瓦当的边轮业已脱落，残当直径17.5厘米。日本学者关野贞所著的《中国古代建筑与艺术》④ 和华非编著的《中国古代瓦当》⑤（图一，2）二书中，均收录有同种"蟾蜍玉兔纹"瓦当，其当面外围饰联珠纹，边轮上饰有波折纹，惜未注明出土地点。但从造型和纹饰来看，有理由认为二者亦为甘泉宫遗址所出。⑥

图1　"蟾蜍玉兔纹"瓦当
①甘泉宫遗址采集；②《中国古代瓦当》著录

（二）"飞鸿衔绶纹"瓦当

淳化北凉武帝村曾采集到"飞鸿衔绶纹"瓦当1件，现残存约二分之一，陶色黑灰，内夹细砂，残当边缘齐整，外围饰紧密的联珠纹，联珠纹圈内似饰一鸟尾和翅膀，残径约18厘米⑦（图二，1）。除此件瓦当外，古陶文明博物馆和华非编著《中国古代瓦当》分别藏有和收录同种瓦当一件。前者最大直径21.5厘米，其当面更完整，呈现

---

① 陈彦姝：《六世纪中后期的中国联珠纹织物》，《故宫博物院院刊》2007年第1期。联珠纹也有称作"连珠纹""连珠圈纹"或"圈带纹"者，为行文统一，本文一律统称为联珠纹。
② 刘庆柱：《古代都城与帝陵考古学研究》，科学出版社，2000年，第295页。
③ 姚生民：《汉甘泉宫遗址勘查记》，《考古与文物》1980年第2期。
④〔日〕关野贞著，胡稹、于姗姗译：《中国古代建筑与艺术》，中国画报出版社，2017年，第59页。
⑤ 华非编著：《中国古代瓦当》，人民美术出版社，1983年，第22页。
⑥ 姚生民：《淳化史迹丛稿》，西安地图出版社，2007年，第86页。
⑦ 张文彬主编：《新中国出土瓦当集录·甘泉宫卷》，西北大学出版社，1998年，第175页。

的图案细节更丰富，据称亦出自甘泉宫遗址①（图二，2）。后者虽称雁纹瓦当②，但图案与甘泉宫所出的"飞鸿衔绶纹"瓦当并无二致，且边轮亦全部脱落，只余当心（图二，3），情况与甘泉宫遗址采集的"蟾蜍玉兔纹"瓦当相似，表明制作工艺相近，然未详出处。从当面纹饰和制作工艺来看，它们亦可能出自甘泉宫遗址③。

图 2 "飞鸿衔绶纹"瓦当
①甘泉宫遗址采集；②北京古陶文明博物馆藏；③《中国古代瓦当》著录

（三）"益延寿"瓦当

傅嘉仪《秦汉瓦当》一书收录有"益延寿"瓦当一件，外围亦作紧密的联珠纹，其出土地点被标注为淳化甘泉宫遗址④（图三，1）。值得一提的是，近年来在甘泉宫遗址曾采集到2件"益延寿"瓦当，分别出自通天台西（图三，2）和董家村附近（图三，3）。前者当面只依稀残存"益延"二字，左半"寿"字缺；所连筒瓦凹面为布纹，瓦筒包裹当心，边轮宽1.6厘米。后者左半残存"寿"字下半部，右半"益延"二字残缺不见；当面直径约23厘米，边轮宽1.3厘米。⑤ 以上两件瓦当虽残缺严重，但边轮上的波折形纹饰却清晰可见，这与傅氏《秦汉瓦当》所录的当面外围饰联珠纹的"益延寿"瓦当如出一辙，可以认为它们有着相同的来源。稍有不同的是，甘泉宫遗址采集的"益延寿"瓦当，当面外围以连续的波折纹代替了联珠纹，且当面为三线界格区分，当心中央为曲尺形纹。实际上，此种"益延寿"瓦当在傅嘉仪《秦汉瓦当》中亦有著录，其出土地点被标注为淳化县⑥（图三，4）。淳化为甘泉宫遗址所在，取甘泉宫采集的同种瓦当来比较，可以大致确认它们皆为甘泉宫遗物。

"益延寿"瓦当早在北宋时即有出土。黄伯思据此肯定了《史记·封禅书》中"甘泉则作益延寿观"记载的准确性，并确认《汉书·郊祀志》记载的"甘泉则作益

---

① 路东之：《古陶文明博物馆藏瓦掇英》，《四川文物》2008年第5期。
② 华非编著：《中国古代瓦当》，第23页。
③ 姚生民：《甘泉宫志》，三秦出版社，2003年，第216页。
④ 傅嘉仪编著：《秦汉瓦当》，陕西旅游出版社，1999年，第450页。
⑤ 张文彬主编：《新中国出土瓦当集录·甘泉宫卷》，第23—24页。
⑥ 傅嘉仪编著：《秦汉瓦当》，第450页。

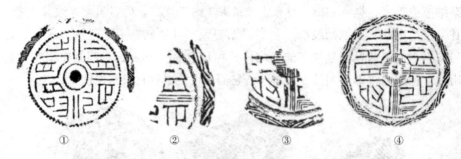

图3 "益延寿"瓦当
①④傅嘉仪《秦汉瓦当》著录；②③甘泉宫遗址采集

寿延寿馆"中第一个"寿"字多衍①。王鸣盛《十七史商榷》记"益延寿"条曰："甘泉则作益寿、延寿馆，师古曰：'益寿、延寿，二馆名'……然则当以《史记》为正，《汉书·郊祀志》误衍一'寿'字耳；师古云'二馆'，非也。"② 近年来，"益延寿"瓦当的陆续发现为《史记》的记载提供了确切的实证。对此，陈直先生和姚生民先生已有文章辨析③，此处不赘。

二、年代与纹饰寓意

以往，由于在甘泉宫遗址采集的这三种瓦当数量较少且多有残破，而相关图录和馆藏的材料又大都分散，导致学者们未能充分注意到它们的相似之处，较少加以综合的讨论和研究。通过本文的梳理，取完整者以补残，取相似处以对证，我们便可以更好地观察到它们彼此关联的全貌。概括地说，甘泉宫遗址发现的上述三种联珠纹瓦当，有以下近同之处：其一，当面直径较大，完整者直径在21—23厘米之间；其二，边轮上皆饰有连续的波折纹；其三，边轮大多业已脱落。由于上述相似特征的存在，"蟾蜍玉兔纹"瓦当、"飞鸿衔绶纹"瓦当和"益延寿"瓦当在同遗址所出的瓦当中别具一格，因此，笔者推测它们应为同一时期遗物，并且很可能是为营建甘泉宫"益延寿观"而专门设计制作的。可注意的是，西安秦砖汉瓦博物馆近来收藏了一组三件联珠纹瓦当④，形制完整，可与以往发现相参照。

姚生民先生在《汉甘泉宫遗址勘查记》一文中认为，"蟾蜍玉兔纹"瓦当的年代为汉初或更靠后一点⑤，但在之后出版的《新中国出土瓦当集录·甘泉宫卷》中则径

---

① [宋] 黄伯思：《东观余论》，中华书局，1988年，第129页。
② [清] 王鸣盛：《十七史商榷》，凤凰出版社，2008年，第70页。
③ 陈直：《秦汉瓦当概述》，《文物》1963年第11期；姚生民：《益延寿宫考略》，《咸阳师范学院学报》2012年第3期。
④ 任华：《秦汉瓦当——西安秦砖汉瓦博物馆》，《建筑与文化》2015年。
⑤ 姚生民：《汉甘泉宫遗址勘查记》，《考古与文物》1980年第2期。

直断为西汉中期,并将"飞鸿衔绶纹"瓦当的年代断为西汉时期。① 另有学者认为,在淳化董家村遗址采集的蟾蜍玉兔纹瓦当是典型的秦代瓦当,并据而推断其为秦林光宫遗物②,恐亦讹误。前既明确"益延寿"瓦当为甘泉宫"益延寿观"的遗物,而"益延寿观"为汉武帝始作,那么,只要确定"益延寿观"的始建年代,便可确认上述三种瓦当的年代上限。

《史记·封禅书》载:"于是上(武帝)令长安则作蜚廉桂观,甘泉则作益延寿观,使卿持节设具而候神人。乃作通天茎台,置祠具其下,将招来仙神人之属。于是甘泉更置前殿,始广诸宫室。"③ 关于通天茎台,唐司马贞《索隐》案:"《汉书》并无'茎'字,疑衍也。"武帝命作通天台一事,亦见《汉书·武帝纪》:"(元封)二年冬十月,行幸雍,祠五畤。春,幸缑氏,遂至东莱……还,作甘泉通天台,长安飞廉馆。"④飞廉馆即蜚廉观,古观、馆相通。由此,则"益延寿观"作于汉武帝元封二年(前109),事可明矣,因而上述三种联珠纹瓦当的年代应不早于元封二年。

此外,从采集的瓦当实物来看,它们的年代下限应当不会超过武帝时期。"蟾蜍玉兔纹"瓦当和"飞鸿衔绶纹"瓦当的边轮都已脱落,只留下外缘齐整的当心,这显示出瓦当在制作时,当心应当是单独模制,然后再套接瓦筒的。另外,姚生民先生在介绍甘泉宫遗址采集的"益延寿"瓦当时,明确指出该瓦所连瓦筒凹面为布纹,瓦筒包裹当心。其实,这种瓦当制法俗称"切当法"。刘庆柱先生认为,战国秦汉瓦当的制法以汉武帝时代为界可分前后两期:前期圆瓦当先模制瓦当心,然后再在其上盘筑成圆筒体;后期的圆瓦当边轮与当心一次范成,然后再接于瓦筒。武帝以后,昭帝帝陵及以后西汉诸帝陵陵区建筑中从未发现"切当"瓦当,证实了"切当"技术至迟淘汰于武帝时期。⑤ 综上可知,"蟾蜍玉兔纹"瓦当、"飞鸿衔绶纹"瓦当和"益延寿"瓦当应俱为元封二年至武帝末期遗物。

关于"蟾蜍玉兔纹"瓦当和"飞鸿衔绶纹"瓦当的寓意问题,姚生民先生曾指出,"蟾蜍玉兔纹"瓦当表现的是月亮⑥,至于"飞鸿衔绶纹"瓦当,在发现之初即谓取意和施用不明⑦。究其缘由,恐怕还是忽略了这两种瓦当的相似性。前既说明,此两种瓦当不仅年代接近,且俱应为"益延寿观"所用之瓦,因此,它们的寓意也应是彼此关联的。具体而言,"蟾蜍玉兔"表现的是月亮,而"衔绶飞鸿纹"瓦当实际应为

---

① 张文彬主编:《新中国出土瓦当集录·甘泉宫卷》,第173—174页。
② 徐卫民:《秦甘泉宫所在位置辨》,《陕西历史博物馆馆刊》(第5辑),西北大学出版社,1998年,第178页。
③ 《史记》,中华书局,1959年,第1400页。
④ 《汉书》,中华书局,1962年,第193页。
⑤ 刘庆柱:《古代都城与帝陵考古学研究》,第296页。
⑥ 郑洪春、姚生民:《汉甘泉宫遗址调查》,《人文杂志》1980年第1期。
⑦ 姚生民:《甘泉宫志》,第216页。

神话故事中的金乌，表现的是太阳。

在汉代帛画和壁画中，"蟾蜍玉兔"与金乌图像往往相伴而出，一以表现月亮，一以表现太阳。长沙马王堆汉墓帛画的左上角绘一弯新月，月中有蟾蜍和玉兔，而右上角则绘有一轮红日，日中有一站立的金乌（图四）。① 另外，西安交通大学壁画墓主墓室拱顶上，由两个大同心圆组成的环带内绘有完整的二十八宿星图，圆环带内侧绘有朱红色的太阳和银白色的月亮，太阳中间有一展翅飞翔的黑色金乌，乌头向南；月中东边绘蟾蜍，西边绘奔跑的兔，构图与"蟾蜍玉兔纹"瓦当相似（图五）。② 除此之外，"蟾蜍玉兔"和金乌图像也常运用于器物的装饰与设计。南昌海昏侯墓出土的一件铜当卢（K1：602）采用错金工艺，表面装饰有白虎、蟾蜍玉兔、金乌、孔雀开屏等图案③，其中，金乌呈展翅飞翔状，口中亦衔绶带，与瓦当中的金乌形象最为相似。

图4　马王堆一号汉墓T形帛画局部　　　图5　西安交通大学壁画墓星象图

揆诸典籍，所谓月中有蟾蜍、日中有金乌的记载不乏其例。《楚辞·天问》："夜光何德，死则又育？厥利维何，而顾菟在腹？"东汉王逸注曰："言月中有菟，何所贪利，居月之腹，而顾望乎？菟，一作兔。"宋洪兴祖补曰："菟，与兔同，《灵宪》曰：'月者，阴精之宗，积而成兽，象兔，阴之类，其数偶。'"④旧说"菟"即兔字，但"顾"字费解，众说不一。闻一多先生认为，顾菟即蟾蜍的异名，"传说之起，谅以蟾蜍为最先，蟾与兔次之，兔又次之。更以语音讹变之理推之，盖蟾蜍之蜍与兔音近易推，蟾蜍变为蟾兔，于是一名析为二物，而所设蟾蜍与兔之说生焉"⑤。《山海经·大荒东

---

① 湖南省博物馆、中国科学院考古研究所：《长沙马王堆一号汉墓》，文物出版社，1973年，第39页。
② 陕西省考古研究所等编：《西安交通大学西汉壁画墓》，西安交通大学出版社，1991年，第25页。
③ 江西省文物考古研究所，南昌市博物馆等：《南昌市西汉海昏侯墓》，《考古》2016年第7期。
④ [宋]洪兴祖撰：《楚辞补注》，中华书局，1983年，第89页。
⑤ 闻一多：《闻一多全集》（第5册），湖北人民出版社，2004年，第513页。

经》:"汤谷上有扶木,一日方至,一日方出,皆载于乌。"① 又《淮南子·精神训》:"日中有踆乌,而月中有蟾蜍。"高诱注曰:"踆,犹蹲也,谓三足乌。蟾蜍,虾蟆。"② 联系图像来看,金乌的形象并不固定,如马王堆帛画的金乌是立着的,并且是两足而足有三趾;而南昌海昏侯墓所出铜当卢、杨官寺汉画像石墓所出剑柄及"益延寿观"所出瓦当上的金乌图像都是展翅飞翔着的,这表明金乌的形象在汉代也有一个变化的过程。

《淮南子·天文训》云:"四时者,天之吏也;日月者,天之使也。"③ 可以说,"蟾蜍玉兔纹"瓦当和金乌纹瓦当施用于同一建筑,或许有通过表现日月合璧之天象以求光明祥瑞、延年益寿之意。汉代建章宫遗址曾出土"延年益寿、与天相侍、日月同光"铭文砖④,可为佐证。甘泉宫作为西汉中后期的国家祭祀中心,武帝追求长生不老、热衷求仙升天的思想对当时的宫殿建筑产生了很大的影响,而瓦当的设计制作亦不能不有所体现。

三、联珠纹在瓦当上的施用与流变

汉代瓦当,尤其是文字瓦当中,在当心大乳钉外饰一圈联珠纹的做法已很常见。刘庆柱先生较早注意到这一现象,并认为"(文字)瓦当当面中央圆饼周围均饰联珠纹,其时代多为西汉中晚期"⑤。然而这一做法显然可上溯更早。秦始皇陵内城西墙出土⑥(图六,1)和丹凤故城遗址⑦采集的云纹瓦当,当心大圆饼外即饰有联珠纹,年代可早至秦统一时期。此外,根据近年来对西汉帝陵的钻探调查,高祖长陵⑧(图六,4)、惠帝安陵陵园内⑨均发现有当心中央饰联珠纹的瓦当。汉阳陵南阙遗址中出土的云纹瓦当及"长生无极""永奉无疆"瓦当⑩(图六,2、5、6),汉昭帝平陵出土的云纹瓦当⑪(图六,3),汉元帝渭陵采集的"亿年无疆"瓦当⑫(图六,7)等,其当心大

---

① 袁珂:《山海经校注》,上海古籍出版社,1980年,第354页。
② 张双棣:《淮南子校释》,北京大学出版社,1997年,第722页。
③ 张双棣:《淮南子校释》,第246页。
④ 王汉珍、傅嘉仪:《西安汉建章宫遗址出土带字砖》,《文物》1979年第12期。
⑤ 刘庆柱:《古代都城与帝陵考古学研究》,第295页。
⑥ 徐锡台等著:《周秦汉瓦当》,文物出版社,1988年,第178页。
⑦ 商鞅封邑考古队:《陕西丹凤县秦商邑遗址》,《考古》2006年第3期。
⑧ 石兴邦、马建熙:《长陵建制及其有关问题——汉刘邦长陵勘察记存》,《考古与文物》1984年第2期。
⑨ 咸阳市文物考古研究所:《西汉帝陵钻探调查报告》,文物出版社,2010年,第6—20页。
⑩ 陕西省考古研究院:《汉阳陵帝陵陵园南门遗址发掘简报》,《考古与文物》2011年第5期。
⑪ 咸阳市博物馆:《汉昭帝陵调查简报》,《考古与文物》1982年第4期。
⑫ 李宏涛、王丕忠:《汉元帝渭陵调查记》,《考古与文物》1980年第1期。

圆饼外皆饰有一周联珠纹。由此可知，在瓦当当心大圆饼外装饰联珠纹的做法最早可追溯至秦统一时期，并且在西汉中晚期仍然流行。值得注意的是，至东汉时期，不仅当心中央饰联珠纹的瓦当趋于消失，而且当面外围饰联珠纹的瓦当也基本不见。这表明，上述甘泉宫联珠纹瓦当表现出来的联珠纹装饰的新风格并没有得到继承和延续。

禹州新峰墓地东汉早期墓（M127）曾出土一枚"阳翟"瓦当①（图六，8），当面外围近边轮处虽然也饰有一周联珠纹，但与甘泉宫遗址发现的联珠纹瓦当相比，仍有不少差异。从考古发现来看，东汉时期，当面外围饰联珠纹的瓦当，似仅此一例②。鉴于 M127 已被盗扰，且该瓦当出土于甬道底部，其年代颇值得怀疑，不排除为后世遗物混入的可能。

图6　汉代的联珠纹瓦当
①秦始皇陵内城西墙出土；②⑤⑥汉阳陵南门阙遗址出土；③汉昭帝平陵出土；
④汉高祖长陵陵园西墙出土；⑦汉元帝渭陵采集；⑧禹州新峰 M127

及至南北朝时期，在当面外围装饰联珠纹的瓦当变得流行起来。如内蒙古托克托

---

① 河南省文物管理局、南水北调文物保护工作领导小组等：《河南禹州新峰墓地东汉墓（M127）发掘简报》，《文物》2012 年第 9 期。
② 洛阳孟津朱仓 M722 东汉帝陵遗址 F9 出土莲花纹瓦当 1 件，当面外围装饰有一周联珠纹。尽管发掘者认为，该遗址内出土瓦当的年代为东汉，但从莲花纹图案和外围装饰联珠纹的做法来看，其年代应晚至北朝或隋唐时期。参看洛阳市第二文物工作队：《洛阳孟津朱仓东汉帝陵陵园遗址》，《文物》2011 年第 9 期。

云中古城①、洛阳永宁寺遗址②出土的莲花化生瓦当，北魏洛阳城③、北魏方山思远佛寺遗址④、六朝镇江铁瓮城⑤等地出土的莲花纹瓦当中，皆发现有在边轮内侧装饰一周联珠纹的瓦当。其中，平城地区瓦当中出现的联珠纹较早。王银田先生认为，莲花纹瓦当边轮内设置一周联珠纹首见于大同方山思远佛寺遗址，边轮由两道凸弦纹夹一周联珠纹组成，为平城时代太和年间遗物，北魏洛阳时代继续使用且数量增加。⑥ 内蒙古托克托云中古城出土的早期莲花化生瓦当也大致在太和年间。⑦ 结合平城时代早期多流行文字瓦当的现象来看，当面外围装饰联珠纹的瓦当大致出现于北魏中晚期，时间在5世纪后半。联珠纹瓦当在北方兴起后，便传至南方地区，并影响了南朝瓦当的造型和装饰。到南北朝后期，南、北方瓦当走向融合，以莲花纹瓦当为例，一种"综合南、北风格的饰联珠纹（原为北方因素）的单瓣莲花纹（原为南方因素）瓦当就成了南北共有的瓦当类型"⑧，并为隋唐莲花纹瓦当确立了基本的样式和格调。

联珠纹原是萨珊波斯人所喜爱的纹饰。联珠纹由排列的众多小圆珠来表现，在琐罗亚斯德教中具有神圣之光的含义。联珠纹内填的各种主纹，如野猪、骆驼、山羊、鹅、雄鸡等，皆具有宗教或神话的含义。⑨ 随着各民族间的迁徙融合和东西方政权的接触往来，西亚、中亚人的文化艺术，包括联珠纹这一图案形式，遂沿着丝绸之路传入中国。在联珠纹向东传播的过程中，图案面貌发生了变化。从粟特向东，联珠纹样逐渐被佛教艺术吸收，并被用来装饰佛教主题。⑩ 联珠装饰纹样在北魏石窟雕刻中多见于窟室门框、须弥座、佛像背光等。至迟在开凿云冈石窟时（公元460年左右），联珠纹已开始用于佛像的衣饰与背光。⑪ 鉴于联珠纹在瓦当中大量出现的时间，也大致在5世纪后半叶时，因此，联珠纹瓦当的流行，显然与南北朝时期佛教的兴盛有着密不可分的联系。

总之，在甘泉宫遗址发现的"蟾蜍玉兔纹"瓦当、金乌纹瓦当、"益延寿"瓦当

---

① 王秀玲：《北魏莲花化生瓦当研究》，《文物世界》2009年第2期。
② 中国社会科学院考古研究所：《北魏洛阳永宁寺》，中国大百科全书出版社，1996年。
③ 钱国祥：《汉魏洛阳城出土瓦当的分期与研究》，《考古》1996年第10期。
④ 大同市博物馆、山西省文物工作委员会：《大同北魏方山思远佛寺遗址发掘报告》，《文物》2007年第4期。
⑤ 镇江古城考古所：《江苏镇江市出土的古代瓦当》，《考古》2005年第3期。
⑥ 大同北朝艺术研究院：《北朝艺术研究院藏品图录：砖瓦·瓦当》，文物出版社，2016年，第23页。
⑦ 王飞峰：《北魏莲花化生瓦当探析》，《四川文物》2019年第3期。
⑧ 贺云翱：《从六朝莲花纹瓦当探南北朝文化交流传播现象》，《东方收藏》2011年第11期。
⑨ 陈彦姝：《六世纪中后期的中国联珠纹织物》，《故宫博物院院刊》2007年第1期。
⑩ 荣新江：《略谈徐显秀墓壁画的菩萨联珠纹》，《文物》2003年第10期。
⑪ 〔韩〕李妍恩：《北朝装饰纹样——五六世纪石窟装饰纹样的考古学研究》，故宫出版社，2014年，第100页。

中，联珠纹围绕当面主体图像或文字紧密排列的做法，与秦汉瓦当当心中央饰一周联珠纹的装饰传统有别，而与南北朝时期兴起的联珠纹瓦当相像。但由于东汉基本未见当面外围饰联珠纹的瓦当，且南北朝时期开始流行的联珠纹瓦当与佛教关系密切，因此甘泉宫遗址发现的这一类联珠纹瓦当更像是标新立异的一时之作，其在联珠纹装饰上展现的新风格并未得到延续。从艺术表现上看，"蟾蜍玉兔纹"瓦当、金乌瓦当和"益延寿"瓦当，制作精美、细节丰富，主题纹饰铺满当面，而以联珠纹和边轮来替代汉代帛画和壁画中的圆轮，以分别象征日月，表现出了设计者的巧妙构思。这一类三种饰有联珠纹的瓦当，在充满想象力的同时，又富于浪漫主义的色彩，堪称是西汉瓦当中的瑰宝，更是汉代艺术"博大沉雄"的表现。它们的出现，是西汉晚期以四神瓦当为代表的瓦当艺术高峰到来前的先声。

山西两汉时期城址的形制及布局研究*

李昌宏

（西北大学文化遗产学院）

摘要：山西地处黄土高原东缘，总的地势是"两山夹一川"，自成一个相对封闭的地理单元。在两汉时期，山西是一个承接中原和北方的纽带，在一定程度上可以作为汉帝国的缩影。此外，山西目前所发现的两汉时期各类城址已达83座，对于这些城址的形制特征、年代特征以及空间布局等方面的研究，有助于我们更好地了解汉代社会。

关键词：两汉；山西；城址；年代特征；空间布局；形制

前　言

山西四周山环水绕，素有"表里山河"之称。地貌类型复杂多样，总的地势是"两山夹一川"。以温带大陆性季风气候为主，河流较多，在地理环境上相对封闭。晋南地区西临长安，东临洛阳；晋北地区又与北方草原相接，成为一个承接中原和北方的纽带。这一独特的地理位置使得山西在一定程度上成为了汉代北方乃至全国的缩影。

城市作为聚落发展的高级形态，是衡量社会复杂化进程的主要标志之一，体现了社会的政治、经济、文化以及军事思想等。两汉时期，形成了都城—郡城—县城的三级行政等级，而郡、县城这一类的地方性城址是汉代统治广大国土的重要中间环节，是两汉郡县制实施的主体。对此类城址的研究，将会影响到对汉代整个社会全面系统的研究。

目前涉及山西两汉城址综合研究的仅有《山西汉代城址研究》①一篇，主要对选址、聚落、形制等方面进行了研究。但是其统计的城址数量少于目前已经发表的资料，并且2011年山西省文物局编制了《山西文物地图集——山西省第三次全国文物普查成

---

* 国家社科基金重大招标项目"秦汉时期的国家建构、民族认同、社会整合研究"（17ZDA180）阶段性成果。

① 王银田：《山西汉代城址研究》，《暨南史学》第6辑，暨南大学出版社，2009年。

果总汇》①（以下简称"《图集》"），两汉城址方面相对《中国文物地图集·山西分册》有所增减。因而，目前对于山西地区两汉城址的研究还是有进一步提升的空间的。

一、地区沿革简述

秦统一全国后，"分天下以为三十六郡"②，在全国推行中央集权制的郡县制度，以郡统县，山西分属河东、太原、上党、雁门、代郡所辖③，其中河东郡领县19、太原郡领县21、上党郡领县13、雁门郡领县10、代郡领县11，不在山西者上党1县、雁门1县、代郡3县。④ 共计5郡69县。

秦亡汉兴，刘邦因"海内新定，同姓寡少，惩戒亡秦孤立之败"⑤，遂采取了郡县与诸侯国并行的地方制度。

西汉时期，山西境内的诸侯国主要是代国。高帝七年（前200）春正月，"以云中、雁门、代郡五十三县立兄宜信侯喜为代王……以太原郡三十一县为韩国，徙韩王信都晋阳"⑥，九月"信降匈奴"，韩国除为太原郡。十二月"匈奴攻代，代王喜弃国……辛卯，立子如意为代王"⑦。十年（前197）春正月，"徙代王如意为赵王"，代地属赵⑧。十一年（前196），"子恒贤知温良，请立以为代王，都晋阳"⑨，自此山西北部太原郡、雁门郡、代郡均为代国所领。文帝三年（前177），"因立皇子武为代王，参为太原王"⑩，代国一分为二。四年（前176），"代王武徙为淮阳王，而参徙为代王，复并得太原，都晋阳如故"⑪。至景帝三年（前154），吴楚之乱后，削诸侯地，"燕、代无北边郡"⑫，自此代国仅领太原郡。武帝元朔四年（前125），以上郡东部、太原郡

---

① 山西省文物局：《山西文物地图集——山西省第三次全国文物普查成果总汇》，中国地图出版社，2012年。
② 《史记》卷七《秦始皇本纪》，中华书局，2013年版，第239页。
③ 《汉书》卷二八上《地理志上》，中华书局，2012年版，第1550—1553页、第1621页、第1622页。
④ 后晓荣：《秦代政区地理》，社会科学文献出版社，2009年，第311页、第329页、第334页、第337页、第341页。
⑤ 《汉书》卷一四《诸侯王表》，第335页。
⑥ 《汉书》卷一下《高帝纪下》，第60页。
⑦ 《汉书》卷一下《高帝纪下》，第63页。
⑧ 《汉书》卷一下《高帝纪下》，第67页。
⑨ 《汉书》卷一下《高帝纪下》，第70页。
⑩ 《汉书》卷四《文帝纪》，第117页。
⑪ 《汉书》卷四八《贾谊传》，第2211页。
⑫ 《史记》卷一七《汉兴以来诸侯王年表》，第802页。

西部置西河郡①。武帝元鼎三年（前114），（代王）"徙清河"②，代国除为太原郡。

整个西汉时期，河东、上党二郡几无变化。武帝元封五年（前106），"初置刺史部十三州"③，太原郡、上党郡、雁门郡、代郡属并州刺史部④；西河郡属朔方刺史部⑤；武帝征和四年（前89）初置司隶校尉，河东为其督察范围⑥。汉末王莽时，朔方部属地划归并州⑦。

纵观西汉时期，山西拥有整个河东郡、太原郡、上党郡，部分西河郡、雁门郡、代郡。其中，河东郡治安邑，领县24；太原郡治晋阳，领县21；上党郡治长子，领县14；⑧西河郡治平定，领县36；雁门郡治善无，领县14；代郡治代县，领县18⑨。后三郡可考在山西者西河郡8、雁门郡12、代郡10县⑩。以上山西在西汉时期拥有6郡89县。

东汉初，晋北曾短暂出现诸侯王国，"建武二年，立（刘縯）长子章为太原王……十一年，徙章为齐王"⑪，复为太原郡；建武十六年（40）以卢芳为代王，旋即谋反，国除为代郡⑫。

纵观东汉时期，郡县多有省并，山西地区分属河东郡、上党郡、太原郡、雁门郡、代郡、定襄郡、西河郡、常山国所领。东汉初，光武即位，推翻了王莽时的政令，朔方与并州分设州牧⑬；建武十一年（35），"省朔方牧，并并州"⑭；"建武中复置（司隶校尉），并领一州"⑮。如此，则河东属司隶，上党、太原、雁门、定襄、西河归并州，代郡属幽州、常山属冀州。

其中河东郡治安邑，领县21，范围不变，较西汉少3县，东汉初省并⑯；上党郡治长子，领县13，较西汉少1县，东汉初省并。东汉末，移治壶关，建安年间，析置乐平郡⑰；太原郡治晋阳，领县16，较西汉少5县，2县归雁门，2县东汉初省并。1

---

① 《汉书》卷二八下《地理志下》，第1618页。
② 《汉书》卷一四《诸侯王表》，第409页。
③ 《汉书》卷六《武帝纪》，第197页。
④ 周振鹤：《汉武帝十三刺史部所属郡国考》，《复旦学报》1993年第5期。
⑤ 辛德勇：《秦汉政区与边界地理研究》，中华书局，2009年，第144页。
⑥ 《汉书》卷一九上《百官公卿表上》，第737页。
⑦ 辛德勇：《秦汉政区与边界地理研究》，第146页。
⑧ 《汉书》卷二八上《地理志上》，第1550页、第1551页、第1553页。
⑨ 《汉书》卷二八下《地理志下》，第1618页、第1621页、第1622页。
⑩ 谭其骧主编：《中国历史地图集》第二册，中国地图出版社，1982年，第19页。
⑪ 《后汉书》卷一四《齐武王刘縯传》，中华书局，1965年，第553页。
⑫ 《后汉书》卷一二《卢芳传》，第507页。
⑬ 顾颉刚、谭其骧：《关于汉武帝的十三州问题讨论》，《复旦学报》1980年第3期。
⑭ 《后汉书》卷一下《光武帝纪下》，第58页。
⑮ 见《后汉书》志第二七《百官志四》，第3613页。
⑯ 李晓杰：《东汉政区地理》，山东教育出版社，1999年，第18页。
⑰ 李晓杰：《东汉政区地理》，第123页、第124页。

县（上艾）别属冀州常山国（郡），其后无变化，东汉末建安二十年（215）析置新兴郡①；雁门郡治阴馆，领县14，数量不变，但2县划自太原、1县划自代郡，2县别属定襄，1县省并②。代郡治高柳，领县11，较西汉少7县，5县东汉初省并，2县分属雁门、中山③；定襄郡治善无，领县5，较西汉少7县，2县划自雁门，3县划给云中，6县省并，东汉末建安二十年因匈奴袭扰废弃④；西河郡治平定，顺帝永和五年迁离石，领县13，较西汉少23县，除1县别属朔方外，均于东汉初省并。东汉末，西河郡废⑤。

综上，东汉时期河东、上党、太原均在山西，其余诸郡可考在山西者雁门13县、代郡6县、定襄2县、西河郡5县、常山国1县⑥，共计8郡国77县。

二、山西发现的两汉时期城址

山西发现的两汉城址按其行政级别，主要有郡国城（郡治或诸侯国都）、都尉城、县邑城（含侯国城）等。自中华人民共和国成立至今，山西发现的两汉时期城址多达83座，其中郡城5、都尉城2、县城30，其余性质未明之城址46座。性质不明的城址中，可能包含未识别的县城，以及一些边城、县邑城中某城⑦、乡聚亭城等。如吴官屯古城地处武州塞中部，属于一个军事小城堡，当属边城。详见表1。按：表中城址"所属及性质"一列，以郡为单位按顺序统计；表中《图集》指《山西文物地图集——山西省第三次全国文物普查成果总汇》；空白处表示性质未知。

表1 山西发现的汉代城址登录表

序号	名称	面积万平方米	始建年代	平面形制	所属及性质	位置	出处
1	晋阳古城	1314.5	春秋	长方形	太原郡治晋阳县	太原	《晋阳古城遗址2002—2010年考古工作简报》，《文物世界》2014年第5期

---

① 李晓杰：《东汉政区地理》，第125页、第126页。
② 李晓杰：《东汉政区地理》，第128页。
③ 李晓杰：《东汉政区地理》，第130页。
④ 李晓杰：《东汉政区地理》，第133页。
⑤ 李晓杰：《东汉政区地理》，第138页。
⑥ 谭其骧主编：《中国历史地图集》第二册，第60页。
⑦ 如《续汉书·郡国志》"东平国"条云："无盐本宿国，任姓，有章城。"（见《后汉书》志第二一《郡国志三》，第3452页）由此知，无盐县内有章城。

续表

2	广武城址	500	战国	长方形	广武县、都尉治，东汉属雁门	代县	《图集》第3847页
3	狼孟城址	5.4	战国	长方形	狼孟县	阳曲	《图集》第3755页
4	阳曲县故城	周长12.44千米	西汉		阳曲县，东汉末改为定襄县	定襄	《图集》第3890页
5	古城城址	168	西汉	长方形	虑虒县	五台	《图集》第4137页
6	卤城故城	80	西汉	长方形	卤侯国	繁峙	《图集》第3909页
7	新城遗址	55.2	东周		上艾县，东汉改属常山国	平定	《图集》第5093页
8	平坦垴城址		战国			阳泉	《图集》第4313页
9	古城城址		东周			寿阳	《图集》第2117页
10	苗庄城址	16.8	汉	长方形		宁武	《宁武苗庄古城及长城考》，《山西省考古学会论文集（三）》，2000年
11	赵王城城址	150	战国	长方形		静乐	《图集》第3991页
12	砖窑街城址	12.8	汉	长方形		晋中	《山西榆次市郊发现古城遗址及古墓葬》，《文物》1955年第1期
13	巩村城址	56	战国	长方形		汾阳	《图集》第5157页
14	李家沟城址	1	汉	略呈长方		汾阳	《图集》第5168页
15	秀容古城	125	西汉	长方形		岚县	《图集》第3063页
16	阳阿县故城	4.5	西汉	长方形	上党郡阳阿县	阳城	《阳阿城地望考析》，《山西高等学校社会科学学报》2019年第1期 《图集》第1597页
17	辽河县故城	20	东汉		辽河县东汉末置	左权	《图集》第2342页
18	东冶头城址	5	春秋	不规则		昔阳	《图集》第2238页
19	辉沟城址	21	战国	长方形		榆社	《图集》第2311页

续表

20	北关城址	5	汉			和顺	《图集》第1828页
21	安邑故城	600	战国	近方形	河东郡治安邑县	夏县	《山西夏县禹王城调查》,《考古》1963年第9期
22	魏故城	144	东周	方形	河北县	芮城	《古魏城和禹王古城调查简报》,《文物》1962年第5期
23	长修故城	63	西汉	长方形	长修县,东汉省	新绛	《图集》第4860页
24	上郭古城	7.5	东周		闻喜县	闻喜	《图集》第4699页
25	大马城址	97.8	东周	略呈方形	属闻喜县	闻喜	《山西闻喜的"大马古城"》,《考古》1963年第5期
26	汾阴城址		战国		汾阴县	万荣	《图集》第4632页
27	猗氏故城	115	西汉	长方形	猗氏县	临猗	《图集》第4520页
28	凤城古城	806	东周	方形	绛县,东汉称绛邑县	侯马	《1960、1988年凤城古城遗址、墓葬发掘报告》,载《晋都新田》,1996年
29	古城庄城址	108	春秋	长方形	襄陵县	襄汾	《图集》第2924页
30	赵康古城	500	春秋	长方形	临汾县	襄汾	《山西襄汾赵康附近古城址调查》,《考古》1963第10期
31	洪洞城址	75.4	春秋	长方形	杨县	洪洞	《2009年洪洞范村古城调查记》,《三晋考古(四)》,2012年
32	濩泽县故城	40	汉	不规则椭圆	濩泽县,东汉濩泽侯国	阳城	《图集》第1589页
33	柳湾城址	15	汉	长方形		芮城	《图集》第4617页
34	东陌城址	1	汉	方形		芮城	《图集》第4651页
35	柏壁城址	1.6	东周	不规则		新绛	《图集》第4876页

续表

编号	名称	面积	时代	形制	备注	地点	出处
36	上亳古城	120	战国	长方形		垣曲	《垣曲县上亳战国至汉代城址》，《中国考古学年鉴(2016)》
37	城东村古城	150	东周			临猗	《晋南考古调查简报》，《考古学集刊(6)》，1989年
38	城居村古城	8	东周			临汾	同37；《图集》第2990页
39	三张城址	10	汉	长方形		曲沃	《图集》第2750页
40	毛张村古城	30	战国	长方形		曲沃	同37
41	永固古城	10.9	春秋	方形		襄汾	《山西襄汾永固古城遗址的调查》，《考古与文物》，1990年第6期 《图集》第2918页 圈羊城遗址
42	北寿城遗址		东周			翼城	同37
43	韩侯城址	0.75	汉	长方形		洪洞	《图集》第2577页
44	麦城村城址	300	春秋	长方形		吉县	《图集》第2702页
45	狄城城址	40	东周	椭圆形		吉县	《图集》第2719页
46	南村城址		战国	喇叭形	西河郡皋狼县	方山	《南单于庭、汉都左国城被发现》，《内蒙古社会科学》1993年第4期 《图集》第3205页
47	杨家坪城址	1.5	汉	长方形	隰成县，东汉省	柳林	《图集》第3341页
48	曜头古城	140	战国	梯形	疑即蔺县	临县	《临县曜头古城址》，《中国考古学年鉴(1994)》《图集》第3286页 乌突成古城
49	五王城城址	25	汉	方形		五寨	《图集》第3880页
50	梁家会城址	6	汉	长方形		奇岚	《图集》第4017页

续表

51	梁家会北城址	6	汉	长方形		奇岚	《图集》第 4016 页
52	蔚汾故城		战国			兴县	《图集》第 3542 页
53	古城岭城址	0.5	汉	方形		兴县	《图集》第 3546 页
54	吴城遗址城址	5.6	汉	长方形		偏关	《图集》第 4075 页
55	贯家塔城址	74	汉	长方形		方山	《图集》第 3198 页
56	杜家湾城址	1.3	汉	长方形		柳林	《图集》第 3376 页
57	堡上城址	10.8	汉	长方形		柳林	《图集》第 3369 页
58	右玉古城	5.2	汉	长方形	雁门郡治善无县,东汉改属定襄	右玉	《图集》第 5432 页
59	阴馆县故城	100	西汉	方形	阴馆县,东汉雁门郡治	朔州	《图集》第 5323 页
60	平城县故城	96	汉	方形	平城县,东部都尉治	大同	《汉代平城县遗址初步调查》,《山西省考古学会论文集(三)》,2000 年
61	武州故城	24	西汉	长方形	武州县	左云	《图集》第 1131 页
62	吴官屯城址	20.25	秦	方形	属武州县	大同	《大同市西郊吴官屯古城遗址调查》,《文物季刊》1996 年第 4 期
63	朔州故城	324	战国	方形	马邑县	朔州	《图集》第 5317 页
64	中陵古城	56	西汉	长方	中陵县,东汉改属定襄	右玉	《右玉县汉中陵古城遗址》,《中国考古学年鉴(2010)》
65	繁峙古城	80.64	西汉	长方	繁畤县	应县	《图集》第 5373 页
66	崞县古城	4	战国	长方形	崞县	浑源	《山西浑源毕村西汉木椁墓》,《文物》1980 年《图集》第 966 页

续表

序号	名称	面积	时代	形制	备注	地点	资料来源
67	日中城址	46.5	汉	长方形	剧阳县	怀仁	《怀仁日中城即汉代剧阳城代公新平城考》,《黄河文化论坛（九）》,2003年《图集》第930页
68	梵王寺城址	65	汉	长方形	娄烦县	朔州	《图集》第5340页
69	破虎堡城址	30	汉	长方形		右玉	《图集》第5439页
70	小坊城城址	16	汉	方形		大同	《图集》第888页
71	故驿城址	49	战国	长方形		山阴	《山阴县城南古城勘查记》,《雁北文物勘察团报告》,1951年《图集》第5308
72	永静城址	4.72	汉	长方形		山阴	《图集》第5288页
73	安宿疃城址	7.6	汉	长方形		怀仁	《图集》第5223页
74	东昌城址	72	汉	长方形		怀仁	《图集》第5224页
75	北沙城城址	24	汉	长方形		神池	《图集》第4117页
76	高柳城址	63	战国	长方形	代郡高柳县、东汉代郡治	高柳	《高柳城址初探》,《文物世界》,2005年第5期
77	平舒县故城	6	西汉	长方形	平舒县	广灵	《图集》第912页
78	灵丘县故城	8	西汉	长方形	灵丘县,东汉省	灵丘	《图集》第2577页
79	莎泉东堡城址	6.44	汉	长方形		广灵	《图集》第911页
80	稻地城址	1.02	汉	方形		广灵	《图集》第907页
81	西河乡城址	2.56	汉	方形		广灵	《图集》第912页
82	于八里城址	15.5	东周	长方形		天镇	《图集》第1016页
83	东水地城址	22.75	战国	长方形		大同	《图集》第881页

三、城址的形制特征

（一）城址规模

山西地区 83 座汉代城址中，已知面积或周长的有 76 座。将已知面积的城址按照从大到小的顺序排列后，根据数据的分布，设置以下区间：

特大型城址（大于 1000 万平方米）、大型城址（300—806 万平方米）、中型城址（80—168 万平方米）、小型城址（20—76 万平方米）、特小型城址（不足 20 万平方米）。详见表 2。

表 2　山西发现的汉代城址面积分类统计表

	特大型	大型	中型	小型	特小型	面积不明	合计
郡城	1	0	0	1	2	0	4
都尉城	0	1	1	0	0	0	2
县城	0	5	7	10	6	3	31
其他	0	1	5	11	25	4	46
合计	1	7	13	22	33	7	83

（二）平面形制

山西地区 83 座汉代城址中，已知平面形制的有 71 座，其余 12 座情况不明，以方形或长方形占据绝对的比例（91.5%）。详见表 3。

表 3　山西发现的汉代城址平面形制统计

平面形制	方形、近方	长方形、近长方形	椭圆形、不规则椭圆	不规则形	梯形	喇叭形	合计
沿用前代	7	17	1	2	1	1	29
汉代	8	33	1	0	0	0	42
合计	15	50	2	2	1	1	71

从城址的平面形制与其规模间的相互关系来看，城址面积大于 40 万平方米者，其平面形制均为方形或长方形。而从始建年代来看，无论沿用前代者，还是汉代新建，均是如此。一方面，山西发现的两汉城址多分布在盆地，自然条件允许；另一方面，夯筑直线城墙比弧线城墙的工艺难度要更低，且节省人力与工时；再则，周长相同的情况下，方形、长方形获得的面积较大，更为经济。

这 71 座城址中，采用双城制的城址有 7 座，内外两重城者 4 座，两城相接者 3 座。多为沿用前代，仅 2 座为汉代新建，分别是与内长城相连的苗庄城址、地处雁门的中陵古城。这应该与汉代城址相对之前功能发生了转变有关，其防御功能下降，行政管理功能转而上升，因而除边郡之地外，汉代新建城址主要采用了单城制结构，而非多城制结构。

(三) 城址的构成

1. 城墙

一座城池最重要的防御设施自然是城墙，而影响城墙防御的两项重要因素便是城墙的高度和宽度。山西发现的汉代城址全部为夯土城墙，但是经过近两千年的历史摧残，早已残破不堪，其高度很难复原。就城墙的宽度而言，当前统计资料显示绝大多数城墙的宽度在8—15米这一区间，仅少数小型或特小型城址墙宽在1—6米区间范围，极个别城址墙宽在24—36米。而夯层厚度介于0.08—0.15米之间者居多，极个别城址夯层厚度高达0.2米以上，或者在0.04—0.08米之间。

2. 城门

目前山西汉代城址发现城门或可能为城门的有13座。一般来说，城址规模越大，城门数量越多。发现3—6门者有5座城址，其中4座在80万平方米以上。剩下8座开1到2门，绝大部分城址面积小于20万平方米。城门宽度有记载者仅4座，分别宽16米、10米、6米、3米，其他城址因资料不足而无法得知。

3. 其他防御设施

主要有城墙外的护城河（城壕），以及城墙本身的附属防御设施，如马面、瓮城、角楼等。有6座发现有护城河（城壕），其中晋阳古城护城河宽28—39米；凤城古城城壕宽约25米；大马城址城壕宽20—25米；中陵古城护城河宽12—50米；赵康古城、秀容古城护城河无数据。

苗庄古城发现马面3座（系内长城的一部分）；南村城址发现马面3座；中陵古城发现瓮城2座（南北墙中部）、马面10座；赵康古城东南角、西南角发现可能与角楼相关的遗迹。绝大部分均位于山西北部，地近北疆。

4. 城内布局

山西发现的83座汉代城址大多只经过调查，城址内部结构不明。发掘工作做得最深的是晋阳古城，但仍未了解汉代太原郡城的布局。

四、城址的年代特征及空间布局

(一) 年代特征

秦始皇统一六国后，为了削弱地方特别是六国故地对抗中央的能力，曾实行过"堕坏城郭"[①] 的政策。但在实际执行中，可能多数是破坏一两座标志性建筑或一段城墙[②]。秦末战乱之后，使得全国许多城邑残破不堪，在此现实情况下，刘邦"令天下县

[①] 《史记》卷六《秦始皇本纪》，第252页。

[②] 张继海：《汉代城市社会》，社会科学文献出版社，2006年，第160页。

邑城"①。

以目前所得的统计资料来看，山西地区83座汉代城址中，沿用前代（春秋、战国、秦）的城址有38座，约占45.8%，而其中仅有1座为秦代所建。而余下的45座城址可能为汉代新建，其中为西汉新建的有13座、东汉新建的仅1座，其余仅标注为汉。需要注意的是，这45座汉代新建者因受原始资料所限，不少时代注明为汉，而实际上可能存在着因工作开展不够深入，从而将其误认为汉代新建的情况。

从城址规模与始建年代之间的相互关系来看，山西地区汉代城址中面积大于168万平方米的大型城址除阳曲县外均为沿用前代，并且这些汉代城址规模相比前代，鲜有扩大者。此外，汉初百废待兴，社会疲敝，主要是增补旧城和新建小城并举，新建中型城为辅。山西汉代城址数量虽然大增，绝大部分面积小于100万平方米，超过半数小于20万平方米。由此可见，山西两汉新建城址多为小城。一方面，这可能与整体上汉代城址的战争防御功能下降、行政管理功能上升的转变有关；另一方面则是因为汉代北疆面对游牧民族的军事压力，加上移民实边的政策，需要新建城池来构筑防线。

另外，45座汉代新建城址中，仅1座明确为东汉，并且部分西汉县城到了东汉被省并，这与东汉初的历史背景有着很大关系，因"百姓遭难、户口耗少""于是条奏并省四百余县"②。而进入东汉中后期，社会经济发展不如前朝，增建新城需求较小。

据史料所载，山西地区秦代69县、西汉89县、东汉77县，当前山西发现的城址年代特征是与这一变化趋势相符合的。

（二）空间布局

本文以《图集》中两汉时期山西各县汉代城址的位置为基准，参考现代中国地形图，结合考古发现的两汉城址位置信息，并以地形、水系两项要素，绘制成图（图1），以此来探究山西两汉城址的选址及空间分布特点。另外，受限于当前资料信息的不充足，本图对于各城址的兴废过程暂无表示。按：图中序号与表1序号相同。

1. 选址

从图1中可以看出，山西两汉城址的选址的共同特点是绝大部分城址均位于河流两岸，大部分城址位于运城盆地、临汾盆地、大同盆地、太原盆地等地形平坦开阔之地；其余城址位于太行、吕梁山脉的山间河谷或小盆地之中。

《管子》云："凡立国都，非于大山之下，必于广川之上，高毋近旱而水用足；下毋近水而沟防省，因天材，就地利，故城郭不必中规矩，道路不必中准绳。"③靠近河流则方便城内生产生活用水，又便于以河流作为天然的防御设施，并且河流本身更是天然的交通通道，便于与外部的物资运输和沟通交流。从图上看，山西汉代城址大部

---

① 《汉书》卷一下《高帝纪下》，第59页。
② 《后汉书》卷一下《光武帝纪下》，第49页。
③ 黎翔凤撰，梁运华整理：《管子校注》卷一《乘马》，中华书局，2004年，第83页。

分建于黄河支流、海河支流两岸。

少量城址则分布在山谷之间，主要是太行、吕梁山脉地区。相对来说，这些地区的城址军事防御功能要较平原地区的城址强，一方面除了城址本身的防护力，还可以借助山川作为自然屏障，因地制宜，发挥地形优势，从而提高防御力。

此外，区域地形地貌也是建城选址的又一重要因素，地势平坦，地面开阔之地，人口众多、社会经济条件好，历来是建城的首选之地。平原、盆地地形十分方便城址的修筑，并且平原上的城址承载力也更大。目前山西发现的21座特大型、大型、中型城址中有16座位于山西中部的几大盆地之中，5座则位于山间小盆地。

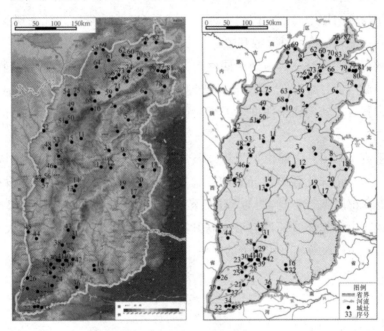

图1　山西两汉城址分布图

2. 分布特征

从城址分布的密度来说，山西地区汉代城址可分为西南部、北部的分布密集区及中部的分布稀疏区。其中西南部形成了大致以河东郡治安邑为核心的经济型城址群，北部形成了大致以雁门、代郡中南部为核心的军事型城址群。中部城址总量不少，但分布稀疏。

究其原因，一方面，可能和当前发掘工作不足有关；另一方面，山西西南部属于"三河"之一，地处汉帝国核心区域，而山西北部地近北疆，军事防御压力大，加上汉政府移民实边等政策，从而形成了当前的分布局面。

（1）西南部城址群

主要位于汉河东郡中部及西南部。本区共计发现汉代城址21座。

从自然环境来看，该城址群地处运城盆地、临汾盆地，地形平坦开阔，并且有黄河支流汾水、涑水流经其间,水源丰富。此外,河东郡有铁官、盐官①,盐铁资源丰富。这些条件都促成了该城址群的形成。

从交通条件看,河东郡地形平坦、水系充足,交通便利,并且河东郡与关中之间往来方便。在此基础上,其社会经济发展状况必然良好。另外,从历史角度来看,河东郡是春秋战国时期三晋故地,是当时晋国的核心地区,开发早且很成熟。

总体上说,山西西南部城址群的形成是由其优越的地理位置以及长久的开发历史所共同决定的。

（2）北部城址群

主要位于汉雁门郡中南部、代郡中部（今大同盆地）。本区共计发现汉代城址15座。周围山间小盆地还有城址分散其中。

从自然环境看,该城址群地处大同盆地,地势平坦,桑干河水系流通其间,水源充足。此外,雁门郡有盐官②,盐业资源比较丰富。

从地理位置看,其自然条件决定了交通比较便利,向南可连通晋阳,向北直抵长城,地理位置十分重要。

从军事上看,雁门、代郡位于北部边郡,毗邻匈奴等北方游牧民族,该城址群北面即为长城,是汉帝国北疆防御屏障的一大重要组成部分。并且雁门郡设有2都尉,代郡更是设有3都尉③,具有鲜明的军事色彩。

总体上说,山西北部城址群的形成是其所处的地理位置、面临的较大军事压力,以及汉朝移民实边政策等相互作用下的结果。

结　语

本文将文献资料与考古资料相结合,对山西发现的83座汉代城址进行了系统性的分析,主要对其形制、年代、空间分布等特征进行了研究。从城址规模方面来讲,以小型、特小型城址数量最多。从城址的形制、结构来看,以方形或长方形为主要平面形制,城墙宽度与所属等级成正相关。城址的城门发现较少,其数量与城址规模成正相关。其他诸如护城河（城壕）、马面、瓮城、角楼等要素,目前发现的很少,主要分布在山西北部,地近北疆。至于城内布局因资料有限不甚清楚。从年代特征上来讲,沿用前代者略少于汉代新建者,并且大型城址多沿用前代。在选址上,绝大部分城址均位于河流两岸且地形平坦开阔之地；分布密度上,在山西西南部、北部分布密集而中部稀疏。

---

① 《汉书》卷二八上《地理志上》,第1550页。
② 《汉书》卷二八下《地理志下》:"楼烦,有盐官",第1621页。
③ 《汉书》卷二八下《地理志下》,第1621页、第1622页。

自史前城址诞生之日起,便是聚落发展的高级形态,同时成为衡量社会复杂化进程的主要标志之一。从春秋战国到汉代,经历了从诸国并立到大一统帝国的转变。而汉代城址的建设也与大一统下郡县制的开展相辅相成。作为汉代城址比较密集的地区,因其南北跨越了帝国京畿区、内部区、边疆区,对于它的研究有助于得到诸多一般性认识及规律,从而以此更好地认识全国范围内的城址,从而更好地把握汉代发展与巩固统一的多民族中央集权的历史进程。

受目前相关考古资料局限性等因素及笔者能力所限,本文在一些方面不能深入展开讨论,所得到的结论也许存在着偏差。关于山西两汉时期城址的讨论,还有待于日后相关考古工作的进一步开展以及诸位学者们的深入研究来完善。

· 秦汉简牍研究 ·

读《荆州胡家草场西汉简牍选粹》汉律令简札记*

曹旅宁

（华南师范大学法学院）

摘要：本文对《胡家草场西汉简牍选粹》中公布的汉律令简牍进行了考释。对其时代、刑名、刑罚及相关术语进行了解说，以期加深对汉初律令法系的认识。

关键词：胡家草场；西汉简牍；汉律令

一、胡家草场汉简《贼律》"以城邑亭障反"条应是文帝以后汉律

胡家草场《贼律》有如下律条："以城邑亭障反，降诸侯，及守乘城亭障，诸侯人来攻盗，不坚守而弃去之，若降1023之，及谋反者，皆腰斩。其城邑反、降，及守乘城弃去若降之，及谋反者，父母、妻子、同产1121无少长，皆弃市。谋反者狱具，二千石官案掾移廷，廷以闻，有报，乃以从事。其坐谋反1122者，能偏捕，若先告吏，皆除坐者罪。1004"①

M247《二年律令·贼律》简1-2："以城邑亭障反，降诸侯，及守乘城亭障，诸侯人来攻盗，不坚守而弃去之，若降之，及谋反者，皆腰斩。其父母、妻子、同产无少长，皆弃市。其坐谋反者，能偏捕，若先告吏，皆除坐者罪。"②

---

* 本文承国家社科基金重点课题"新出秦汉令与中国法制文明的形成"（17FAX005）资助。

① 荆州博物馆、武汉大学简帛研究中心编著：《荆州胡家草场西汉简牍选粹》，文物出版社，2021年，第192页。

② 张家山二四七号汉墓竹简整理小组：《张家山汉墓竹简（二四七号墓）》（释文修订本），文物出版社，2006年，第7页。

读《荆州胡家草场西汉简牍选粹》汉律令简札记

张家山 M336 竹简《贼律》也有类似的律条："以城邑亭鄣反，降诸侯，及守乘城亭鄣，诸侯人来攻盗，不坚守而弃去之若降之，及谋反者，皆要（腰）斩。"①

彭浩先生指出：胡家草场简连坐犯罪者亲属的规定与吕后二年（前186）颁行的《二年律令》本质并无不同，但表述有差异。如前所论，关于亲属坐罪的规定，《二年律令》贼律的指向和表达都更清晰、简练。那么，胡家草场这条贼律简的年代有两个可供考虑的可能，一是早于《二年律令》，在收入《二年律令》时删繁就简；另一种可能是晚于 M336 贼律。但后者于文献无征，即使在汉景帝前元三年（前154）吴楚七国之乱后也未见修改此律的记载。由此或可判断，《二年律令》贼律简 1－2 可能是对胡家草场简贼律修改而来。如推测不误，胡家草场此简的年代应在《二年律令》简1－2 之前，或是汉高祖时期。②

按：彭说第二种说法较可靠，胡家草场此条律文应晚于 M336 贼律。连坐犯罪家属的法令在文帝统治后期或者景帝统治初期得以恢复。

《史记·袁盎晁错列传》载：

迁为御史大夫，请诸侯之罪过，削其地，收其枝郡。奏上，上令公卿列侯宗室集议，莫敢难，独窦婴争之，由此与错有郤。错所更令三十章，诸侯皆喧哗疾晁错。错父闻之，从颍川来，谓错曰："上初即位，公为政用事，侵削诸侯，别疏人骨肉，人口议多怨公者，何也？"晁错曰："固也。不如此，天子不尊，宗庙不安。"错父曰："刘氏安矣，而晁氏危矣，吾去公归矣！"遂饮药死，曰："吾不忍见祸及吾身。"死十余日，吴楚七国果反，以诛错为名。及窦婴、袁盎进说，上令晁错衣朝衣斩东市。③

据此所载，吴楚七国之乱时，汉室从袁盎之策，问晁错以"大逆不道"罪，腰斩于东市。当时劾状载于《汉书·晁错传》，云：

丞相青翟、中尉嘉、廷尉欧劾奏错曰："吴王反逆亡道，危宗庙，天下所当共诛。今御史大夫错议曰：'兵数百万，独属群臣，不可信，陛下不如自出临兵，使错居守。徐、僮之旁吴所未下者可以予吴。'错不称陛下德信，欲疏群臣百姓，又欲以城邑予吴，亡臣子礼，大逆无道。错当要斩，父母妻子同产无少长皆弃市。臣请论如法。"制曰："可。"④

大庭脩认为晁错被认定为"大逆无道"的理由有二：一是"不称天子德信，欲疏群臣百姓"，二是"欲以国家城邑予反逆者吴"，"都是违背臣子之礼"，又举《汉书》

---

① 《张家山汉墓竹简（三三六号墓）》，待刊。彭浩先生认为此条是汉文帝元年（前179）的汉律条文。
② 彭浩：《读胡家草场汉简札记两则》，武汉大学简帛网2021年11月17日。
③ 《史记》卷一〇一《袁盎晁错列传》，中华书局，1982年，第2747页。
④ 《汉书》卷四九《晁错传》，中华书局，1962年，第2302页。

中诸多事例证"亡人臣礼"相当于"不道"。①

"七国之乱"后景帝宣布严惩"首事者"。在第一次大赦令中,景帝就宣布楚元王子刘戊等人与刘濞相互为逆,并开除了他的宗籍;同时,景帝依据《贼律》"以城邑亭部反"条对吴王等"首事者"的妻子、儿女等家属施行"收孥之法"②。所谓收孥之法,又为"收""收录""没""籍没",就是一人犯罪,将其妻子、子女家属等收录为官奴婢,他们可以像商品一样被买卖和赐予,非遇特赦终身为奴,他们主要从事手工业产品的生产、西北马苑的马匹饲养、皇家飞禽走兽及狗马的饲养等事。景帝对吴王及其他叛王或将领的亲属施行此法,显然是相当严厉的。直至刘彻登极为武帝的当年(前140),武帝哀怜这些"帑输在官"的宗亲或高官亲属,恢复了他们的平民身份,从此才使他们结束了长达十四年官奴婢的生涯。

如果胡家草场《贼律》此条确为文帝以后的汉律条文,同时也反映出汉初收孥连坐之制存废的复杂情景。

二、从胡家草场汉简《贼律》条文看秦汉髡刑及汉文帝废除肉刑

张家山汉简《二年律令》:

> 贼燔城、官府及县官积聚(聚),弃市。贼燔寺舍、民室屋庐舍、积聚(聚)黥为城旦舂。其失火延燔之,罚金四两,责(债)所燔。乡部、官啬夫、吏主者弗得,罚金各二两。③

胡家草场《贼律》:

> 贼燔寺舍、民室屋、庐舍积聚(聚),髡为城旦舂。其失火延燔之,罚金四两,责所燔。1260④

按:胡家草场此条汉律显然由《二年律令》条文修改而成,或为汉文帝刑制改革后的律文。因汉文帝除肉刑,故将《二年律令》律条中的黥刑改为髡刑。这也结束了秦汉律令中有无髡刑的争论。

---

① 〔日〕大庭脩著,林剑鸣等译:《秦汉法制史研究》,上海人民出版社,1991年,第110—111页。
② 参见彭年:《秦汉族刑、收孥、相坐诸法及其施行之探讨》,载四川师范大学历史系编:《秦汉史论丛》,巴蜀书社,1986年,第157页。
③ 张家山二四七号汉墓竹简整理小组:《张家山汉墓竹简(二四七号墓)》(释文修订本),第8页。
④ 荆州博物馆、武汉大学简帛研究中心编著:《荆州胡家草场西汉简牍选粹》,第192页。

三、胡家草场汉简《囚律》一条关于当谅（刑讯逼供）的法律规定

胡家草场《囚律》：

  囚死、病、当谅（掠）者，必与令、长、视事者杂（杂）诊，书之。故避弗诊、书，1205若毋（无）书而谅（掠），皆戍二岁。1212①

按：对当掠即刑讯逼供有了明确规定，即令、长、视事者一起决定并写下书面记录，规避法律不执行者戍二岁。

睡虎地秦简《封诊式》：

  治狱

  治狱，能以书从迹其言，毋治（笞）谅（掠）而得人请（情）为上；治（笞）谅（掠）为下，恐为败。

  讯狱

  凡讯狱，必先尽听其言而书之，各展其辞，虽智（知）其訑勿庸辄诘。其辞已尽书而毋（无）解，乃以诘者诘之。诘之有（又）尽听书其解辞，有（又）视其它毋（无）解者以复诘之。诘之极而数訑，更言不服，其律当治（笞）谅（掠）者，乃治（笞）谅（掠）。治（笞）谅（掠）之必书曰：爰书，以某数更言，毋（无）解辞治（笞）讯某。②

由此可看出，秦代掠囚须书之；汉初《囚律》记述的相关规定始于秦代。

四、胡家草场汉简《囚律》"月晦日报囚"与董仲舒秋冬行刑说

晦日是指夏历（农历、阴历）每月的最后一天，即大月三十日、小月二十九日，正月晦日作为一年的第一个晦日即"初晦"，受到古人的重视。

胡家草场汉简《囚律》：

  当以月晦报囚于市，春戌、夏丑、秋辰、冬未及壬、乙、戊辰、戊戌、戊午。月省1217③

《史记·魏其武安侯列传》：

  孝景时，魏其常受遗诏，曰："事有不便，以便宜论上。"及系，灌夫罪至族，

---

① 荆州博物馆、武汉大学简帛研究中心编著：《荆州胡家草场西汉简牍选粹》，第193页。
② 睡虎地秦简整理小组：《睡虎地秦墓竹简》，文物出版社，1990年，第147—148页。
③ 荆州博物馆、武汉大学简帛研究中心编著：《荆州胡家草场西汉简牍选粹》，第193页。

事日急，诸公莫敢复明言于上。魏其乃使昆弟子上书言之，幸得复召见。书奏上，而案尚书大行无遗诏。诏书独藏魏其家，家丞封。乃劾魏其矫先帝诏，罪当弃市。五年十月，悉论灌夫及家属。魏其良久乃闻，闻即恚，病痱，不食欲死。或闻上无意杀魏其，魏其复食，治病，议定不死矣。乃有蜚语为恶言闻上，故以十二月晦论弃市渭城。①

按：董仲舒秋冬行刑之议实行于武帝之时，多采阴阳家学说。而汉初行刑只规定每月晦日为报囚行刑之日。

五、胡家草场汉简《葬律》2803 简"鲁元园"与《史记》《汉书》中的"鲁元王"及"鲁王"

新公布的胡家草场西汉简《葬律》：

诸幸得葬高园、孝惠园，皆令得与妻会葬，县毋得为其妻穿。葬鲁元园，比。2803②

按：这是规定从葬于高祖长陵、孝惠帝安陵者，都可以夫妻合葬，地方县不得为其妻单独营建墓葬。从葬于鲁元王陵园者，亦比照准许夫妻合葬。

《史记·吕太后本纪》：

宣平侯张敖卒，以子偃为鲁王。敖赐谥为鲁元王。③

《史记·张耳陈余列传》：

汉五年，张耳薨，谥为景王。子敖嗣立为赵王。高祖长女鲁元公主为赵王敖后……张敖已出，以尚鲁元公主故，封为宣平侯……张敖，高后六年薨。子偃为鲁元王。以母吕后女故，吕后封为鲁元王。元王弱，兄弟少，乃封张敖他姬子二人：寿为乐昌侯，侈为信都侯……孝文帝即位，复封故鲁元王偃为南宫侯，续张氏。④

按：本纪谓张偃为鲁王，列传谓其为鲁元王，不知孰是？《史记集解》引《关中记》曰："张敖冢在安陵东。"《史记索隐》案："谓偃以其母号而封也。"《史记正义》："鲁元公主墓在咸阳县西北二十五里，次东有张敖冢，与公主同域。又张耳墓在咸阳县东三十三里。"⑤

《汉书·张耳传》所记内容与上引《史记·张耳陈余列传》大致相同，惟《史记》称张偃为"鲁元王"之处《汉书》皆作"鲁王"，删"元"字应有一定道理。梁玉绳

---

① 《史记》卷一〇七《魏其武安侯列传》，第 2853 页。
② 荆州博物馆、武汉大学简帛研究中心编著：《荆州胡家草场西汉简牍选粹》，第 196 页。
③ 《史记》卷九《吕太后本纪》，第 404 页。
④ 《史记》卷八九《张耳陈余列传》，第 2582 页、第 2585 页、第 2586 页。
⑤ 三处均见《史记》卷八九《张耳陈余列传》，第 2586 页。

每见《史记》中言张偃为"鲁元王"之处,辄曰"衍文",在一定程度上认可了班固的论述,但"衍文"之论论据不足。张家山汉简《津关令》中有鲁侯居长安,鲁御史、鲁中大夫、鲁郎中自给马骑,得买马关中的条文。可能的情景是这样的,赵王被废,但鲁元公主的政治地位未变,故有被尊为王太后之事,与王国地位相应的官署并未废止。此鲁侯为张敖亦可视为鲁元侯,后来的鲁王张偃亦可视为鲁元王,皆由鲁元公主而得名。

胡家草场西汉简《葬律》中鲁元园为鲁元公主薨后所葬墓园,张敖卒后又以鲁元王礼葬此。曾为鲁王的张偃当亦葬于此。估计贯高等赵王客随赵王入关后为二千石者夫妇亦归葬于此。《葬律》未提孝文园,可证此有可能为文帝时的《葬律》条文。推测《葬律》未公布的条文亦规范了诸侯王墓葬之事。《史记》中的张偃曾为鲁元王是正确的,《汉书》中的张偃曾为鲁王也是正确的。胡家草场《葬律》2803一简以定四谳。何幸如之!何乐如之。

六、胡家草场汉简中的"乏祠"

睡虎地 77 号汉墓所出简 M2 文书涉及春祠社稷:"春祠社稷,当用牡彘二,谒令吴阳、阳武乡输五年所遗各一,会二月朔日厨给,卒毋失期乏祠。"① 牡彘即小公猪,春祠社稷,二月朔日,即二月初一,失期乏祠必有罚则,当为《祠律》所规定。睡虎地 77 号汉墓所出汉律有《祠律》一种,尚未公布,但据简 M2 可以了解一二。

胡家草场汉简《腊律》:若齋(斋)而与妻婢姘及奸,皆弃市。当给祠具而乏之,及鬼神置不具进,若当斋给祠而诈避者,其宗庙、上帝祠也,耐为隶臣妾;它祠,罚金十二两;它不如令者,皆罚金。2470②

据此,乏祠当耐为隶臣妾。颇疑此题名《腊律》条文当归属《祠律》。

七、胡家草场汉简《祠律》中的特牲及太牢

胡家草场汉简《祠律》:"二千石不起病者,祠以特牲,家在长安中者,谒者致祠,千石至六百石吏,祠以太牢。"1552③

《史记·孔子世家》:

> 鲁世世相传以岁时奉祠孔子冢……高皇帝过鲁,以太牢祠焉。诸侯卿相至,常先谒然后从政。④

---

① 熊北生、陈伟、蔡丹:《湖北云梦睡虎地 77 号西汉墓出土简牍概述》,《文物》2018 年第 3 期。
② 荆州博物馆、武汉大学简帛研究中心编著:《荆州胡家草场西汉简牍选粹》,第 196 页。
③ 荆州博物馆、武汉大学简帛研究中心编著:《荆州胡家草场西汉简牍选粹》,第 197 页。
④ 《史记》卷四七《孔子世家》,第 1945—1946 页。

按：从《祠律》"千石六百石吏，祠以太牢"的规定看来，孔子在汉初地位并未显赫，祭祀地位未达到"二千石祠以特牲"（一整只公牛），只相当于"千石六百石吏，祠以太牢"的待遇及地位。

田余庆先生《说张楚》"后记"有云：

> 从汉墓张楚帛书论及汉初重张楚问题，不可忽略汉高祖刘邦对张楚的态度。《史记·高祖本纪》十二年十二月高祖曰："秦始皇帝、楚隐王陈涉、魏安厘王、齐愍王、赵悼襄王皆绝无后，予守冢各十家，秦皇帝二十家，魏公子无忌五家。"陈胜守冢之数，《汉书·高帝纪》亦作十家。而《史记·陈涉世家》记载详明，谓"高祖时为陈涉置守冢三十家砀，至今血食"，《汉书·陈胜传》又缀以"王莽败，乃绝"之语，足见确凿可信。陈胜守冢之数优于秦始皇及其它六国君长，表明汉高祖对张楚的特殊态度。①

按：由《祠律》祭祀按官员品秩高低享受特牲、太牢的差异，我们推测汉初守冢之数的不同规定应出自汉《祠律》，尚待胡家草场未公布《祠律》条文证实。

八、说胡家草场汉简《治水律》中的堤

《考古》2005年第8期刊发拙文《香港中文大学文物馆藏河堤简释义》指出：河堤实际上是围垦江河沙洲所形成的村落田地，河堤的首要功能是防范洪水。胡家草场汉简《治水律》：

> 为之不谨，而决溃、流邑，若杀人，匠为者及民葆（保）者，罚金各四两，啬夫、吏主者各二两；2490 不流邑，不杀人，而流稼三顷以上，若坏人田舍、流道、挢（桥）、堤，它功，缮治之。用积徒五十人2483以上，匠、民葆（保）罚金各二两，啬夫、吏主者各一两，都水吏、匠不坐蠡（蠡）渠。2481②

按：此条律文为拙说提供了新证。

九、胡家草场汉简《蛮夷诸律》与张家山汉简《奏谳书》毋忧案

胡家草场汉简《蛮夷诸律》9条简中5条已公布，新公布的4简引起了我们的注意：

> 亡道外蛮夷及来归、自出，外蛮夷人归义者，皆得越边塞徼入。1272
> 蛮夷长以上其户不賨，其邑人及翟（狄）邑，岁出賨，户一百一十二钱，欲

---

① 田余庆：《秦汉魏晋史探微》（重订本），中华书局，2004年，第26页。
② 荆州博物馆、武汉大学简帛研究中心编著：《荆州胡家草场西汉简牍选粹》，第196页。

出金八朱（铢）者，许。1582

蛮夷人不可令乘城鄣者，勿令戍边；其有罪当戍者，令居＝（居居）县道。2596

以上，令赎。为汉以来＝（来，来）入者，子产汉而为真者，不用此律。1584①

按：1272简讲逃亡蛮夷地区者来归、自首及蛮夷归顺皆得内徙。1582讲蛮夷长户免除賨钱，其余蛮夷户纳賨钱一百一十二钱，或以金八朱代替。一户以五口计算，口賨钱二十四钱，较后世口賨钱四十文为低。《后汉书·南蛮传·板楯蛮夷》："秦地既定，乃遣还巴中，复其渠帅罗、朴、督、鄂、度、夕、龚七姓，不输租赋，余户乃岁入賨钱，口四十。"② 晋常璩《华阳国志·巴志》："汉兴，亦从高祖定秦有功。高祖因复之，专以射白虎为事，户岁出賨钱口四十，故世号白虎复夷。"③ 2596简讲蛮夷不得登城守卫，不得戍边，当是从政治立场上考虑以蛮夷不足信任。《左传·成公四年》载："非我族类，其心必异。"④ 当解释为：不是我们同家族的人，他们必定不同我们一条心。蛮夷犯罪当戍也只在所居县道居作。原因同上。

睡虎地秦简《法律答问》：

真臣邦君公有罪，致耐罪以上，令赎。可（何）谓真？臣邦父毋产子及产它邦而是谓真。可（何）谓夏子？臣邦父，秦母谓也。⑤

可（何）谓"赎鬼薪鋈足"？可（何）谓"赎宫"？臣邦真戎君长，爵当上造以上，有罪当赎者，其为群盗，令赎鬼薪鋈足；其有府（腐）罪，【赎】宫。其它罪比群盗者亦如此。⑥

这里的真，指纯属少数民族血统。秦对少数民族有优待的规定，如《后汉书·南蛮传》："及秦惠王并巴中，以巴氏为蛮夷君长，世尚秦女；其民爵比不更，有罪得以爵除。"⑦ 可参考。并得到胡家草场汉简《蛮夷诸律》第2597简"蛮夷君当官大夫，公诸侯当大夫、右大夫、左大夫，彻公子当不更，籍"的证实。1584简显示蛮夷上层取得适用赎刑的法律特权资格，从汉朝建立时即入汉开始起算。入汉后的蛮夷所生之子即不得享用此法律权。由此可见2596、1584简律文制定的时代上限较早。

张家山汉简《奏谳书》汉高祖十一年（前196）八月南郡夷道蛮夷毋忧已被征发戍边后因逃亡遭腰斩。毋忧在法庭上抗辩理据有二，蛮夷不服兵役，以賨钱代租税即

---

① 荆州博物馆、武汉大学简帛研究中心编著：《荆州胡家草场西汉简牍选粹》，2021年。
② 《后汉书》卷八六《南蛮传》，中华书局，1965年，第2842页。
③ ［晋］常璩撰，刘琳校注：《华阳国志校注》卷一《巴志》，巴蜀书社，1984年，第35页。
④ 杨伯峻编著：《春秋左传注》（2版修订本），中华书局，1990年，第731—732页。
⑤ 睡虎地秦简整理小组：《睡虎地秦墓竹简》，第135页。
⑥ 睡虎地秦简整理小组：《睡虎地秦墓竹简》，第120页。
⑦ 《后汉书》卷八六《南蛮传》，第2841页。

《蛮夷律》交纳賨钱之1582简、不用服兵役之2596简。① 毋忧交纳賨钱为一年五十六文,远较1582简规定钱数为高。但毋忧最后仍被处腰斩,理由是虽不当屯,但已被征发为屯,中途逃亡应被治罪。这种法律适用的差异,或许是军法效力高于普通法,或许是巴蜀蛮夷从龙首义在先受优待之故欤!

十、胡家草场汉简《兴律》举烽弗和

张家山汉简《二年律令·兴律》:
  守燧乏之,及见寇失不燔燧,燔燧而次燧弗私(和),皆罚金四两。405②
胡家草场汉简《兴律》:
  郡、内史有蓬(烽)遂(燧)者,令人守=(守,守)乏、私自作,罚金四两;官嗇夫、吏主者未得,罚金各二两;寇至,卒失不举蓬(烽)=燔燧=(举烽燔燧,举烽燔燧)次弗和,若吏使守蓬(烽)遂(燧)卒作为它事,以故乏、失,皆耐为司寇;嗇夫、吏主者,罚金十二两。1291③
后者详备,刑罚由罚金四两加重为耐为司寇,显然是在前者基础上修改而成。

十一、胡家草场汉简《外乐律》中的"卒"

胡家草场汉简《外乐律》:
  五行舞用八十人,其卌人卒,教舞员十人。2556 五德舞用卌八人,其廿四人卒。文始舞用六十四人,其卅二人卒。2518④
其中"卒"为何意?《湖北荆州市胡家草场西汉墓M12出土简牍概述》⑤ 一文指出:"还规定了其中多少人由卒来担任。"其实,卒是分组、分队之意。古代军队编制,一百人为一卒(见《周礼·夏官·诸子》郑玄注)。又古以兵车三十乘为一卒,见《左传·宣公十二年》:"我曲楚直,不可谓老。其君之戎分为二广,广有一卒,卒偏之两。"杨伯峻注:"广有一卒者,谓每部之车数有一卒耳。其数为偏之两,即两偏,故又云卒偏之两……楚以三十乘为一卒,以一卒为一广。说详江永《群经补义》。"⑥ 至

---

① 张家山二四七号汉墓竹简整理小组:《张家山汉墓竹简(二四七号墓)》(释文修订本),第91页。
② 荆州博物馆、武汉大学简帛研究中心编著:《荆州胡家草场西汉简牍选粹》,第193页。
③ 张家山二四七号汉墓竹简整理小组:《张家山汉墓竹简(二四七号墓)》(释文修订本),第63页。
④ 荆州博物馆、武汉大学简帛研究中心编著:《荆州胡家草场西汉简牍选粹》,第196页。
⑤ 李志芳、蒋鲁敬:《湖北荆州市胡家草场西汉墓M12出土简牍概述》,《考古》2020年第2期。
⑥ 杨伯峻编著:《春秋左传注》(2版修订本),第731—732页。

于分组后是同时舞蹈,还是轮流舞蹈,其他没公布的相关简文也许有规定。

十二、胡家草场汉简《朝律》"中二千石"

章菁先生 2021 年 11 月 1 日在武汉大学简帛网上发表《读胡家草场汉简〈朝律〉札记》一文指出:

新公布的胡家草场《朝律》:

> 再拜,反(返)立(位)。郎中举壁(璧)。典客胪传:"中二千石进。"大行拜如将军。典客胪传曰:"诸侯王 380 使者进,至末宾。"末宾出,引使者,使者趋,随入,并(并)跪末宾左。典客复胪传初初。大行左出,使 379①

今从彭浩先生的观点,将此句改释为:"诸侯王使者进,至来宾,来宾出,引使者,使者趋,随入,并(并)跪来宾左。"② 该句与胡平生先生在《中国湖北江陵张家山汉墓出土竹简概述》一文中释读出的若干张家山汉简《朝律》中第 25 条:"王使者进至来=宾=出"③ 密切相关,张家山汉简"王"字前或残"诸侯"二字。

胡先生释读出的《朝律》另有:

26、趋下就立(位) ╚少府中郎进

28、并(并)跪大行左,大行进跪曰

30、后五步,北上,谒者一人立东陛者南面,立定。典客言俱,谒者以闻,皇帝出房,宾九宾及朝者④

胡家草场及张家山所出《朝律》可与《史记·刘敬叔孙通列传》所涉相关内容对照:"先平明,谒者治礼,引以次入殿门,廷中陈车骑步卒卫宫,设兵张旗志,传言'趋'。殿下郎中侠陛,陛数百人。功臣列侯诸将军军吏以次陈西方,东向;文官丞相以下陈东方,西向。大行设九宾,胪传。于是皇帝辇出房,百官执职传警,引诸侯王以下至吏六百石以次奉贺。"⑤ 有助于对汉初朝仪的复原。

另,胡家草场简中出现了张家山汉简《秩律》所未见的"中二千石"秩级,而目前传世文献中最早出现"中二百石"是在《史记·孝文本纪》载汉景帝元年(前 156)

---

① 荆州博物馆、武汉大学简帛研究中心编著:《荆州胡家草场西汉简牍选粹》,第 54—55 页。
② 彭浩:《读胡家草场汉简札记两则》,武汉大学简帛网 2021 年 11 月 17 日。
③ 胡平生:《中国湖北江陵张家山汉墓出土竹简概述》,〔日〕大庭脩编:《汉简研究的现状与展望:汉简研究国际シンポジウム'92 报告书》,关西大学出版社,1993 年,第 273 页;拙作《张家山 336 号汉墓〈朝律〉的几个问题》,《华东政法大学学报》2008 年第 4 期。
④ 胡平生:《中国湖北江陵张家山汉墓出土竹简概述》,〔日〕大庭脩编:《汉简研究的现状与展望:汉简研究国际シンポジウム'92 报告书》,第 273 页。
⑤ 《史记》卷九九《刘敬叔孙通列传》,第 2723 页。《朝律》研究可参拙作《张家山 336 号汉墓〈朝律〉的几个问题》,《华东政法大学学报》2008 年第 4 期。

十月事，制诏御史："其与丞相、列侯、中二千石、礼官具为礼仪奏。"① 故胡家草场《朝律》或是在张家山汉简的基础上有所更新。

按：承彭浩先生指教：胡家草场汉简 M12《朝律》的"中二千石"是京师诸署主官及内史，似不应看作秩级。

十三、胡家草场汉简《少府令》《卫官令》序号及成文法化

《少府令》：

卅（卅）七伐取材木山林，大三韦（围）以上，十税一；不盈十，直（值）买（价）十钱，税一钱。匿不自占，戍二岁，没入所取，乡部田啬夫、士吏＝（吏、吏）部主弗得，罚金各二两，令、丞、史各一两。擅禁山林、公草田，若和租者家长戍二岁，没入所租，乡部、田啬夫、吏、尉＝（尉、尉）史、士吏、部主弗得，夺劳一岁，令、丞、史各六月。2192②

《卫官令》：

二出入殿门、司马门、卫门，毋得白冠、素履、竹簪、不绔（袴）。入殿门＝（门、门）者止。犯令及门者弗得，罚金四 2249③

按："卅七""二"为该条令文在该令章的序号。与张家山 247 号墓汉简《津关令》、张家山 336 号墓汉简《功令》同例。以此亦可推知，胡家草场汉简诸令章皆同此编排，这不能不说是汉初萧何次律令的功绩。

《少府令》此条罚则为《少府令》第卅七条，有夺劳一年、六个月的规定。成文制定法意味浓厚而非行政事例纯粹按时间排比。

《卫官令》此条为《卫官令》第二条，禁止的衣冠有可能为常服或孝服。不绔应是不穿袜裤。与张家山二四七号墓《二年律令》所收《津关令》相比，成文制定法的意味浓厚。

十四、胡家草场汉简与睡虎地秦简《法律答问》中的锦履

《荆州胡家草场西汉简牍选粹》六簿籍一：

出六百廿四顾（雇）盖上一

出千八百七十五买绣二丈五尺（尺，尺）七十五上二

出千二百卌买绛一匹尺卅（卅）二上三

---

① 《史记》卷一〇《孝文本纪》，第 436 页。
② 荆州博物馆、武汉大学简帛研究中心编著：《荆州胡家草场西汉简牍选粹》，第 197 页。
③ 荆州博物馆、武汉大学简帛研究中心编著：《荆州胡家草场西汉简牍选粹》，第 197 页。

出百八十买编径（经）履一两长尺 上
　　出卌买偏（编）诸 上五
　　凡三千九百五十九 上六
　　卖□千八百五十疎（梳）比（篦）二百六十 下
　　钱不足千八百卌九 下二木牍5①

睡虎地秦简《法律答问》：

　　"毋敢履锦履。""履锦履"之状可（何）如？律所谓者，以丝杂织履，履有文，乃为"锦履"，以锦缦履不为，然而行事比焉。

　　【注释】缦，读为鞔（音蛮），《吕氏春秋·召类》注："鞔，履也，作履之工（腔）也。"《说文》段注："履腔，如今人言鞋帮也。"《中华古今注》："麻鞋，周文王以麻为之，名为麻鞋，至秦以丝为之，令宫人侍从着之，庶人不可。"可与本条参看。

　　【译文】"不准穿锦履"。"穿锦履"的样子是怎样的？律文所说，用不同色彩的丝织鞋，鞋上有花纹，才算锦履，用锦做鞋帮，不算锦履，然而成例同样论处。②

　　按：胡家草场径（经）履当为锦履，一两当为一双。价一百八十。睡虎地秦简显示当时人一日伙食费为2钱，一双锦履相当于一人三个月伙食费，不可谓廉。秦律此律条不知属于何律。胡家草场汉简此条买锦履资料说明不许穿锦履的规定在汉初已弛禁。此外，2018年《文物》第3期发表的《湖北云梦睡虎地77号墓出土简牍概述》一文公布了《市贩律》简118—120的律文，并指出："《市贩律》记有大量商品名和劳作品，颇费推敲。"③胡家草场汉简六簿籍一中的雇盖，买绣、绛、履，卖梳笓应该有助于对《市贩律》的理解。

---

① 荆州博物馆、武汉大学简帛研究中心编：《荆州胡家草场西汉简牍选粹》，第202页。
② 睡虎地秦简整理小组：《睡虎地秦墓竹简》，第131页。
③ 熊北生、陈伟、蔡丹：《湖北云梦睡虎地77号西汉墓出土简牍概述》，《文物》2018年第3期。

斯坦因所获敦煌汉简释读札记*

张俊民

（甘肃省文物考古研究所）

摘要：斯坦因发现敦煌汉简是1907年的事，其重要性引起国人的高度重视。但因这批数据整理的时间比较早，在简牍整理的草创期，可供使用的图版、数据非常少，制约与影响简牍的释文乃至研究。在充分掌握资料与手段的今天，借助积累的人名、地名、官名等辞例重新对读原书图版，会发现一些重要的字词还是有必要加以纠正的。如"七"字写法的演变、辞例"试守""与此""给法所当得""知券齿""赵"等，其中还有一直被诸家认为是《苍颉篇》的简敦·1850，应该是对某种物品规格的限定，而不是《苍颉篇》散简。

关键词：斯坦因；敦煌汉简；简牍学；西北史地；丝绸之路

斯坦因第二次中亚探险，在1907年穿越罗布泊到达今天敦煌西北，在长城沿线的烽火台附近掘获的汉简是"汉晋遗简"的大宗。这些文书最先委托法国汉学家沙畹整理，1913年沙畹以第二次探险所获汉文文书的整理与研究出版《斯坦因东土耳其斯坦沙漠发现的汉文文书》①；1914年，罗振玉、王国维在东京出版《流沙坠简》，被叶恭绰称为"破天荒之一事"②。1931年，张凤出版《汉晋西陲木简汇编》，再次进行了收录与整理。③ 即便如此，这些资料也是一般人很难看到的。1984年，林梅村、李均明编辑《疏勒河流域出土汉简》，虽为广大学者的使用提供了方便，但已经是文字与图版分离，有文无图。④

对斯坦因所获敦煌汉简的整理，首先受时代的制约比较明显：时代的成像技术，

---

* 国家社科基金重大项目"中韩日出土简牍公文书资料分类整理与研究"（20&ZD217）阶段性成果之一。

① 〔法〕沙畹：《斯坦因东土耳其斯坦沙漠发现的汉文文书》，牛津大学出版部，1913年。行文简称"斯书"。

② 张凤：《汉晋西陲木简汇编》之叶序，上海有正书局，1931年。

③ 张凤：《汉晋西陲木简汇编》，上海有正书局，1931年。

④ 林梅村、李均明：《疏勒河流域出土汉简》，文物出版社，1984。行文简称"疏简"。

出版技术；在流传过程中的限制，很多人难以看到图版；简牍整理的草创期，可资旁证的信息有限。大大制约了对这批简牍的认识。

20世纪90年代，马圈湾汉简的整理者将当时所能见到的敦煌汉简全部收入《敦煌汉简》，编号也只有2485，其所择录的图版已经远不如前①；差不多同时，日本学者大庭脩远赴伦敦，对这批简牍重新照相，由同朋舍出版《大英图书馆藏敦煌汉简》②。2001年，编辑《中国简牍集成》时，敦煌汉简的主要整理成员吴礽骧又对释文做了部分调整。③2013年利用高清技术重新出版的马圈湾汉简，并不包括早年的敦煌汉简，也就是斯坦因所获汉简的图版并没有得到改进。④2014年，吉林大学白军鹏的博士论文，采众家之长，成为后来的《敦煌汉简校释》。⑤将敦煌汉简的研究提升到一个新的阶段。

是后，虽有部分学者涉猎敦煌旧简，终因图版之故，差强人意。因搜集国家社科基金重大项目"敦煌中外关系史料的整理与研究（19ZDA198）""中韩日出土简牍公文书资料分类整理与研究（20&ZD217）"资料，笔者才将注意力放在敦煌汉简，尤其是斯坦因所获的敦煌旧简。将现有流行的释文与原图版进行逐一对读，竟然发现一些可以改进的释文。不揣简陋，提出来以期引起学术界对斯坦因所获敦煌汉简再整理的重视。

一、西北汉简中易淆的"七""十"问题

作为西北汉简整理的老问题⑥，简牍上的"七"字字形多是"横长竖短"（或竖短而粗），"十"字多作"横短竖长"，至王莽改制作"桼"字，东汉复更为西汉"七"形。而"七"与"十"字的差异在手写体与急就的简牍上是难以区分、易于混淆的。"七"字下部出现弯曲的现象已经是较晚的事。最直接的证据就是敦煌一棵树烽燧出土甘露年间的晋简，早先误作西汉简，目前已更为晋简。⑦"小浮屠简"的"七"字也有明显的弯曲，那么何时"七"字下面出现弯曲现象呢？感觉在斯坦因所获的敦煌汉简中现有流行的释文仍存在混淆的状况，而"七"字弯曲的时间似乎可以找到相对合适的证据。与之相关的简文有：

简1. 敦德步广尉曲平望塞有秩候长，敦德

---

① 甘肃省文物考古研究所：《敦煌汉简》，中华书局，1991年。行文简"敦简"。
② 〔日〕大庭脩：《大英图书馆藏敦煌汉简》，同朋舍，1990年。行文简称"大简"。
③ 《中国简牍集成》编委会：《中国简牍集成》，敦煌文艺出版社，2001年。行文简称"集成"。
④ 张德芳：《敦煌马圈湾汉简集释》，甘肃文化出版社，2013年。
⑤ 白军鹏：《敦煌汉简校释》，上海古籍出版社，2018年。行文简称"白校"。
⑥ 马先醒：《简牍文字中七、十、三、四、卅、卌等问题》，（台北）《简牍学报》第1期。
⑦ 邓天珍、张俊民：《敦煌汉简札记》，《敦煌研究》2012年第2期。

亭间田东武里五士王参，秩庶士　　　　　　　　　　　　　　　　（第一栏）
　　新始建国地皇上戊元年<u>七</u>月乙未迹尽二年九月晦，积三百六十日，除月小五日，定三百
　　五十五。以令二日当三日，增劳百<u>桼</u>十<u>桼</u>日半日，为五月二十<u>桼</u>日半日。（第二栏）

敦·1854

本简比较完整，字迹较清晰。文书性质属于"功劳案"。① 书绳之外，还将文字分作上、下二栏。在"斯书"第166页，"疏简"317号。其中的"七"字，"白校"同"敦简""集成"作"七"，《敦煌汉简释文》同"疏简""大简"作"十"字。②

为什么怀疑本简的"七"字呢？首先本简是王莽简③，按照王莽简的行文格式"七"字应作"桼"形，本简释作"七"字有违王莽简例。既然如此，为何已有的释文多作"七"而不作"十"字呢？

图版此字作"━"形，是不是"十"字？本简还出现四个没有疑问的"十"字，其中第四个作"┳"形，相对于这两个字形，另外三个都还可以算作竖长的"十"字。我们选出来的字形按照西北汉简的释读方式直接释作"七"字没有问题。关键是本简除三个"桼"字外，还有时间的计算。因为有"桼"字，本简应该不会出现"七"字。第四个"十"可以竖短，为何"十"字不是"竖短"呢？作为"功劳案"的计算日期是三百六十天，若从七月算起，总日子应该是四百余天，而不是三百六十天。

基于时间计算的总数，简牍上"十""桼"的现有字形，本简的"━"，只能释作"十"字，释作"七"字是错误的。为何本简的"十"字竖比较短，原因是本简的文字过于多，书写时间距受限所致。

简2．入西蒲书二封。其一封，文德大尹章诣大使五威将莫府。
　　一封，文德长史印诣大使五威将莫府。始建国元年<u>七</u>月辛未日食时，关啬夫□受<u>戊</u>卒赵彭。

敦·1893

本简长度完整，下部有隙裂，可知木质是红柳。文书性质属于"过书刺"。字迹局部漫漶，致释文存在争议。有关具体的分歧"白校"有述，所录释文据"白校"。按照"白校"已有的释文"七"字多作"十"字，其据陈文豪的历日与字形考证作"七月"是正确的。但是根据我们对上述简1的探讨，单从字形来判断王莽简的"七"与"十"字是需要小心的。但是，按照《二十史朔闰表》始建国元年（9）十月是己亥

---

① 张俊民：《悬泉汉简所见文书格式简》，《简帛研究（2009）》，广西师范大学出版社，2011年。
② 吴礽骧、李永良、马建华：《敦煌汉简释文》，甘肃人民出版社，1991年。行文简称"敦文"。
③ 〔日〕森鹿三著，姜镇庆译：《居延出土的王莽简》，《简牍研究译丛》第一辑，中国社会科学出版社，1983年；饶宗颐、李均明：《新莽简辑校》，新文丰出版公司，1995年。

朔，无癸未日。① 而七月是庚午朔，才有癸未日。

而本简的"辛"字，诸家释读无异议，与字形稍异。此字作"󰀀"形，左下一撇较为明显，若释作"辛"字则尾笔重心偏移。疑不是"辛"字而是"癸"字。细审图版，将右下一笔减去，此字作"󰀀"形，应释作"癸"字。

本简的"关"字比较独特，"门"部的左右框距离过于近，以至在门内写不下"󰀀"部。"受"字上的未释字，据"斯书（第154页）"与"大简（357简）"图版均无笔迹，"□"处原有的应存人名未书，表示一个字的符号"□"应删除；"受"下的"戌"字是不妥的。"卒"上应该是两个字，是烽隧名称。第一字字体作"󰀀"形，中间受裂隙黑影影响，应释作"昌"字；第二个字"宀"部左侧不存，应释作"安"字。"昌安"隧，也就是很容易让人联想的"昌安仓"，就是今天一般所说的"大方盘城"。

简3. 入粟二斛。起五月十一日，尽月。
建初二年五月七日，富贵卒王利受□✓　　　　　　　　敦·2088

本简下残，粟出入簿。在"斯书"图版的第166页。本简的"七"字，"疏简""敦文""大简（557简）"均作"十"字，"敦简"与"白校"作"七"字。字形与首简"功劳案"近似，以文义与字形应作"十"字。因为"建初二年"是公元108年，已经到东汉中期。此时"七"字下部已经出现弯曲。见后文。

简4. 入七月奉麦四斛　永平四年七月乙亥，□□✓　　　　敦·2176

本简下残，文书性质同前，图版在"斯书"第164页。永平四年是东汉明帝公元61年。本简的"七"字，已有的释文诸家均作"七"字。"疏简"与"大简"二书编号同，是761号。但是本简有两个"七"字，上面的"七"作"󰀀"形，下面的作"󰀀"形。所以后一个"七"字应释作"十"字。根据本简的两个字形，可以断定在此时"十""七"字形已经不再容易混淆，即"七"字下面已经出现了弯曲。

那么何时出现弯曲呢？恰好斯坦因所获敦煌汉简建武年间的简牍有图像可证。简文如：

简5. 入七月奉穬麦八斛。建武廿九年七月丁酉，高望隧长代张蒲受万岁候长赦。　　　　　　　　　　　　　　　　　　　　　　　　　敦·2182

本简完整，在"斯书"图版第164页，"疏简"与"大简"编号同作767。已有释文诸家无异议。本简的两个"七"字，上面的比较清晰，作"󰀀"形；下面的有点模糊，作"󰀀"形。二字虽有差异，但"七"字下面的弯曲还是明显存在的。本简的明确纪年是建武二十九年（53），估计是目前已知最清楚的时间。是不是更早一些时间出现弯曲现象？还值得再考虑。

---

① 陈垣：《二十史朔闰表》，古籍出版社，1956年。是年朔闰表有两个七月，一个是总表的七月在右侧，一个是表内的七月。一般从表内的七月。

通过以上五简，我们发现"七""十"的明显分野时间在建武年间，建武二十九年（53）之后的"七"字已经明显出现弯曲，已有将横长竖短释作"七"字的晚期简牍，可能都是"十"字。如果不能明确简牍的时间，"七""十"之辨还是要慎重的。西北汉简如此，不知道湖南的东汉简的状况如何。

二、释文例补

因为不同时代有不同的文风，笔者曾做过一篇小文，试图通过简牍文书的固定用词、用语来释读一些局部不清晰的简文①，后被李洪财当作是简牍释读的一例来谈②。看来此文还是有点可取之处。早年的敦煌汉简整理，因为缺乏可以旁证的资料，也没有时下方便的检索系统，对于个别字词的确认存在很多不便。现在就不一样了，各类方便的检索系统，字编、词典相继出版，为进行简牍的释读提供了诸多方便。鉴于此，感觉斯坦因所获敦煌汉简的个别字词的释读还是可以改进的。这些简有：

简6. 壬戌四人作墼二百六十，率人六十五。一人病。□此四千四百六十五。 敦·1732

本简完整，文书性质属于戍卒劳作簿。图版收在"斯书"第142页。本简的未释字"白校"存疑作"□"，已有的释读"白校"有详述。或作"更"，或作"其"，或作"与"。此字图版作"▇"形，还算清晰。释读分歧的原因是字的减笔造成的。但作为劳作簿辞例，此字释作"与"字无疑是正确的。类似的辞例如：

（1）三月甲辰卒十四人（以上为第一栏）
其一人养
定作十三人除沙三千七百七十石率人除二百九十石　（以上为第二栏）
与此七万六千五百六十石（以上为第三栏）　　　　　　　　EPT51：117③
（2）十一月丁巳卒廿四人　其一人作长　右解除七人　定作十七人伐茡五百□
三人养　　　　率人伐卅
一人病　　　　与此五千五百廿束
二人积茡　　　133·21④
（3）廿三日戊申卒三人　伐蒲廿四束大二韦　率人伐八束
与此三百五十一束　　　161·11

---

① 张俊民：《〈居延汉简〉释文例补——简牍文字补释方法刍议》，《西北史地》1991年第4期。
② 李洪财：《谈谈汉简草字的考释方法》，《文献》2021年第1期。
③ 此类简号释文见甘肃省文物考古研究所等：《居延新简》，中华书局，1994年。下同。
④ 此类简号据谢桂华等：《居延汉简释文合校》，文物出版社，1987年。参校以史语所新版《居延汉简》，下同。

以上三简，均属于"劳作簿"，唯劳作的工种不一样。简 6 是作"墼"，即制作"土坯"，敦煌旧简中有很多作"墼"的记录。① 我们征引的"（1）"三月甲辰日，卒十四人劳作"除沙"，"（2）"十一月丁巳，卒廿四人伐苇，"（3）"廿三日戊申，卒三人伐蒲。即便如此，根据后三简"与此"的辞例，我们将简 6 的"■"释作"与"应该是合理的。

与之类似的敦煌旧简还有一例，简文是：

  简 7. □□□ □□□□具册万二千三百卅束。　　　　　　　　　　敦·1858

本简上、左残，簿计文书。以"白校"作"具"字者是"斯书"与"集成"，他多作"其"字。"疏简"编号简 321 释文作"具册"，而按语有"疑当释作'与此'"。今据"大简"图版与辞例释作"与此"是合理的。

  简 8. 却适士吏张博，闰月丁未持致籍诣尹府　　　　　　　　　　敦·1900

本简为入关记录。首字漫漶不清，"疏简""大简"均未释读，"敦简"作"却"字，"白校"按"集成"补"却"字无存，暂不从。"白校"释文从"斯书"（375 简）。

今案：本简"籍"汉简中多作"藉"，毋赘言。可根据"适"字补"却"字。"却"字漫漶非不存。"却适"可从。"却适"是玉门候官最西端的一个部，位在玉门关外，马圈湾汉简有却适亭、却适候史。②

  简 9. 与讯守丞况、玉门关候蒲、候丞兴、尹君所遣史宜致关籍诣官。

　　　　　　　　　　　　　　　　　　　　　　　　　　　　　　　　敦·1930

本简完整，字迹漫漶，上录文从"敦简"。"疏简 394"首端有二未释字、"致"作"执"、"诣"字未释；"大简""遣"字作"举"，"致"字作"难"，"诣"字作"得"；"斯书"亦有出入不录。"白校"对其中的四个字有详细比校，释文同上。

今案图版简首空格，即"与"字上再无字。"致"字作"■"形，尤其是左部更类"执"字。"诣"字作"■"形，释作"译"作"诣"讹体可。

除此而外，诸家均不及的"讯"字，字形作"■"状，右部与"讯"字稍显差异，此字是否合适呢？"讯"字何解？马圈湾汉简有与之相同的"试守丞况"可证此字应释作"试"字，而不是"讯"字。具体简文如：

  （4）始建国天凤三年十二月壬辰，敦德玉门行大尉事试守千人辅、试守丞况
谓大前，尹西曹聊掾行塞蓬　　　　　　　　　　　　　　　　　　马·193A

以之可见简 9 的时间是在始建国和天凤年间，"况"的官职名称是"试守丞"。汉简中常见的守官称"守"某官，本简的"试守"又在"守"之前添加一个"试"字。可以补王莽时守官制度的变化。

---

① 敦煌汉简简 1622、1627、1731、2149 等。
② 马圈湾汉简 404、765、803、944 等。

简10. 以小斋一辛巳□未□会五月朔以为会期<u>然</u>士大夫<u>结</u>法所当得,奉令安揖,毋失职。方循行,不办不忧事者,白奏,毋忽。

如律令。 马·2057

本简长度完整,简形横截面是等腰三角形的"两行"变体。字迹漫漶,释文出入比较大。释文录自"白校"。"白校"对诸家释读差异有详述。主要分歧集中在"以为"以上部分。因简牍漫漶、残泐之故,无论。我们讨论的是其后面的两处释文,一个是"然"字,一个是"结法所当得"之"结"字。

"然"字,释读见"疏简"526,"大简""敦简"与之同。但文义不明,此字作"㷀"形,下面是比较直的一横笔,与"灬"迥异。考虑到后面对应举措,疑这个字应释作"还"字。

"结"字作"䊷"形,虽字形较为接近,但这个字右侧不是"吉"部而是"合",所以"结"应释作"给"字。且西北汉简常见的辞例有"给法所当得"可以补证,讲的是有关过往人员的接待制度。辞例如:

(5) 行事昆弟家∨戍校候致君当从西方来,谨侍。<u>给法所当得</u>,毋令有谴。

ⅠT0111②:99

(6) 甘露三年五月癸未朔癸巳,北地大守安国、长史丞汤谓过所县道,遣马领佐通逐杀人贼敦传舍,<u>给法所当得</u>。从者,如律令。 ⅡT0115④:89

(7) 河平四年二月甲申朔丙午,仓啬夫望敢言之。故魏郡原城阳宜里王禁自言,二年戍属居延,犯法论,会正月甲子赦令,免为庶人,愿归故县。谨案律曰:徒事已,毋粮,谨故官为封偃检,县次续食,<u>给法所当得</u>。调移过所津关毋苛留止。原城收事。敢言之。

二月丙午居令博移过所如律令。 掾宣,啬夫望、佐忠 73EJT3:55①

简11.　　　　　　长斧三

　　　守御器簿　　长椎三

　　　　　　　　<u>蓬呈三</u>

　　　　　　　　椧三 马·1806

本简长度完整,自名"守御器簿"。第二栏的四行文字,显得有点拥挤,字体较小,难以辨识。数字"三"是本简属于王莽简的标志。"白校"对本简的已有释读有详述。

"敦简"作"蓬呈","大简"作"蓬圭","疏简"268未释。分歧在"呈"与"圭"。今案"蓬呈"二字释读均不妥。在已有的守御器簿中看不到"蓬呈"一词。以图版"蓬"与字形不符,此字作"䢖"形,应释作"连"字。守御器中有"连梃",

---

① 甘肃省文物考古研究所等:《肩水金关汉简(壹)》,中西书局,2012年。

常与"长斧""长椎"并现,则其下的字应释作"廷"。此字作""形,下部的一横可以代替"廴"部,不是两个"土"的"圭",上面也不是"口"即不是"呈"。释作"廷"字与"梃"是通的。将"连梃"写作"连廷"者,又见肩水金关汉简。① 关联简文作:

  (8)☐连廷一右随枝负一算 ……   73EJC:119

  简12. 神爵二年十月廿六日,广汉县廿郑里男子节宽意,卖布袍一,陵胡隧长张仲孙所,贾钱千三百。约至<u>正月</u>☐☐,任者☐☐☐☐☐☐ A

  <u>正月</u>责付☐☐十,时在旁候史长子仲、戍卒杜忠知券☐,沽旁二斗

                      B 马·1708AB

本简简体长度完整,为贳买衣财物爰书。字迹漫漶,释读不易。上述录文"白校"之"意"字"敦简"作"悥","白校"妥。

作为"贳买衣财物爰书"西北汉简中有比较多的数据,尤其是马圈湾汉简的数据,可以为漫漶的本简释读提供必要的参照。马圈湾汉简作:

  (9)神爵元年八月廿七日,定陶里郭叔买楼里李子功袍一令,贾钱千,约期至廿日钱毕以。即不毕以,约知责王长叔千钱,王长叔予子功。往至郭叔田舍,钱不具。罚酒日五斗,肉五斤, A

  责如故。人七十钱。輒食房食人巩长孙、张买、骆子公故酒房二斗。

                      B 马·846AB②

  (10)神爵四年十一月辛酉朔戊子,大煎都士吏张庇、王贺买玉门士吏张贺牛一,黄,犗,齿十一岁,贾钱五千二百☐,约至十二月奉出钱毕,不毕,日加五十。旁人马长真。   马·959

从二简与简12的纪年年号来看,分属神爵元年、二年与四年。四年之中有关日期的记录方式存在明显的变化。前二简直接是月日,"十月廿六日"与"八月廿七日",后一简则变成了常见的"十一月辛酉朔戊子"的干支记日。考虑到三简的时间非常接近,文书的行文格式还是有很多近似之处。现以马圈湾汉简二简的爰书例,我们对简12漫漶部分文字试作补充。

A面"正月☐☐"为约定交付钱的时间,这个时间在B面也有出现,按照漫漶的字对应的是现有"正月责付"。但是B面的"正"字作""形,虽不是太清晰,但中间的两个小竖笔还是分开的,即这个字应释作"四"字。所以A面约定付钱的首月时间是四月而不是正月。四月后的字在讨论B面的文字后再说。尾端残泐的字之外,"日"字比较清楚,暂作倒数第三字。"日"下可能是"五斗"。

---

① 甘肃简牍博物馆等:《肩水金关汉简(伍)》,中西书局,2016年。
② 邬文玲:《敦煌汉简中的一件买卖契约》,《文物》2020年第12期。此文考述甚当,唯纪年时间未加注意,仍沿用旧有释读文字"元寿元年"。

B面的"责付"对应A面的部分有点模糊，单从字形上A面"月"下可释作"尽"字。由之可将B面的"责付"释作"尽八月"。其下"决"字清晰，"决"上类"毋"字。"毋决十"还是"毋决千"？剩余"十"钱，再讨要的可能不大，则为"千"字，但这个字上面的一撇确实不清楚。

"仲"字，左侧不是"亻"部，应释作"卿"字。

"戍"字左上的"立"部较明显，应释作"鄣"字。

"忠"字，作为人名，可以理解。但这个字作"㽞"形，上部类似"中"，但下部不是"心"而是"曰"形。据之，可将此字释作"皆"字。因为"忠"字改释为"皆"，导致本简鄣卒仅见姓杜氏，人名不存。

之所以释作"皆"，还与其下的几个字释读有关系。"知券齿"在已有的西北汉简爰书中算是常见的，也有个别"皆知齿"的记录。即"券"后一字无疑是"齿"。所谓"齿"就是爰书侧面契刻的与正面文字记录相符的刻痕。① 如：

（11）神爵三年十月戊午朔己未，效谷高议里公乘赦之赟买上党郡余吾邑东乡官□城东里周解襦一领，贾钱千；锦七尺，直四百五十。约及五月钱毕。韩望知券齿，（左齿）　　A

　　赵中贤皆知齿，沽酒旁一斗。　　B　　　　　　　　　ⅠXT0112③：11②

（12）☒□里黄□赟买□□资□里高赏复缣一匹，贾☒

　　☒□知券齿，古酒旁二斗☒　　　　　　　　　　　　73EJT27：4③

从B面的"四月尽八月"，疑A面的"四月"下也是"尽八月"。

在读马圈湾汉简的时候，笔者对其中的"顿""烦""赵"字有所注意，由之引出敦煌旧简的两处"赵"字。马圈湾汉简519的"赵"字作"𧺆"，简796的"赵"字作"𧺆"。从字形来看，"赵"字左侧草书减笔较多。

简13. ☒长赵卿。

谒候史泽所受官马食二石七斗，五月十日己卯尽己丑备客马食。少公毋忽

敦·1813

本简右上残，字体拙稚，"赵"字右残存左半字。"白校"对此字的释读分歧有详述，"疏简"275与"大简"未释，"白校"存疑不释，"敦简"作"赵"字。今案此字作"𧺆"形，作为姓氏释作"赵"字，可从。

简14. 谷隧长顿康　　　　　　　　　　　　　　　　　　　　　　敦·1853

本简上残，字迹清晰。就"顿"字"白校"有详述，以其所述已有诸家释读，除

---

① 张俊民：《敦煌悬泉汉简刻齿文书概说》，收入氏著《敦煌悬泉置出土文书研究》，甘肃教育出版社，2015年。较晚一些的买地券称"皆知券约"，与之类似。

② 本简A面未释字处残断，早先释作"市"字；B面"旁"字作"𣃦"形，应释作"方"字。

③ 甘肃简牍博物馆等：《肩水金关汉简（叁）》，中西书局，2013年。"缣"字应释作"絣"字。

"集成"作"赵"字外,均作"顿"字,"白校"从众。今案此字作"▨"形,与马圈湾汉简519"▨"近似,唯一个字的"页"部是真体,一个是草书而已。而作为人名姓氏,无疑是"赵"字。

简 15. ☒大男沐敬敬顿安云为已☒   敦·2105

本简松木,上、下残,字迹漫漶,以"白校"除"大简""沐"作"休"外,诸家释读无异议。"沐"字可从,文义仍不明。今据图版"敬"字左下部不类,似可作"赦"字。"沐赦"是人名。第二个"敬"字是由重文号隶写造成的,而实际上不是重文号,是人名之间的点断符号"乚"。"顿"字作"▨"形,与上述"赵"字接近,应释作"赵"字,"赵安"是人名。

三、其他有问题的释读字

简 16. 入正月奉穰麦一斛,建武廿二年闰月廿六日癸巳,平望朱爵隧长宋<u>力布</u>受尉史仁。

敦·1987

本简下残,属于出入簿类文书。"白校"对"力布"二字无校注。"疏简""大简"简456与"敦简"均作"力布"。但是"力布"作人名有点不太常见。有此一问,细审图版就会发现应释作"宏"字。此字作"▨"形,字体有点修长,类似"爵""尉""仁"等。

我们将"力布"释作"宏"字,否定了原有的释读。由之联想到马圈湾汉简马·86原释作"前"字的"▨",此字作为人名我们现从"敦简"改作"布"字。① 在前面检索守御器时,又注意到一个这样的字形"▨",这个字现有的金关汉简释作"芳"字。因为其用在"马矢橐"的前面,作为"橐"的限定语或定冠词,应释作"布"字,用来说明橐的质地。②

简 17. 出茭一钧七斤半斤,以食长罗侯垒尉史官橐他一匹三月丁未发至煎都行道食,率三食,食十二斤半斤。

敦·2066

本简长度完整,属于出入簿类文书。以"白校"无校注,可知已有释读无异议。今案"茭"字残泐,字作"▨"形,左侧笔画漫漶,最下是一横笔,其上右侧有一短横。释作"茭"字不妥,应释作"莝"字。"莝"是一种铡刀铡过的饲草。此字悬

---

① 张德芳:《敦煌马圈湾汉简集释》,甘肃文化出版社,2013年。
② 原简73EJC:119所记物品较多,其中一句作"芳马矢橐币负二算"。甘肃简牍博物馆等编:《肩水金关汉简(伍)》,中西书局,2016年。

泉置汉简出现的比较多，《悬泉汉简（壹）》中三见，分别是①：

(13) ☐ 臧辅

　　　 莝　　　　　　　　　　　　　　　　　　　　　　Ⅰ T0110①：125

(14) 十月丁巳　出钱五十市莝六石石八　凡百五　略阳✉（竹简）

　　　 出钱五十五市麦五斗斗十一　　　　　　　　　　　　Ⅰ T0111③：1

(15) 养一人主莝一人往来送✉　　　　　　　　　　　　　　Ⅰ T0112③：20

简13是一种封检，其形状类似"小板凳"（图1）。应该是悬泉置收到的"莝"，是由臧辅给的。类似用途的封检在整理悬泉置汉简时曾遇到很多，上面只有"甘井莝"三字。② 无疑是甘井骑置给悬泉置莝的标志物。甘井骑置属于效谷县，位在遮要置的西边，距离悬泉置是有一段距离的。在悬泉置看到甘井"莝"的封检，可见当时的饲料调给是远距离的。

图1

简18. 唯治所以<u>前</u>数收，就钱与平。如律令。　　　　　　　敦·1628

本简完整，官文书。"白校"无校注，已有诸家无异议。今案"前数收就钱"不便理解，细审图版，所谓的"前"字作"㤅"形，感觉"前"字上还有笔画，是何字？因为"就钱"当与运输有关，"前"字左上类"士"部，疑此字应释作"榖"字。

简19. ☐☐☐☐书到，所移神爵四年十月尽五凤元年五月吏<u>罪</u>其<u>获</u>死者一家五

敦·1702

本简右上残，官文书。字迹漫漶，"白校"详列"罪"与"其获"二处诸家的释读方式，从"罪"与存疑作"☐☐"。

今案："大简""集成"作"罪"字，"疏简""敦简"作"民"字。字形作"㲼"状，字书收居延汉简有"㲼"形③，释作"民"字，可从。

"其获"，"大简"164 简作"诘稜"，"疏简"作"☐疾"。图版所谓"其"字作

---

① 甘肃简牍博物馆等：《悬泉汉简（壹）》，中西书局，2019年。
② 悬泉置汉简ⅤT1812②：43、50、53 等。
③ 陈建贡、徐敏：《简牍帛书字典》，上海书画出版社，1991年，第474页。

"㮄"形，与"其"字不符。究为何字？先看后面的所谓"获"字，其字作"㾪"形，释作"疾"字不妥，但可以借机考虑此字左上是"疒"部，应释作"疫"字。确定"疫"字后，再观察前字的右下，虽看不到明显的"疒"部，但这个字应释作"疾"字。《汉书·元帝纪》曾有"被饥寒疾疫之萅"文。①

即"罪其获"，应释作"民疾疫"。"吏民疾疫"即是调查登记吏民疾疫状况的政令，重点是一家死五口以上者。

另外，本简"所移"之"所"字，在官文书中并不常见，可存疑。

所言的"书到"，可能是诏书。要求上报神爵四年（前58）十月至五凤元年（前57）五月吏民疾疫一家死五口者，足见神爵四年冬某处曾有大的疾疫。如果不是专指敦煌地区，就是颁行全国的诏书。

简20. ☒□寸，薄厚广侠，好丑长短，□☒　　　　　　　　　　敦·1850

本简上、下残，前后字迹漫漶，是释读争议的焦点所在。"白校"注首字除"集成"作"一"外诸家均未释；倒数第二个字或作"明"、或作"如"字。"白校"以"一"字为某字的下面一笔，存疑不释；"明""如"均不可信，亦存疑。

今案：首字作"一"形，明显的一横之上似乎还存在一点，若释作"一"字不成立，则可以释作"二"字。无论是"一"或"二"，讲得都是尺寸大小问题。

倒数第二个字作"如"形，左侧漫漶，右侧是"口"部，此字应释作"如"字。"如"下字右侧还有明显的一斜勾，此字应释作"式"字。

按照上述释读，本简的释文是"☒一寸，薄厚广侠、好丑长短如式。☒"如此，则与《苍颉篇》可能没有关系。② 只是对某种物品规格要求的文字而已。

简21. 卒李奴过符空报，当以付备值官兵，守衔至重。唯　　　　　　敦·2014

本简完整，草书，官文书。以"白校"的校注可知已有的释读集中在"报"与"值"字，"报"字，可从。"值"字多从"斯书"（522），或作"亿"字，"白校"作"信"。今案"值"字作"信"形，字上有残断痕，左侧"亻"部，右侧疑为"矣"字草体；"候"字，或作"候"形。③ 诸家释读不及的"付"字，字上也有残断痕，字作"可"形，以草书与文义应释作"时"字。将本简中间的几个字释作"以时备候官"，大意是李奴以符当道候官处做守卫，守卫之事是非常重要的事情，不可忽视。

简22. ☒□时过，可不冒哉！牧监之部，其勉于考绩，□☒　　　　敦·2142

本简上、下残，官文书。尾字未释字，多存疑不释，"白校"考证此字作"黜"

---

① 此简见敦·1846，文字属于建初元年诏书散简。参见张俊民：《出土文书整理与研究再发力（三）——斯坦因所获敦煌汉简释文校补》，待刊稿。

② "白校"言"各家均以为属《苍颉篇》"；张存良：《水泉子汉简七言本〈苍颉篇〉蠡测》，武汉大学简帛网2010年1月29日，http://www.bsm.org.cn/show_article.php?id=1213。

③ 陈建贡、徐敏：《简牍帛书字典》，第60页。

的可能性比较大,但最后还是没有释出来。此字存左侧半字,作" "形。考虑到《汉书》引经文有"三载考绩,三考黜陟"语。① 释作"黜"字,可以成立。

简 23. 安田隧长效谷唐山里公士郑月年卅五,建武十一年十一月丁丑除。

敦·2178

本简长度完整,字迹浅淡漫漶,吏除书。"白校"注"山"字"斯书"作"以一",后多作"山"字。"敦简""大简"作"唐山里"。唯有关敦煌郡乡里志的检讨效谷县无"唐山里"。② 今案"唐山里"三字,漫漶,尤其是"山"字早年释作二字。

今案:"唐"字作" "形,可能是因为"高"字左下一笔过长,给人一种"广"部的感觉。但是换个角度会发现这个字应释作"高"字。

"山"字作" "形,其释作"山一"的原因比较明显。此字的左侧应释作"言"部的减笔草书,汉简中有"高议里",进而可将此字释作"谊"字。③

"月"字已有释读,诸家无异议,但是"月"字作为人名还是不妥的。其字虽作"月"形,但作为人名应释作"丹"字,字书收居延汉简"丹"字正作" "形。④

"高谊里"确认后,进而形成汉代效谷县存在"高谊""高议"、"高义"与"高证"里,这些里名是不是书写与释读造成的呢?值得将来注意。

---

① 出自《汉书》卷七五引《尚书·尧典》等。
② 何双全:《〈汉简·乡里志〉及其研究》,收入《秦汉简牍论文集》,甘肃人民出版社,1989年;李并成:《汉敦煌郡的乡、里、南境塞墙和烽隧系统考》,《敦煌研究》1993年第2期;张俊民:《西汉效谷县的"里"名》,收入《悬泉汉简:社会与制度》,甘肃文化出版社,2021年。
③ 悬泉置汉简中记汉代效谷县有"高议里",简ⅠT0110①:75亦有"高谊里",而笔者只注意到前者,后者并没有注意到。
④ 陈建贡、徐敏:《简牍帛书字典》,第13页。

里耶秦简"鼠券"再研究

张 瑞

(首都师范大学历史学院)

摘要：里耶秦简中有 14 枚与捕鼠活动相关的简文，已有研究中将其统称为"鼠券"，主要讨论了简文的记录格式及简册复原的可能性。本文通过分析"鼠券"所见捕鼠地点、人员身份与人员姓名之间的关系，进一步指出捕鼠人员的捕鼠行为都是限定在自己常规的活动场所内进行的。在应对鼠患时，迁陵县以地方官府行政干预为主导展开行动，"鼠券"的记录涉及相关捕鼠人员的奖惩，这应是捕鼠登记的主要原因。通过"鼠券"窥测迁陵地方统治和管理情况，不但可发现秦文书行政之严谨性，还可知晓秦对新地统治措施之灵活性。

关键词：里耶秦简；鼠券；捕鼠计；鼠患防治；新地统治

里耶秦简是秦朝洞庭郡迁陵县遗留的公文档案，数量众多，内容丰富，学术价值较高。在目前公布的里耶秦简材料中有 14 枚与捕鼠活动有关的简文[①]：

鼠券束。（正）
敢言司空☒（背） （8-1242 图版·页 158）
☒【仓】禀人捕鼠☒ （8-2467 图版·页 275）[②]

---

① 本文所用里耶秦简释文及图版均以《里耶秦简（壹）》《里耶秦简（贰）》为底本，对于《里耶秦简牍校释（第一卷）》《里耶秦简牍校释（第二卷）》的简文句读及最新校读成果也有所借鉴。正文论述过程中所引里耶简释文，不再一一出注。具体参看湖南省文物考古研究所编著：《里耶秦简（壹）》，文物出版社，2012 年；湖南省文物考古研究所编著：《里耶秦简（贰）》，文物出版社，2017 年；陈伟主编：《里耶秦简牍校释（第一卷）》，武汉大学出版社，2012 年；陈伟主编：《里耶秦简牍校释（第二卷）》，武汉大学出版社，2018 年。

② 简首"仓"字，据谢坤补释。参看谢坤：《里耶秦简所见"鼠券"及相关问题》，《简帛》第 21 辑，上海古籍出版社，2020 年，第 141 页；后收入《秦简牍所见仓储制度研究》第三章，上海古籍出版社，2021 年，第 110 页。

☑【捕】鼠廿微☑　　（9-625 图版·页 83）①
库门者捕鼠十☑　　（9-1062 图版·页 126）
仓厨捕鼠十 婴☑　　（9-1128 图版·页 138）
仓徒养捕鼠十☑　　（9-1134 图版·页 138）
☑【者】捕鼠十□得☑　（9-1181 图版·页 143）②
☑廷狱门守府捕鼠廿☑（9-1972+9-1269 图版·页 215、150）③
☑少内门者捕鼠十☑　（9-1621 图版·页 178）
令史南舍捕鼠十☑　　（9-1646 图版·页 180）
丞主舍捕鼠十　就☑　（9-1962 图版·页 214）
尉守府捕鼠十　不害☑（9-2276 图版·页 240）
☑少内【捕】鼠☑　　（9-2882 图版·页 289）④
令史中捕鼠十☑　　（9-3302 图版·页 305）

这类简文是秦迁陵县当地鼠患防治的重要记录，已经有学者进行过研究⑤，为我们

---

① "捕"，原释文未释，笔者补释。理由如下：本简上下均残断，所见"鼠"字略有残缺，原释文已经释出。"鼠"上一字仅留一点，联系捕鼠简文例，本简所见应该是对某一地点捕鼠数量的记载，"廿"说明数量，"微"应是人名。对比 9-1128、9-1134、9-1269 等简所见"捕鼠"二字笔迹，本简简首残笔应该是"捕"字右部"甫"居中的"丨"笔。

② "者"，原释文未释，笔者补释。"者"字上部有残缺，残留笔迹亦不甚清晰，但大体结构完整可见，与 9-1062、9-1621 两简字形比对，均有相似之处，居中的斜笔"丿"及右下的"日"字右侧"｜"均较清晰。另外，联系这类捕鼠简简文内容，"捕"前一字应是"者"。"者"字前应还有"门"字，本简应是说某一机构的"门者"。

③ 简 9-1972+9-1269 由何有祖缀合，参看何有祖：《里耶秦简缀合札记（四则）》，《出土文献》第 14 辑，中西书局，2019 年，第 246 页。

④ 谢坤已经指出简 9-2282 未释字疑为"捕"，笔者认为通过分析捕鼠简文例则可以完全确定下来。参考谢坤：《里耶秦简所见"鼠券"及相关问题》，第 142 页。

⑤ 谢坤对捕鼠类简文有过多次探讨。例如，谢坤《读〈里耶秦简（壹）〉札记（四）》指出，简 8-1242"鼠券束"与简 8-2467"禀人捕鼠"有关；《〈里耶秦简（贰）〉札记（一）》将简 8-1242"鼠券束"与目前所见已公布 8 层、9 层简牍中的 12 枚（遗漏 9-1621）捕鼠简罗列在一起，认为这几枚简的内容皆与捕鼠有关，且木简形制相近、字体书写风格近似，颇疑几枚简原可能属于同一类，或可编联。同时进一步指出，整理者曾言明的"捕鼠计"，或是指此类捕鼠简，而"鼠券束"或指这些捕鼠记录原是捆束在一起的，"鼠券"可能是这些捕鼠记录的规范称谓。另谢坤新作《里耶秦简所见"鼠券"及相关问题》再次对捕鼠简的简文格式、简册复原等问题进行了系统探讨。详细内容可参考谢坤：《读〈里耶秦简（壹）〉札记（四）》，简帛网 2017 年 8 月 31 日；《〈里耶秦简（贰）〉札记（一）》，简帛网 2018 年 5 月 17 日；《里耶秦简所见"鼠券"及相关问题》，第 139—146 页。后收入《秦简牍所见仓储制度研究》第三章，第 108—117 页。此外，杨先云也开展过相关研究，参看杨先云：《简牍漫话："捕鼠计"》，湖南省文物考古研究所网站"公众考古"版块，2020 年 12 月 9 日，http：//www.hnkgs.com/show_news.aspx?id=2542。本文在已有研究基础上补充简 9-1621 内容，并展开进一步探讨。

理解"鼠券"简①的内容提供了参考。例如,以相对完整的简9-1062、9-1128、9-1134、9-1646、9-1962、9-2276等为例进行比对,可以发现:"鼠券"简的记录大致包含捕鼠地点、捕鼠人员身份、捕鼠数量、捕鼠人员姓名等信息。②"鼠券"简的归档保存,应该是将单个"鼠券"上交相关部门后,集中以捆束的方式存放,简8-1242所见"鼠券束"是为捆扎后的"鼠券"专作的标志简。③本文拟在已有研究基础上,就捕鼠登记所见捕鼠地点、人员身份与人员姓名之间的关系、捕鼠登记的原因等问题再作分析和探讨,不当之处,敬请指正!

一、"鼠券"简所记捕鼠地点、人员身份与姓名辨析

从目前情况看,这类"鼠券"简中虽残简较多,但仍然可以看出"鼠券"之间在形制和文例上所具有的极大的相关性。例如,从图版看,"鼠券"简的宽度大体相当,部分简文笔迹相近,有源自同一书手的可能性。就简文记载来说,目前所见"鼠券"简简文格式大体统一,捕鼠的登记数量为"十"及"十"的倍数、捕鼠人员的人名信息均后置等。目前主要的问题是,在捕鼠记录中,简首部分的修饰成分有的强调"捕鼠地点",有的强调"捕鼠者身份",似乎造成了文书格式的不统一。详见下表:

表1 "鼠券"简格式梳理④

简号	地点/身份	数量	人名
8-2467	仓稟人	☒	☒
9-625	☒	廿	微
9-1062	库门者	十	☒
9-1128	仓厨	十	婴

---

① 谢坤指出,"'鼠券'可能是这些捕鼠记录的规范称谓",这一论述应是正确的,笔者行文中也以"鼠券"指代这类捕鼠文书。参看谢坤:《里耶秦简所见"鼠券"及相关问题》。

② 杨先云指出:"完整的'鼠券'格式当是'某官署或官舍(捕鼠地)'+'捕鼠'+'十/廿/卅'(捕鼠数以十为单位)+'人名'。"参看杨先云:《简牍漫话:"捕鼠计"》。本文认为捕鼠简简首记载内容除"某官署或官舍"强调捕鼠地点外,还有"仓稟人""仓徒养"等似乎更倾向于强调捕鼠者身份的内容,下文会有具体辨析。

③ 关于"束"类简牍,张春龙曾经指出:"束的形状非常特别,正面削成梯级状,背面平整,侧剖面恰如一段锯条……束与它所揭示的公文书籍等捆绑极紧密牢靠。'束'应是集中捆缚,集中之意。"《里耶秦简牍校释(第一卷)》也指出:"'束'有捆缚义,这里大概是说把相关的简牍捆在一起,以便保存与查验。"但张春龙所举简11-14、16-38形制过于特殊,目前出版的《里耶秦简》(壹)(贰)中所见"束"类简牍则多为细长条单行简、简首涂黑。除此之外,形制上并无特殊之处。对于这类简首涂黑的"束"类简牍,我们以为其作用就类似木楬,有标志、提醒的作用。具体可参看湖南省文物考古研究所:《里耶一号井的封检和束》,《湖南考古辑刊》第8集,岳麓书社,2009年,第68页;陈伟主编:《里耶秦简牍校释(第一卷)》"前言",武汉大学出版社,2012年,第10页;李彦楠:《里耶出土首部涂黑简探研》,《国学学刊》2019年第2期。

④ 本表格据简文自制。

续表

9-1134	仓徒养	十	╱
9-1181	╱（门）者	十	得
9-1972+9-1269	廷狱门守府	廿	╱
9-1621	少内门者	十	╱
9-1646	令史南舍	十	╱
9-1962	丞主舍	十	就
9-2276	尉守府	十	不害
9-2882	少内	╱	╱
9-3302	令史中	十	╱

然而，里耶秦简中某一类文书的记录总是格式明确和统一的，其文书记录"严格度高"①，甚至某些文书对于文书格式的遵从达到"苛刻"的程度。例如：

　　径廥粟米一石二斗半斗。卅一年二月辛卯，仓守武、史感、稟人堂出稟隶妾堂。Ⅰ

　　令史视平。感手。　　Ⅱ　　里耶秦简　8-800+9-110②

　　径廥粟米一石二斗半斗。·卅一年十二月戊戌，仓妃、史感、稟人援出稟大隶妾援。Ⅰ

　　令史朝视平。　　Ⅱ　　里耶秦简 8-762

里耶简文所见出粮方式主要有出稟、出食、出贷、续食四种，除续食文书外，其他出粮文书的记载格式均较为接近。常见的出稟、出食、出贷文书多为双行书写，记录内容主要包括出粮的种类和数量、出粮时间、出粮活动的参与人员等。其中，出粮的种类主要有粟米、稻、稻粟米等，出粮的数量则需要根据出粮对象的人数和出粮的周期有所差异，但对不同人员有各自明确的出粮标准。简文所见出粮活动的参与人员一般包括出粮执行人员、监督人员和出粮对象等。出粮活动的执行人员包括某一机构的主官、佐或史、稟人等，在简文记载中一般作"机构名＋人名、佐某/史某、稟人某"＋"出稟/出食/出贷"＋"出粮对象"，监督人员一般为令史或令佐，简文记载中作"令史某/令佐某＋监/视平"。参考简 8-1259、9-38 作徒簿，徒隶有担任稟人的情况。上举简文中，简 8-800+9-110 "稟人堂出稟隶妾堂"、简 8-762 "稟人援出稟大隶妾援"展示出仓机构在稟食时，即使稟食对象是稟人本人，仍然需要严格按照相关规定进行稟食和记录，体现了秦朝文书行政的严谨性。

---

① 角谷常子曾指出，"里耶秦简比居延汉简要更为严格"，"这个严格度可能是由于法家理念"。参看〔日〕角谷常子：《论里耶秦简的单独简》，《简帛》第 8 辑，上海古籍出版社，2013 年，第 177 页。

② 8-800+9-110 由杨先云缀合，参看杨先云：《〈里耶秦简（贰）〉简牍缀合续表》，简帛网 2018 年 5 月 13 日。

有鉴于此，对里耶"鼠券"简中文书记录格式"不统一"的情况，需要展开必要的分析。

（一）"鼠券"简所见地点、身份信息疏正

稟人：里耶出粮类简文中常见，如简8－56"仓守妃、佐富、稟人援"、8－211"仓是、史感、【稟人】堂"等。睡虎地秦简《秦律十八种·效律》简168："入禾，万石一积而比黎之为户，籍之曰：'其廥禾若干石，仓啬夫某、佐某、史某、稟人某。'"整理小组注释："稟人，即廪人，管理谷物的收藏出纳。"① 另简8－1259作徒薄残片见"一人稟人：廉""一人徒养：央刍"，说明稟人、徒养均由徒隶担任。徒养，为"徒"的烹炊者，即伙夫，里耶简中另有"吏养"，为"吏"的烹炊者。② 如此，简8－2467"仓稟人"、9－1134"仓徒养"中"仓"表示地点，"稟人""徒养"表示身份。

仓厨：仓指仓机构，厨则主要有造食之处和主食者两种意思。③ 在里耶简中另见"厨"作人名的例子，例如简9－1、9－4、9－5、9－7、9－8、9－10等所见"阳陵守丞厨"，但简9－1128中已有人名"婴"，故排除"厨"在这里做人名的可能性。"仓厨"另见于简9－345"仓瞫付仓厨右疵"，《校释（二）》举《岳麓秦简（肆）》简165—166："仓律曰：毋以隶妾为吏仆、养、官【守】府，隶臣少，不足以给仆、养，以居赀责（债）给之；及且令以隶妾为吏仆、养、官守府，有隶臣，辄伐〈代〉之，仓厨守府如故。"认为"仓厨或为仓中的厨师"④。不过，参看简8－561"少内守履付仓是"、简8－1820＋8－562"仓守择付库建"等付受类记录，可确定简9－345"瞫""右疵"均为人名，且有分别为仓机构和仓厨机构负责人的可能性。另参看《二年律令·秩律》简471—472："县、道司马、候、厩有乘车者，秩各百六十石；毋乘车者，及仓、库、少内、校长、髳长、发弩，卫将军、卫尉士吏，都市、亭、厨有秩者及毋乘车之乡部，秩各百廿石。"⑤ 我们认为"厨"应为机构名，前文引岳麓简165—166"仓厨守府如故"或可断为"仓、厨守府如故"与前半部分的"官守府"对应，分别指"仓守府、厨守府"。《敦煌悬泉汉简释粹》所载《元康四年鸡出入簿》有"厨啬夫时"⑥，亦是佐证。"厨"为机构名，仓厨则指仓内的厨机构，同时也指代仓厨机构的主管，其身份也是厨师。简9－506＋9－2332有"库平、佐狐付工衺"，"工衺"与"仓厨右疵"可对比分析。"衺"为人名，"工"表明其身份为工匠，也可能为库机构下另设的"工"部门的负责人。

---

① 睡虎地秦墓竹简整理小组：《睡虎地秦墓竹简》"释文注释"部分，文物出版社，1990年，第58页。
② 陈伟主编：《里耶秦简牍校释（第一卷）》，简8－145注释11，第87页。
③ 宗福邦、陈世铙、萧海波主编：《故训汇纂》，商务印书馆，2003年，第293页。
④ 陈伟主编：《里耶秦简牍校释（第二卷）》，简9－345注释2，第111页。
⑤ 张家山二四七号汉墓竹简整理小组：《张家山汉墓竹简（二四七号墓）》，文物出版社，2001年，第203页。
⑥ 胡平生、张德芳编：《敦煌悬泉汉简释粹》，上海古籍出版社，2001年，第78页。

前文提及"衷"的身份应是工匠或"工"部门的负责人。简9-1857"库官守衷"、9-1408+9-2288"库守衷"虽然年代相对较早，但与简9-506+9-2332等"工衷"同属库机构，有为同一个人的可能性。且"库守衷"应该是县廷内的令史或库机构内的佐官①，与"工"部门主管的秩级也不会差别太大。里耶秦简所见"工用"记载多涉及库机构，工衷也可确属于库机构人员。"工衷"与"仓厨右疵"相互佐证，能够说明迁陵县诸官机构下另有主管某一类事务而形成的部门，或许与县廷列曹的设置相近，协调处理机构内某一类事务。不过，关于这部分的论述不是本文的重点，这里不再展开。

门者：《校释（二）》9-1062注释指出，"库门者，疑指库的守门人"②。作徒簿简8-686+8-973、8-244均见"门"的劳作内容，例如"隶臣一人门：负剧"，可佐证。简9-1062、9-1181、9-1621所见均为某一机构的守门人。

守府：《校释（一）》简8-60+8-656+8-665+8-748注释指出，"里耶简所见，一为'泰守府'的省称……守府门似指守府、守门之人。然则，这种'守府'乃是看守县府者，在需要的时候也充当信使"③。简8-755—8-759"卅四年六月甲午朔乙卯，洞庭守礼谓迁陵丞：丞言徒隶不田，秦曰：司空厌等当坐，皆有它罪，Ⅱ8-755耐为司寇。有书，书壬手。令曰：吏仆、养、走、工、组Ⅰ织、守府门、匠及它急事不可令田，六人予田徒Ⅱ8-756四人……"中，将"养"与"守府门"等并列，身份具为徒隶。简9-1972+9-1269"廷狱门守府"、简9-2276"尉守府"俱为对应机构的守卫。此外，"门者"亦由徒隶承担，"守府"与"门者"的具体区别，暂时不明。

令史南舍：令史，官名，《校释（一）》简6-4注释指出，"职掌文书等事。睡虎地秦简《编年记》：'（今）六年四月，为安陆令史。'整理小组注释云：'令史，县令的属吏，职掌文书等事'"④。据睡虎地秦简《秦律十八种·置吏律》简161："官啬夫节（即）不存，令君子毋（无）害者若令史守官，毋令官佐、史守。"⑤说明令史等级不低。简9-633"迁陵吏志：吏员百三人，令史廿八人……"可参看。舍，可以表示客馆、官府、住所等。⑥里耶秦简另见"尉舍""传舍""廨舍"等词例。简8-145、9-2289皆有徒身份的"南"，说明"南"存在作人名的可能性；"令史南舍"则可以表示令史"南"的住所或者令史南边的住所。简9-19"甲辰，疾已去。出米三斗一（四），赏（偿）中舍"、9-2265"粟米三石。付中舍令史诣"所记应该是同一件事

---

① 里耶秦简中常见的守官多由令史担任，但简9-30、9-48有乡佐为假令史，后为乡守的情况。可参看。
② 陈伟主编：《里耶秦简牍校释（第二卷）》，第249页。
③ 陈伟主编：《里耶秦简牍校释（第一卷）》，第45—46页。
④ 陈伟主编：《里耶秦简牍校释（第一卷）》，第19页。
⑤ 睡虎地秦墓竹简整理小组：《睡虎地秦墓竹简》，"释文注释"部分，第56页。
⑥ 宗福邦、陈世铙、萧海波主编：《故训汇纂》，第1894页。

情,《校释（二）》指出"中舍为官署名"①，实则不然。今将"令史南舍"与"中舍令史"对比分析，"中舍"与"南舍"均表明方位，说明县廷令史住所相对固定，故仅言大致方位，不必具体说明对应令史的姓名，也可为人所知。简 9-1962"丞主舍"、简 9-20"丞主食"也均未言及具体人名，可参看。

令史中："中"有作为人名的可能性，但里耶简中再未见"令史中"的实例，若是人名则又与其他捕鼠简的登记格式有所区别。且本简下端残断，简文末尾应另有人名。综合考虑捕鼠简登记格式，疑"令史中"应是"令史中舍"之省，类似于"令史南舍"，指示位置。

（二）捕鼠地点、人员身份与人员姓名之间的关系

经前文梳理，可知"鼠券"简首部分的修饰成分其实能够同时体现捕鼠人员的"地点"和"身份"信息。其中，"仓禀人""库门者""仓徒养""廷狱门守府""少内门者""尉守府"均是"机构名＋身份"的组合，可以表示地点和人员身份两层含义，前署的机构名是对应人员长期工作的范围，其捕鼠活动也更可能在其日常工作环境内进行，成为其日常工作内容的一部分；"仓厨""令史南舍""丞主舍""少内""令史中（舍）"均强调地点，但也包含身份信息，例如"仓厨""少内"可以表示对应机构的负责人；"令史南舍""丞主舍""令史中（舍）"所对应的责任人分别为"某令史""丞主"，也能够说明捕鼠人员的身份信息。如此，我们接下来需要讨论 9-1128"婴"的身份是否为"仓厨啬夫"、9-1962"就"的身份是否为"丞主"。9-1646、9-2882、9-3302 均下端残断，无人名信息，不在讨论之列。

9-1128"婴"作人名，另见 9-1931+9-2169 身份为大隶妾，时间为卅四年十一月；8-1546 身份为大女子，时间为卅五年；8-149+8-489 身份为更戍、8-2101 身份为徒、9-268、9-363、9-1527 身份为禀人，纪年均不明确；9-2045+9-2237 为户籍记录，"婴"为下妻，纪年不明；9-1271 身份有可能为隶臣妾一类，纪年不明；8-1256 身份、纪年均不明确。

9-1962"就"，另见于 8-1550 身份为佐，时间为卅一年七月；9-1173、9-1224+9-1553、9-2139、9-1886 身份为仓守，时间为卅四年十一月朔日；9-1238 身份不确，时间为卅四年七月；8-838+9-68 时间为卅四年后九月；9-56+9-1209+9-1245+9-1928+9-1973、9-186+9-1215+9-1295+9-1999 身份为令史，时间为卅五年十月；9-1088+9-1090+9-1113 身份为书手，时间为卅五年十一月；8-839+8-901+8-926 身份为令史，时间为卅五年正月；9-1146+9-1684 身份为书手，时间为元年六月；8-137、8-1453 身份为书手；8-300 身份为乡佐；8-448+8-1360 身份为小隶臣；8-802 身份为少内守；9-249+9-455 身份为迁陵守丞，纪年不明②；9-795 身份为令史；9-1123 身份为少内守；9-546、9-1962 身份、纪年

---

① 陈伟主编：《里耶秦简牍校释（第二卷）》，简 9-19 注释 10，第 28 页。

② 据笔者分析，本简时间有可能为廿九年九月七日或卅四年后九月七日。

皆不确。

如上文，"婴"暂未见到有担任仓厨啬夫的情况，但"就"有担任迁陵守丞的记录（9-249+9-455），说明简9-1962丞主舍捕鼠的责任人"就"有可能是丞主本人。在官舍内发现老鼠的案例有《史记·李斯列传》："李斯者，楚上蔡人也。年少时，为郡小吏，见吏舍厕中鼠食不絜，近人犬，数惊恐之。斯入仓，观仓中鼠，食积粟，居大庑之下，不见人犬之忧。"①《史记·酷吏列传》："张汤者，杜人也。其父为长安丞，出，汤为儿守舍。还而鼠盗肉，其父怒，笞汤。汤掘窟得盗鼠及馀肉，劾鼠掠治，传爰书，讯鞫论报，并取鼠与肉，具狱磔堂下。"② 其中，《史记·酷吏列传》记载了张汤自主捕鼠的经过。从现实情况考虑，捕鼠工作具有随机性，如果丞主、令史等高官不用亲自捕鼠而是由徒隶等负责，徒隶经常性的出入丞主舍、令史舍似乎也并不方便，或者派遣专门的徒隶分别负责丞主、令史舍的日常捕鼠也不现实。徒隶的使用、分派情况有固定的程序，并有专门的徒簿记录，目前所记徒簿记录中均没有"捕鼠"一项。另外，即使"仓稟人""库门者""仓徒养""廷狱门守府""少内门者""尉守府"等本身为徒隶的人，其也有"稟人""门者""徒养""守府"等本职工作，捕鼠工作需要在日常工作中看到老鼠时候相机行事。如所论不误，"令史南舍"等简涉及捕鼠人员也可以与"丞主舍——就"作相同考虑。

如此理解，则"鼠券"简的记录格式就整体保持了一致，"鼠券"简有效记录了捕鼠人员所处的位置、捕鼠人员的身份、捕鼠的数量、捕鼠人员的姓名。捕鼠活动都是在相关人员的日常活动范围内进行，涉及从丞主到徒隶的整个群体。同时，在上引《史记·李斯列传》的记载中，李斯的身份即为"郡小吏"，其所见"吏舍厕中鼠食不絜，近人犬，数惊恐之"的情况，联系里耶秦简"鼠券"所见捕鼠地点为"令史南舍""丞主舍"的情况，或能说明身为郡小吏的李斯在日常生活中也有捕鼠的工作经历和工作要求。反之，关于李斯的相关记载在一定程度上也印证了"捕鼠活动都是在相关人员的日常活动范围内进行，涉及从丞主到徒隶的整个群体"。

二、捕鼠登记的原因

里耶"鼠券"简的记录及其制作和归档都已经发展到比较成熟的阶段，对于日常情况下的捕鼠活动似乎没有如此郑重其事的必要。所以，本文还需要对迁陵县捕鼠登记的原因进行讨论。

里耶"鼠券"的简文记载中人名信息都置后，有署名的意味。这种记录方式能够便于"审阅者"较好地将某一区域的捕鼠活动与其责任人相对应，并通过捕鼠数量对其捕鼠效果进行评判。捕鼠简所见捕鼠人员所处的地点、身份都较杂，但这批捕鼠简

---

① 《史记》卷八七《李斯列传》，中华书局，1959年，第2539页。
② 《史记》卷一二二《酷吏列传》，第3137页。

集中发现于里耶古城一号井内，应该是县廷内文书因某种原因集中处理后的情况，故笔者认为这批捕鼠简最终统一上交了县廷。"鼠券束"简又说明了捕鼠简上交县廷后以集中捆束的方式归档保存。以上这些都说明了"鼠券"所见捕鼠活动是在地方官府（郡或县）的统一指导下展开的，各机构人员的捕鼠情况最终都需要接受上级对应部门的检阅。

同时，"鼠券"的登记数量以"十"及"十"的倍数为主，应该是地方官府对于捕鼠数量做出了明确规定。在南越王宫出土木简中有相关的记载可以参考①：

　　大奴摩，不得鼠，当笞五十。　　　简105
　　则等十二人，得鼠中员，不当笞。　　　简107
　　□陵，得鼠三，当笞廿。　　简110

南越王宫木简所见对于捕鼠情况的处理评判，存在"不得鼠""得鼠中员"以及"得鼠不足"三种情况，说明了南越王宫廷对于捕鼠的数量有明确的规定。从简105、110的简文内容分析，"五支"应该是南越王宫制定的捕鼠标准。② 对比南越王宫捕鼠简，里耶"鼠券"所见的捕鼠活动或许以"十"为标准。只是目前里耶"鼠券"简中并未见到类似南越王宫木简"不得鼠""得鼠不足"情况的记录，也没有见到因捕鼠不足而对相关人员进行惩处的记录，这一结论还需要更多的证据来验证。不过，南越王宫捕鼠简提示我们，在鼠患猖獗的情况下，存在地方官府以行政压力摊派灭鼠任务的情况。里耶"鼠券"简的登记也有这方面的可能性。

另外，里耶秦简整理者曾提到里耶秦简中有"捕鼠计"③，应该与此类捕鼠简文相关。关于"计"类文书，里耶秦简中有相关简文可备参考：

　　卅四年迁陵库工用计☑
　　马革一件☑
　　马筋一件☑
　　马旅筋一件☑
　　马阳筋一件☑　　9-172　　里耶秦简
　　二年十月己巳朔朔日，洞庭叚（假）守？爰书：迁陵库兵巳计，元年余甲三百卌九，廿一，札五石，鞁【瞀】……五十一，臂九十七，几百一十七，弦千八百一，矢四万九百九十八，韇（载）二百Ⅰ五十一，敦一，符一，纬二百六十三，注弦卅二，蘭卅，铜四两，敝纬四斤二两。·凡四万四千【二百八十四物，同券】齿。Ⅱ　9-1547+9-2041+9-2149　里耶秦简

我们暂时未见到"捕鼠计"的实例，依上举计类文书文例，"捕鼠计"主体内容应是

---

① 简105、107、110释文及图版可参看黄展岳：《先秦两汉考古论丛》，科学出版社，2008年，第448—455页。
② 黄展岳：《先秦两汉考古论丛》，第448页。
③ 湖南省文物考古研究所：《里耶秦简（壹）》"前言"，第3页。

对单个"鼠券"简记录的汇总统计,文书开头部分有类似简 9 - 172、9 - 1547 + 9 - 2041 + 9 - 2149 开头关于统计时间、机构等的说明,或者在计类文书之外另有说明性的文书。

里耶秦简中有一枚"捕虎"文书,我们认为与"鼠券"文书具有相关性,这里也作一些讨论:

  廿八年五月己亥朔甲寅,都乡守敬敢言之:☒Ⅰ
  得虎,当复者六人,人一牒,署复□于☒Ⅱ
  从事,敢言之。☒Ⅲ(正)
  五月甲寅旦,佐宣行廷。(背)   8 - 170   里耶秦简

简 8 - 170"保存了秦代今湖南里耶虎灾、虎患的记录""提供了秦代基层机构对于复除制度具体实践的一些细节"①,在岳麓秦简中有对"得虎复除"制度的明确规定②,可与简 8 - 170 对读。8 - 170 简文"当复者六人,人一牒"所说的"六牒"附件内容应该是关于每个得虎者个人情况及捕虎情况的详细说明。③

如此,则"鼠券"与得虎文书之间具有相似性:第一,鼠患、虎患都对民众日常的生产生活产生较大危害;第二,里耶秦简具体而言是迁陵县地方的档案文书,其中出现捕鼠、得虎等内容,反映了地方官府对于防治鼠患、虎患相关事务的干预指导。第三,单个"鼠券"的捕鼠地点、人员、数量等信息与得虎文书"人一牒"的附件内容应有相近之处,是对相关人员具体责任的确定。如此,在文书性质上,"鼠券"简也可能是用于对相关捕鼠人员的购赏。作徒簿类简牍 8 - 1531"与上功吏"、9 - 1078"与上攻(功)者偕"等所见"上功"也可能包括捕虎、捕鼠类文书。

当然,我们现在并未见迁陵县得鼠"不中员"以及相应展开的对相关捕鼠人员惩处的情况,也未有里耶捕鼠简上交汇总之后的记录。但南越王宫"捕鼠简"与里耶"得虎"文书的处理情况提醒我们,里耶秦简所见"鼠券"简能够反映出在迁陵县存在地方官府行政干预下的捕鼠行为,这种捕鼠活动涉及迁陵县的所有机构和部门、从官吏到徒隶的整个群体,捕鼠简的记录涉及相关捕鼠人员的奖惩。

---

  ① 庄小霞:《里耶秦简所见秦"得虎复除"制度考释——兼说中古时期湖南地区的虎患(附补遗)》,简帛网 2019 年 8 月 30 日。
  ② 周海锋:《秦律令研究——以〈岳麓书院藏秦简〉(肆)为重点》,湖南大学博士学位论文,2016 年,第 102 页。
  ③ 庄小霞曾指出:"简 8 - 170 是都乡向迁陵县上报徭役征发情况'牒书'的正文部分,除了 8 - 170 简本简外,应当还有与其一同呈报的附件,根据简文'当复者六人,人一牒',则附件应当有'六牒',其与 8 - 170 简同时送到县廷,共同组成了都乡上报县廷的'牒书'。"笔者甚为认同,具体参看庄小霞:《里耶秦简所见秦"得虎复除"制度考释——兼说中古时期湖南地区的虎患(附补遗)》。

三、对里耶秦简"鼠券"的认识与评价

归纳已有研究和本文讨论，对里耶秦简所见"鼠券"可以有以下认识：

第一，里耶秦简所见"鼠券"有效记录了捕鼠地点、捕鼠人员身份、捕鼠数量、捕鼠人员姓名。其中，捕鼠登记数量为"十"及"十"的倍数。通过对捕鼠地点、人员身份、姓名等信息的综合分析，可以确定相关人员的捕鼠活动都是在自己日常活动范围内进行。里耶秦简所见捕鼠简能够反映出在迁陵县存在地方官府行政干预下的捕鼠行为，这种捕鼠活动涉及迁陵县的所有机构和部门、从官吏到徒隶的整个群体，捕鼠简的记录涉及相关捕鼠人员的奖惩。捕鼠简的归档保存，是将单个捕鼠简上交相关部门后，集中以捆束的方式存放，简 8-1242 所见"鼠券束"是为捆扎后的捕鼠简专作的标志简。里耶秦简中另有"捕鼠计"，应该是县廷将单个鼠券中的内容进行汇总统计后再向上汇报。

第二，捕鼠简记录了迁陵县对于鼠患的应对处理，也为我们提供了窥测迁陵地方统治和管理情况的一个视角。在里耶文书及相关的捕鼠记录中，我们看到的是地方官府对鼠患的积极应对并逐渐积累了一定的防患经验，形成了系统成熟的防患程序：捕鼠简的形制相近、内容格式固定，捕鼠登记、上报、存档都有固定的程序，这应该是在捕鼠的过程中逐渐固定下来的。捕鼠简笔迹的同与异也提醒我们考虑不同批次捕鼠简逐渐归档的过程，也说明迁陵县的鼠患防治应该持续了一段时间。目前系统登记的捕鼠类简文仅见于里耶秦简和南越王宫木简，应该具有某些特殊性，并不能说明秦汉时期全国范围内都有鼠患以及相应的官方捕鼠活动。另，《睡虎地秦简·法律答问》简 152 明确记载了秦政府关于仓内鼠患的防治要求："仓鼠穴几可（何）而当论及谇？廷行事鼠穴三以上赀一盾，二以下谇。鼷穴三当一鼠穴。"① 从《睡虎地秦简·法律答问》简 152 关于仓机构内防治鼠患的法律规定，到里耶"鼠券"简的丰富内容，可以看到在面对迁陵县的鼠患实际时，秦政府相关规定得到了灵活的调整和补充。以前对仓机构责任人灭鼠、防鼠的行政要求逐渐扩充到迁陵县的整个下属机构及其所属吏员、徒隶等。相关规定以具有约束力的律令条文确定下来。据里耶"鼠券"简所见，可知当地对于捕鼠的数量有明确的要求，而捕鼠简的登记、归档等也有明确的程式。这些内容提示我们，秦在统一过程中会根据新地的具体情况不断调整、丰富自身的统治策略和相关律令规定，因地制宜、因事制宜，以灵活的新地政策加强其统治。又"鼠券"简成熟的登记处理程序，也体现出秦朝文书行政之发达与政务处理之严谨。

---

① 睡虎地秦墓竹简整理小组：《睡虎地秦墓竹简》，"释文注释"部分，第 128 页。

《东海郡下辖长吏名籍》与西汉官吏升迁

单 宸

（山东大学历史文化学院）

摘要：尹湾汉墓简牍中《东海郡下辖长吏名籍》记录了东海郡地方官吏的任官信息，其中包括以孝廉迁、以廉迁、以功迁、以捕格群盗除、以请诏除、以秀材迁、举方正除、以军吏十岁补、以国人补等多种官吏升迁方式，主要体现了地方上积劳计功的考课制度，以及察举在官员升迁中的作用。而官员凭借察举升迁，是中国古代官僚制度在创建初期发展不充分的体现。

关键词：尹湾汉墓简牍；官吏升迁；考课；察举

1993 年出土的尹湾汉墓简牍内容十分丰富，多方面地反映了西汉末年的政治、经济、军事、社会生活等，其中"特别是对地方行政制度史的研究，多数属首次发现"①，具有极高的史料价值。尹湾汉墓简牍的木牍三正、反和木牍四为《东海郡下辖长吏名籍》②（下文简称《长吏名籍》），记录了东海郡下辖的县、邑、侯国和盐、铁官的长吏信息，包括官职、籍贯、姓名、原任官及任官原因。其中，各长吏的任官原因对研究汉代官吏升迁有重要作用，反映了汉代的选举与考课制度。廖伯源、李解民、于琨奇等学者均对《长吏名籍》进行了相关研究，分析其背后所反映的任官制度。③但诸位学者对汉代任官制度的讨论尚有不足，未能进一步讨论选举与考课制度在任官过程中发挥的作用，本文将继续分析《长吏名籍》中所反映的任官原因，揭示其背后所反映的选举与考课制度，以丰富对西汉官制的认识。

---

① 滕昭宗：《尹湾汉墓简牍概述》，《文物》1996 年第 8 期。
② 连云港市博物馆等编：《尹湾汉墓简牍》，中华书局，1997 年，第 85—95 页。下文凡引《东海郡下辖长吏名籍》均出此处，除特殊说明外，不再单独作注。
③ 详见廖伯源：《简牍与制度：尹湾汉墓简牍官文书考证》（增订版）卷一《汉代仕进制度新考》，广西师范大学出版社，2005 年，第 3—46 页；李解民：《〈东海郡下辖长吏名籍〉研究》，连云港市博物馆、中国文物研究所编：《尹湾汉墓简牍综论》，科学出版社，1999 年，第 46—75 页；于琨奇：《尹湾汉墓简牍与西汉官制探析》，《中国史研究》2000 年第 2 期。

一、"以孝廉迁"和"以廉迁"

据释文,《长吏名籍》中有 144 条记录①,每条信息有着固定的格式,顺序非常明确,先言现任官,再写籍贯,然后为官吏姓名、原来身份以及迁转原因,其中 118 条可见迁转原因,本文即基于此进行讨论。在这 118 条记录中,仅有一人"以孝廉迁":

临沂右尉定陶国定陶魏□故孝者以孝廉迁

但有十五人"以廉迁":

下邳右尉沛郡靳□义……从史以廉迁

海西右尉临淮郡射阳武彭祖故海盐丞以廉迁

朐邑左尉楚国蓸丘田章始故东郡太守文学以廉迁

朐邑右尉楚国彭城□殷故相书佐以廉迁

戚右尉汝南汝阴肩□故太守属以廉迁

襄贲左尉梁国砀陈襄故相书佐以廉迁

费长山阳郡都关孙敞故广邑长以廉迁

即丘长胶[东]国昌武范常故不夜长以廉迁

厚丘长临淮郡取虑邑宋康故丞相属以廉迁

兰旗相临淮郡僮夏彭祖故□徒丞以廉迁

兰旗丞淮阳国陈张永国故亭长以廉迁

容丘相临淮郡睢陵郑赛故丞相属以廉迁

武阳相山阳郡单父张临故东郡太守文学卒史以廉迁

新阳相山阳郡汇张盖之故河内太守文学卒史以廉迁

盐官长琅邪郡东莞徐政故都尉属以廉迁

李解民认为临沂右尉以孝廉迁当计入以廉迁,显然认为以廉迁与举孝廉别无二致,性质相同②;于琨奇认为,以孝廉迁实际上是以孝迁,被举对象应是地方的孝者,同时存在针对官吏的察廉科,即以廉迁③;廖伯源则认为,以廉迁为史书中之察廉,与举孝廉不同④。

"以孝廉迁"和"以廉迁"虽然名称相似,但并非一事,前者之意为举孝廉入仕

---

① 其中有文字者 140 条。
② 李解民:《〈东海郡下辖长吏名籍〉研究》,连云港市博物馆、中国文物研究所编:《尹湾汉墓简牍综论》,第 61 页。
③ 于琨奇:《尹湾汉墓简牍与西汉官制探析》,《中国史研究》2000 年第 2 期。
④ 廖伯源:《简牍与制度:尹湾汉墓简牍官文书考证》(增订版)卷一《汉代仕进制度新考》,第 36—42 页。

或晋升,后者则为通过察廉铨选官员。针对二者之不同,阎步克已有全面的考证。阎氏指出,"郡守察廉与举孝廉一直是互不相涉的两种察举",其性质、察举对象和举主、迁任规律、产生时间和各自的发展线索都不一样。①

在明确举孝廉与察廉不同之后,则可根据《长吏名籍》对二者进行补证。察廉针对的必然是官吏,阎步克认为"廉吏之举限制在斗食和六百石之间的吏员"②,但通过《长吏名籍》可以发现,佐史也曾具备举廉吏的资格。《汉书·平帝纪》载:"(元始元年)宗室属未尽而以罪绝者,复其属,其为吏,举廉;佐史,补四百石。"③颜师古注曰:"言宗室为吏者,皆令举廉,各从本秩而依廉吏迁之;为佐史者,例补四百石。"④阎氏以此认为"佐史还没有被察廉吏的资格"⑤,故斗食及以上方可察廉而迁。但《长吏名籍》中有"兰旗丞淮阳国陈张永国故亭长以廉迁"条,亭长的秩级与佐史相同⑥,故佐史具备被察廉吏的资格。然而这里单独指出"佐史,补四百石",考虑到尹湾汉简时间在成帝时期,因此也存在平帝时佐史已不能被察廉吏的可能,这种现象的出现也可能更早一些,但至少在成帝及其之前,佐史是具备被察廉吏的资格的。

阎氏将举廉吏的上限定在六百石的吏员,也是不够准确的。《汉书·宣帝纪》载:"(黄龙元年)夏四月,诏曰:'举廉吏,诚欲得其真也。吏六百石位大夫,有罪先请,秩禄上通,足以效其贤材,自今以来毋得举。'"⑦韦昭注:"吏六百石者不得复举为廉吏也。"⑧则在汉宣帝黄龙元年(前49)四月之前,至少秩级六百石及以下的官吏具备举为廉吏的资格,但自此以后举廉吏的范围缩小到了秩级比六百石⑨及以下的官吏之

---

① 阎步克:《察举制度变迁史稿》第一章《儒生、文吏与"四科"》,中国人民大学出版社,2009年,第29—38页。
② 阎步克:《察举制度变迁史稿》第一章《儒生、文吏与"四科"》,第34页。
③ 《汉书》卷一二《平帝纪》,中华书局,1962年,第349页。原文为:"宗室属未尽而以罪绝者,复其属,其为吏举廉佐史,补四百石。"阎步克指出中华书局标点本断句文理不通,改之,即文中所引,详见阎步克:《察举制度变迁史稿》第一章《儒生、文吏与"四科"》,第33页。
④ 《汉书》卷一二《平帝纪》,第350页。原文为:"言宗室为吏者,皆令举廉,各从本秩。而依廉吏迁之为佐史者,例补四百石。"阎步克亦改之,详见阎步克:《察举制度变迁史稿》第一章《儒生、文吏与"四科"》,第33页。
⑤ 阎步克:《察举制度变迁史稿》第一章《儒生、文吏与"四科"》,第34页。
⑥ 《集簿》对吏员进行统计是按照秩级高低进行排序,其中"斗食五百一人,佐使、亭长千一百八十二人",佐使即佐史,则亭长的秩级与佐史相同。
⑦ 《汉书》卷八《宣帝纪》,第274页。
⑧ 《汉书》卷八《宣帝纪》,第274页。
⑨ 比秩大约形成于武帝前期的建元至元朔年间,故宣帝时六百石吏被剥夺举廉吏资格后,举廉吏资格的上限应是比六百石。关于比秩的形成,参见孙正军:《汉武帝朝的秩级整理运动——以比秩、中二千石、真二千石秩级的形成为中心》,《文史哲》2020年第5期。

中。廖伯源则根据这一史料认为"此诏之后,限察秩四百石及以下之官吏"①,这也是不准确的。综上,在西汉,察廉一科自出现始,面向秩级六百石及以下的官吏,宣帝黄龙元年四月始只面向比六百石及以下的官吏,成帝之后佐史不具备这一资格。②

但"佐史,补四百石"一句亦颇为费解,考"以廉迁"之十五人,除"兰旗丞淮阳国陈张永国故亭长以廉迁"为以佐史迁二百石之外,其余皆迁三百石或四百石,且得迁四百石者最低以百石迁,那佐史缘何有此殊遇?廖伯源认为,这种超迁是由于对象为宗室,"时王莽再起,欲安抚宗室之特异措施"③,虽有一定道理,但如果其余斗食、百石之吏迁为三百石,佐史却能直接迁为四百石,必然不合情理。且颜师古注曰"例补四百石",若其所言不假,那么以佐史补四百石之官为惯例,则廖氏所言安抚宗室之缘由亦难成立。但"例补四百石"并非直接迁为四百石,仅具备补吏的资格,或许在真正迁为四百石的吏员之前另有其他条件,暂不能知,在此存疑,请教方家。

再谈举孝廉。史载:"武帝元年,令郡国举孝廉各一人,诣御史举试,拜为郎中。"④ 这应当与董仲舒这一建议有关:"臣愚以为使诸列侯、郡守、二千石各择其吏民之贤者,岁贡各二人以给宿卫,且以观大臣之能。"⑤ 按,"郎掌守门户,出充车骑"⑥,则被举孝廉者当为郎中,入京宿卫,《长吏名籍》中被举孝廉者仅迁为临沂右尉,不合成例。廖伯源对此有详细考证,指出这与成帝后期王国人不得宿卫的措施有关。⑦ 孝廉为岁举,每年每郡举二人为郎,入京宿卫,《长吏名籍》中仅有一人以孝廉迁临沂右尉,因王国人不得宿卫故而到地方任职,而以廉迁者却有十五人,这恰恰反证举孝廉与举廉吏为决然不同的两科。

二、《长吏名籍》所见升迁原因

在明确"以孝廉迁"和"以廉迁"为不同之两科之后,现分类统计《长吏名籍》所见升迁原因,见下表。

---

① 廖伯源:《简牍与制度:尹湾汉墓简牍官文书考证》(增订版)卷一《汉代仕进制度新考》,第40页。

② 当然,也存在《长吏名籍》中"故亭长以廉迁"这一例为个例,或为破格升迁的可能,但证有易,证无难,既然存在这样的例证,佐史不能被察廉而升迁的结论暂时无法成立。

③ 廖伯源:《简牍与制度:尹湾汉墓简牍官文书考证》(增订版)卷一《汉代仕进制度新考》,第40页。

④ [汉]卫宏撰:《汉旧仪》,[清]孙星衍等辑,周天游点校:《汉官六种》,中华书局,1990年,第93页。

⑤《汉书》卷五六《董仲舒传》,第2513页。

⑥《汉书》卷一九上《百官公卿表上》,第727页。

⑦ 廖伯源:《简牍与制度:尹湾汉墓简牍官文书考证》(增订版)卷四《〈东海郡下辖长吏名籍〉释证》,第128—130页、第155—156页。

表1 《长吏名籍》所见升迁原因占比表

升迁原因	以功迁	以廉迁	以捕格群盗除	以请诏除	以秀材迁	举方正除	以军吏十岁补	以孝廉迁	共计
人数	73	15	11	5	3	2	2	1	112
占比	65.18%	13.39%	9.82%	4.46%	2.68%	1.79%	1.79%	0.89%	100%

1. 以功迁

在《长吏名籍》中，共有66人升迁原因为"以功迁"，6人为"以功次迁"，1人为"以积功"，三者实为一类，统称为"以功迁"，共73人属此类。

"以功迁"大部分是逐级递升，越级超迁的现象比较少见。"以功迁"的核心在于计功，功往往与劳并称，具有递进的换算关系，功和劳的内涵与换算关系与汉代的考课制度有关，下文详细论述。

2. 以捕格群盗除

《长吏名籍》中以"捕""捕格""捕斩"而升迁的，共有11人：

  下邳令六安国阳泉李忠故长沙内史丞以捕群盗尤异除
  下邳丞沛郡竹朱□故豫州刺史从事史以捕格山阳亡徒将率
  戚左尉鲁国鲁史父庆故假亭长以捕格不道者除
  开阳右尉琅邪郡柜王蒙故游徼以捕群盗尤异除
  利成左尉六安国六殷顺故啬夫以捕斩群盗尤异除
  利成右尉南阳郡堵阳邑张崇故亭长以捕格山阳亡徒尤异除
  缯左尉南阳郡涅阳邑几级故亭长以捕格山阳贼尤异除①
  平曲丞琅邪柜胡毋钦故亭长以捕格群盗尤异除
  承丞庐江郡摩娄庄戍故督盗贼以捕斩群盗
  山乡相鲁国鲁旦恭故亭长以捕格不道者除
  山乡丞鲁国鲁桥敬故亭长以捕格不道者除

这11人升迁原因表述各有不同，但总的来说，从内容上言可分为三类：捕格群盗、捕格山阳贼、捕格不道者；从评价上言则可分为两类：是否为"尤异"。现统称为"以捕格群盗除"一类。此处之"尤异"并非察举制的尤异科，而仅仅是一种评价，即字面意思。尤异成为察举制的科目实在东汉。

这升迁的11人中，原任官级别都不太高，亭长、游徼、啬夫、督盗贼皆是斗食、佐史一类的少吏，仅从事史为百石之吏；按，《汉旧仪》载："相置长史，中尉及内史令置丞一人，皆六百石。"② 则长沙内史丞当为六百石之官，是里面秩级最高的。虽然

---

① 此采李解民补释，详见李解民：《〈东海郡下辖长吏名籍〉研究》，连云港市博物馆、中国文物研究所编：《尹湾汉墓简牍综论》，第49—50页。

② [汉]卫宏撰：《汉旧仪》，[清]孙星衍等辑，周天游点校：《汉官六种》，第80页。

原任官级别普遍不高，但都升迁为二百石以上的县官或王国相、丞，长沙内史丞更是由六百石升迁至千石之下的邳令，可见这种论功行赏的奖励程度是不低的。但出现盗贼、亡徒、不道者的几率是未知的，因此这种升迁方式并非常规。

3. 以请诏除

《长吏名籍》中有三人"以请诏除"：

> 戚丞陈留郡宁陵丁隆故廷史以请诏除
>
> 东安相河南郡密故郎中骑以请诏除
>
> 鄪乡相陈留郡陈留李临故侍郎以请诏除

一人"以诏除"：

> 合乡长左冯翊临晋骆严故郎中骑以诏除

一人"请诏除"：

> 下邳左尉沛郡相□□故复土候□□□请诏除

以上五人皆为"以请诏除"一类。

李解民指出，请诏即向皇帝提出请求，获准后得以出任某职，"既有自我举荐的性质，又有皇帝钦定的性质"①。此五人中，丁隆原为廷史，廷史即廷尉史，秩二百石②；出为戚丞，秩三百石。东安相姓名不载，原为郎中骑，《汉书》载："郎中有车、户、骑三将，秩皆比千石。"③ 则郎中骑将为比千石之官，郎中骑受郎中骑将统属，秩级应低于比千石，但不知道是否低于三百石。李临原为侍郎，秩比四百石，出为鄪乡相；骆严亦是郎中骑，出任合乡长。东安相、鄪乡相、合乡长皆为三百石之官，李临以比四百石之侍郎出任三百石之地方官，存在外放历练的可能性，以此推测，则郎中骑的秩级应该也在比四百石上下，出任地方官加以历练。下邳左尉姓名缺失，原职应为复土候属吏，复土候秩级应为比六百石④，其属吏必然低于此，且大概率低于下邳左尉的四百石，此次出任当是升迁。

4. 以秀材迁

《长吏名籍》中有三人"以秀材迁"：

> 郯令□□□华乔故博阳令以秀材迁⑤
>
> 戚令丹杨郡句容□道故扬州刺史从事史以秀材迁

---

① 李解民：《〈东海郡下辖长吏名籍〉研究》，连云港市博物馆、中国文物研究所编：《尹湾汉墓简牍综论》，第66页。

② 《汉官》载廷尉"吏员百四十人……十六人二百石廷吏"，廷吏即廷史。佚名撰：《汉官》，[清]孙星衍等辑，周天游点校：《汉官六种》，第5页。

③ 《汉书》卷一九上《百官公卿表上》，第728页。

④ 详见李解民：《〈东海郡下辖长吏名籍〉研究》，连云港市博物馆、中国文物研究所编：《尹湾汉墓简牍综论》，第66页。

⑤ 此采李解民补释，详见李解民：《〈东海郡下辖长吏名籍〉研究》，连云港市博物馆、中国文物研究所编：《尹湾汉墓简牍综论》，第48页。

> 襄贲令北海郡淳于王贺故青州刺史从事史以秀材迁

秀材即茂材，东汉避光武帝刘秀讳所改。秀材始于武帝时，武帝元封五年（前106）下诏："其令州郡察吏民有茂材异等可为将相及使绝国者。"① 此为以秀材科选拔官吏之始，后渐成常制。

在以上三人中，华乔由博阳令迁为郯令，秩级由六百石升至千石；戚令和襄贲令都是六百石之官，从事史为百石，可见以秀材迁的三人升迁幅度都比较大，足见秀材科之优。

5. 举方正除

《长吏名籍》中，有二人"举方正除"：

> 司吾长沛郡萧刘奉上故孝者以宗室子举方正除
> 临沂长鲁国鲁丁武故相守史以举方正除

方正是西汉选举制度中的重要一科，汉文帝前元二年（前178）十二月下诏，要求"及举贤良方正能直言极谏者，以匡朕之不逮"②；武帝建元元年（前140），"诏丞相、御史、列侯、中二千石、二千石、诸侯相举贤良方正直言极谏之士"③。贤良、方正、（能）直言极谏逐渐成为荐举官吏的重要三科。④

举方正除官者，司吾长刘奉上原为孝者，无任官经历。孝者，与悌（弟）者、力田以及三老性质相同，是一种荣誉头衔，并非吏员。刘奉上以孝者任四百石之司吾长，升迁幅度非常大，这应该与其宗室子弟的身份有关，《长吏名籍》中特地标明其"以宗室子举方正除"，是对其任官时特殊身份的强调。临沂长丁武原为相守史，应为少吏，迁为三百石之临沂长，其升迁幅度也不小，却小于宗室子弟刘奉上，"这只能说明皇家宗亲在选举中享有特权"⑤。

6. 以军吏十岁补

《长吏名籍》中有一人"以军吏十岁补"：

> 铁官丞临淮郡淮陵龚武故校尉史以军吏十岁补

又有一人"以十岁补"：

> 建乡相山阳郡□□管费故将军史以十岁补

校尉史和将军史都是军吏，故管费亦是"以军吏十岁补"，二人同属一类升迁原因。

---

① 《汉书》卷六《武帝纪》，第197页。
② 《史记》卷一〇《孝文本纪》，中华书局，1959年，第422页。
③ 《汉书》卷六《武帝纪》，第155—156页。
④ 从前引史料可见，贤良、方正、（能）直言极谏三科常常并举，现行中华书局标点本中通常不在其间加标点，但宣帝本始四年（前70）四月诏曰"令三辅、太常、内郡国举贤良方正各一人"（《汉书》卷八《宣帝纪》，第245页），可见贤良、方正当为两科；成帝元延元年（前12）七月下诏令公卿大夫、博士、议郎"与内郡国举方正能直言极谏者各一人"（《汉书》卷一〇《成帝纪》，第326页），可见方正、能直言极谏当为两科；综上，则贤良、方正、（能）直言极谏为三科。
⑤ 于琨奇：《尹湾汉墓简牍与西汉官制探析》，《中国史研究》2000年第2期。

7. 其他

在升迁的吏员中,还存在一人"以国人罢补":

  山阳侯家丞定陶国朱佣故郎中以国人罢补

此人定陶国出身,国人当指此,"以国人罢补",可见其仕途因籍贯而受影响,这与前举"以孝廉迁"者不得入京任郎中的原因一样,皆因国人不得入京师宿卫而外放。郎中秩比三百石,侯家丞亦是比三百石,此为平调,难算迁官,故称补,但"以军吏十岁补"者实为升官,盖补官可平调亦可升官。但由于只有此一例,不知"以国人罢补"者究竟皆为平调还是秩级可以有所提升,故虽为补官,但不应与"以军吏十岁补"列为一类。

剩余尚有四人为贬官:

  昌虑左尉沛郡谯丁䇹故贬秩郎中
  良成尉□□□□□□故贬秩山□□□
  平曲侯国尉颍川郡郾殷临故贬秩□□
  部乡丞淮阳国□营忠故贬秩东昌相

又有一人:

  都平丞陈留郡襄邑共襄故□事□廪丘右尉

都平丞秩二百石,廪丘为东郡下辖的县,县尉秩级在二百石到四百石之间,则至少为平调。以上六人皆非升迁,不做讨论。

三、考课制度中的积劳计功

"以功迁"是《长吏名籍》中官吏最普遍的升迁方式,这是考课制度在地方执行的具体表现。

"以功迁"之"功"有其特定的含义。《汉书·董仲舒传》载:

  且古所谓功者,以任官称职为差,非谓积日累久也。故小材虽累日,不离于小官;贤材虽未久,不害为辅佐。是以有司竭力尽知,务治其业而以赴功。今则不然。累日以取贵,积久以致官,是以廉耻贸乱,贤不肖浑殽,未得其真……毋以日月为功,实试贤能为上,量材而授官,录德而定位,则廉耻殊路,贤不肖异处矣。①

董仲舒批判当时所谓功的含义已被曲解,本应是根据官吏在任时是否称职及其称职程度进行评判,但现在反倒"积日累久"即可,并且明确指出"毋以日月为功",也就说明在武帝时官吏之"功"根据在任时长而评判。史书中也存在"以功迁"的情况:

---

① 《汉书》卷五六《董仲舒传》,第2512—2513页。

冯奉世"昭帝时,以功次补武安长"①,其子冯野王"后以功次补当阳长"②。又,王莽曾奏"往者,吏以功次迁至二千石"③,可见至汉末仍存在以功迁的现象,并且这种升迁方式在官吏队伍中非常普遍,甚至可以"以功次迁至二千石"。更进一步讲,"以功迁"这种升迁方式直至北魏仍存在,史载:"路邕,阳平清渊人。世宗时,积功劳,除齐州东魏郡太守,有惠政。"④

董仲舒所批驳的"积日累久"即可获得功的现象,在出土简牍中可以得到验证。关于功如何换算,在秦简中就存在了,兹摘录里耶秦简10-15于下:

□(第一栏)

凡□□□□

为官佐六岁

为县令佐一岁十二日

为县斗食四岁五月廿四日

为县司空有秩乘车三岁八月廿二日

守迁陵丞六月廿七日

凡十五岁九月廿五日。凡功三⊿,三岁九月廿五日(第二栏)

□□□乡廿二年□□

□功二

□功四⊿,三岁九月廿五日

・□凡功六,三岁九月廿五日

□□迁陵六月廿七日,定□□八月廿日

□□可□属洞庭

□五十岁居内史七岁□□(第三栏)⑤

这是一个秦代基层官吏的履职记录,其中第二栏记在某县任职"凡十五岁九月廿五日",其后记作"凡功三⊿,三岁九月廿五日",则一功为四岁。第三栏在某乡二十二年,分两次记录了其积功情况,应当是出现了职位的调动或其他原因,则"凡功六,三岁九月廿五日",亦是四岁为一功。在这项记录中,虽然并未出现劳⑥,但一功为四

---

① 《汉书》卷七九《冯奉世传》,第3293—3294页。
② 《汉书》卷七九《冯奉世传》,第3302页。
③ 《汉书》卷九九上《王莽传上》,第4049页。
④ 《魏书》卷八八《路邕传》,中华书局,1974年,第1903页。
⑤ 里耶秦简博物馆、出土文献与中国古代文明协同创新中心中国人民大学中心编著:《里耶秦简博物馆藏秦简》,中西书局,2016年,第196页。
⑥ 其中"□功四⊿,三岁九月廿五日"条,《湖南出土简牍选编》释文记"功四"为"劳四",《里耶秦简博物馆藏秦简》校订组改之,是也,因为劳四仅一功,与"凡功六"不合。

岁确定无疑。这与胡平生、李解民的看法是一致的。①

汉简对积劳计功制度的记载更为丰富，引发了学界的讨论。② 在里耶秦简 10-15 中，功的时间与其在任时间基本一致，少两月有余，则将功视为出勤时间是最合理的解释，并且功少于在任时间，应该是与劳的奖惩增损有关。据居延新简 EPT50.10：

居延甲渠候官第十燧长公乘徐谭功将。

中功一劳二岁。

其六月十五日河平二年三年四年秋试射以令赐劳 □令（以上为第一栏）

能书会计治官民颇知律令文（以上为第二栏）

居延鸣沙里家去太守府千六十三里产居延县

为吏五岁三月十五日

其十五日河平元年阳朔元年病不为劳居延县人（以上为第三栏）③

其中明确有赐劳、因病不计劳的记录，由此可知劳由官员出勤时间构成，但也如李解民所言，功的计算除了常规的考勤之外，还有某些奖惩的折算。④

在此应该明确的是，上述功、劳皆是对官员考勤时间的计算，外加奖惩增减，在简牍中，功、劳并举，且劳代表的就是具体的时间，特别是里耶秦简中功之后也有时间的记录，"⌒"应是用来指示不满一功的时间。因此，功仅仅是比劳更高一级的考勤记录单位，并非具体的功绩。一方面，官方有以令赐劳的制度，即赐予最基础单位的劳，以能够累加其更高层级的功，卜宪群即指出功在汉代包括军功和事功，事功是官员在工作过程中各种事务的积累，"这种功是由劳累计而来的，积劳才能得功，功才是官僚升迁和奖励的凭据"⑤。另一方面，如果功是具体的功绩，《长吏名籍》中存在因"捕格群盗"而升迁者，这是因具体的捕斩盗贼的功绩而升迁的记录，并且升迁幅度高于"以功迁"。因此笔者认为，"以功迁"所指的功仅仅是出勤时间的记录，而并非具体功绩。汉代官吏在任考勤合格，就能够得以升迁，晋升一级或两级。

但还存在"以军吏十岁补"的升迁方式。史载张释之"以訾为骑郎，事孝文帝，十岁不得调，无所知名"⑥，李解民指出，强调"十岁不得调"意为在一个职位上任期

---

① 胡平生：《居延汉简中的"功"与"劳"》，《文物》1995 年第 4 期；李解民：《〈东海郡下辖长吏名籍〉研究》，连云港市博物馆、中国文物研究所编：《尹湾汉墓简牍综论》，第 59—60 页。

② 关于学界对功、劳的研究成果，可参见戴卫红：《秦汉功劳制及其文书再探》，中国文化遗产研究院编：《出土文献研究》第十六辑，中西书局，2017 年，第 191—204 页。

③ 马怡、张荣强主编：《居延新简释校》，天津古籍出版社，2013 年，第 236 页。

④ 李解民：《〈东海郡下辖长吏名籍〉研究》，连云港市博物馆、中国文物研究所编：《尹湾汉墓简牍综论》，第 60 页。

⑤ 卜宪群：《西汉东海郡长吏升迁考述》，《商丘师专学报》1999 年第 1 期。

⑥ 《史记》卷一〇二《张释之冯唐列传》，第 2751 页。

不应超过十年,在当时应存在"军吏在同一职务上经历十岁应获调补"的规定①。廖伯源则认为"是此2人为军吏无功,积劳十岁得补为朝廷命官"。②但如果按廖氏所言,那么积劳十岁当有二功二劳,为何未能"以功迁"呢?在此,笔者姑且提出一个假设。笔者认为,"以功迁"可能并不是满足基础的考勤要求即可,居延汉简145.37载:

> 建昭元年十月旦日迹尽二年九月晦日积三百八十三日以令赐劳六月十一日半日
>
> 建昭二年秋射发矢十二中常矢 以令赐劳③

在一年的时间内,"以令赐劳六月十一日半日",可见官吏额外获得劳的机会是比较多的,那么就存在三种情况,官员的功、劳与在任时间基本一致,或因赐劳等原因高出在任时间许多,或因缺勤过多而远少于在任时间,"以功迁"的标准可能是前两种情况,"以军吏十岁补"的官吏则可能属于第三种情况,达不到"以功迁"的要求,但又不能在同一职务上超过十年,故以此种方式调补他任。

四、察举制度中的考课色彩

考课即考核,《中国古代文官制度》指出:"考核是对官僚在规定期限内任职情况的综合评介,通常都以包含着各种主、客观因素的功绩和实效为核心,广泛比较同类官僚的任职状态,最终则据考等的高下,用多种手段分别进行轻重不等的奖赏和惩罚。"④安作璋指出:"汉代的考课制度大体说来有两个系统:一是公卿守相或各部门主官各课其掾吏属官,这是上下级系统;一是中央课郡,郡课县,这是从中央到地方的系统。"⑤如丙吉曾曰:"民斗相杀伤,长安令、京兆尹职所当禁备逐捕,岁竟丞相课其殿最,奏行赏罚而已。"⑥这是上下级系统。而汉宣帝地节四年(前66)诏曰:"其令郡国岁上系囚以掠笞若瘐死者所坐名、县、爵、里,丞相御史课殿最以闻。"颜师古注曰:"凡言殿最者:殿,后也,课居后也;最,凡要之首也,课居先也。"⑦此

---

① 李解民:《〈东海郡下辖长吏名籍〉研究》,连云港市博物馆、中国文物研究所编:《尹湾汉墓简牍综论》,第67页。
② 廖伯源:《简牍与制度:尹湾汉墓简牍官文书考证》(增订版)卷一《汉代仕进制度新考》,第31页。
③ 谢桂华、李均明、朱国炤:《居延汉简释文合校》,文物出版社,1987年,第241页。
④ 楼劲、刘光华著:《中国古代文官制度》(修订本)第五章《相辅相成的考核与监察制度(上)——秦汉的考核与监察》,中华书局,2009年,第243页。
⑤ 安作璋、熊铁基:《秦汉官制史稿》第三编第三章《考课制度》,齐鲁书社,2007年,第882页。
⑥ 《汉书》卷七四《丙吉传》,第3147页。
⑦ 《汉书》卷八《宣帝纪》,第253页。

即中央到地方的系统。

积劳计功是秦汉时期考课制度中对官吏出勤情况的考察,除此之外还有官员能力的考察,如前引居延新简 EPT50.10 即有对官吏"能书会计治官民颇知律令文"这些个人能力的记录。这些都属于考课制度中的上下级系统,是对官员在任具体情况的考察。但值得注意的是,"以廉迁"虽然也是对官员在任情况的考察,却并不属于考课制度,而是察举制度中的一科。

阎步克已经指出,察举制度是一种选官制度,"察举既是入仕途径,也包含了铨选、升迁,有时甚至还有考课的成分",这与后世科举制度下入仕与铨选有明显区别的体制有着显著不同。① 察举制在选举平民入仕的同时,还肩负着拔擢官吏的责任,其察举对象是全体吏民。"以廉迁"即察廉科,而只有官吏才能称得上是廉;秀材科,史载赵广汉"少为郡吏、州从事",已为官吏,但仍可"举茂材,平准令"②;方正科,史载楼护久为京兆吏,后"平阿侯举护方正,为谏大夫,使郡国"③;孝廉科,史载王吉"以郡吏举孝廉为郎"④,可见察举对象不仅可以是官吏,而且所占比例极大。察举各科亦可兼用,如盖宽饶先"以孝廉为郎",后又"举方正,对策高第,迁谏大夫,行郎中户将事"⑤,既有孝廉科,又有方正科,可见察举制度在官吏晋升过程中发挥着重要作用。因此,察举制度虽是选官制度,却并不仅仅是从百姓中选拔人才进入官吏队伍,也是从官吏队伍中择其优者进行擢拔,兼具选官与考课职能。

在汉代的考课制度中,已经包含了对官吏贪赃的考察,一旦发现有受贿收赃者,会根据程度的不同进行相应的惩罚。安作璋在《秦汉官制史稿》中提及汉代考课制度时指出,秦汉官吏"如犯有罪过,得以律科罚","汉法除谋反以外,于贪污罪最严"。⑥ 这也就说明汉代的考课制度包含了长官对下属受贿的检举,如果长官失此职,还要受到连坐,如汉景帝曾下诏:"吏发民若取庸采黄金珠玉者,坐臧为盗。二千石听者,与同罪。"⑦ 既然受贿与否在考课范围之内,那么推举廉洁的官吏自然也是考课的内容,但为何察廉科在察举制度之中呢?笔者认为,这是当时对二者性质认识的不同。考课制度对在任功绩的考察,《汉书》中有不少记载,如《贾谊传》载:"文帝初立,闻河南守吴公治平为天下第一。"⑧《韩延寿传》载韩延寿"在东郡三岁,令行禁止,断狱大减,为天下最"⑨。《西南夷传》载陈立"徙为天水太守,劝民农桑为天下最,

---

① 阎步克:《察举制度变迁史稿》,"引言",第 2 页。
② 《汉书》卷七六《赵广汉传》,第 3199 页。
③ 《汉书》卷九二《游侠传》,第 3707 页。
④ 《汉书》卷七二《王吉传》,第 3058 页。
⑤ 《汉书》卷七七《盖宽饶传》,第 3243 页。
⑥ 安作璋、熊铁基:《秦汉官制史稿》第三编第三章《考课制度》,第 904—905 页。
⑦ 《汉书》卷五《景帝纪》,第 153 页。
⑧ 《汉书》卷四八《贾谊传》,第 2221 页。
⑨ 《汉书》卷七六《韩延寿传》,第 3212 页。

赐金四十斤"①。《兒宽传》载:"后有军发,左内史以负租课殿,当免。民闻当免,皆恐失之,大家牛车,小家担负,输租襁属不绝,课更以最。"②

以上四例这都是对在任具体政绩的考察和评价,但察举制度主要是对品德和能力的考察,孝悌、廉洁、贤良、方正等等,都是对人而非事的考察和评价,这也正是孝廉并称的原因。故而,贪赃为罪,是官吏在任行为不端;而廉洁为德,是官吏个人品德的高尚,因此此二者虽对立,却分属两个不同的考察和评价体系。

但是并不能因此认为察举制亦是考课制度,察举制度的考课色彩反映的是中国古代官僚制度创建之初制度性质之间的模糊。察举制度是对官员的选拔,而考课制度则是对官吏政绩的考察,二者是不同的;但察举制度有多个科目是对官吏进行评价然后擢拔,特别是察廉科,这又是察举对考课的侵占,正如黄留珠所言,察举制度是"选举与考课不分"③。

察举制度通行于两汉魏晋南北朝,而魏晋以来的九品中正制同样在制度上具有模糊性。在九品中正制下,中正定期对士人进行定品④,官员入仕、升迁都要依靠中正评定的品级进行,故西晋刘毅曾如此批判九品中正制:

  而中正知与不知,其当品状,采誉于台府,纳毁于流言。任己则有不识之蔽,听受则有彼此之偏。所知者以爱憎夺其平,所不知者以人事乱其度;既无乡老纪行之誉,又非朝廷考绩之课;遂使进官之人,弃近求远,背本逐末。位以求成,不由行立,品不校功,党誉虚妄。损政五也。

  凡所以立品设状者,求人才以理物也,非虚饰名誉,相为好丑。虽孝悌之行,不施朝廷,故门外之事,以义断恩。既以在官,职有大小,事有剧易,各有功报,此人才之实效,功分之所得也。今则反之,于限当报,虽职之高,还附卑品,无绩于官,而获高叙,是为抑功实而隆虚名也。上夺天朝考绩之分,下长浮华朋党之士。损政六也。⑤

刘毅在此对中正制进行批评,认为中正制不能掌握官吏在任表现却妄加评判,侵夺了朝廷考课的权责,不利于官员升迁罢黜。这也说明九品中正制依然不是纯粹的入仕制度,与察举制度一样具有考课成分,在职权上是模糊的。正如王东洋所指出的,九品中正制的考课功能表现在中正和吏部的关系上,这经历了三个阶段,由魏晋时期分工

---

① 《汉书》卷九五《西南夷传》,第 3845 页。
② 《汉书》卷五八《兒宽传》,第 2630 页。
③ 黄留珠:《秦汉仕进制度》第十五章《两汉仕进制度的特点》,西北大学出版社,1985 年,第 236 页。
④ 曹魏创设九品中正制,三年一定品,西晋沿用之,分见张旭华:《九品中正制研究》第二章《曹魏九品中正制的确立与初步发展》,中华书局,2015 年,第 122—126 页;第三章《两晋九品中正制的发展完善及其门阀化》,第 179—181 页。
⑤ 《晋书》卷四五《刘毅传》,中华书局,1974 年,第 1276 页。

不明、相互侵夺对方职权，到南北朝时期中正与吏部逐渐相互兼容、参与配合时期，至隋朝则选署考功专任吏部。① 入仕与铨选分离则是科举制确立后才形成的体制。

结　语

　　《长吏名籍》记录了118条官员迁转的原因，其中6条并非升迁，其余112例均属于官吏晋升，反映了西汉官吏多样的上升渠道，包括以功迁、以孝廉迁、以廉迁、以秀材迁、举方正除、以捕格群盗除、以请诏除、以军吏十岁补等。其中，捕格群盗属于因事获功，并非常态；请诏外任，也是特殊情况；以军吏十岁补，亦非常规升迁方式。总的来说，西汉官吏最常规的升迁方式有两种，一是积劳计功以升迁，即以功迁；二是通过察举获得升迁，以孝廉迁、以廉迁、以秀材迁、举方正除均属于此。从表1来看，官吏通过积劳计功和察举得以晋升占比为83.93%，则积劳计功和察举是西汉官吏升迁最为普遍的方式；而积劳计功占比为65.18%，可以说是西汉官吏升迁的最主要途径。

　　积劳计功属于考课制度，与官吏晋升有着密不可分的联系，察举则是选举制度，却兼有考课色彩，负有考课制度的权责。这种制度职能边界的模糊，是官僚制度初建而尚不成熟的表现，直至魏晋南北朝时期，仍在九品中正制中存留。察举制和九品中正制对考课制度职权的侵夺，是中国古代官僚制度创设和发展的过程中，各项制度不断进行调整的表现。制度在不断的调整中实现变革，权责界限也逐渐清晰，制度职能更加明确，是帝制中国政治制度由发展不成熟走向完善的体现。

---

① 王东洋：《从中正与吏部之关系看九品中正制之考课功能》，中国魏晋南北朝史学会、山西大学历史文化学院编：《中国魏晋南北朝史学会第十届年会暨国际学术研讨会论文集》，北岳文艺出版社，2011年，第150—156页。

·综述和书评·

秦汉象郡研究评述

高小路

（西北大学文化遗产学院）

摘要：历史文本中秦象郡的图景从秦到清经历了一个由小变大，由模糊到清晰的过程。自《汉书·地理志》以来，尽管主要舆地文献对秦象郡范围的描述存在很大差异，但历代学者普遍认为秦象郡南界可达越南中部或北部，此即"日南说"；而《山海经》《茂陵书》等更早的文本记录则受历代学者质疑诘难，连《汉书·昭帝纪》中的记载也因"孤例"而遭否定。近现代学者重新审视了早期的文本，提出了"郁林说"，亦颇有其理。此说与"日南说"并行于学界，难有定论，其争议处或许只能留待将来的考古发掘来解决了。

关键词：象郡；"日南说"；"郁林说"；周振鹤；鄂卢梭

关于秦汉象郡的研究，周振鹤先生有过总结，认为主要有"郁林说"和"日南说"两种观点。"郁林说"是指"得出象郡地跨《汉志》郁林、牂牁两郡间，自秦延续至昭帝时方才罢省的结论"，"日南说"是指"秦象郡即汉日南郡"①。两派观点的争辩相持许久，各有理据，难辨对错。本文将对自秦汉以来涉及秦汉象郡记述和讨论的主要文本进行梳理，明辨历史文本中秦汉象郡地理图景的流变和近现代学者的考辨阐发。

一、秦至清文本中秦象郡的演变

（一）秦、汉初之象郡

文本呈现的这一时期象郡的位置范围比较模糊，大概位于沅水、今西江、红水河

---

① 周振鹤：《西汉政区地理》第四章《岭南诸郡沿革》，人民出版社，1987年，第183页。

所流经的广西西北部、贵州南部。

《史记·秦始皇本纪》:"三十三年……略取陆梁地,为桂林、象郡、南海。"① 秦始皇初设岭南三郡,"象郡"之名始现,但仅表明存在,而没有范围指示。《汉书·高帝纪》:(高祖五年二月)"诏曰:其以长沙、豫章、象郡、桂林、南海立番君芮为长沙王"②,似可表明汉初秦象郡依旧存在,但此时当属于南越国的统辖之下。

该时期真正对秦汉象郡具有位置指示意义的文本是《山海经·海内东经》的附篇:

I. "沅水出象郡镡城西,东注江,入下隽西,合洞庭中。"③

II. "郁水出象郡,而西南注南海,入须陵东南。"④

《海内东经》大约成于秦汉之间,年代如此之接近使得这两条材料成为秦象郡位置范围争论的主要材料之一。在早期的文章中,如鄂卢梭便对这两条材料多有质疑,他认为《山海经》是一部"奇异而迷离不明"的古书,"此书或者成于西汉时代。在一世纪下半叶中必定有一部《山海经》古本。惟自是以后,历经改篡,若是仅仅根据此书的材料考证古代政治地理,是一种危险的事情,所以我以为不应采用独见于一种可疑的撰述中的两条孤证"⑤。

但随着辩论的进行,大多数学者对此基本采取信任态度,并以此来确定秦象郡的范围。周振鹤认为,《山海经·海内东经》的附篇,"除了一句话以外,毫无离奇荒诞的内容,显而易见是一份极可宝贵的水道地理资料,其中或有个别文字错讹,或有些地名无考,但所叙述的基本事实都与《汉志》《水经》所载没有冲突,可资信赖","《海内东经》附篇的沅水条要早于其他三条史料,大致体现了秦汉之期的地理现实"。⑥

"I"中沅水古今同名,产生有争论的是"镡城"。覃圣敏认为,镡城《汉志》属武陵郡,《水经》中也属于武陵郡,而独《山海经》此条属象郡。考证在置三郡前,镡城应已为秦所有,属秦黔中郡,所以把镡城看作象郡的属县是没有道理的。此外,作者还认为,"既然岭北的长沙郡把岭南的一部分土地包括在内,那么岭南的象郡就不应该跨过岭北而有镡城"⑦。

"II"的争论比较大。问题主要集中在郁水的位置、字词误讹的辨析和对"须陵"的解读三个方面上。

---

① 《史记》卷六《秦始皇本纪》,中华书局,1959 年,第 253 页。
② 《汉书》卷一《高帝纪》,中华书局,1962 年,第 53 页。
③ 袁珂校注:《山海经校注·海内东经》,上海古籍出版社,1980 年,第 333 页。
④ 袁珂校注:《山海经校注·海内东经》,第 333 页。
⑤ 鄂卢梭:《秦代初平南越考》,原文刊于《远东学院通报》23 卷(1923 年)第 137—264 页,冯承钧编译:《西域南海史地考证译丛》第 2 卷第 9 编,商务印书馆,1995 年,第 28—29 页。
⑥ 周振鹤:《西汉政区地理》第四章《岭南诸郡沿革》,第 189 页、第 190 页。
⑦ 覃圣敏:《秦代象郡考》,《历史地理》第 3 辑,上海人民出版社,1983 年,第 182 页。

首先是郁水的位置。鄂卢梭认为，郁水是西江的主要支流，发源于广西边界附近云南蒙自道广西县西，此水东流经过南宁后注入西江，但现广西郁水没有一段是西南流的，所以该条材料所指不一定是现广西的郁水。同时这条材料也影响到郦道元《水经注》"郁水西南流，而想象此水流到安南中部，好像其误也是本于《山海经》"①。周振鹤认为，"《汉志》以为郁水之上源是出自牂柯夜郎的豚水……则豚水当今北盘江，郁水只能是其下游红水河—西江一系"，"汉人对豚水—郁水（北盘江—红水河—西江）一系本非常熟悉，又称之为牂柯江，是西南夷地区通岭南之交通要道"②。李龙章接受方国瑜关于郁水可分为南郁水和北郁水的观点，认为北郁水包括今红水河及其上游北盘江；而"文象水东至增食入郁""斤员水入郁"指的是南郁水，包括今右江及左江（斤员水）合流后至桂平的郁江水道。红水河和郁江以下水道仍称郁水。而《海内东经》郁水条中的郁水指的应是南郁水。③

"II"条中显然应该存在误讹。周振鹤认为"《水经》温水条最后一句'东北入于郁'明明是'东南入于海'之讹"。④

关于"须陵"的解读，覃圣敏认为"须陵""湘陵""相虑""项陵"相通，进一步论证"《汉志》中之象林，读音与项陵、湘陵或相虑近似，可能是同一个地名的又一种异写"，"如项陵果为象林，则《海内东经》所说的郁水和象郡，当在今越南中部地区"。⑤然而，白耀天则认为，须陵"古音读同'班雄'，为'番禺'的古音，为番禺的另一音义写字"⑥。

（二）西汉中晚期之象郡

这时期文本中的象郡范围进一步被界定，主要的材料有：

III.《汉书》臣瓒引《茂陵书》："象郡治临尘，去长安万七千五百里。"⑦

《茂陵书》大约成书于汉武帝时期，该条以"长安"为基点确定里程，说明这里的象郡是西汉象郡，既指示了汉象郡的存在，又说明汉象郡治在临尘。

这条材料，学者们基本上都承认有可信度，是一条比较坚实的材料。但同时，这条材料也存在明显的错讹，争论的焦点也都是集中于错讹的内容是地名还是里程。

错在地名的学者认为，该"临尘"非《汉志》郁林郡中的"临尘"，鄂卢梭认为"里数之误或者较少，名称之误或者较多，我以为临尘之名或须改正"，因此论证了

---

① 鄂卢梭：《秦代初平南越考》，原文刊于《远东学院通报》23卷（1923年）第137—264页，冯承钧编译：《西域南海史地考证译丛》第2卷第9编，第28页。
② 周振鹤：《西汉政区地理》第四章《岭南诸郡沿革》，第192页、第193页。
③ 李龙章：《秦汉象郡辨析》，秦始皇兵马俑博物馆编：《秦俑秦文化研究——秦俑学第五届学术讨论会论文集》，陕西人民出版社，2000年，第451页。
④ 周振鹤：《西汉政区地理》第四章《岭南诸郡沿革》，第192页。
⑤ 覃圣敏：《秦代象郡考》，《历史地理》第3辑，第183页。
⑥ 白耀天：《象郡辩略》（续），《广西民族研究》1994年第3期。
⑦ 《汉书》卷一《高帝纪》，第54页。

"林邑"与"临邑"存在文本上相通的现象,又进一步认为"临尘或者为林邑之误",这种观点没有任何的论证,却直接进行臆测:"《茂陵书》或者以为林邑(象林)是秦时象郡所治,而经传抄误作临尘,由是地理上的困难可以解除。可是此说既然主张林邑(古象林)是秦象郡的郡治,势必要假定秦时曾将郡治迁到北方承天府内近海的地方,我不能不承认此说有些武断"。① 覃圣敏认同鄂氏观点,认为即便删去"万"字,里程数也相差大,所以象郡不治临尘的可能性最大。②

错在里数的学者以周振鹤为代表,认为鄂氏论证的那种地名连环错法不可能发生,同时,鄂氏该论证说明秦象郡治是象林县,与他论证的秦象郡和汉日南郡同治西卷县是相矛盾的。因而,周氏认为:"如果象郡真治象林(今越南广南省会安附近),去长安亦远不足万七千五百里之数。数字讹误的可能性并不比地名小。本文其他章节所引用的《茂陵书》条文,地名均无疑问,但数字却间或不可信",所以,该条材料之错讹"是里距,至于'象郡治临尘'的记载是完全可靠的"。③

Ⅳ.《汉书·昭帝纪》:(元凤五年六月—十一月)"秋,罢象郡,分属郁林、牂柯"。④

Ⅴ.《汉书·地理志》:日南郡本注:"故秦象郡,武帝元鼎六年开,更名"⑤。

"Ⅳ"和"Ⅴ"为《汉书》正文,是《本纪》与《地理志》发生矛盾的典型案例。近现代学者们正是由此形成了对秦汉象郡两种截然不同的看法,以周振鹤的归纳最为流行,两派观点分别为"郁林说"和"日南说",分别对应着"Ⅵ"和"Ⅴ"。

关于"Ⅳ"的讨论,"日南说"的学者早期并不十分认可,认为"Ⅳ"是孤立的,没有更多材料来佐证它(这是在否定和修正了《山海经》以及《茂陵书》相关材料的基础上进行的),如鄂卢梭引用齐召南《汉书考证》对该条材料的质疑,再顺带提及钱大昕、吴卓信、全祖望、周寿昌、王国维等人也对此有疑义,因而"我们不能不赞成他们这一说",认为"这一条毫无依据"。⑥ 而"郁林说"的学者则在承认"Ⅰ""Ⅱ""Ⅲ"的基础上认为"Ⅳ"是可信的,且对鄂氏的证明进行了反驳,如周振鹤认为齐召南此语先认定《地理志》可靠而证《本纪》之伪,实不合逻辑,且进一步举例说明齐召南在其他地方反而主张《本纪》较《地理志》可靠,从而质疑齐氏"考证之草率,并非择善而从,而是择易而从"。就周氏个人而言,他认为"就一般情况而言,

---

① 鄂卢梭:《秦代初平南越考》,原文刊于《远东学院通报》23卷(1923年)第137—264页,冯承钧编译:《西域南海史地考证译丛》第2卷第9编,第30—31页。
② 覃圣敏:《秦代象郡考》,《历史地理》第3辑,第184页。
③ 周振鹤:《西汉政区地理》第四章《岭南诸郡沿革》,第193—194页。
④ 《汉书》卷七《昭帝纪》,第231页。
⑤ 《汉书》卷二八《地理志》,第1630页。
⑥ 鄂卢梭:《秦代初平南越考》,原文刊于《远东学院通报》23卷(1923年)第137—264页,冯承钧编译:《西域南海史地考证译丛》第2卷第9编,第35—36页。

《史记》《汉书》本纪的记载的确是比较可信的，在没有坚实旁证的情况下是不好随便摈弃的"，且"罢象郡"此文具有合理性，不是一个孤立事件，是可靠的。①

关于"V"的讨论，"日南说"的学者以此为不言自明的铁证。但"郁林说"的代表学者周振鹤却对此有令人十分信服的论断，详见下文。

（三）三国两晋南北朝文本之秦象郡

VI. 应劭《地理风俗记》曰："日南，故秦象郡。汉武帝元鼎六年开日南郡，治西捲县。"②

VII. 《史记集解》：象郡，"韦昭曰：今日南"。③

VIII. 《山海经》郭璞注，象郡，"象郡今日南也"。④

IX. 《续汉书·郡国志》日南郡本注："秦象郡，武帝更名。洛阳南万三千四百里"。⑤

X. 《晋书·地道记》曰："（日南郡）郡去卢容浦口二百里，故秦象郡象林县治也。"⑥

XI. 《水经注·温水》郦注："寿泠水自城南，东与卢容水合，东注郎究，究水所积，下潭为湖，谓之郎湖。浦口有秦时象郡，墟域犹存。"⑦

XII. 《水经注·温水》郦注："浦西，即林邑都也。治典冲，去海岸四十里，处荒流之徼表，国越裳之疆南，秦汉象郡之象林县也。东滨沧海，西际徐狼，南接扶南，北连九德。"⑧

该时期文本中所见之秦象郡情况正如上述所见，几无例外均说明秦象郡位于汉日南郡地，而这些正是"日南说"的主要论据。对此，周振鹤有逐一的辩驳，认为"这些史料表面上看来出自不同载籍，而殊途同归，证成了象郡日南说。但仔细作一透视，四条史料实则同出一源，都本于《汉志》的注文"。韦昭注《史记·秦始皇本纪》象郡，是本于《汉志》，不足为据。《水经·温水注》引王隐《晋书·地道记》："（日南）郡去卢容浦口二百里，故秦象郡象林县治也。"该条说秦象郡有象林县，但此书成于东晋时期，在此之前该记载并未出现在其他古籍上，认为"溯其源仍因为《汉志》言日南本秦象郡，而前者又恰领有象林县，遂以为后者也必辖有该县了"，"这一不可靠的记录并不能作为象郡日南说的证据，相反，却应看作是对日南即象郡这一说法的演

---

① 周振鹤：《西汉政区地理》第四章《岭南诸郡沿革》，第194—195页。
② ［北魏］郦道元著；陈桥驿校证：《水经注校证》卷三十六《温水》，中华书局，2007年，第833页。
③ 《史记》卷六《秦始皇本纪》，第253页。
④ 袁珂校注：《山海经校注·海内东经》，上海古籍出版社，1980年，第334页。
⑤ 见《后汉书》志第二三《郡国志五》，中华书局，1965年，第3532页。
⑥ 《水经注校证》卷三十六《温水》，第834页。
⑦ 《水经注校证》卷三十六《温水》，第834页。
⑧ 《水经注校证》卷三十六《温水》，第836—837页。

绎"。《温水注》:"浦口有秦时象郡,墟域犹存。""浦口"一词不知何指,"颇疑此文有错简之嫌",且"考证地名和政区沿革本非道元所长","颇疑《温水注》所谓象郡墟域亦是受《汉志》象郡日南的影响而误认",是"以讹传讹"。针对鄂氏以《温水注》中关于林邑象林即秦汉象郡象林的记载即认为秦象郡南境和汉日南郡南境同地的认识,周氏认为是有问题的,指出即便秦有象林县的存在,那么其所指在不同年代的不同文献中也是不同的,"以《温水注》本文,还是以《地道记》?前者相当《汉志》日南郡象林县,后者则相当同郡之卢容县,两者相去数百里之遥","晋代曾一度复置象林县,但只是侨置于卢容县而已,已非西汉象林故地","两个所谓'秦象林县'的差异体现了后人对象郡日南说的看法十分含糊"。因此,能够"支持鄂氏观点的最过硬的史料无非就只《汉志》本注一条"。但是,"《汉志》本注在郡国沿革方面有许多靠不住的地方","一般地说,《汉志》本注如果发生错误,总要和纪、传、表及他志记载发生矛盾","一般而言,本纪往往比地志注文可信"。①

如此一来,"日南郡"的论证便显得十分单薄了。

(四) 唐宋文本之秦象郡

在该时期,学者们在各自撰述的有关政区沿革的著作中,都对秦象郡进行了不尽相同的追记,不同学者有着各自不同的象郡地理图景。本文主要对杜佑《通典》、李吉甫《元和郡县图志》、李昉等《太平御览》进行考察分析。

1.《通典》之秦象郡:

该书秦象郡本注:"今招义、南潘、普宁、陵水、南昌、定川、宁越、安南、武峨、龙水、忻城、九真、福禄、文阳、日南、承化、玉山、合浦、安乐、海康、温水、汤泉等郡是"②。(案:在山州条下记有"土地与白州"③ 同,"白州"即"南昌郡",因此"山州"也当为秦象郡之一部分;另在林邑国条下也记有"秦象郡林邑县地"④,也当为秦象郡之一部分)。

依据《中国历史地图集·隋、唐、五代十国》,此 24 郡(国)地可分为三个部分:

①龙水郡(粤州,乾封中改为宜州,地图集为宜州)、忻城郡(芝州)、安乐郡(严州)。大致相当于今宜州市—忻城市—来宾市—武宣市西南。但是,据地图,此三郡相近但不相邻,而是相对独立的。

②南潘郡(潘州)、招义郡(罗州)、海康郡(雷州)、陵水郡(辩州)、龙池郡(山州)、南昌郡(白州)、温水郡(禺州)、定川郡(牢州)、普宁郡(容州)、合浦郡(廉州)、宁越郡(钦州)、玉山郡(陆州)。大致相当于今电白—高州—北流—容县—玉林—灵山—邕宁—钦州一线以南部分。

---

① 周振鹤:《西汉政区地理》第四章《岭南诸郡沿革》,第 184—188 页。
② [唐]杜佑:《通典》卷一百八十四《州郡十四》,中华书局,1988 年,第 4911 页。
③ 《通典》卷一百八十四《州郡十四·山州》,第 4938 页。
④ 《通典》卷一百八十八《边防四》,第 5089 页。

③汤泉郡（汤州）、武峨郡（武峨州）、福禄郡（福禄州）、文阳郡（长州）、安南（交州）、九真郡（爱州）、日南郡（驩州）、承化郡（峰州）、林邑国。大致相当于今越南境内谅山省谅山东南—北太省太原东北武崖—永富省白鹤县南凤州—义静省南部一线至荣市的越南北部地区。

《通典》中关于秦象郡的追记已成一定的体系，从文本可知，杜佑所记述的秦象郡范围并不连贯，而是相互独立成三个部分。隶属于同一行政区划当中却不相连贯，这种事情本身即是矛盾而不符合实际的。因此，造成这种情况的原因应该是杜佑本人对岭南地区的地理及行政区划沿革并不十分清楚，这种模糊的地理观念使得他在记述政区沿革时错讹频出，且难以达意。因此，就杜佑本意而论，这三个区域应当是相连并同时属于秦象郡领域的。在这三个区域中，"①"和"②"两部分相距不远，且《通典》又十分确切地指出唐象州（象郡）不是秦象郡，"秦之象郡，今合浦郡是也，非今象郡"①，因此，秦象郡的东线可大致确认是电白—高州—北流—容县—玉林—贵县—来宾—忻城—宜州—罗城。而由于"①""②"与"③"之间的空隙过大，又无文献进一步论证，因此北线和西线尚无法确定。而秦象郡南线则可到达今越南荣市附近。

2. 《元和郡县图志》之秦象郡②

该著作认为秦象郡在安南（交趾郡）、爱州（九真郡）、峰州（承化郡）。范围约当《太平御览》和《通典》的"③"部分，即相当于今越南北部地区。但也有差别。《通典》的越南部分延伸至林邑国，即汉日南郡部分，南线约在近越南北部北纬17°—16°区域。而《元和郡县图志》则至于驩州，即汉九真郡处，因林邑国无载，故不知是否继续延伸，其南线约在北纬18°的越南北部地区。

《元和郡县图志》写成于唐宪宗元和八年（813），大约与《通典》相当。但在秦象郡的地理构建上却与《通典》相差甚远，只约当《通典》中的越南北部部分，而少了东至广东高州，北至广西宜州、罗城的两大部分。这么巨大的差距表明关于秦象郡的地理位置，唐代的学者也是存在巨大的认知差异的。可看出在唐代似可分为两派：以《通典》为代表的合浦—郁林派，以及以《元和郡县图志》为代表的交趾—九真派。

3. 《太平御览》之秦象郡

该著作秦象郡范围为：海康郡（雷州）、陵水郡（辩州）、南昌郡（白州）、宁越郡（钦州）、普宁郡（容州）、合浦郡（廉州）、宁浦郡（横州）、南陵郡（春州）、新兴郡（新州）、日南郡（驩州）、九真郡（爱州）、福禄郡（福禄州）、文阳郡（长州）、玉山郡（陆州）、承化郡（峰州）、安南都护府（交州）、定川郡（牢州）、汤泉郡（汤州）、温水郡（宕州/禹州）、修德郡（严州）、龙池郡（山州）、忻城郡（芝

---

① 《通典》卷一百八十四《州郡十四》，第4933页。
② [唐] 李吉甫：《元和郡县图志》卷三十八《岭南道五·爱州》，中华书局，1983年，第955—962页。

州)、武峨郡（武峨州）、龙水郡（粤州），共24郡州。

可分四部分：

①修德郡（严州）、忻城郡（芝州）、龙水郡（粤州）

②海康郡（雷州）、陵水郡（辩州）、南昌郡（白州）、宁越郡（钦州）、普宁郡（容州）、合浦郡（廉州）、宁浦郡（横州）、玉山郡（陆州）、定川郡（牢州）、温水郡（宕州/禹州）、龙池郡（山州）

③日南郡（驩州）、九真郡（爱州）、福禄郡（福禄州）、文阳郡（长州）、承化郡（峰州）、安南都护府（交州）、汤泉郡（汤州）、武峨郡（武峨州）

④南陵郡（春州）、新兴郡（新州）

在这四个部分中，"①""②""③"大致与《通典》的"①""②""③"部分相同，其中"②"和"③"发生了些微变化。《通典》"②"中的南潘郡（潘州）和招义郡（罗州）在《太平御览》的追记中不再属于秦象郡的范围，但情况还有区别。南潘郡（潘州）条下明确记述："《十道志》曰：……秦平百越，为桂林郡地，汉为合浦县地。"①而招义郡（罗州）条②则无秦时所属的记述。而在关于《通典》中不见的宁浦郡（横州）、南陵郡（春州）、新兴郡（新州）三条下所引著作也均为《十道志》。《十道志》全称《十道四蕃志》，是唐代武周时梁载言所撰，撰述年代早于《通典》（完成于德宗贞元十七年即公元801年）。因此，可以认为，秦象郡的范围在唐初东界可至现阳春—新兴一带，但到中晚期以杜佑为代表的观点在东界部分则缩至现电白—高州一带。也许，杜佑的这种修正是因为他注意到了《十道志》中南潘郡（潘州）不属于秦象郡而使得其东部追记属于秦象郡的南陵郡（春州）和新兴郡（新州）部分孤悬无以相连的矛盾。因此，在杜佑《通典》的追记中，可能认为《十道志》中的秦象郡东界过大且矛盾，便直接将孤悬在外的南陵郡（春州）和新兴郡剔除而将南潘郡（潘州）调整为秦象郡。因此，《太平御览》虽然成书时间较《通典》晚，但因其中与《通典》相抵牾的部分均引自早于《通典》的《十道志》，所以可以认为《太平御览》中的秦象郡要早于《通典》秦象郡，且范围较之更大。同时，《太平御览》秦象郡的观点也可以代表北宋时期大部分学者的观点。但是，总体上来看，《通典》中各部分相互孤立，且北线和西线缺环过大，难以确认的矛盾和缺陷也依然存在。

（五）清之秦象郡

该时期关于秦象郡较成体系的著作主要是顾祖禹《读史方舆纪要》③。其范围为：廉州府、雷州府、安南、占城。

越南部分与《通典》"③"部分一致，缺少《通典》的"①"部分，而在"②"

---

① [宋]李昉等撰：《太平御览》卷一七二《州郡部十八·潘州》，中华书局，1960年，第841页。

② 《太平御览》卷一七二《州郡部十八·罗州》，第841页。

③ [清]顾祖禹撰，贺次君、施和金点校：《读史方舆纪要》，中华书局，2005年。

部分上则缩小近乎一半，只剩下《通典》"②"部分的南半部的范围，大致相当于今雷州半岛、北海、合浦、浦北、灵山、钦州等靠海地区。顾祖禹的秦象郡图景又呈现出了另一番模样。

二、近现代学者的研究

从上述秦至清文本中的秦象郡中可知，虽然各朝代文本对于秦象郡的范围存在很大的差异，但总的说来，自《汉志》以降，中国古籍文本中几无一例外属于"日南说"，即秦象郡的南界可达近越南北部，形成了十分牢固强大的传统话语力量。直至1916年司伯乐《秦汉象郡考》① 一文的出现，才重新审视起长期被质疑而束之高阁的更古的记载，从而形成了"郁林说"，对传统的观点形成了强烈的冲击。在初期的探讨中，"日南说"依旧占据主流地位②，但马氏带来的质疑也有人支持，除了越南学者之外，谭其骧也更倾向于"郁林说"③。1984年，周振鹤的《象郡考》发表④，其精辟入微的分析使得"郁林说"几成定论⑤，此后，"郁林说"成为了秦象郡讨论的主流观点，即便近年辛德勇对周说多有诘难⑥，但依旧难以撼动周氏"郁林说"，只是对周氏的分析和相关结论进行了局部的修正。不过，也正如辛德勇所指出的，周氏"虽说每一点具体论述，也都很有道理，但这些论述给我们提供的只是一种或然性，而不具备排他的必然性"。所以，到目前为止，由于材料所限，关于秦象郡的讨论依旧无法得出令大部分学者都信服的结论。

为便于观察秦象郡讨论中各方的态势，现将双方集中讨论的问题罗列如下：

（一）九郡问题

《史记·南越列传》："南越已平矣，遂为九郡。"⑦《汉书·武帝纪》："遂定南越，以为南海、苍梧、郁林、合浦、交趾、九真、日南、珠崖、儋耳郡。"⑧ 汉代是否存在

---

① 〔法〕马伯乐：《秦汉象郡考》，冯承钧编译：《西域南海史地考证译丛四编》，商务印书馆，1940年。
② 余天炽：《秦象郡南界的辨正》，《印支研究》1982年第3期，第19—23页；覃圣敏：《秦代象郡考》，《历史地理》第3辑，第178—186页。
③ 谭其骧：《秦郡界址考》，《长水集（上）》，人民出版社，1987年，第13—21页。
④ 周振鹤：《西汉政区地理》第四章《岭南诸郡沿革》，第181—205；另有《象郡考》，载《中华文史论丛》1984年第3期。
⑤ 周振鹤先生也认为其关于象郡的结论现今也依旧是可以成立的。周振鹤：《求真存实还是经世致用——〈中华文史论丛〉与我》，上海《文汇报》2011年6月6日第7版。
⑥ 辛德勇：《秦汉象郡别议》，载刘东编：《中国学术》第36辑，商务印书馆，2016年，第158—235页。
⑦ 《史记》卷一一三《南越列传》，第2977页。
⑧ 《汉书》卷六《武帝纪》，第188页。

象郡是秦象郡范围争论的关键焦点之一，此两条文献被视为汉代不存在象郡的铁证，因此，《汉书·昭帝纪》中表示汉象郡的存在及地理位置的记载便遭到了质疑和摈弃。而《汉书·昭帝纪》的该条文献又是"郁林说"的关键支撑。

周振鹤认为，"首先要肯定的是，汉武帝平南越后，所置实为十郡，而不是九郡。除《汉书·南越传》所载九郡以外，还应有象郡"，元封五年（前106）分全国为十三刺史部，"其中除象郡以外的故越地九郡被划在交趾刺史部之中"，"自元封五年至征和二年（《史记》大约完成于此时）的十几年间，太史公习闻交趾九郡之说，而交趾又是故越地，因此越地九郡的错觉就逐步形成至牢不可破"。① 作者认为象郡就是顾颉刚认为扬雄《益州箴》："恢梁之野，列为十二"中缺少的那一个郡，所以，"由于象郡隶属益州刺史部，遂不与故越地其他九郡相提并论，故交趾九郡在史公的印象中极为深刻，越地九郡之说遂见于《史记·南越传》之中"，"要之，武帝时岭南地区实际上并存有十郡，只是由于象郡单独列于益州刺史部之中，因此十郡并提的时间至多不过只有四年，在人们的印象中极为淡漠，故十郡之说遂不流行于世，象郡之下落亦随之不明"。钱宗范②和李龙章③也都从此解。不过辛德勇近来提出了新的质疑，认为"促使周振鹤做出这一推断的直接渊源，乃是从宋人章樵以来直至顾颉刚等人对杨雄《十二州箴》相关内容的解读。除此之外，并没有其他依据"，而"从历史传承角度上讲，这十二州制本来具有一种神圣的象征意义"，因此，"像'列为十二，光羡虞夏'这样的语句，只能是在讲述像十二州制这样关涉朝廷大政的体制，从而愈益可知确实不宜如章樵所为，把'列为十二'解作在益州一隅之地设立的区区一十二个属郡"，"从西汉朝廷的地域控制方略来看，汉朝在西南地区设置的益州，似乎也不应该包含有象郡"，因而"象郡隶属于益州的可能性也是很小"。论证由于《史记》中珠崖、儋耳两郡实为附记，所以汉武帝以来流行于世的应是"南海七郡"的"惯语"，而另有"八郡"之称是在"七郡"基础上加上"珠崖"代表海南，"九郡"不包括"象郡"。因此，汉象郡"只能设立于汉武帝元封元年之后，而不会与汉廷在南越国故地设立的七郡（或包含海南岛上的儋耳、珠崖二郡为九郡）同时开置"，由《茂陵书》年代可推知汉象郡设置时间应当在"天汉四年之前，或者说这一年是汉象郡设置时间的下限"。④

（二）北向户问题

《史记·秦本纪》："分天下以为三十六郡……地东至海暨朝鲜，西至临洮、羌中，南至北向户，北据河为塞，并阴山至辽东"，"维二十八年，皇帝作始……六合之内，

---

① 周振鹤：《西汉政区地理》第四章《岭南诸郡沿革》，第201—202页。
② 钱宗范：《秦汉象郡位置新释》，《广西社会科学》1999年第2期；钱宗范：《秦汉时期岭南历史地理若干问题的探讨》，《广西师范大学学报（哲学社会科学版）》2008年第1期。
③ 李龙章：《秦汉象郡辨析》，秦始皇兵马俑博物馆：《秦俑秦文化研究——秦俑学第五届学术讨论会论文集》，陕西人民出版社，2000年，第446—456页。
④ 辛德勇：《秦汉象郡别议》，载刘东编：《中国学术》第36辑，第192—204页。

皇帝之土。西涉流沙，南尽北户。东有东海，北过大夏"①。争论出现在对"北向户"的认识上，"日南说"的观点基本承自南北朝时期的解释，即向北边开门的地区应该达到越南北部了。周振鹤则认为"由于只要过了北回归线就会出现这种北向户现象，所以'南至北向户'一语只有定性的意义，并不能作为定量的标准"，无法说明范围一定会到达越南。李龙章则另辟蹊径，提出新解，认为"周秦时期'北（向）户'概念与认识不同，指的是距中央王朝南面荒服之地，而荒服虽次九州之极，但仍属九州疆域。根据《尔雅·释地》《山海经·南山经》等史料推知，位于《汉志》桂阳郡耒阳西面的春山一带应属先秦中原人心目中的'北（向）户'"②。

（三）越南北部被并时间

越南北部被并的时间节点与秦象郡设置时的范围息息相关。可以明确的是，汉武帝南并南越时，其南界便达到了今越南中北部，可以推知，在南越国时期，其范围便应当到达今越南中北部。问题是，南越国是怎样扩张到越南中北部的？是承袭自秦南疆范围，还是在秦灭亡之后由南越国发兵拓展的？从文献可观察到，秦汉初对南部边疆大规模用兵的记录主要有：①秦兵南下统一南疆；②秦末赵佗西征立国；③汉初赵佗称帝，以兵威边。在其中，还涉及不见于正史的"安阳王"的传说。

马伯乐以"佗因此以兵威边，财物赂遗闽越、西瓯、骆，役属焉，东西万余里"③，认为"足证北圻之并入事在置象郡以后，而其侵略未至北圻之南，可断言也。北圻并入之详情，盖当纪元前三世纪时"，即认为秦象郡范围未至越南中北部，等到赵佗约在高后崩卒（公元前180年）后用财物贿赂西瓯、骆时才将势力范围伸入到越南北部地区，也即认为西瓯、骆位于越南北部地区。认为南越取越南北圻地是在击败安阳王之后，且认为赵佗"击破安阳王，而取其地，令二使者典主交趾九真二郡"④。鄂卢梭在认为秦象郡南界已达越南北部的基础上认为，"安阳王国建立之年，虽然史无明文，然我以为当然应位之于秦始皇死（公元前210年）同南越建国（公元前207年）的中间"，"我以为赵佗同安阳王战争的时间，只能于（公元前）二〇八至二〇七年之间，质言之，在赵佗击并象郡之时"⑤。在他的描述中存在着这样的不言自明的假设前提：第一，安阳王与西瓯、骆所在位置同，均位于越南北部；第二，秦象郡与安阳王国、西瓯、骆范围不相重合。从鄂氏的描述中可看出，这其实是一种循环论证。此后

---

① 《史记》卷一一三《南越列传》，第239页、第244—245页。
② 李龙章：《秦汉象郡辨析》，秦始皇兵马俑博物馆编：《秦俑秦文化研究——秦俑学第五届学术讨论会论文集》，第448页。此论证另见李龙章：《秦平岭南诸问题辨析》，《秦文化论丛》第5辑，西北大学出版社，1997年。又载《深圳博物馆开馆十周年纪念文集》，中华书局，1998年。
③ 《史记》卷一一三《南越列传》，第2969页。
④ 〔法〕马伯乐：《秦汉象郡考》，冯承钧译：《西域南海史地考证译丛四编》，第56页。
⑤ 鄂卢梭：《秦代初平南越考》，原文刊于《远东学院通报》23卷（1923年）第137—264页，冯承钧编译：《西域南海史地考证译丛》第2卷第9编，第64—65页。

诸家基本非马即鄂,论述也基本都立于以上的两个前提假设。不过,辛德勇敏锐地意识到了这种无言的假设,并尝试着进行了协调,"所谓骆王、骆侯、骆将完全可以与秦之象郡并存","'骆将铜印青绶'表明应已受到秦的统治管理了",并引《元和郡县图志》交州宋平县"本汉日南郡西卷县地",且县境内有"安阳王古城,在县东北三十一里",认为"安阳王应当占据了后来汉武帝所设交趾、九真、日南三郡之地","即使安阳王进入交趾地区以后,这里就已经完全不受秦朝的控制,也并不意味着秦廷会由此而失去整个象郡,秦象郡在交趾以北的属地,并不会因蜀王子的入侵而受到影响"①。

（四）西瓯的位置问题

《淮南子》:"与越人战,杀西呕君译吁宋。"② 秦军南下攻打岭南时曾遇到"西呕"君的抵抗,于是在探讨秦象郡时,"西呕"的位置自然也就成了相当重要的坐标之一。覃圣敏引用罗香林的研究,认为"呕"等于"于",因此"西呕"便是"西于",秦军杀"西呕"君的地方就在今越南北部地区,越人杀屠睢也在这一带。③ 周振鹤通过蒋廷瑜从考古上证明西瓯所在范围的论断并结合唐以后典籍对西瓯所在为桂林、郁林地的追述,认为"西瓯（即西呕）在桂林境内"。所以,周氏在考虑覃、蒋两方观点之后认为"西瓯族很有可能由交趾地转移到桂林地,而在交趾地遗留下'西于'这一地名"④。白耀天认为"西瓯非为交趾古国,而是今两广地区众多的越人部落之一"⑤。辛德勇则认为,"西瓯骆"可以连读,更明确地标示这些骆人的居地,汉代交趾和九真两郡本是瓯骆亦即骆人的一个主要分布区,另日南与合浦很可能也同属骆人居地。"骆人应当是越人、也就是所谓'百越'的一部分。……由于地居百越诸族的西部边远地带,特指这一部分越人时便另以'西瓯骆'或'瓯骆'称之"。由此证明"西瓯"和"骆"为同一族属,则明显,"秦象郡的辖界,应该是依据骆人的主要分布区域来划分的","秦象郡内部自有一套与其地分布状况相适应的管理和沟通体制","这就是秦象郡辖境如此广阔的内在缘由"⑥。

（五）考古学证据

从文献零碎残存的相互矛盾的材料中去推断秦象郡的范围早已左支右绌,难以给出令人满意的答案。学者们也都早已注意到运用考古新材料来解决问题的可能性,从覃圣敏始,至辛德勇,都尝试着从考古资料中寻求支持。然而,由于越南北部的考古资料被翻译成中文的不多,而且也不够系统,零碎个例的证据难以解决关键的年代问

---

① 辛德勇:《秦汉象郡别议》,载刘东编:《中国学术》第36辑,第178—184页。
② 何宁集释:《淮南子集释·人间训》,中华书局,1998年,第1289页。
③ 覃圣敏:《秦代象郡考》,《历史地理》第3辑,第180页。
④ 周振鹤:《西汉政区地理》第四章《岭南诸郡沿革》,第199页。
⑤ 白耀天:《象郡辩略》（续）,《广西民族研究》1994年第3期。
⑥ 辛德勇:《秦汉象郡别议》,刘东编:《中国学术》第36辑,第228—229页。

题。再考虑到秦汉时期越南地区的考古资料中以铜兵器工具为多见,其年代比对所产生的误差较大,难以满足历史文献中精确的年代要求。因此,即便是客观存在的考古资料,各人对此的态度和观点也都不尽相同,难以一致。就目前的情况而言,正如辛德勇所说的,"迄今为止,还没有人清楚、准确地指出在今越南北部和中部地区发现过与秦象郡直接相关联的文物",辛德勇对过往研究中所引资料也都有综合性说明。①

不过,如果说之后秦汉象郡的研究能够有所推进并取得可观的成绩的话,那一定是深埋地下的新鲜的考古新材料所促成的。

三、结论

通过对秦汉至清文本的考察、近现代学者研究的梳理,可以发现历史上对于秦汉象郡地理图景的想象是不断变动的,东汉班固在《汉书·昭帝纪》和同书《地理志》中对此描述已相互抵牾,难自圆其说。三国两晋南北朝时各种史籍文本记载混乱,加之当时侨置州县盛行,名实早难相符,此后历朝所修史书也记载不一。

总的说来,近现代以前,各家观点普遍认为秦象郡南界可抵越南中部或北部,即至少可达越南北部,此为"日南说"。然而,自马伯乐《秦汉象郡考》一文出,"郁林说"重获发明,又经周振鹤《象郡考》加持,竟使该说略盛于"日南说"。不过,近来辛德勇《秦汉象郡别议》又从多个方面提出新见,为"日南说"提供了另一番解释。然而,对关键的一些问题仍无突破性进展,秦汉象郡的争辩依旧僵持,而这或许只能交由未来的考古发掘与研究工作了。

---

① 辛德勇:《秦汉象郡别议》,载刘东编:《中国学术》第36辑,第231—235页。

秦王朝：兴也战争亡也战争

——读赵国华、叶秋菊《秦战争史》随笔

阮 忠

（海南师范大学文学院）

看到赵国华兄和叶秋菊新版《秦战争史》的最后一句："秦帝国的统治大厦，经历500年征战而建成，却仅仅矗立15个春秋，就在战火中轰然坍塌了。"① 我的心怦然而动。500年与15个春秋，漫长的征战史和短暂的王朝命运极不对称，它却是历史的真实。

国华兄和秋菊是秦汉史专家，国华兄还是兵学研究专家，2004年出版过《中国兵学史》。兵学专家研究战争，《秦战争史》是史，自然是呈现战争。该书用26万字的篇幅再现秦战争史，要"探究秦从一个族群到诸侯、帝国的发展演变的过程及其原因"②，凸现的只有两字——"兴亡"。这曾被汉初贾谊用千字文《过秦论》道尽，说秦之兴何其不易，亡是何其易，居然是"一夫作难而七庙隳，身死人手"③。

这"身死人手"，在我看来是秦二世胡亥之死。始皇帝实在想不到，他放养的儿子扶苏本当继位，却因自己巡行天下时突然病死沙丘，让圈养的儿子胡亥和他的师傅赵高有了篡权机遇，他们收买丞相李斯，改了始皇帝的遗诏，把公子扶苏赐死。做了秦二世皇帝的胡亥贪图声色犬马，放纵享乐，助长了赵高的张狂，以致指鹿为马，注定了二世的悲剧。二世人生最后的一幕有点悲惨。那时陈胜、吴广燃起的反秦之火业已燎原，刘邦率兵逼近咸阳，赵高派女婿阎乐入宫杀二世。二世左右无人，求见赵高，不许；求为一郡王，不许；求为万户侯，不许；求为普通百姓，不许。二世胡亥不得已自杀了。

这"身死人手"，在我看来也是秦王子婴之死。子婴是胡亥哥哥的儿子，在不该称王的时候被推上了王位。这王位本当是皇位，可这时为秦所灭的六国纷纷自立，秦疆域缩水，称帝也只是空有其名。何况秦本是诸侯国，赵高一句话：为王如故。这时的大秦不复存在，子婴守着咸阳，彻底灭亡也是眼前的事。于是，刘邦进了咸阳，好在

---

① 赵国华、叶秋菊：《秦战争史》，西北大学出版社，2021年，第232页。
② 赵国华、叶秋菊：《秦战争史》，第2页。
③ 《史记》卷六《秦始皇本纪》，中华书局，1982年版，第282页。

他约法三章，留了子婴的性命；随之项羽进了咸阳，刘邦能容，有旧恨新仇的项羽不能容，一把火把秦的咸阳宫室烧了三个月，才做了三个月秦王的子婴，死在项羽的刀下，秦王朝在战争的血腥里画上句号。

战争对秦多情，让秦兴于战；战争对秦无情，让秦亡于战。

秦战争史闪动着许多历史人物的身影。那是传说中秦人的始祖颛顼。司马迁说，他是黄帝的孙子昌意之子，称帝后号"高阳"；司马迁还说，"楚之先祖出自帝颛顼高阳"①。这让人想起屈原在《离骚》里自叙身世的第一句辞——"帝高阳之苗裔兮"，原来春秋战国时在战争中闹得不可开交的秦楚两国，在遥远古代有一个共同的祖先。

西周时，秦作为周王室的附庸，从秦仲始有过征战，但秦较大规模的战争则始于秦穆公。那是公元前645年，春秋时代走过了一百多年，秦穆公与晋国的韩原之战开局。这一战秦军大胜，晋惠公做了俘虏。但秦穆公给人印象更深的是秦晋争霸的"崤之战"。这一战在《尚书·周书》的"秦誓"里留下痕迹，随后入了"春秋三传"，其《左传》所载又入了朱东润先生编的大学中文系《中国古代文学作品选》。我最早在这部作品选里获得了秦穆公印象。崤之战前，有秦的伐郑之战，本来秦穆公受晋文公重耳之邀一同伐郑，以报郑文公不曾礼遇他的旧怨。这本不干秦穆公的事，但那时秦晋是兄弟，插一杠子，也可分一杯羹。谁知郑国的烛之武大夫一番游说，就坏了秦晋联盟。烛之武对秦穆公说："秦、晋围郑，郑既知亡矣。若亡郑而有益于君，敢以烦执事。越国以鄙远，君知其难也，焉用亡郑以陪邻？邻之厚，君之薄也。若舍郑以为东道主，行李之往来，共其乏困，君亦无所害。且君尝为晋君赐矣，许君焦、瑕，朝济而夕设版焉，君之所知也。夫晋，何厌之有？既东封郑，又欲肆其西封。不阙秦，将焉取之？阙秦以利晋，唯君图之。"② 这是春秋三百多年间最动人的游说词，烛之武本为郑谋，却口口声声都为秦谋，结果秦穆公跟晋文公分手，反而跟郑文公联合，派出杞子、逢孙、扬孙三位大夫助郑防卫。随后有秦穆公趁郑人让杞子掌管都城北门钥匙的机会，长途奔袭郑国，给晋国提供了在崤山伏击秦军的可能。

春秋无义战，诸侯之间时战时和，历史的一幕幕就是这样滑稽。秦蹇叔的战前哭师和秦军全军覆没后的秦穆公哭师，总让人想到秦、郑相距千里，中间还隔了虎视眈眈的晋国，这长途奔袭该是多么荒唐的谋略。看着两人沧桑的历史背影，你会想到他们当时凄惨的哭声。蹇叔哭着说："儿呀！你会死在崤山的南陵和北陵之间，我会去那里收你的尸骨。"秦穆公哭着说："孟明视、西乞术、白乙丙啊！是我不听蹇叔的话，让你们受了屈辱，都是我的罪过呀！"何止是秦三大夫做了晋军俘虏的屈辱，秦这一役还死了多少将士？秦穆公利令智昏，结果削弱了自身，还改变了春秋时的天下格局，此后秦不得已暂时放弃东进。晋国因为得罪了秦国，从此西有秦，南有楚，也是够左

---

① 《史记》卷四〇《楚世家》，第1689页。
② 杨伯峻编著：《春秋左传注·僖公三十年》，中华书局，1981年，第480—481页。

右为难的。

秦战争史，从战争角度看秦的兴亡，国华兄想的是"必须对每一场战争的全过程作出细致的考察，全景式的叙述和聚焦性的讨论"①。这样一来，就让人们能够看到秦内战、外战的前因后果，如上面秦晋崤之战一样。不过，像秦穆公昏了头的崤之战还是少数，更多的战争还是充满了从战者的智慧与谋略。还有，战争从来就是政治的继续，对它的呈现同时也要呈现社会政治的纠结与变易。

在秦穆公之后，秦孝公是又一个重要的人物。贾谊的《过秦论》居然没提秦穆公，劈头说的就是秦孝公："秦孝公据崤函之固，拥雍州之地，君臣固守以窥周室，有席卷天下，包举宇内，囊括四海之意，并吞八荒之心。当是时也，商君佐之，内立法度，务耕织，修守战之具，外连衡而斗诸侯。于是秦人拱手而取西河之外。"他用这样有气势的铺排让孝公出场，对孝公之后秦国的许多国君轻描淡写，直至秦王嬴政才有浓墨重彩。这是另外的话。

秦孝公最大的功劳是任用商鞅变法。偏好法家刑名之学的商鞅起初不过是魏相公叔痤的门客，因怀才不遇到了秦国，与想图强的秦孝公一拍即合。立法之初，商鞅立木取信，法令施行之后，"秦民大说，道不拾遗，山无盗贼，家给人足。民勇于公战，怯于私斗，乡邑大治"②。商鞅变法，说农战是国兴的基石，要以战去战，以杀去杀。正因为秦有了农业，故不惧怕战争；他还改革了土地制、军功制等，把法治、农战、富强相系，秦走向强盛成为历史的必然。这时，也少不了战争，商鞅视魏国为秦国的心腹之患，曾率兵东扩攻魏，他在秦孝公二十二年（前340）带领军队进攻魏国，魏公子魏卬为魏军主帅。这时的商鞅并没想真刀真枪地大战一场，而是派人送信给魏卬说："我与公子相交甚好，两人为两国将，不忍心你我厮杀，还是相见酣饮一场，各自罢兵，以安秦、魏。"魏卬不知有诈，欣然赴约，结果上当做了商鞅的俘虏，魏军被打得大败。令人感慨的是，商鞅在秦孝王死后，被秦惠王车裂了，根本原因是秦惠王在做太子时犯了法，商鞅为了维护变法，将太傅公子虔处以劓刑、公孙贾处以黥刑。而商鞅在最后因无身份证明走投无路时，感慨"为法之弊一至此哉"③，则是对自己所行之法的误读。

说战争，少不了谋略。秦孝公时，合纵连横在秦与六国之间还不明显。到秦惠王时，合纵连横成了最大的、也是最公开的谋略。这与两个人物即纵横家苏秦、张仪登上历史舞台大有关系。主张合纵的苏秦先是主张连横，他先于张仪去游说秦惠王，说的话也很动听："大王之国，西有巴、蜀、汉中之利，北有胡貉、代马之用，南有巫山、黔中之限，东有肴、函之固。田肥美，民殷富，战车万乘，奋击百万，沃野千里，

---

① 赵国华、叶秋菊：《秦战争史》，第6页。
② 《史记》卷六八《商君列传》，第2231页。
③ 《史记》卷六八《商君列传》，第2237页。

蓄积饶多，地势形便，此所谓天府，天下之雄国也。以大王之贤，士民之众，车骑之用，兵法之教，可以并诸侯，吞天下，称帝而治。愿大王少留意，臣请奏其效。"① 还大摆了一通自神农氏以来凭战能得天下的道理，结果未为秦惠王采纳，把自己弄得"黑貂之裘弊，黄金百斤尽，资用乏绝，去秦而归，羸縢履蹻，负书担橐，形容枯槁，面目犁黑，状有愧色"②。但他研习《太公兵法》一年后转而合纵，挂六国相印，名震天下。《秦战争史》让苏秦一闪而过，特别关注为秦效力的张仪。曾在楚相门下被误认为是小偷而遭了数百鞭的他，凭三寸不烂之舌被秦惠王任命为第一任秦相，大获成功，当时景春对孟子说，"（张仪）一怒而诸侯惧，安居而天下熄"③。后来，南朝梁刘勰也说，"战国争雄，辩士云涌；纵横参谋，长短角势；转丸骋其巧辞，飞钳伏其精卫；一人之辩，胜于九鼎之宝；三寸之舌，强于百万之师"④，这是纵横家的本事。国华兄说，合纵连横，影响了历史的进程。其实影响的不单是进程，还有历史的格局。"横成秦帝，纵成楚王"的纵横大势，张仪一再游说诸侯纵长楚怀王，骗他与齐绝交，说给他商於之地六百里。当楚怀王知道受骗，大动肝火与秦先后在丹阳、蓝田交战，秦又得韩、魏助战，楚军大败。从此楚国一蹶不振，楚怀王称霸天下的梦也破灭了。

合纵连横之下的战争不断在发生，其结果是秦日强，诸侯益弱。贾谊说是诸侯力不能敌，见强秦则逡巡不进；苏洵说，是六国用土地贿赂秦国造的孽，秦贪欲不能穷尽而土地有限。其实，最要命的是六国心不齐。生死攸关之际，六国最大的战略当是一心御秦，同进同退。但诸侯实在是做不到，可以联合攻秦，却也会一转眼就与秦联合去打楚国、打齐国或者诸侯的某一国，谁经得起这样的折腾。秦昭襄王三十四年（前273）的华阳之战，秦助韩把魏、赵联军打得落花流水就是例子。韩得保全，自然高兴，哪里去细想诸侯相攻，秦国得利！秦在战争中走向强大，哪里是心猿意马的诸侯挡得住的。秦在张仪之后，又得范雎，远交近攻，诸侯更架不住了。

合纵连横是大谋略，还有具体战争的小谋略。商鞅诈骗魏公子卬只是小伎俩，秦赵长平之战才是典型。长平之战，赵的主将先是廉颇，廉颇慎战，秦相范雎使反间计，说秦军最怕的是赵国名将马服君赵奢的儿子赵括。赵括尤长纸上谈兵，其父赵奢生前说过："兵，死地也，而括易言之。使赵不将括即已，若必将之，破赵军者必括也。"⑤廉颇也说赵括只会读其父赵奢的兵书，不知应变，是不能为主将的。可赵孝成王既不满廉颇慎战，更为秦的反间计所迷惑，弃廉颇而用赵括。长平一战，赵军被秦军包围，赵括战死，40余万失了主帅的赵军将士投降后被白起下令坑杀。

---

① [汉] 刘向集录：《战国策》卷三《秦一》，上海古籍出版社，1985年，第78页。
② [汉] 刘向集录：《战国策》卷三《秦一》，第85页。
③ 杨伯峻译注：《孟子译注》卷六《滕文公下》，中华书局，1960年，第140页。
④ [南朝梁] 刘勰著，范文澜注：《文心雕龙注》卷四《论说》，人民文学出版社，1958年，第328—329页。
⑤ 《史记》卷八一《廉颇蔺相如列传》，第2447页。

从合纵连横的大战略,到具体战争的小谋略,《秦战争史》又像是一部"秦战争谋略史",因为战争谋略在每一场战争中都有体现,无论谋略之下是成功还是失败。国华兄曾与人合作写过一本《诡秘的权谋》,是对传统权谋学的分析,这权谋的"权"不是权力,而是衡量物品重量的秤锤。"权与谋,合起来讲,就是随机应变的计谋。"①兵法也在其中,战争谋略是秦从诸侯国成长为帝国的大事,灭六国,平天下,仗战争而兴,谋略的运用是少不得的。秦国善于谋划,最终逐一消灭了山东六国,先是韩国、魏国、赵国,再是燕国、楚国,最后齐国见势不妙,干脆投降了。七雄逐鹿,天下归秦。燕太子丹曾派荆轲刺杀秦王嬴政,终究是"风萧萧兮易水寒,壮士一去兮不复还",这也是六国共同的悲歌。

我曾长期在秦汉文学圈子里,与在秦汉史学圈子里的国华兄有许多共同的话题。我们都喜欢司马迁,司马迁的历史观有八个字我记得很牢,那就是"原始察终,见盛观衰"②。不光是历史的陈述与研究,文学的思考也得如此,这样方能把事情或问题弄得明明白白。得力于"原始察终,见盛观衰",《秦战争史》把秦史掰碎,从《左传》《国策》《史记》等典籍中把涉及秦的战争理顺,那不仅仅是每一场或大或小的战争,还有与战争关联的一些大事小情。从乱世开国、称霸西戎、关中徘徊、走向强盛到东扩南进、全面开战、统一天下、帝国崩溃,在秦战争史总体格局下环环相扣的是战争;具体的战役,如华阳之战前的大梁之战,华阳之战后的余绪,这一战把韩、魏两国打服了,秦昭襄王转向齐国和楚国,四公子之一的春申君黄歇忍不住给昭襄王写了一封信,止秦楚交锋。楚、齐却走到一起攻打臣服于秦的魏国。而长平一战,哪里只是赵国的失败,秦国从此一国独大,势不可挡,也是山东六国的失败。

历史记叙和文学创作很不同,东汉班固评说司马迁,批评之外,赞扬他文直事核,不虚美、不隐恶,简言之"实录"。读《秦战争史》,会感到国华兄同样受司马迁的影响,用实录的方式与"原始察终,见盛观衰"相系,把秦战争史缓缓摊开,让人们看秦战争之所起,之所终,让人看得下去,嚼起来还很有滋味。按理,重现历史是可以不评述的,但《左传》的"君子曰"、《史记》的"太史公曰"建立了评述的传统,少不了在历史记述中说几句自己的话。《秦战争史》叙史时依循传统,有时免不了分析战争的意义。而对秦五百年打下的江山一旦易主,国华兄止不住说了"秦帝国何以崩溃"的种种原因。说到底还是人的因素,如果不是秦始皇的骄纵、奢靡,秦二世的昏聩、荒唐,哪会有用人失误,政策失误?并没有汉初贾谊说的"仁义不施而攻守之势异也"③,或是唐人章碣说的"坑灰未冷山东乱,刘项原来不读书"那么简单④。

秦始皇征战一生,他死后不久,秦王朝就遭义军攻伐,陈胜、吴广举义旗,六国

---

① 赵国华、叶秋菊:《秦战争史》,第2页。
② 《史记》卷一三〇《太史公自序》,第3319页。
③ 《史记》卷六《秦始皇本纪》,第282页。
④ [唐]章碣:《焚书坑》,《校编全唐诗》,湖北人民出版社,2001年,第3487页。

旧部风起云涌，项羽、刘邦冒出头来。一场击秦救赵的巨鹿之战，项羽把秦大夫孟明当年破釜沉舟的计谋重新上演了一遍，大败章邯，秦尚存的一点锐气消耗殆尽。刘邦攻入咸阳后惧为项羽所灭，拱手把咸阳让给了项羽。于是，活生生的秦王朝没了。随后，项羽之楚、刘邦之汉再燃战火，战争还在继续，那是历史新的一页，被称作"楚汉之争"，依然是凭战争说话，结果楚兴也是战争，楚亡也是战争。

历史向来可以读得痛快淋漓，简而不繁的《秦战争史》就给了我这种感觉，读罢，遂有以上文字。

《秦汉研究》征稿启事

《秦汉研究》是由中国秦汉史研究会和咸阳师范学院联合编辑的学术集刊，是中国秦汉史研究会会刊，已经连续出刊十四辑。从2021年开始每年出两辑。现面向海内外征稿，请各位专家学者惠赐佳作。欢迎以下各方面的稿件：

一、秦汉史研究的理论、通论性文章；

二、秦汉考古研究成果；

三、秦汉碑刻、简帛研究；

四、秦汉文献整理与研究；

五、其他秦汉史研究领域的文章。

来稿以一万至两万字为宜，也接受数千字的短论与数万字的长文，尤其欢迎具有重大学术意义的争鸣类稿件，对促进学术发展有重要指引性的文章，以及论证严密的实证类成果。来稿请勿一稿多投，凡所刊文，均不代表本刊编辑部的立场，作者文责自负。本刊有权对来稿文字表述及其他方面做技术性修改，若作者有异议，请在稿件中注明。

本刊不以任何形式向作者收取审稿费、版面费等费用。收稿之日起20个工作日内回复是否通过初审，两个月内告知最终审稿结果。文章刊出后，即付稿酬，并寄送样刊2册。

本刊已加入中国知网数据库，来稿一经采用，即表明作者将该作品的专有出版权与网络传播权授予本刊。稿酬中已包含上述授权的费用。作者如将本刊所发文章收入其他出版物中发表，须详细注明该文在本刊的原载卷次。

来稿请用页下注，每页重新编号。引用古籍、今人论著时须标明作者、整理者、整理方式、书名、卷次、篇章、出版机构、出版时间、页码等信息，再次作注时省略出版机构与出版时间。期刊杂志要写明作者、杂志名、年、期。

来稿一律通过电子邮箱以WORD文档附件形式发送，投稿时只投一个邮箱。文末请附作者简介（包括作者姓名、工作/学习单位、职称、研究方向、通讯地址、邮编、电子邮箱、手机号码）。

来稿请发电子邮件：咸阳师范学院历史文化学院张光晗

电子信箱：zghqhyj@163.com

联系电话：18189155228

或者：西北大学文化遗产学院徐卫民

电子信箱：79721252@qq.com

联系电话：13379267519

《秦汉研究》编委会
2022年6月10日